謝伯陽 編纂

全明散曲

任半塘敬題

（增補版）

（四）

齊魯書社

吳國寶

吳國寶，號萬湖，南直隸（今安徽）無爲人。廷翰哲嗣。嘉靖二十九年（一五五〇）進士。居官以廉干著聲。詩文皆有父風。

小令

【南商調黄鶯兒】

終日醉醺醺。醉醺醺醉轉醒。醉來江海都吞盡。戴[二]彭澤鹿巾。傾杜陵瓦盆。那些兒滋味真風韻。醉醺醺。醺醺兒醉。真個賽劉伶。（洞雲清響）

終日醉綿綿。醉綿綿醉轉顛。醉鄉深處都遊遍。那竹林七賢。那飲中八仙。喜他們終日同爲伴。醉綿綿。綿綿兒醉。醉破小壺天。（洞雲清響）

終日睡懨懨。睡懨懨睡轉甜。睡來斜倚青山伴。送烏兔几前。掛興亡枕邊。夢兒裡多少英雄漢。睡懨懨。懨懨兒睡。真個小陳摶。（洞雲清響）

終日睡朦朦。睡朦朦睡轉濃。睡來鼻息如山重。那邯鄲小童。那華胥老翁。看他們

都是一般夢。睡朦朦。朦朦兒睡。睡損玉山峰。（洞雲清響）

終日笑呵呵。笑呵呵笑轉多。笑來笑得青天破。想浮世鳥羅。嘆人生蟻柯。險些兒笑倒在西彌坐。笑呵呵。呵呵兒笑。真個活彌陀。（洞雲清響）

終日笑嘻嘻。笑嘻嘻笑轉痴。笑來笑得天花墜。那七雄逞機。那五侯鬬奇。看他們真箇如兒戲。笑嘻嘻。嘻嘻兒笑。笑殺白銅堤。（洞雲清響）

【北雙調對玉環帶過清江引】

不對名花。也難空酌酒。不遇知音。也難開笑口。客至又花開。盃行剛到手。休論酸甜。須傾三百斗。醉眼昏花。歸去扶紅袖。老人家非是真貪酒。就裡都參透。一朝那話來。半世甘生受。試看有幾人活到九十九。（洞雲清響）

纔見春來。忙忙歸去早。纔見青年。剛剛又到老。去的又還來。老的何曾小。説短論長。人生空自擾。奪利争名。天公有分曉。貧窮富貴一般樣老。使不得些兒巧。總有聚寶盆。枉積鴉青鈔。把一箇沈萬三乾罷了。（洞雲清響）

一日一場。打箇哈哈笑。一飲一盃。叫箇聲聲好。輕將檀板敲。謾把琵琶掃。只唱新詞。舊曲都翻調。只論今朝。往日都勾倒。光陰來的年年少。緊趕着方爲妙。你

道你多忙。他説他無鈔。問先生哪一日纔是箇了。（洞雲清響）

蠅利蝸名。貪戀何時止。蟻陣蜂衙。争閙何時止。七十古來稀。百年如撚指。半是憂愁。半是風和雨。忙裏偷閑。工夫能有幾。眼前且圖箇心歡喜。身後休憂慮。對景便開懷。遇酒須教醉。莫待到無常來方去悔。（洞雲清響）

【南商調黄鶯兒】

莫放酒盃寬。醉簪花倒着冠。舞裙歌板相牽挽。喚花枝曉寒。弄笛聲夜闌。人生最喜身康健。且加飡。黄花白髮。冷眼付人看。（洞雲清響）

散髮弄扁舟。學鴟夷理釣鉤。五湖烟月閑消受。富和貴怎求。貧和賤枉憂。人間萬事君知否。恨難收。不如拋却。吾道付滄洲。（洞雲清響）

誰弱又誰强。更何須論短長。虛名微利空痴想。嘆浮生自忙。趁閑身且狂。清風皓月休虛放。莫相妨。百年是醉。三萬六千場。（洞雲清響）

茅屋結三間。買青山學愛閑。道人未老心先懶。俯清溪數灣。栽脩竹數竿。蒲團茗椀家常飯。小留連。招呼風月。身外事總無關。（洞雲清響）

世路苦多岐。似悠悠風絮飛。翻來覆去無憑據。那伊周濟時。這淵明早歸。古今榮

辱皆如是。細尋思。竹籬茅舍。獨與懶相宜。（洞雲清響）

春夢短無憑。嘆人情薄似雲。流行坎止皆由命。趁花枝正新。遇金盃且傾。陰晴明日猶難定。放寬心。暫時歡笑。何用苦勞神。（洞雲清響）

詠月

圓影正婆娑。喜良宵三五多。水晶宮殿冰壺坐。散天香綺羅。對金樽浩歌。南樓興好人難臥。問嫦娥。明年此夜。還似這般麼。（洞雲清響）

玉宇色澄鮮。敞瓊樓照綺筵。一輪輦破銀河岸。泛金波渺然。弄清光皎然。分明得見嫦娥面。願嬋娟。年年歲歲。常似這般圓。（洞雲清響）

自詠

做箇囫圇頭。不封官不拜侯。鳧長鴨短從天受。强求的莫求。好休時便休。纔思量進步忙回首。囫圇頭。隨緣過活。快樂是良謀。（洞雲清響）

結個喜歡緣。不燒丹不坐禪。呼牛喚馬從人便。少造些孽冤。廣種些福田。道三箇好和身轉。喜歡緣。隨時消遣。自在是神仙。（洞雲清響）

老去莫心貪。閉山中虎豹關。翻身跳出坑人窞。挽沉舟上灘。推鮎魚上竿。臨崖失馬收韁晚。莫心貪。五侯七貴。應羨老僧閑。（洞雲清響）

老去莫心狂。散筵前傀儡場。伸拳打脱牽纏障。列金釵兩行。積金玉滿廂。五陵豪氣三千丈。莫心狂。沙鷗水鳥。堪嘆鷺鴦忙。（洞雲清響）

題湖南草堂

茅屋枕湖涯。小橋通一徑斜。好山當面如排畫。傍東門種瓜。繞東籬種花。竹窗草坐清風榻。泛湖槎。門垂五柳。彷彿似陶家。（洞雲清響）

茅屋壓湖邊。柳沿堤花滿川。澄波數點如拖練。開種玉小軒。鋤養鶴薄田。薰爐茗椀閑書卷。泛湖船。漁人來往。仿佛似桃源。（洞雲清響）

【南正宫玉芙蓉】

花前有暗期。曾把雕欄指。道明年花裡。莫遣來遲。春風二月多明媚。又早韶光三月時。花將罷。能有幾枝。向花前空悵望不見那人兒。（洞雲清響）

花前携手時。誓與花常對。道明年花裡。共飲金巵。當時只約花開至。花落緣何尚

未歸。奴盼望。千回萬回。那花前莫不是另有個人兒。（洞雲清響）

花前携手時。願與花相似。道明年花裡。共解羅衣。書來書去空流淚。花落花開總未知。奴思忖。如醉似痴。那薄情莫不是忘了這些兒。（洞雲清響）

【南南吕一江風】

題　情

縷金衣。多少花前淚。咫尺人千里。想當初。一幅鸞箋。兩個鴛鴦字。香雲落剪時。香雲落剪時。心中只自知。這椿兒瞞不過天和地。（洞雲清響）

紫雲臺。臺下春如海。日日香風靄。到于今。鶯老花殘。柳絮尤無賴。蕭郎來不來。蕭郎來不來。雙蛾鎖不開。這釵兒鎮日無心戴。（洞雲清響）

木香棚。棚底春如甕。夜夜笙歌湧。嘆分飛。斷雨殘雲。都是陽臺夢。含淚向東風。含淚向東風。無言兩拜中。這衾兒何日能相共。（洞雲清響）

露香亭。多少陽關恨。人遠天涯近。謾凝眸。倚遍欄杆。望斷蘼蕪徑。錦帶結同心。錦帶結同心。紅絲挽玉簪。這些兒翻做愁和悶。（洞雲清響）

【南仙吕桂枝香】

春風庭榭。牡丹花下。也曾把銀燭高燒。說不盡清歡良夜。嘆一隔歲華。嘆一隔歲華。清歌遂罷。情牽意惹。怎忘他。願言長守花前約。莫遣開時不在家。（洞雲清響）

春風芳徑。海棠標韻。歡賞時人氣花香。都則是一般輝映。嘆一隔綵雲。嘆一隔綵雲。賞情未盡。多愁多病。到于今。願言常守花前約。莫遣看花是別人。（洞雲清響）

碧桃花底。紫雲仙子。武陵源無限風光。恍惚間殆非人世。嘆一別路岐。嘆一別路岐。茫茫烟水。追遊無計。幾人知。尋思再得花前會。準擬花前似舊時。（洞雲清響）

紅蓮歌吹。碧雲心事。想那時幾許幽情。都化作兩行清淚。嘆一歌此辭。嘆一歌此辭。此心如醉。不堪憔悴。見應稀。尋思若得花前會。只恐花前又別離。（洞雲清響）

【南商調黃鶯兒】

春恨强難裁。淚痕兒暗滿腮。薄衾疎冷無聊賴。節令又乖。風雨又來。落紅萬點愁如海。恨難裁。春光去也。塵鏡掩粧臺。（洞雲清響）

秋恨强難持。窗風兒暗透幃。薄衾單枕無情思。葉兒又飛。燕兒又歸。碧天一夜涼

如水。恨難持。秋光到也。和淚寄征衣。（洞雲清響）

舊恨在心頭。一點兒終日有。堆堆積積成窩臼。無處可搜。無筆可勾。作酸作苦甘經受。見無由。除非見了。纔得去心頭。（洞雲清響）

新恨在眉尖。一星兒没躲閃。勾勾引引如針線。既斷復連。纔減又添。或來或往誰呼喚。見無緣。除非見了。纔得下眉尖。（洞雲清響）

陡被病兒纏。這身兒不似前。脚兒手兒都酸軟。茶飯兒不甜。枕席兒不安。冤兒屈兒難分辨。病兒纏。人兒又遠。書兒有誰傳。（洞雲清響）

只見病兒增。這心兒分外疼。頭兒腦兒都昏暈。眼睛兒懶睜。耳朵兒懶聽。言兒語兒難扎挣。病兒增。天兒又冷。被兒有誰温。（洞雲清響）

轉覺病兒深。藥罐兒不離門。釵兒釧兒都那盡。籤兒又不明。卦兒又不靈。神兒鬼兒難憑證。病兒深。魂兒不定。命兒也難存。（洞雲清響）

只見病兒磨。腸兒疼勾不着。傳來的話兒多差錯。上焦兒怎麽。下步兒怎麽。胸膛兒可曾寬些箇。病兒磨。藥兒是我。品味兒不須多。（洞雲清響）

若得病兒鬆。丹方兒最有功。寄奴兒一味全身用。丸兒也通。錠兒也通。蘇兒煎作湯兒送。病兒鬆。藥兒貴重。道地是江東。（洞雲清響）

若得病兒痊。這方兒不用錢。檳榔兒一味咀成片。乳鉢兒細研。手心兒謾丸。津兒唾兒頻頻嚥。病兒痊。方兒纔驗。一貼兒永安然。（洞雲清響）

【南仙吕入雙調玉抱肚】

愁心難整。到黄昏不覺斷魂。亂砧聲蟋蟀風悲。攪烏啼霜天月冷。無眠一夜淚縱横。不是思君是恨君。（洞雲清響）

愁心漸長。到黄昏不覺斷腸。魂杳杳半壁寒燈。淚雙雙一聲孤雁。相思此夜正茫茫。地角天涯未是長。（洞雲清響）

十分愁病。到春來更添幾分。冷落了歌管樓臺。憔悴了鞦韆節令。落花時候暗消魂。枝上流鶯和淚聞。（洞雲清響）

千層愁悶。到春來更添幾層。掩粧臺暗淚盈盈。綰遊絲柔腸寸寸。月明花落又黄昏。斜倚薰籠坐到明。（洞雲清響）

别離懊恨。那蘼蕪滿路又生。昨日箇斷雨殘雲。今日箇墮釵分鏡。楊花愁殺盪舟人。君向瀟湘我向秦。（洞雲清響）

音塵間阻。問歸期日遠日踈。數不盡疊疊雲山。望不見茫茫烟樹。西風吹妾妾憂夫。

夫在蕭關妾在吳。（洞雲清響）

花神可問。這花下誰道不曾。是誰將羅帕上留題。是誰把香雲作證。對花欲語又沉吟。舊事凄凉不可聽。（洞雲清響）

且休題那話。羞殺我年年等他。甜句兒一似風吹。謊呪兒又如天大。古人言語不曾差。流水無心戀落花。（洞雲清響）

清明將到。這些時轉覺寂寥。却緣何没箇書來。莫不是初心變了。冤家何事又蹊蹺。等到于今没下稍。（洞雲清響）

清明節届。猛然間淚珠滿腮。惱春色被燕子啣殘。怪風雨將梨花打碎。清明只道也難捱。惱恨清明又不來。（洞雲清響）

清明已過。看淚珠日日漸多。嘆三春這樣凄凉。想四時總成躭擱。相思從此又來磨。想是前生少欠他。（洞雲清響）

套　數

南北雙調合套

歸　興

【新水令北】憶秋風遷客去長沙。喜歸來小南山下。水田三四畝。茅屋兩三家。暮靄朝霞。暮靄朝霞。粧點似那王維畫。

【步步嬌南】嘆浮生碌碌如奔馬。世事同飄瓦。風塵障海涯。雪滿長安。波浪連三峽。路險虎狼柙。命乖却被兒童罵。

【折桂令北】到如今脱離波查。消受安閑。躱避喧嘩。愛的是緑水青山。皓月清風。翠竹黄花。不索問那鳳閣龍樓。再休提大纛高牙。春雨桑麻。秋水魚蝦。五雲洞日暮樵歌。萬湖堤夜月仙槎。

【江兒水南】緩步青莎軟。高眠紅日斜。清吟玉露荼蘼架。遇田夫笑問雞豚價。伴漁翁閑論興亡話。只恁心無牽掛。覷着他覆雨翻雲。怎比我推聾粧啞。

【雁兒落帶得勝令北】有時節傍青門學種瓜。有時節倚繩床自煑茶。有時節羊裘冒雪穿。有時節驢背尋春跨。有時節嘗酒過鄰家。有時節掃松花採蕨芽。有時節共山妻稚子飯胡麻。恁道他榮也麽華。總不如葫蘆提一任閑頑耍。

【僥僥令南】汗馬功勞四海誇。臺閣三公大賣弄殺。青錢萬選才。没福分且由他。没福分且由他。

【收江南北】呀。俺只圖黄昏一覺呵。誰待要五夜早排衙。逢着良辰美景興偏加。趁佳賓賢主多閑暇。儘逍遥自放達。儘逍遥自放達。爲甚麽漢嚴陵懶見南陽駕。

【園林好南】也不須舞清商輕籠絳紗。也不須燒銀燭香焚瑞鴨。小小的花臺月榭。紅樹遶碧雲遮。紅樹遶碧雲遮。

【沽美酒帶太平令北】踏東郊油壁車。對南薰香風榻。向那柴門野艇傍鷗沙。烹雪梅花夜。四時中景物賒。草團標自在生涯。都忘了爲兒女謀婚嫁。我呵想從前識差。見差。戀功名無休。無罷。呀。把一個知足先生也險笑殺。

【清江引南】家貧有地堪學稼。夢不到麒麟畫。山歌元亮詞。日課君平卦。漫騰騰受用些閑瀟灑。（洞雲清響）

南北雙調合套

閱世

【新水令北】兩輪日月疾如梭。興亡事有誰參破。一心扶帝軸。雙手挽天河。多少嘍囉。多少嘍囉。都做了高塚麒麟卧。

【步步嬌南】英雄回首隨緣過。屈指無多箇。把閑氣盡消磨。展放眉峰。冷淡心頭火。有山有水有行窩。無煩無惱無災禍。

【折桂令北】嘆浮生枉自奔波。一事無成。兩鬢先皤。圖甚麽黄閣宣麻。紫塞提兵。白日揮戈。煙迷了金谷危樓。草滿了帝闕銅駝。花底鳴珂。掌上嬌歌。等閑間鶴唳東門。一霎時夢轉南柯。

【江兒水南】白髮終難變。黄金那用多。眼前榮悴花開落。論貧窮有個夷齊餓。論功勞有個韓彭大。畢竟誰差誰錯。撞不開地網天羅。解不脱名韁利鎖。

【雁兒落帶得勝令北】有幾個剪羣雄霸山河。有幾個吞六合蕩妖魔。有幾個開疆展土臣。有幾個斷國謀王佐。有幾個勒燕然勳業標。有幾個斬樓蘭威名播。有幾個把冰雪裁。有幾個把鹽梅和。有幾個畫閣朱樓結綺羅。有幾個捧銀箏錦瑟擁青娥。似恁般嘍也麼囉。只怕他到頭來難逃躲。

【僥僥令南】清都濟虎豹。平地起風波。酒寨棋兵羊腸坂。亂紛争多坎坷。亂紛争多坎坷。

【收江南北】呀。蚤知道世路有蹉跎。誰承望利名場無推挫。倒不如安貧守分藏丘壑。但逢時對景且高歌。只落得清閑快活。清閑快活。〔三〕便是夢魂兒去不到凌烟閣。

【園林好南】驌驦裘有池中芰荷。紫駞峰有牆頭薜蘿。七香車有花藤草坐。漱石齒枕山阿。漱石齒枕山阿。

【沽美酒帶太平令北】採青松聽樵歌。釣滄江掛漁簑。待學那騎牛扣角緑楊坡。吹牧笛依腔和。訪知音穿林落。對村醪高張雲幕。把風花和雪月閑吟課。我呵任疎狂詩魔。酒魔。得安樂無求。無慕。呀。這才是安穩的家緣過活。

【清江引南】坎止流行隨處可。富貴浮雲過。跨蹇驢勝驁背馱。擁敗絮比重裀卧。一任他是和非榮和辱都到不得我。（洞雲清響）

自壽十月小陽春

【南仙吕入雙調惜奴嬌】繡幕紗廚。喜春回陽谷。人在蓬壺。風流佳客。相攜嬌艷名姝。歡呼。彩袖翩翻青鸞舞。敲檀板歌金縷。捧壽圖。堪羡瑶池王母。海上麻姑。

【前腔換頭】耆儒。幸際唐虞。他心懸廊廟。身在江湖。百年間氣。飛騰萬里雲衢。獨步匡扶。迅掃妖氛清疆宇。早功成勳名樹。捧壽圖。堪羡陶潛松菊。張翰蓴鱸。

【黑蠊序】軒朱。玉户金鋪。把堂開緑野。橋臨子午青谿。且忘情軒冕。混跡樵漁。閒居。瑶花步玉除。丹山挺碧梧。捧壽圖。堪羡籌添海屋。鶴駕。仙鳧。

【前腔】知機。未老懸車。看筵前羅綺。盃中酒滴珍珠。更玄猨獻果。青鳥啣書。丹符。星光耀絳都。香煙裊篆爐。捧壽圖。堪羡留侯辟穀。范蠡。歸湖。

【錦衣香】〔三〕壽城開。春初霽。化日舒。風猶麗。福海無窮。壽山無際。龜齡鶴算與天齊。名登寶籙。身卸元樞。任逍遥歲月。幸遭逢昇平之世。天上神仙聚。朱幡葆宇。一朶紅雲。滿庭香霧。

【漿水令】〔四〕香拂座櫻唇半吐。步迴波柳腰低舞。金釵隊隊蹙花奴。屏開雲母。座列珊瑚。貂蟬擁。環珮趨。人間宰相神仙府。華封祝。華封祝。笙歌盈路。歡聲沸。歡聲沸。錦繡糢糊。

【尾】小陽春。人初度。玉燭調和氣象孚。願歲歲年年捧壽圖。（洞雲清響）

按：「黑蝙序」原誤作「鬪寶蟾」。簡譜云，惜奴嬌序下必接錦衣香、漿水令，但「二」調亦可接黑蝙序下」。今據吴譜正之。

一百二十自壽

【南中吕駐雲飛】壽際清朝。壽景安閑壽算饒。壽域陽春早。壽旦風光好。嗏。壽比壽山高。常增壽考。祝壽年年。王母瑶池到。手捧金盤獻壽桃。

【前腔】壽紀丹霄。壽軸熒煌壽帶飄。壽幙紅雲遶。壽座青蓮罩。嗏。壽比壽椿高。壽長不老。祝壽年年。海上麻姑到。滿泛霞觴獻壽醪。

【前腔】壽髮飄蕭。壽篆香焚壽燭摇。舞壽争旋繞。歌壽騰歡笑。嗏。壽比壽松高。壽凌霜傲。祝壽年年。壽鹿啣芝草。壽賦南山絢綵毫。

【前腔】壽杖逍遥。壽履蹁躚壽貌嬌。接壽來青鳥。賜壽傳丹詔。嗏。壽比壽筠高。壽堅冰操。祝壽年年。玄鶴遊蓬島。壽曲霓裳雜鳳韶。

【皂羅袍】祈壽情通天表。喜木公金母。注壽天曹。壽年壽月壽堅牢。壽時壽日尤奇妙。壽鍾靈秀。五岳會朝。壽躔南極。三星拱照。須知仁壽由天造。

【前腔】養壽功成天巧。喜金莖玉露。扶壽天曹。壽童壽女壽精交。壽爐壽鼎真玄妙。壽如鳩拙。元氣自調。壽如檽散。元神自保。須知康壽由天造。

【前腔】慶壽詞揚天藻。喜金書玉篆。掛壽天曹。壽符壽籙壽封褒。壽幢壽蓋增輝耀。肩舒鮐背。耳貫壽毫。面融丹渥。頳垂壽絲。須知壽像由天造。

【前腔】享壽善乎天道。喜陰功陽報。壽達天曹。壽枝壽葉壽根苗。壽孫壽子多賢孝。壽源流衍。姓名永標。壽齡鞏固。箕裘遠紹。須知壽福由天造。

【山花子】壽齡八百人間少。壽辰幸遇花朝。壽筵前銀箏玉簫。壽詞齊奏雲璈。〔合〕荷壽仙不須再招。乘鸞跨鶴離絳霄。壽杯壽酒稱壽高。願籌添海屋。樂壽滔滔。

【前腔】壽堂深處人喧鬧。壽座並列時髦。壽筵前金釵翠翹。壽裳低轉纖腰。〔合前〕

【前腔】壽翁白髮籠烏帽。壽簪花映宮袍。壽筵前金雛鳳毛。壽君仰佐唐堯。〔合前〕

【前腔】壽奴繡綵呈花貌。壽圖景色堪描。壽筵前山珍海殽。壽屏遍砌瓊瑤。〔合前〕

【尾】壽年百二人猶少。一字從今壽一遭。期取壽比瓊仙壽更高。（洞雲清響）

情　　詞〔五〕

【南仙吕入雙調步步嬌】紫雲臺上人年少。丰韻天然妙。緋桃映日夭。香滿梨花。淡月疎簾悄。鶯兒學語嬌。那更燕子啣春小。

【香羅帶】輕將檀板敲。謾〔六〕欹柳腰。羅裙半掩金步搖。一聲何處奏雲璈也。有個郎君俏。解金貂。相如已辦求凰操。怎禁得弄玉多情也。又向秦樓吹鳳簫。

【醉扶歸】曲纖纖謾寫蛾眉巧。皎團團清轉月雲高。嬌滴滴斜倚一枝春。喜孜孜暗送千金笑。困騰騰漸把翠環低。暖融融不覺香肩靠。

【皂羅袍】愛他聰明絕倒。性根兒一種靈苗。語言字字帶風騷。風流個個稱才貌。斷腸刺史。畫眉京兆。江東小妹。金谷艷嬈。尋常不落煙花套。

【前腔】想他那時來到。猛可家見了魂消。粉珠香顆落紅綃〔七〕。含羞怕〔八〕有燈兒照。窗明竹影。月在柳稍。香圍繡幕。春生翠翹。這風情占斷巫山道。

【好姐姐】難討。恩愛一宵。誰承望暮暮朝朝。如魚得水。又似漆投膠。姻緣好。今生配合前生造。足下紅絲繫得牢。〔九〕

【玉交枝】恨不得一筆鈎銷。急忙裡解不得冤業絛。下稍頭打不破風流竅。書兒呵難寄難捎〔一〇〕。人兒呵無音無耗。

【前腔】于今全無音耗。幾曾禁這般寂寥。那月兒下拜告花前禱。都做了流水滔滔。肩頭兒掛不住離恨挑。淚珠兒填不起相思窖。夢兒呵山遙水遙。腸兒呵千條萬條。

【琥珀猫兒墜】斷腸時候。正是井梧飄。不覺朱光轉素杓。瑣窗涼思透金飈。無聊。

又聽得淅零零葉兒上。數聲寒雨芭蕉。

【前腔】獨言獨語。終日絮叨叨。半晌無言淚暗拋。黃昏偏寂夜偏饒。難熬。怎禁得踈喇喇簷兒外。數竿瘦竹風敲。

【尾】相思滋味都嘗了。有一日恩情滿抱。獨對春風咏小桃。（洞雲清響）

南北雙調合套

題　情

【新水令北】相思一曲紫雲長。裊晴空遊絲萬丈。因風生惱亂。帶雨作淒涼。掩掩藏藏。掩掩藏藏。都做了一天愁釀。

【步步嬌南】記得相逢夜夜同鴛帳。錦被春如盎。風情憶阮郎。月滿天台。攜手瑤臺上。花陰轉畫廊。香霧生羅幌。

【折桂令北】嘆匆匆分手河梁。纔下新奩。又整歸粧。夙世姻緣。兩月綢繆。一旦參商。恨只恨載船頭雙雙畫槳。怨只怨綴林稍點點斜陽。雲樹蒼蒼。江水茫茫。那波濤兒滾不盡離愁。枝條兒怎接得柔腸。

【江兒水南】文思三江湧。才名八斗強。廟堂人物江湖量。胸懷兒暗伏了風雲狀。詞章兒占奪了煙花藏。一任謫仙情況。薄命紅顏。那裡有青綾福相。

【雁兒落帶得勝令北】倚春風單唱箇杜韋娘。感謝得韋刺史情偏向。捲簾的怎比得燕子樓。閉門的怎比得琵琶巷〔二〕。吹簫的怎比得弄玉般。彈琴的怎比得文君樣。但真心憐碧玉。便齊眉學孟光。堪傷。誰知道恩愛裡生勞攘。鸞也麼凰。到做了伯勞燕子兩分張。

【僥僥令南】朝雲迷楚峽。暮雨冷湘江。杳杳巫山魂夢往。空憶着楚襄王。空憶着楚襄王。

【收江南北】呀。一會家醒來呵欲待要罷思量。恰一似遊魚食釣馬中韁。待逃避也有何妨。越越的難當。越越的難當。反受了無夜無明那一場。

【園林好南】胸兒前閒了箇錦囊。鏡兒裡減了些翠粧。房兒裡鎮日掩紗窗。摔破了玉螳螂。扯碎了繡鴛鴦。

【沽美酒帶太平令北】這幾日帶兒褪釧兒鬆。眉兒淡臉兒黃。又怎禁他零落秋光。這幾椿砧兒急角兒揚。風兒哨雨兒淙。月兒昏鐘兒又響。霜兒下雞兒又唱。我呵只恁般你行。我行。這廂。那廂。呀。怎能勾當家兒一雙無恙。

【尾南】花前再得同歡賞。銀燭高燒夜未央。一枝高傍。願借東風護海棠。（洞雲清響）

南北雙調合套

題情

【新水令北】天教花裡遇神仙。乃百年前姻眷。雙雙解玉環。一笑輸金釧。半晌無言。半晌無言。怎禁他眉留目戀。

【步步嬌南】兩意潛投恰一似針穿線。又似枝連榦。鍾情豈偶然。可喜人兒。入眼何曾見。香名喚玉蟾。不枉了滿月嬌娃面。

【折桂令北】覷着他雅淡幽閑。別有風流。妙處難傳。彷彿之間。秋水芙蓉。一色澄鮮。畫不出映紅牙朱櫻點點。看不足度銀箏玉笋纖纖。謾〔三〕蹙春山。半嚲花鈿。那歌聲兒響遏行雲。一霎時飛上青天。

【江兒水南】錦日薔薇幕。芳天芍藥欄。海棠亭榭荼蘼檻。木香棚下門兒掩。碧桃花底鶯聲囀。堪賞堪題堪羨。每日追歡。攜手處嬉遊皆遍。

【雁兒落帶得勝令北】坐時節人道是並頭蓮。行時節人道是雙飛燕。有時節鬭草在百花園。有時節戲綵在垂楊院。有時節穿針在繡線樓。有時節囊萸在黄花宴。夜月鴛鴦帳。春風翡翠筵。堪憐。擬綢繆過百年。前也麽緣。恰正是紅絲兒將足繫纏。

【僥僥令南】卿卿翻落後。盼盼敢争先。天上人間誰作伴。只有個玉嬋娟。只有箇玉嬋娟。

【收江南北】呀。猛可家琴聲裡轉出箇別離絃。單調箇碧雲天。恰正是薫風池舘芰荷邊。忽不喇黄葉翩翻。看紅淚滿前。看紅淚滿前。一點點都做了血染啼鵑。

【園林好南】勝兒裡叠了個錦箋。影兒裡圖了箇綵鸞。詩句兒題罷了素羅紈。悽慘殺紫雲篇。懊恨殺木蘭船。

【沽美酒帶太平令北】隔一程似三千。度一日如一年。怎禁他寸寸兒都是藕絲纏。則想他臉兒偎眼兒涎。心兒順口兒甜。釵兒墜髻兒半偏。扣兒鬆衫兒半掩。我呵這幾日愁添。悶添。恨添。病添。呀。那根由兒只在香雲一剪。

【清江引北】一年幾個重相見。不肯過期限。許下上元香。會下中秋案。天來大更有箇重陽願。

【尾南】花前月下心頭願。許着年年歲歲還。纔到花開月又圓。（洞雲清響）

情詞

【南仙吕入雙調步步嬌】東風臺榭餘寒悄。簾外遊絲裊。堦前綻小桃。百舌無端。故作枝頭鬧。王孫望斷不歸來。天涯何處無芳草。

【醉扶歸】綠雲鬢睡起紗窗曉。聽黄鸝碎把春心攪。没精神懶去畫欄憑。瘦容顔羞向菱花照。枕兒孤空守合歡牀。影兒單枉結同心巧。

【皂羅袍換頭】歡笑。玉軟香嬌。會温存風流年少。千金一刻喜春宵。並頭連理花枝小。心兒靈變。同吹玉簫。性兒疼熱。斜欹鳳翹。一雙兩好天然妙。

【前腔】誰料。綠褪紅銷。等閑間清明過了。幾番風雨妬花朝。薔薇院落無人到。寸腸千結。長亭柳條。寸心千里。斜陽斷橋。恨多情却被無情惱。

【江兒水】小意兒風中箭。甜言兒笑裡刀。賣腔兒别弄琵琶調。斷頭香不怕神靈報。瞞天謊不顧傍人笑。棄舊迎新圈套。想後思前。算只有老天知道。

【下山虎】金爐蘭麝。錦帳瓊瑶。翠帶兒連環扣。紅絲紫銷。願比鴛鴦侣。願學鳳鸞交。月下星前雙雙禱。盟和誓海山高。都做了牙疼呪全没半毫。你心腸歹做作喬。把往日恩情。撇在九霄。

【前腔】蜂兒黄褪。蝶兒粉銷。燕子兒歸巢去。鶯兒又老。越越傷懷抱。脈脈夢魂勞。遠遠迢迢没音耗。眉兒淡誰畫描。背地裡長吁氣淚兒暗拋。難禁受强打熬。透骨酸心病。怎生治療。

【僥僥令】梨花含暮雨。柳絮晚風飄。惹恨牽愁知多少。爲只爲那寃家没下稍。

【尾】杜鵑聲裡春歸蚤。花落重門夜寂寥。香盡燈昏别夢迢。（洞雲清響）

題　情

【南商調集賢賓】戍樓畫角聲吹罷。月輪兒斜照窗紗。淚眼愁眉燈兒下。聽簷前風喧鐵馬。凄凉轉加。早不覺香銷金鴨。空嘆嗟。冷清清幾點梅花。

【前腔】伊家心性難按拿。瞞人俐齒伶牙。負義辜恩情忒雜。枉教我心兒牽掛。前言盡假。翻做了一場閑話。空嘆嗟。虚飄飄似風裡楊花。

【鶯啼序】粧臺脂粉誰待搽。緑窗斷送年華。日昏沉鬼病增加。幾乎將人害殺。低攢蹙眉峰萬種瘦。減盡腰肢一把。空嘆嗟。想應看承我敗柳殘花。

【前腔】芙蓉霜老纔離他。又早水冷蒹葭。路迢遥海角天涯。難捱暮冬殘臘。雪紛紛朱樓亂飄。風淅淅羅幃暗刮。空嘆嗟。想應貪戀那路柳牆花。

【黄鶯兒】自比玉無瑕。恁從來知禮法。緣何色膽天來大。立蒼苔露滑。扣金釵月斜。猥陪笑臉躭驚怕。恨冤家。風流業怨〔三〕。錯認武陵花。

【前腔】薄倖最奸猾。悔從前一念差。幾番問箇龜兒卦。盼魚封雁札。嘆鸞孤鳳寡。啼痕搵透香羅帕。恨冤家。猛然想起。羞覩並頭花。

【琥珀貓兒墜】出門容易。何事不歸家。雲冷江空途路賒。嗚嗚長夜聽嗚笳。嗟呀。恐習學竊玉偷香。搪突了相府高衙。

【前腔】薄衾單枕。枉自受折罰。暮暮朝朝想念他。霜天啼散樹頭鴉。嗟呀。不能勾碧漢乘鸞。只落得垂楊繫馬。

【尾】文君再把香車駕。只恐琴心調弄差。反與相如做話巴。（洞雲清響）

秋　思

【南仙吕入雙調步步嬌】鳳去臺空人離久。不覺中秋後。梧桐月半鈎。風静閑階。雲遮巫岫。獨自倚西樓。凄涼人在凄涼候。

【忒忒令】記登程將雕鞍暫留。問歸期甚時能勾。腸已斷挽不住。長亭細柳。止不住淚交流。又早見腰兒減。釧兒鬆。眉兒顰皺。

【園林好】只爲他暖融融香温玉柔。只爲他美甘甘鸞交鳳儔。只爲他意孜孜蜂狂蝶驟。只爲他面嬌羞。只爲他意綢繆。

【香柳娘】想花前攜手。想花前攜手。緑英紅繡。舞裙歌扇青衫袖。嘆别離已久。嘆别離已久。轉眼過中秋。回頭又重九。這寂寥怎受。這寂寥怎受。敗葉下西樓。涼風曉窗透。

【好姐姐】新愁。恨今番最陡。冷清清比黄花還瘦。無言低首。終日謾凝眸。思前後。佳期密約成虚謬。忘恰錦字香羅和淚收。

【江兒水】塵滿流蘇帳。香消翡翠毬。鈕兒寬掩過芙蓉扣。臉兒黄睡損胭脂皺。鬼病虚勞症侯。廢寢忘飡。捱不過黄昏白晝。

【玉抱肚】因他情厚。好姻緣天長地久。怎知道破鏡分釵。撇得人雨迤雲逗。悔教夫壻覓封侯。嫁得蕭郎好遠遊。

【玉交枝】恁般消瘦。悶懨懨常如中酒。看雙雙水底鴛鴦偶。怎忿他兩兩交投。也曾香肩並倚月下遊。翻做了孤眠枕上啼痕透。夢不到朱簾畫樓。盼不盡山長水悠。

【川撥棹】好事難成就。惡思量無了休。苦淹纏一日三秋。苦淹纏一日三秋。幾時得歸來如舊。把相思一筆勾。把歡娱一旦酬。

【僥僥令】雁來書不到。人去水空流。落日疎林蘼蕪草。望斷了碧雲天無盡頭。

【尾】風風雨雨添僝僽。衰柳寒烟又暮秋。水緑蘋香人自愁。（洞雲清響）

題　情〔一四〕

【南仙吕入雙調步步嬌】簟展湘紋新凉透。睡起紅綃皺。無言獨倚樓。一帶寒烟。幾株疎柳。心事上眉頭。離愁别恨重重有。

【香羅帶】匆匆憶去秋。送他遠遊。憐香惜玉難分手。頻將絲線繫蘭舟也。淚灑湘江雨。思悠悠。蒹葭隱隱迷遠洲。誰知一别經年也。只見渺渺滄波不斷流。

【醉扶歸】啼痕濕透青衫袖。壓雲鬟斜嚲玉搔頭。蹙雙蛾低逐伯勞飛。恨孤眠羞對鴛鴦偶。望長亭何處草凄迷。盼歸期鎮日人迤逗。

【皂羅袍】想起緑窗勸酒。見一鈎新月。楊柳稍頭。心兒相合意相投。羅襦鈕解黄金扣。銅壺聲轉。銀箭暗浮。綉衾香膩。花枝正柔。枕兒紅軟釵兒溜。

【好姐姐】恨他。心不應口。這歡娱翻成僝僽。同心錦字。臨别意綢繆。言虚謬。星前盟誓神前呪。忍把恩情變作讎。

【玉抱肚】好難禁受。没來由漸添憔瘦。每日家掩鏡常吁。長夜裡孤幃獨守。胭脂冷落海棠羞。十二珠簾懶上鈎。

【玉交枝】夕陽時候。淅零零西風滿樓。聽鄰家鳳管聲聲奏。誰憐我生拆鸞儔。因他迷花戀酒上苑遊。幾番家愁雲怨雨黄昏後。冷清清無人睬瞅〔一五〕。病懨懨何時罷休。

【僥僥令】寒砧催薄暮。玉露下清秋。落葉紛紛重門掩。怎禁得涼月透紗廚。心轉憂。

【尾】相思滋味秋來又。一重愁是兩重愁。莫更春日凝粧上翠樓。（洞雲清響）

情　詞

【南正宫四塊玉】春歸去。人離别。愁何悶難消歇。想當初受用驕奢。到今日思量哽咽。羅幃錦帳與你纔寧貼。却被傍人先賺啜。恨匆匆霧鎖雲遮。意孜孜鸞分鳳拆。困沉沉香燼燈滅。

【鴈過聲】嘆嗟。春光漏泄。空自惹狂蜂浪蝶。海棠零落胭脂謝。柳絲風梨梢雪。又聽得枝頭杜鵑啼徹。嘆東君去也。曉來花雨沾紅頰。一點點都是離人心内血。

【前腔】痛切。肌膚瘦怯。盼望殺山重水疊。眉峰眼睫愁盤疊。釧鬆金衣寬褶。這此時端的害得痴呆。嘆玉人去也。春宵一刻千金夜。翻做了淒涼三月節。

【傾盃序】歡悦。煖絳綃薰蘭麝。羅帶喜同心結。想筆底傳情。花前含笑。月下攜遊。兩意和協。把盟言共設。暫時不許輕抛撇。誰知他怪膽兒年來太薄劣。

【前腔】差迭。頃刻間成吴越。冷落向誰行説。想夜半孤燈。枕邊殘漏。帕上啼痕。無限磨折。把前情記者。相思總被風流惹。怎禁他一春兒鬼病陡乜斜。

【玉芙蓉】水沉香篆爇。詩句鮫綃寫。好姻緣綉幕奇葩柔葉。無端背地搬唇舌。連理枝頭生砍折。愁和悶。千堆萬疊。不由人把鳳簪兒掂作兩三截。

【前腔】塵埋鏡裡花。影斷江心月。命運中合受。今生寃業。平空丢下虚疼熱。難道一寸柔腸一寸鐵。愁和悶。千條萬結。怎能勾畫堂中再把翠屏列。

【小桃紅】乍冷淡鴛鴦舍。白佔奪鸞凰穴。尤雲殢雨心腸窄。粉容消膩雲鬟卸。夢魂顛倒腰圍趄。每日裡教我銀箏羞撥。

【前腔】蚤攔回卓氏車。緊守定賈生缺。偷香竊玉機關拙。衡陽路阻湘江竭。魚沉雁杳音書絶。每日裡教我金錢頻揲。

【尾】薄情人去難相捨。欲待留他又無計策。只記得臨行那一些。（洞雲清響）

按：曲牌【小桃紅】原作【山桃紅】。簡譜【小桃紅】條按云：「小桃紅有二，一爲越調小桃紅，一爲正宫此曲。句法大異。明人傳奇中往往以此曲作山桃紅，不知山桃紅爲越調集曲，蓋下山虎内間入小桃紅兩三句也。」今據吴譜正之。

題情

【南南吕香遍滿】從他去後。驀見花飛添却愁。辜負韶光三月候。春歸無計留。花飛逐水流。愁來不自由。料應是因他瘦。

【懶畫眉】珠簾終日控金鈎。幾度凝粧上翠樓。無端楊柳弄春柔。當時折贈行人手。泣雨含烟恨未休。

【梧桐樹】纔離心上憂。又早眉尖皺。蝶懶鶯慵。惹起人僝僽。重門静掩閑清晝。薄倖蕭郎知他何處遊。爲春憔悴春知否。翠被餘寒。則和那夢兒迤逗。

【浣溪沙】我釧鬆金。衣寬扣。雙鳳釵兩下分頭。腰肢怯舞風前柳。雨浥梨花粉黛羞。黄昏後。悄没個人兒來僽問。獨自捱長夜更籌。

【劉潑帽】高燒絳蠟翻紅袖。按銀筝酒注金甌。海棠暖結丁香紐。兩意投。夙世緣今生就。

【秋夜月】韓香暗偷。密約效鴛鴦偶。盟山誓海神前呪。怎知他去經春久。實指望厮守。誰承望變口。

【東甌令】空腸斷。謾凝眸。倚遍春風十二樓。緑窗繡幕渾如舊。香散了黄金獸。行雲飛夢遠梁州。何事覓封侯。
【金蓮子】淚暗流。殘粧界破鮫〔二六〕綃透。只落箇同心帶兒且收。不記得那時節。臨岐執手話綢繆。
【尾】春歸明歲來還舊。誰似冤家不轉頭。斷送年華空自愁。（洞雲清響）

詠　菊此後係改作

【南仙吕傍粧臺】近重陽。東籬花朶吐秋芳。霜葩露蕋真堪賞。雞冠紫。鶴鴒黄。西施瑪瑙嬌模樣。紅粉胭脂逞艷粧。金落索。銀寶廂。鵝毛鶯羽謾飄揚。
【前腔】綉毬茉莉荔枝香。楊妃酒醞醉風光。十樣錦。高一丈。朝天子稱御袍黄。波斯回子宜相傍。佛項觀音列兩行。金絲細。銀鈕長。大紅袍掛狀元郎。
【不是路】孔雀鴛鴦。紫燕雙飛到草堂。酴醿釀。赤金盤捧紫霞觴。風鈴響。萬卷書開蠟辨傍。銷金帳。玉樓春色多豪放。怎比晚節清香。怎比晚節清香。
【掉角兒】紫牡丹太真儀像。白木樨一捻秋娘。疊雪羅裁爲錦囊。剪丁香百和衣方。錦麒麟。黄羅傘。腰金紫。玉堂仙。小銀苔上。一團雪色。八寶粉粧。玲瓏琥珀。

滿天星朗。

【前腔】殿秋黄偏能傲霜。報君知早薦椒漿。詠落英騷人濫觴。笑金谷獨愛花王。羨淵明。開三徑。南山下。白衣送酒。此樂非常。金錢銀縷。收拾英囊。麝香龍腦。羣芳先釀。

【尾】美人紅多情况。紛紛桃李任輕狂。老圃秋容歲歲香。（洞雲清響）

詠月

【南仙吕八聲甘州】良宵霽景。正冰輪乍轉。玉宇無塵。玻璃萬頃。看一點金波凉嫩。緑窗朱户重重映。看碧海青天夜夜心。堪詠。那仙娥甚様娉婷。

【不是路】圓缺陰晴。今古人間天上情。何須問。悲歡離合總無憑。勸金樽。今人不見古時月。今月曾經照古人。閑評論。百年人月幾雙清。肯辜佳興。肯辜佳興。

【解三酲】愛春宵朦朧花影。有千金一刻難並。柳稍纔上天堦静。又早人約黄昏。樓臺歌管聲偏細。院落鞦韆夜轉深。穿芳徑。真箇是惱人春色。好夢難成。

【前腔】愛秋宵四時偏勝。那嬋娟分外精神。清輝香霧西樓興。金風盪玉露零。水晶宫殿笙歌應。雲母屏風燭影沉。相廝稱。有吹簫弄玉。解珮飛瓊。

【前腔】初生時娥眉淡勻。欲落時晚粧斜裾。上弦時參差匣露些兒鏡。散華時顯重輪。彩雲夢斷歌蘇小。一曲霓裳舞太真。重思省。總不如西廂那夕。成就鶯鶯。

【尾】月團圓。人歡慶。仙宮塵世一般情。但願常對花前和月飲。（洞雲清響）

詠貓

【南仙吕月雲高】象床豹枕。風透鴛衾冷。鐵馬叮噹響。好夢初驚醒。待喚貓兒。四壁無踪影。忙起披衣。悄去向花前等。驀地思量舊日情。那些個一夜相隨百夜恩。

【桂枝香】冤家生分。喚幾聲咪咪不應。昨宵摟抱奴懷。今夜裡被窩中寂静。撇下這綉毬。撇下這綉毬。空把綵繩拴定。是何人勾引。好温存。他偎伴在裙兒底。教奴枉費心。

【皂羅袍】錯解了玉環繫頸。悔脱了掛尾金鈴。花街柳陌任他行。氈帷錦帳憑遊趁。俊猊粉面。也不見形。烏圓嬌眼。也不見形。將咱抛閃成孤另。

【玉抱肚】有誰拘禁。月昏黄重門已扃。步蒼苔背立湖山。飲鷄蘇醉卧花陰。咪咪又喚兩三聲。簾幕深沉没處尋。

【掉角兒】不念我閑剩綉茵。不念我冷落銀屏。不念我滴盡銅壺。不念我燒殘寶鼎。

料應他。戀腥膻。甘滋味。貪頑耍。忘却奴情。緣何一去。全無信音。行思坐想。憂煎成病。

【尾】千呼萬唤人家問。想把我貓兒好看承。是必鬆鬆他頸上繩。（洞雲清響）

詠　燕

【南正宫白練序】春社後。見覓壘尋巢入畫堂。猶記得去日舊家模樣。飛颺。晝正長。趁杏雨初晴花氣香。曾棲向。清凉華屋。碧闌朱幌。

【昇平樂】還想。閑庭來往。喜輕烟澹日。三月風光。啣泥掠水。又飛向嫩緑池塘。垂楊。尾拖柔絮爲誰忙。倦歸來綉窗相傍。停針頻望。聽呢喃嬌語。共話愁腸。

【素帶兒換頭】雙玉。剪楊。徘徊畫梁。簾籠外悄無人早已昏黄。徬徨。漢水傍。又記得輕盈理素裳。鳳臺上。向那昭陽沐寵。舞腰纖掌。

【昇平樂】尋常。飄零故鄉。宜思往事。倍添惆悵。玉京紅縷。怎能勾重來無恙。凄凉。秋風夜月更堪傷。難忘却主人情況。烏衣門巷。嘆當年王謝。依舊斜陽。

【尾】華胥夢斷書空往。一别江南路渺茫。只待明歲東風草又芳。（洞雲清響）

題梅

【南正宫白練序】南枝杪。看細蕋垂垂信已傳。從臘後早向兔園粧點。獨占。萬卉先。謾索笑偷香情暗牽。還堪羡。湘虆夜冷。素娥魂斷。

【昇平樂】深院。相思寂寞。忽横斜疎影。來到窗前。月明水淺。這風情偏稱鮮妍。姻緣。霸橋詩思更瀟然。憶揚州曾供清玩。膽瓶芳艷。端不許遊蜂粉蝶争喧。

【素帶兒換頭】誰憐。野徑邊。寒稍淡烟。西湖上只落得閑伴逋仙。巡簷。雪興添。喜縞袂霜鬟籠翠鈿。尤堪戀。壽陽點額。靚粧宫面。

【昇平樂】嬋娟。羅浮夢醒。參横斗轉。翠禽啼怨。冰肌玉骨。渾一似太真飛燕。留連。誰家羌笛暮春天。吹落盡粉綃瓊片。吴姬煮酒。調羹風味。玉盤先薦。

【尾】隴頭人去花開遍。常憶着心腸鐵石堅。欲寄音書路渺漫。（洞雲清響）

按：洞雲清響一卷，見蘇原先生全集。該集於萬曆辛丑（一六〇一）經吴廷翰長子國寶編定，由少子國寅刊刻而成。洞雲清響當是廷翰（蘇原）和國寶（萬湖）的散曲集。但書中明確注明爲蘇原所作者只有前面套數三篇；而注明爲萬湖所作也僅有新水令「歸興」、新水令「閱世」、惜奴嬌「自壽」、步步嬌「秋思」四套。其餘小令和散套雖未注明作者，然均排列吴國寶曲後。兹姑屬之，以俟續考。

〔一〕「戴」，全集本作「帶」。下同不另注。

〔二〕此句下原衍「快活」二字，兹删。

〔三〕「錦衣香」，全集本作「漿水令」。

〔四〕「漿水令」，全集本作「錦衣香」。

〔五〕群音類選題作「紀情」，南宫詞紀、古今奏雅題作「秋思」，彩筆情辭題作「題情」，詞林白雪無題，俱屬晏振之。昔昔鹽題作「思情擬舊」，不注撰人。樂府先春無題，注陳秋碧作。吴騷集無題，曲文前失注撰人，但該書目次署陳秋碧作。群音類選刊行早於洞雲清響，注晏振之，似有所據。惟清響全套比類選多出四曲，兹並録之，互見晏、吴兩家曲中。

〔六〕「謾」，全集本作「慢」。

〔七〕「綃」，全集本作「銷」。

〔八〕「怕」，全集本作「帕」。

〔九〕全集本下缺一頁。疑少前腔（〔好姐姐〕）一曲、〔香柳娘〕二隻、〔玉交枝〕前面三句。

〔一〇〕「捎」，全集本作「稍」。

〔一一〕「琵琶」，全集本作「瑟琶」。

〔一二〕「謾」，全集本作「慢」。

〔一三〕「怨」，全集本模糊不清。

〔一四〕群音類選題作「閨怨」，注楊德芳作。南宮詞紀題作「秋懷」，吴歈萃雅、詞林逸響、古今奏雅題作「閨怨」，俱屬劉東生。樂府先春無題，署名陳大聲。昔昔鹽題作「逢秋憶舊」，不注撰人。吴騷集無題，曲文前注劉東生，但該書目録注陳大聲作。類選楊作説似可信。惟此套曲文與各本曲選集出入較夥。未知孰是，姑互見楊、吴兩家曲中。

〔一五〕「睬瞅」，全集本作「採揪」。

〔一六〕「鮫」，全集本作「絞」。

燕仲義

燕仲義，字質甫，南直隸吴縣（今蘇州）人，嘉靖癸丑（一五五三）進士。官知府。

套數

途思[二]

【南商調畫眉畫錦】霍索起披襟。見鷄窻下有殘燈。把行囊束整。跨馬登程。傷情。半世隨行琴和劍。幾年辛苦爲功名。從頭省。只落得水宿風飡。帶月披星。

【畫錦畫眉】冥冥。霧淡雲輕。蕭寺漸遠。猶聞得隱隱鐘聲。離却邯城。遥觀野外烟凝。銀河落斗柄初横。玉露冷衣襟濕潤。懊恨。牢落在江湖上。身一似浪裡浮萍。

【簇林鶯】黄花綻。滿路馨。見人家半啟扃。只聽得馬蹄兒跎的跎蹬穿荒徑。睡犬早驚。哀猿忍聞。只見兩兩三三牧童騎犢過了荒郊徑。數郵亭。長亭共短亭。一亭過了又一亭。

【黄鶯兒】伐木響丁丁。傍幽林取次行。只聽得敗葉兒淅零索落隨風韻。殘月尚明。

殘星尚存。碧溪清淺梅橫踈景。筭行程。山程共水程。一程過了又一程。

【螃蠏令】霧斂雲收。曙色漸明。隱約遠山青。只聽得豁喇喇澎湃波濤怒。響潺潺石澗水傾。白蘋洲。紅蓼汀。料想眠鷗宿鷺驚。

【一封書犯】芳草渡岸濱。野渡無人舟自橫。江潮定水平。蒹葭浦濕帶浪痕。漁翁尚卧在蘆花深雪裡。瀟瀟洒洒。五湖烟景有誰爭。

【馬鞍兒】〔三〕怪石似劍排空陣。連雲棧怎生登。巉巖峻嶺。崎嶇戰戰兢兢。迤逦無人存問。西風吹鬢。帽簷半傾。東方潑眼。紅日漸昇。前途且喜村莊近。

【皂羅袍】酒旗竹籬掩映。買三杯消渴〔三〕。少助精神。素壁中間畫劉伶。竹筋共磁甌相稱。香橙螃蠏。正當此景。菊花新酒。和誰宴飲。教人止不住思鱸興。

【梧葉兒】名韁利鎖苦相縈。背雙親。離鄉背井。何時名位到公卿。受艱辛。一言難盡。驀聽得晨鷄三唱。直待曉鐘始停。好傷情。回首望家鄉淚暗傾。

【水紅花】漸覺日高丈五。聽離巢鳥亂鳴。見古樹纏枯藤。冷清清。深秋光景。一灣流水遶孤村。小橋橫。人烟寂靜。八九間茅簷草舍。三兩行雁南征。嘹嘹嚦嚦叫聲頻也啰。

【尾聲】攛絲鞭。敲金鐙。到得都下始安寧。直待衣紫腰金方稱心。（群音類選）

複出

套數

愁思

【南南吕懶畫眉】小名兒牽掛在心頭。

吴歈萃雅、詞林逸響、古今奏雅題作「愁思」，南音三籟題作「情思」，俱注燕仲義撰。唾窗絨、群音類選、吴騷二集、彩筆情辭、吴騷合編皆屬沈青門。梁辰魚江東白苧改沈青門作。兹已輯於沈、梁兩家卷中，此不重出。

〔一〕吴歈萃雅、詞林逸響、珊珊集、古今奏雅題作「秋閨」，南音三籟題作「秋日旅思」，樂府南音題作「秋閨旅思」，萬錦清音題作「秋旅」，南詞新譜録〔畫眉畫錦〕、〔馬鞍帶皂羅〕兩隻，題作「旅思」，俱注燕仲義撰。群音類選題作「途思」，新編南九宫詞無題，皆署燕參政。

〔二〕〔馬鞍兒〕，南詞新譜作〔馬鞍帶皂羅〕。

〔三〕「渴」字原奪，兹補。

徐渭

徐渭，原字文清，改字文長，又字天池，號青藤山人，别署佛壽、海笠、天池生、田水月、漱老人、天池山人、天池漱生、鵬飛處人、青藤道士、白鷴山人、山陰布衣等，浙江山陰（今紹興）人。諸生。天才超逸，詩文書畫皆工。知兵好奇計，客總督胡宗憲幕，筦書記。胡氏被殺，文長惧禍自戕，不死，得狂疾誤殺其妻，繫獄。賴張元忭力救得免。有徐文長集三十卷、徐文長逸稿二十四卷、徐文長佚草十卷、青藤山人路史二卷、南詞敍録一卷、櫻桃館集，以及雜劇歌代嘯、四聲猿（狂鼓吏漁陽三弄、玉禪師翠鄉一夢、雌木蘭替父從軍、女狀元辭凰得鳳）等。曲品列四聲猿於上品之中；曲律稱其「是天地間一種奇絶文字」。正德十六年（一五二一）生，萬曆二十一年（一五九三）卒，年七十三。

小令

【南商調黄鶯兒】

嘲妓張丑兒

丑面記疤生。白裩襠濺火星。傍人錯認桃花暈。似西瓜有釘。似肥油帶精。石灰瓶上黄泥印。再評論。白綾褲子。一點月經痕。

【南雙調鎖南枝】

嘲冷面妓

天生面。冷似冰。秋意十分真可憎。消減畫堂春。梨花凍雲暝。愁西子。病太真。一味不瞅人。掃人興。

天生面。冷似霜。只堪借了去弔喪。秋色滿華堂。秋風入羅帳。僧初定。屍正僵。花不開。柳難放。

天生面。冷似刀。銅雀春深鎖二喬。風月不堪調。千金難買笑。生成傲。養就嬌。我自忖。恁伊俏。天生面。冷似灰。却纔與人相罵回。燕子懶于飛。鶯兒怕作對。鬬頭悔。敗子回。道將錢。買憔悴。

【北雙調清江引】

題花卉卷

一幅綃拈來成畫本。新折下花枝損。三分水共墨。半點烟和粉。瘦梅妃肥太真恁自忖。

曹大章

曹大章，字一呈，號含齋，南直隸（今江蘇）金壇人。嘉靖三十二年（一五五三）進士第一甲第二名，官翰林院編修。嘉靖三十九年（一五六〇）因與嚴世蕃交惡，被黜職。著有曹太史含齋集十六卷，及應書記傳奇等。正德十六年（一五二一）生，萬曆三年（一五七五）卒，年五十五。

小令

【南商調集賢賓】

惜　別〔二〕

如花解語還自羞。似啼鶯恰恰香喉。人在心頭歌在口。心中意歌中人知否。春心暗透。到關情秋波玉溜。今夜酒。明夜是斷腸時候。（南宮詞紀）

【南仙吕醉花雲】

咏紅拂

〔醉扶歸〕打疊時麗情萬緒籠長袖。揮霍時紅光一道化飛虬。待掃除了殢雨尤雲楚天羞。拂開了蜂喧蝶攘花間友。怕黄塵飛上玉搔頭。怎容他青蠅玷却龍文繡。〔四時花〕休休。〔渡江雲〕紫陌牽絲若箇收。怕銅雀春深花自愁。（南詞新譜）

套　數

南北商調合套

題　情〔三〕

【金梧桐南】〔三〕相思借酒消。酒醒相思到。月夕花朝。容易傷懷抱。懨懨病轉深。未否他知道。要得重生。除是他醫療。他行自有靈丹藥。

【罵玉郎北】無端掘下相思窖。那裏是蜂蝶陣燕鶯巢。癡心枉做千年調。不札實似風竹搖。無投奔似風絮飄。没出活似風花落。

【東甌令南】情山遠。意波遥。咫尺粧樓天樣高。月圓苦被陰雲罩。偏不把離愁照。玉人何處教吹簫。辜負了這良宵。

【感皇恩北】呀。那些箇投以木桃。報以瓊瑶。我便似日影内捕金烏。月輪中擒玉兔。雲端裏覓黄鶴。心腸枉費。伎倆徒勞。也是我恩情盡。時運乖。分緣薄。

【浣溪沙南】我自招。隨人笑。自古來好物難牢。我做了謁漿崔護違前約。採藥劉郎没下梢。心懊惱。再休想畫堂中綺筵前。夜將紅燭高燒。

【採茶歌北】疼熱話向誰學。機密事把誰托。那裏是潯陽江上不通潮。有一日相逢舊好。我把這相思兩字細推敲。

【尾聲南】我青春。他年少。玉簫終久遇韋皋。萬苦千辛休忘了。（北宫詞紀）

〔一〕南詞韻選無題，彩筆情辭題作「贈美妓」，太霞新奏題作「麗情」，俱屬曹大章。

〔二〕群音類選題作「題情」，雍熙樂府題作「惜别」，俱不署作者。新編南九宫詞題作「情」，注樂府。吴歈萃雅、珊珊集題作「閨怨」，南音三籟無題，皆屬楊斗望。吴騷合編題同雍熙，注曹含齋撰。北宫詞紀題同類選，注元鄭德輝著。未知孰是，兹姑以之屬曹氏。曲文據詞紀録之。

〔三〕類選、詞紀、萃雅調名爲〔梧桐樹〕，兹從他本改之。詞紀以外各集，僅有南曲。

高應玘

高應玘，字仲子，又字仲純，號筆峰，別署筆峰子，山東章丘人。爲李開先入室弟子。貢生。隆慶間嘗任元城縣丞。性散逸，嗜詞曲，見知於王元美、魏懋權。所著有雜劇北門鎖鑰，及醉鄉小稿、筆峰詩草、高仲子歸田稿等。生卒年均未詳，約萬曆中在世。

小令

【北仙呂寄生草】

醉中一笑

時世多顛倒。和誰辯假真。胡言亂語爲公論。聖經賢傳難憑信。達人志士無投奔。孟嘗君緊閉納賢門。龐居士牢守盛錢囤。（明代歌曲選）

【北正宫醉太平】

閱世

花花草草。攘攘勞勞。近來時世忒蹊蹺。百般家做作。蛆心狡肚伏機竅。損人利己爲公道。翻黄造黑駕空橋。老先生笑倒。（明代歌曲選）

【北中吕朝天子】

怨別

柳花。杏花。飛滿荼蘼架。三春魂夢遶天涯。眉淡了無心畫。待月弓鞋。偷香羅帕。這恩情豈是假。若他。負咱。天也難甘罷。（明代歌曲選）

【北雙調殿前歡】

怨別

慢嗟吁。人生何苦要讀書。姻緣反被功名誤。您自躊躕。生分開比目魚。硬砍倒連

枝樹。齊頓斷雙環玉。都只爲之乎者也。者也之乎。（明代歌曲選）

【北雙調慶宣和】

爽約

水性兒家不志誠。有約難憑。半夜深更步幽徑。受冷。受冷。（明代歌曲選）

竹葉風篩金珮摇。淚眼偷瞧。疑是聽琴那人到。錯了。錯了。（明代歌曲選）

【北雙調清江引】

閨怨

黄鳥那知人倦起。未曉先啕氣。聒的夢不成。聽着愁無際。陽臺到今没信息。（明代歌曲選）

相思案

相思這番直恁歹。會把人禁害。巴的眼欲穿。想的心無奈。消愁藥兒何處買。（明代歌

曲選）

醉鄉小稿序

筆峰子曰：余自蚤歲，僻性散逸，酷嗜詞曲。既長而更耽游賞，時或寄興陶情，於夫探奇問遠，得句狂歌，無是出於信口，誠以醉翁之意爲心。近感内子早逝，中饋良艱，其散逸之性，而悉無興於歌咏游賞也。篋笥偶檢小令數闋，中多俗雅雜陳，蓋亦不知點閲，掇而彙之，庶幾便屬目以紓鬱抱，敢云梓而傳之□乎。夫詞乃古詩支流也，以世道既降，數變而有腔譜。或云：藝林目之小伎。雖然，而亦有人不及知，而已難言者存焉。金元以來，宗工老筆，已嘗著之詳矣。斯稿也，因不足窺作者藩籬，譬之良馬千里，駑駘繼鳴，實乃性之使然也。觀者祇以狂僭斥之，幸勿執諸效顰之誚耳。嘉靖癸丑八月哉生明日高應玘書於水雲深處醉鄉草堂。

劉效祖

劉效祖，字仲修，號念庵，山東濱州（今惠民）人。僑寓北京。嘉靖二十九年（一五五〇）進士，授衛輝司理，遷户部主事，官至陝西按察副使。嚴嵩父子欲致門下，婉辭謝絶，坐内計罷歸。效祖長於詩，穆宗嘗遣中官索之。著有劉仲修詩稿、詞臠、四鎮三關志、春秋窗稿、塞上言、盛世宣威、清時行樂、長門詞、鐙市謡、雲林和稿等。嘉靖元年（一五二二）生，萬曆十七年（一五八九）卒，年六十八。

小令

【北雙調雁兒落帶得勝令】

和元學士汪雲林　一百首之三十二

愁聞長樂鐘。懶跨黄門鞚。無心肉食謀。有分虀鹽甕。歲月耳邊風。富貴眼前榮。岐路亡羊客。窮途失馬翁。機鋒。使盡全無用。崢嶸。看來總是空。

前程似箭疾。逆旅如川逝。覆盆不見天。戴笠難窺日。鷄甕不須疑。牛後怎甘棲。
未病先求藥。防危早下梯。休題。朱紫三公貴。歸期。滄浪一釣磯。
浮榮蟻上槐。虛世風傳籟。身居苦海中。名落孫山外。無分上雲臺。何處訪天台。
但得閒身在。常教笑口開。合該。綠野如相待。休猜。青春不再來。
籠中日月搬。水上乾坤漫。光陰止百年。愁病居多半。無翅效鵬摶。有意似龍蟠。
季子休誇印。逢萌已掛冠。多般。心內何須算。無端。眉頭且莫攢。
浮生夢裏過。塵事籠中坐。財多害反多。官大愁還大。黑海已驚波。綠髮漸成皤。
失意休彈劍。歸心且棹歌。吟哦。守口防詩禍。蹉跎。開懷敵酒魔。
年華一夢蝶。名利千家舍。電光瞬息飛。石火須臾滅。何用使喉舌。不必下鍬钁。
看破穴中蟻。參開酒內蛇。周摺。枉惹兒孫業。癡呆。空遺世代嗟。
花間搆一亭。竹裏開三逕。身閒夢寐安。事簡乾坤靜。烏帽與黃鞓。白壁點青蠅。
有子心先足。無官身更輕。虛名。得失皆前定。浮榮。行藏索自評。
參詳滋味熟。看覷機關透。排場戲轉新。宦海波仍舊。文繡喻犧牛。衣冠比沐猴。
壯志驚蓬鬢。閒身且敝裘。知休。名利休拖逗。回頭。英雄盡土坵。

【北雙調折桂令】

劉效祖

世事多少參差。那得堅牢。誰耐磷緇。紫陌鳴珂。朱門曳履。金谷塗脂。大都來一般樣子。空費了百種心思。世事如斯。何必嗟咨。對酒當歌。休負良時。

人生難得清閒。饑虱貂裘。塵土雕鞍。百事悠悠。幾年碌碌。兩鬢班班。急流中扁舟快挽。夕陽邊倦鳥須還。名利關關。歲月催殘。休想南柯。且卧東山。

山林清趣誰知。空谷猿吟。修竹鶯啼。泉石爲盟。煙霞作伴。荷芰成衣。撚指間光陰有幾。轉頭來世事皆非。成敗休題。得失奚疑。落得逍遥。就是便宜。

閒身且任徜徉。豈爲逃名。不是迷邦。怯似搏熊。拙如待兔。懶賽亡羊。問甚麼難封李廣。何須題易老馮唐。檢點行藏。儘自疎狂。遁跡蓬蒿。濯足滄浪。

紅塵不到閒門。逕路雖荒。松菊猶存。石上横琴。花間待月。樹杪看雲。丘樊冷真爲小隱。芋栗收豈是全貧。煩惱休論。笑語須頻。避卻豺狼。想甚麒麟。

南牕一枕高眠。蝶蟻雖親。車馬無喧。竹裏蝸廬。花邊鳩杖。柳下漁船。喂一頭尋春瘦蹇。種兩頃負郭薄田。且省縈牽。休惹熬煎。淡飯粗衣。過遣隨緣。

眼前寵辱休驚。人事參差。天道虧盈。跡謝朱門。心依丹壑。口誦黄庭。盧生枕打開夢境。步兵廚攻破愁城。鷺約鷗盟。詩社棋枰。百歲閒身。千古芳名。眼前誰是知音。流水高山。空抱瑤琴。身遠鵷班。名辭狗監。詩謝鷄林。且看取高陽痛飲。再休羨季子多金。白髮盈簪。緑野成林。皓月清風。不費招尋。

【北中吕朝天子】

景陽宮曉鐘。鳴珂巷玉驄。總是南柯夢。生來無分紫泥封。機巧成何用。捉霧拿雲。攀龍附鳳。這心腸無半種。拄一條瘦筇。引一箇小僮。沿村疃瞧耕種。

從離了建章。高卧在北窗。興寄羲皇上。十年飽食大官羊。回首成虚妄。盜嫂招誣。明珠惹謗。儘他人閒論講。接輿楚狂。赤松子房。到省些冤家帳。

喜碧山日親。把銀魚早焚。銷繳了功名分。軺車鳩杖鹿皮巾。也不讓黄金印。晚景無多。前程休問。趁明時自在隱。尋幾箇故人。團坐在蓽門。嘗則把陰晴論。

身離了錦鞍。手持着釣竿。秋風起思張翰。年華鏡裏暗凋殘。往事成虚幻。肥馬輕裘。千鐘萬貫。到如今時候晚。糊塗案已翻。癡呆心快剷。好筵席終須散。

竊禄分本薄。遁世心又高。枉被兒童笑。星霜點染鬢蕭騷。斷送人年少。平野堪耕。清溪堪釣。這光陰休教錯。趁如今不瞧。到何日是了。惹杜宇聲聲叫。

虎狼叢近狎。魚龍隊混雜。受了些閑驚怕。歸來還整舊生涯。往事都勾罷。二頃田租。一門婚嫁。畢罷了閑笑耍。繁華且讓他。清閒須落咱。這福分知誰大。

脱離了陸沉。且歸來故林。襪線才能勝。任菱花漸覺二毛侵。怕甚麼讒和譖。落得清閒。誰來拘禁。日三竿猶自寢。知己酒滿斟。會家詩細吟。不快活圖些甚。

虎頭牌懶沾。兔毫管怕拈。爵禄誰歆豔。行囊檢點不須嫌。止有琴和劍。揣分安貧。隨緣守儉。妄想心無半點。看雲生捲簾。趁日晴曝簷。把兩字清閒占。

【北雙調沉醉東風】

怕待看蛾眉妬寵。羞題起蟻陣争雄。瞞着心狠做作。睁着眼胡踢弄。怎脱離天地牢籠。辛苦争如食蓼蟲。尚兀自心腸懵懂。

蝸角名徒勞技痒。蠅頭利枉惹心忙。急攘攘螳捕蟬。惡狠狠蛇吞象。巧機關百様千樁。回首榮華不久長。都做了漁樵話講。

名與利難尋佈擺。吃和穿儘會安排。芒鞋粗布袍。淡飯黄虀菜。論甘貧不説彭澤。五柳沿門密密栽。落得箇清閒計策。

東洋海波濤滚滚。灞陵橋車馬紛紛。官高休羡榮。命蹇須安分。靠青山緊閉柴門。

閒把英雄細討論。能幾箇到頭安穩。躲避了邛崍九坂。受用煞蓬蓽三竿。鷄鶩場小鬬争。魚龍海誰經慣。虎狼叢没計遮攔。險阻争如蜀道難。因此上心灰意懶。窮福分剛消薄産。拙材料怎做高官。百般事難自由。八箇字何須算。得清閒那樣心寬。識破人情袖手觀。再不去争長競短。窮快活説來不假。散神仙真箇堪誇。才成八斗名。文抵千金價。不逢時怎得騰達。世路羊腸要把滑。休當做尋常戲耍。門巷外旋栽楊柳。池塘中新浴沙鷗。半灣水遶籬。幾朶雲生岫。愛村居景致風流。閒啜盧仝茗一甌。醉翁意何須在酒。

按：右第四及末首亦見堅瓠補集，第四首首二句補集作「東華路塵沙滚滚。玉河橋車馬紛紛」。

【掛枝兒】二十首之八

日初長柳緑綻黄金模樣。雨纔過桃杏花撲面清香。賣花人一聲聲唤起懷春情況。蝴蝶兒争新緑。燕子兒語雕梁。打點出那小扇輕羅也。還要去流水橋邊賞。

又

新竹兒倚朱欄清風可愛。香几兒靠北窗雅稱幽齋。千葉榴並蒂蓮如相比賽。槐陰下清風静。垂楊外月影篩。忽聽的幾箇嬌滴滴的聲音也。笑着把茉莉花採。

又

秋海棠喜庭陰偏生嬌豔。桂花兒趁西風越弄香妍。金沙葉銀扭絲凌霜堪羨。開一尊新釀酒。打疊起繡花奩。聽一會窗兒外的芭蕉也。又把細雨聲兒顯。

又

水仙花嬌怯怯流香几案。綠萼梅清影瘦斜倚危欄。剪冰紋霎時間把青松不見。烹茶也自好。對酒且開簾。圍上那肉作的屏風也。偏覺的氣候兒煖。

又

我教你叫我聲只是不應。不等說就叫我纔是真情。背地裏只你我。推甚麽佯羞佯性。

你口兒裏不肯叫。想是心兒裏不疼。你若有我的心兒也。如何開口難得緊。

又

我心裏但見你就要你叫。你心裏怕聽見的向外人學。纔待叫又不叫。只是低著頭兒笑。一面低低叫。一面又把人瞧。叫的雖然艱難也。意思兒其實好。

又

俏冤家但見我就要我叫。一會家不叫你你就心焦。我疼你那在乎叫與不叫。叫是提在口。疼是心想着。我若有你的真心也。就不叫也是好。

又

俏冤家非是我好教你叫。你叫聲兒無福的也自難消。你心不順怎肯便把我來叫。叫的這聲音兒俏。聽的往心髓裏澆。就是假意兒的勤勞也。比不叫到底好。

【雙疊翠】 二十首之八

怕逢春。怕逢春。到的春來病轉深。捱不過困人天。懶看這紅成陣。行也難禁。坐也難禁。越説不想越在心。似這等枉添愁。可不辜負了春花信。

又

夏不宜。夏不宜。緑陰惱煞亂鶯啼。一般是解愠風。吹不散愁人意。暗數歸期。頻卜歸期。荷香空自襲人衣。最可憐是明月時。怕自往紗廚去。

又

怕逢秋。怕逢秋。一入秋來總是愁。細雨兒陣陣飄。黄葉兒看看驟。打著心頭。鎖了眉頭。鵲橋雖是不長留。他一年一度親。强如我不成就。

又

冬不宜。冬不宜。愁心只我與燈知。撥盡了一夜灰。盼不出三竿日。展轉尋思。顛倒尋思。衾寒枕冷夜深時。只得向夢兒中尋。夢兒中又恐留不住。

又

春相思。春相思。游蜂牽惹斷腸絲。忽看見柳絮飛。按不下心間事。悶遶花枝。反恨花枝。鞦韆想着隔牆時。倒不如不遇春。還不到傷心處。

又

夏相思。夏相思。閒庭不耐午陰遲。熱心兒我自知。冷意兒他偏膩。强自支持。懶自支持。蘭湯誰惜瘦腰肢。就是捱過這日長天。又愁着秋來至。

又

秋相思。秋相思。西風涼月忒無知。緊自我怕淒涼。偏照著淒涼處。别是秋時。又到秋時。砧聲蛩語意如絲。爲甚的鴻雁來。不見箇平安字。

又

冬相思。冬相思。梅花紙帳似冰池。直待要坐着捱。忽的又盡一日。醒是自知。夢是自知。我便如此你何如。我的愁我自擔。又躭着你那裏也愁如是。

【南雙調鎖南枝】一百首之十六

團圓夢夢見他。笑臉兒歸來連聲問我。我在外幾載經過。你在家盼望如何。説一會功名敘一會間闊。喚梅香把酒果忙排。與俺二人權作賀。萬種相思一筆勾抹。猛追魂三唱鄰鷄。急睁眼一枕南柯。

團圓夢夢不差。眼見他歸來悄聲兒訴咱。非是我失業抛家。非是我戀酒貪花。非是我負義忘恩兩頭騎馬。爲只爲書劍飄零。因此上負却臨行話。吐膽傾心全無虚假。欲開言再問箇端的。猛擡身那得箇冤家。

團圓夢夢的奇。一見冤家情同往昔。喜孜孜素手相攜。美甘甘熱臉相偎。共結綢繆芙蓉帳裏。常言道破鏡重圓。果不然也有相逢日。玳瑁貓撒歡他也來道喜。剛能勾半霎合諧。猛驚回依舊别離。

團圓夢夢是真。一會家心驚忽聽的打門。喚梅香問是何人。他説道是我郎君。昨夜燈花誠然有準。笑吟吟引入蘭房。把離情話兒閒評論。妾命雖薄君心忒狠。整鴛衾恰待歡娱。醒來時還是孤身。

傷心事訴與誰。一半兒思情一半兒追悔。想着你要和我分離。平白地起上箇孤堆。用了傷心竹籃兒打水。雖然是你的情絶。也是我緣法上不對。胡昧了靈心分明是鬼。幾時和你嚷上一塲。再不信你巧話兒相陪。

傷心事有萬端。也是我前生業確子不滿。寔指望買笑追歡。倒惹的恨結愁攢。卧枕

着牀犯了條欵。你既然要和我分離。也須與箇一刀兩斷。人說你情絶真箇行短。瑞
香花頭緒兒忒多。杖鼓腔兩下裏厮瞞。
傷心事對誰說。仔細度量都是我自惹。我爲你使破喉舌。我爲你費盡周折。誰想恩
變爲讐刀刀見血。雖然與你不久相交。一夜夫妻如同百夜。有甚麽虧心下捹的抛捨。
瞞着心只是你精細。吃殺虧認着我癡呆。
傷心事對誰學。要見箇明白惟天可表。你和我誰厚誰薄。誰情絶誰性兒難調。誰把
誰心全然負了。也是俺婦人家癡愚。好心偏不得箇好報。瞎蟲蟻逃生寔撞着你線索。
雖不和你見識一般。殺人可恕情理難饒。
長吁氣恨滿腔。往事都勾話也不須細講。巧機關你暗裏包藏。癡心腸誰做箇隄防。
捨死忘生闖在你網。欲待和姊妹們聲說。只恐怕告箇折腰狀。思之復思想了又想。
除非是命喪荒坵。枉死城再做箇商量。
長吁氣恨轉增。鬢亂釵横無心去整。想只想你知熱知疼。想只想你識重識輕。誰知
道意變心更有形無影。起初時那樣言詞。到如今心口不相應。問着說不知說着推不
省。人說你有些兒糊塗。我看你全是箇牢成。
冤家債還他不徹。一節不了又添上一節。欲待要亂掩胡遮。怎禁他見鬼隨斜。恨只

恨冤家心腸似鐵。經年家强自支吾。無人知我疼和熱。悶海愁山誰行去訴說。風月中請問箇知音。閃賺人算甚麽豪傑。

冤家債還他不及。舊恨纔消新愁又起。想當初只說你心實。誰承望下的是活棋。面情相交不知其裏。欲待要發狠蹬開。又怕食之無肉棄之有味。這是賣了鮎魚誇不的大嘴。甫能勾央及回頭。過些時依舊王皮。

冤家債還他不清。除了相思無甚麽可頂。想當初徹底澄清。到今日無眼難明。相交了一場銀瓶墜井。也是俺婦人家心慈。倒弄的人硬貨不硬。再和你相逢除非是夢境。塗蟲冤家全不知冷煖。雖然你不把我留情。只怕藕斷時絲還不斷。叫一聲蒼天天如或長或短說箇真實。誰是誰非路見難平。

冤家債還他不完。不是七長就是八短。信别人巧話兒唆搬。倒把我假意兒攛瞞。糊何不管。好共歹也是你着迷。長和短自有人傍觀。

情書至笑臉兒開。可見我冤家情腸兒不改。件件事與我安排。句句話說的明白。滿紙春心猶帶着墨色。他說我不久回還。你須權把心腸兒耐。少只在旬朝多不上半載。喚梅香禫淨了閒隅。把冤家筆跡兒高擡。

情書至用意兒讀。親手封緘再拜上奴。路迢迢音信全疎。意懸懸想念如初。爲只爲功名歸期未卜。只要你柳色常青。切莫把我名兒污。天樣花箋寫不盡肺腑。喚梅香你與我參詳。敢怕是謊話兒支吾。

【南仙吕醉羅歌】

閒中一笑三百首之四十八

輕寒輕暖花將放。閒愁閒悶日偏長。烏雲睡損懶梳妝。總則是相思樣。紛紛花下蜂也太狂。翩翩牆外蝶也太狂。教人對景無情況。愁千疊。淚兩行。天台何處憶劉郎。惜花惜花愁難罷。春去春去病偏加。閒將心事付琵琶。訴不盡離情話。王魁薄倖也不似他。桂英薄命也不似咱。恨來提著名兒駡。情嚼蠟。意搊沙。空勞魂夢遶天涯。日長日長愁時候。花落花落病因由。嫁得蕭郎喜閒遊。淚漬滿春衫袖。枝頭鶯囀也自喚儔。簷前燕語也自喚儔。無端空把人迤逗。朝雲散。暮雨收。安排腸斷倚西樓。(二)乍陰乍晴催花綻。多愁多病損芳年。愁將心事聽啼鵑。枉抛却針和線。花箋空寫也不見還。佳期空過也不見還。蘭閨寂寞空長怨。無人示。誰與傳。悠悠離恨咽湘絃。

【北中吕滿庭芳】

才郎行短。釵分雙鳳。鏡掩孤鸞。心腸走滚難牽絆。那裏貪歡。相思債生填不滿。糊塗病儘你厮瞞。思和算。清晨到晚。衣帶漸松寬。

才郎情寡。經年動歲。海角天涯。猛然想起臨行話。句句都差。未知他情兒真假。空教我受盡折罰。章臺下。由他繫馬。難道説不來家。

才郎大膽。翻雲覆雨。暮四朝三。平白地空把人掩賺。故意兒粧憨。分明是因他瘦減。題起來枉惹羞慚。相思擔。還虧是俺。别箇的怎心甘。

才郎見小。終朝每日。絮絮叨叨。故意兒做出虚腔調。要把奴抛。又不曾和他厮惱。些兒錯不肯相饒。天生拗。性兒慣了。終久也難調。

相思病染。前生欠少。今世加添。無明業火心頭焰。恨蹙眉尖。霹靂性生來好閃。强扭瓜到底不〔三〕甜。心思念。懨懨瘦臉。空有淚痕沾。

相思病久。非因中酒。不爲悲秋。看看害的身子兒瘦。無了無休。實指望同心厮守。幾曾料潑水難收。牙疼咒。開合信口。誰似你不知羞。

【北中吕普天樂】

怕黃昏。傷懷抱。狻猊篆冷。翡翠衾薄。春愁眉上趲。鬼病心頭鬧。一點青燈空相照。更無情風雨瀟瀟。關山路遥。衡陽信杳。幾遍量度。

倚危樓。空長歎。新愁萬種。舊恨千般。羞看蝶與蜂。怕見鶯和燕。鬼病揶揄誰經慣。短金釵劃損闌干。啼痕未乾。悶懷又攢。不似今番。

望天涯。無音信。鱗鴻未準。蘭麝空薰。思量無刣劃。冷落誰偢問。八字眉峰空攢恨。掩重門幾度銷魂。從別那人。疾漸瘦損。着甚來因。

對菱花。添憔悴。羞勻粉臉。怕掃蛾眉。三春愁病身。一種凄涼味。廢寢忘飡心如醉。搵鮫綃珠淚偷垂。尋思爲誰。分明是你。恐怕人知。

爲才郎。增惆悵。煙迷洛浦。雲鎖高唐。火騰祆廟焚。水渰藍橋漲。幾種閒情關心上。偏逢着夜永更長。猛然慘傷。何曾望想。誰做隄防。

爲才郎。添疾病。愁心隱隱。瘦骨亭亭。雕鞍自別離。翠被空閒剩。冷雨凄風人孤另。但合眼好夢難成。長吁幾聲。寧心再等。謊話休憑。

夢回時。心無奈。香消寶鼎。塵滿妝臺。春來脈脈情。日逐懨懨害。蓮步輕移門兒外。見雙雙燕子飛來。低頭懶擡。癡心越窄。淚眼頻揩。夢回時。愁偏聚。捶床倒枕。短歎長吁。姻緣前世差。閒阻今生遇。目斷天涯知何處。倚雕闌空自躊躇。寄紙錦書。敘些情語。倩箇雙魚。

【北正宮小梁州】

枕痕一線玉生紅。瘦減芳容。翠幃錦帳繡芙蓉。無人共。離恨幾重重。〔么〕畫堂簾簇〔三〕金鉤控。靜悄悄門掩東風。病兒沉。心兒痛。終朝厮送。空自怨鱗鴻。

枕痕一線界胭脂。無限相思。花箋空寫斷腸詞。誰傳示。半晌自嗟咨。〔么〕可憐繡被人獨自。恨天涯游子何之。眉上愁。心間事。生生爲爾。憔悴許多時。

枕痕一線界芙蓉。困眼朦朧。繡衾珊枕與誰同。團圓夢。覺後即成空。〔么〕多情却被無情送。怕愁來强理絲桐。燕子樓。桃花洞。恩情雖重。無路也難通。

枕痕一線粉香殘。悶倚闌干。秦樓寂寞玉簫閒。誰經慣。離恨幾千般。〔么〕腰肢瘦怯實難看。每日家淚指空彈。不索愁。何須歎。古來公案。薄命是紅顏。

【北中吕朝天子】

惜花。愛花。轉眼春光罷。猛然想起俏冤家。半晌丢不下。月底閒情。枕邊私話。

你如何都當耍。休誇。你滑。除死甘休罷。惜花。愛花。惹起心牽掛。春來情思亂如麻。多少閒驚怕。病漸增添。愁難骫架。瘦腰肢剛一把。眼巴。盼他。問箇鼀兒卦。惜花。愛花。忙煞鞦韆架。新來脂粉不曾搽。消瘦的人來怕。懶整鴛衾。羞拈羅帕。想歡娛空半霎。得他。到家。不索題閒話。惜花。愛花。露濕凌波襪。思量薄倖在天涯。心性忒奸詐。忽刺八歸來輭。曲膝跪下。連聲兒說記打。知他。理差。偷眼將奴抹。

【南正宮玉芙蓉】

相思病漸深。坐卧如迭窨。對粧臺幾遍沉吟。茫茫恨海心頭浸。隱隱愁山眉上侵。情難禁。從別到今。空教我抱瑶琴。無處覓知音。相思病未休。愁悶偏厮輳。把菱花欲照還羞。離情今世今生受。業債前緣前世修。黄昏後。擁鮫綃淚流。空教我對孤燈。終夜恨悠悠。

【南商調黄鶯兒】

春日正遲遲。綠窗前曉夢迷。起來猶自嬌無力。歎多情遠離。望天涯路歧。柳絲長難把愁縈繫。繡簾垂。閒情就裏。惟有落花知。
春草緑萋萋。恨王孫去路迷。離愁萬種憑誰寄。鶯聲亂啼。花影又移。對良辰空負鶯花意。憶歸期。陽臺那壁。十二晚峰齊。
春燕語雙雙。對青樓理宿妝。蛾眉蹙損春山様。花柳正芳。蜂蝶正忙。新來幾許添惆悵。憶檀郎。癡呆半晌。無語立斜陽。

堪笑世情薄。百般的都弄巧。李四戴着張三帽。歪行貨當高。假東西説好。哄殺人那裏辨青和皂。許多遭。科範總好。到底被人瞧。
一會家笑呀呀。老年來偏好耍。眼前世事無牽掛。葫蘆提打發。休認真惹他。十八石不是芝蔴價。笑呀呀。裝聾做瘂。笑罵且由他。
一會家笑呵呵。老年來知調躲。眼前世事都瞧破。怕争少競多。懶尋死覓活。寒號蟲得過由他過。笑呵呵。早收園結果。念幾聲南無佛。

【北雙調沉醉東風】

一會家從頭自忖。數年來枉費辛勤。雖懷着狗馬心。那裡有麒麟分。没來由東走西奔。但能勾過遣隨時不受貧。説甚麽官居一品。

一會家從頭自揣。八箇字天已安排。看盡了英與雄。枉惹些災和害。到頭來那顯青白。但得箇二頃薄田五畝宅。說甚麼名揚四海。

一會家從頭自剖。把浮生萬事都勾。也不流百世芳。也不遺千年臭。且裝呆袖手藏頭。每日家幾句新詞信口謅。說甚麼才高八斗。

一會家從頭自數。再休題得失榮枯。生爲這名利忙。枉把些英雄誤。可惜煞者也之乎。從今後花下常攜酒一壺。說甚麼功成萬古。

争名利瞞心昧己。趨權勢做小伏低。誰能勾百歲活。到算下千條計。那裏有不散的筵席。仔細思量莫太迷。試看取張良范蠡。

巧機關藏頭露尾。喬模樣口是心非。撥弄的意似癡。禁害的心如醉。那裏想熱鬧處撥回。越是僂儸越吃虧。幾曾見澄清徹底。

破衲襖剛能袖手。矮屋簷儘可低頭。且由他忙處過。落得我閒中受。那裏得可口的饅頭。這滋味從來看得熟。怎肯去將没作有。

愁布袋拆開罷手。悶葫蘆打破休留。擇别了沈萬三。結識上王十九。到與他緣法相投。别箇的人生面不熟。怎做俺知心故友。

老師婆瞞神謊鬼。小僂儸撾鼓奪旗。心腸内狠做作。嘴臉上喬張致。都只要趁水和泥。甫能勾和成一大堆。撞倒東牆又不壘。這壁廂鷹牙鷂爪。那壁廂虎背熊腰。人争强馬鬬贕。弓上絃刀出鞘。惡狠狠殺氣偏高。爲甚先生眼閉着。看不上碜頭惱。

【北正宫醉太平】

香消麝蘭。玉減容顔。閑愁閑悶幾多般。常淹着淚眼。揶揄病寫下紙離魂案。淒涼債捱幾夜孤辰限。糊塗夢撞入箇鬼門關。都只爲薄情人未還。

愁心難把。鬼病偏加。許多時脂粉不曾搽。險些兒害殺。别離後漸長起恩情價。音書内細寫着衷腸話。雕闌外盼望的眼睛花。不見俺薄情人到家。

【南南吕一江風】

望天涯。買徧金錢卦。淚濕鮫綃帕。歹冤家。棄舊迎新。負德辜恩。忘了當初話。薄情誰似他。癡心誰似咱。恨起來提着名兒駡。

爲多情。門掩黄昏静。獨自捱孤另。到初更。廢寢忘飡。怨雨尤雲。衾枕空閑剩。嗚嗚畫角聲。呀呀塞雁鳴。都則索和愁聽。

套數

良辰樂事[四]

【北中吕粉蝶兒】管氣飛灰。日初長冽寒已退。聖明朝樂享雍熙。滿皇都。春回轉。共霑新歲。見家家裝點門楣。幾椿兒不同往日。

【醉春風】芝蔴楷偏簷插。木炭頭沿户倚。黄錢高掛兩門傍。端的是喜也。喜。更有那降鬼鍾馗。加冠童子。進財神位。

【紅繡鞋】貼一副蠟箋紙宜時門對。上寫着陽春一布萬物光輝。紙門神對面兒逞雄威。左邊的執著鉞斧。右邊的掌著瓜鎚。恰便似定唐朝胡敬德。

【滿庭芳】龍涎燒起。湘簾低簇。繡幕高垂。燈杆上縛松和檜。高與天齊。庭階下收拾的似水。廳堂中鋪設的偏奇。兩三夜何曾睡。辦年食節禮。熱鬧似擺筵席。

【普天樂】燒上些辟瘟丹。一陣陣蒼术味。表出些新正氣象。端的是守歲相宜。獻供養敬祖先。焚紙馬酬天地。爆竹如雷驚邪祟。燒生盆取吉除疑。四壁廂火光繚繞。香煙靉靆。更和那燭影光輝。

【石榴花】一家兒窮忙鬼亂。到三十準備着慶喜。遞三盃老公婆穩坐定笑嘻嘻。小兒男拜禮。訓教端的。道殷勤孝弟將身立。當官差買賣爲題。如今新春節至你添了一歲。休貪花少戀酒莫胡爲。

【鬭鵪鶉】剛能勾酒遞三巡。不覺的東方亮起。梳洗的頭臉兒光鮮。打扮的身子兒俊美。濟楚衣冠所事宜。比尋常更整齊。先拜了恩府恩官。後拜了親朋鄰里。

【上小樓】街市上經營靜寂。來往的人稠人密。你看那抬轎的拿般。挑脚的作勢。趕脚的施爲。乞兒每倚定門。討嘴吃。長吁短氣。口兒裏要饅餃他說一年之計。

【么篇】剛送出張世英。又接進李彦實。你看他叉手躬身。假意虚情。遜讓謙推。一箇說有生受。多起動。重蒙光輝。一箇說拜望遲匆蒙見罪。

【十二月】進門來慌忙施禮。敘罷了長幼尊卑。腦袋兒連磕至起。說從前言語差遲。休和俺一般見識。自今日道過了休題。

【堯民歌】呀。我見他慌忙扒起走如飛。一箇價扯衣牽袖怎容回。一箇說見成熱酒飲三盃。一箇說看經喫素忌初一。他兩箇强了一會。只得喫幾杯。纔能勾唱喏抽身退。

【耍孩兒】自從那日初辰拜到時過未。即漸的拄肚撐腸酒力催。西歪東倒脚高低。一霎時不覺的昏迷。頭低眼竪人難認。腿軟腰彎步怎移。眼看着醺醺醉。少不得眠街卧巷。那裏有展被鋪席。

【七煞】從黄昏睡到起更時。醒來時要水吃。翻身一手摸着地。兩眼不住觀天象。只見星移斗柄回。頻咂嘴連聲啐。也是我新年晦氣。尋思起有甚便宜。

【六煞】繫腰兒不見了。找刺兒在那裏。沿街滚破了天羅地。新衣服扯綻了襟和領。凍臉上磕傷了嘴共鼻。怎見俺那秋胡戲。空懊惱賭神發咒。血條子再也不吃。

【五煞】初七八拜罷年。盼元宵月色輝。家家燈火安排畢。村的俏的街頭鬧。老的小的厮混擠。到處裏閙遊戲。小姑兒厮跟定嫂嫂。外甥兒扯住了姨姨。

【四煞】先遊到大市街。後盤桓背巷裏。走橋因地君須記。小的走了身無病。老的走了腰也直。强似教醫人治。且拚箇通宵不寐。怎肯教虚負了佳期。

【三煞】一處處博戲高。一叢叢社火齊。端的是歡娱正遇豐年歲。南來絃子和琵琶。北去笙簫對管笛。打鼓唱荆釵記。熱鬧似搬房拜廟。喧嘩的如撾鼓奪旗。

【二煞】女孩兒不見了娘。男子漢岔破了妻。東奔西走難尋覓。三更漸漸人行少。四鼓看看月墜西。家家纔把門兒閉。雖然是金吾不禁。怎當他玉漏頻催。

【一煞】纔覺的心内灰。吃緊的肚又飢。少魂没實思量睡。兩隻腿脚如石重。一片心腸似箭疾。盼不到家闌内。帶衣兒連忙倒卧。困騰騰一似著迷。

【尾聲】到天明扒起來。事事的都後悔。被窩裏説幾句牙疼誓。來歲依然這様兒的。

詞臠序

先伯祖念庵公，負開濟之略，嘗與崆峒張司馬、雲中尹僉事同脩四鎮三關志。一官齟齬，遽遂初衣，悒欝不自得，恒寄情詞曲，以舒瀉其愁思。遄往多蒜酪體，新聲盛傳一時，至聞之禁掖。所著有都邑繁華、閒中一笑、混俗陶情、裁冰剪雪、良辰樂事、空中語等集，雖經鏤板，旋復散軼。先少保搜集其僅存者，題曰「詞臠」，特百一而已。夫詞山曲海，千生萬熟，傳者實難。方元之盛，羣英品目，九十八人之外稱傑作者，又一百五人。迨明中葉，士大夫以曲擅場者，亦不下數十家，而遺音之傳於今者蓋寡。昔人目曲子爲餤段，以其如火餤易明而易滅，信哉言乎！惟公所爲散曲，都人至今猶歌之。流傳既久，恐不能無譌，因命工重刻之，以待賞音者。嗚呼！由其達生之言觀之，則懷憂者可以自廣，而以才若是，不見容於當代，俾老於箏人酒徒之間，百世而下憫其志者，益見其言之足悲也已。公諱效祖，字仲脩。嘉靖庚戌進士，仕止陝西按察副使。平生尤長於詩，昭陵嘗遣中使索公題册，呼劉念庵而不名。顧遺集無存，僅散見諸家選本，芳躅將謀採緝嗣刻以行。冀海内藏書之家，或有存者，覽是編而郵寄，俾風雅之音不泯於世，則芳躅實有厚望矣。康熙九年歲在上章閹茂暮春之月從孫芳躅拜手敬書。

跋

念庵公負才不偶，齟齬于時，官止陝西憲副。退居林泉，吟咏不輟。翰墨之餘，間爲詞曲小令，以抒其懷抱，而寄其牢騷。當時豔稱，至達宮禁。歷世寖遠，散逸遂多。外王父少保公，嘗集而傳之，顔曰「詞臠」，僅百一耳。初刻于京師，其本久亡。厥後伯舅中丞公，于山左復爲刊行。二十年來傾頽離析，又將不可問矣。祉從故簏中得之，時爲展翫，雖塗歌巷詠，人情物態，不啻寫聲繪影。恐遺音之遽失也，爲跋而授之梓。康熙甲戌上巳之辰外曾孫胡介祉頓首敬跋。

〔一〕此曲南宮詞紀題作「閨情」，南詞韻選無題，俱不注撰人。
〔二〕「不」字原脱，兹據文義補。
〔三〕「簇」，原作「簌」，兹改。
〔四〕群音類選題作「咏兩京新年風景世情」，注劉郎中撰。盛世詞林無題，不署著者。

殷士儋

殷士儋，字正甫，一作正夫，號文通，別號損齋，山東歷城（今濟南）人。嘉靖二十六年（一五四七）進士，選庶吉士，授檢討。隆慶元年（一五六七）擢侍讀學士，掌翰林院事。明年春，拜禮部尚書，掌詹事府事。隆慶五年，俺答封事成，進少保，改武英殿大學士。高拱專權，屢加排擠，遜避以歸，築廬濼水之濱，以吟咏自娱。卒謚文莊，學者稱棠川先生。著有金輿山房稿、明農軒樂府等。嘉靖元年（一五二二）生，萬曆十年（一五八二）卒，年六十一。

套數

詠懷古蹟

【北商調集賢賓】古齊都自來多勝景。襟泰岱跨滄溟。蓬萊島東通福地。紫微垣北拱神京。濟水派大清河夏后親鑿。歷山原美田疇虞帝躬耕。好風俗萬家絃誦聲。眼面前圖畫天成。明湖光瀲灩。鵲華聲峥嵘。

【逍遥樂】水環山映。似螺黛千堆玻璃。萬頃嵐靄。層層列參差錦繡圍屏。七十二泉源遠近稱。數不盡美號佳名。有密脂金線。柳絮芙蓉。漱玉濯纓。

【金菊香】趵突泉波心高噴玉壺冰。大佛巖石乳懸垂甘露零。珍珠泉萬顆勻圓漾水晶。正對着朱邸雕楹。清湛湛碧澄澄。

【梧葉兒】同文閣。聞韶舘。凝香齋。芍藥廳。五柳港。百花汀。希夷字在迎祥觀。杜陵詩在北渚亭。穿雲竇。聚星瀛。到處是仙都聖境。

【醋葫蘆】玉虛祠玄武臺。會波樓殘照影。望東南華表塔崚嶒。文筆連雲當絶頂。山色與湖光照應。碧蓮叢裏數峰青。

【幺篇】雪香林待鳳石。華陽宫丹竈鼎。玉函靈鳥久飛騰。叔牙山。子騫祠。虞舜井。真箇是地因人勝。殘碑故老記分明。

【幺篇】綽然亭葭菼蒼。遂閒堂風露冷。雲莊千古仰儀刑。往日繁華誰料領。空想像膏殘馥剩。但見些寒煙衰柳鎖枯藤。

【幺篇】歎存亡感廢興。訪村墟迴釣艇。斷橋流水暮雲横。孤鶩落霞天欲暝。遠寺漸傳鐘磬。隔林扉聞和紫鸞笙。

【幺篇】愛探奇數往來。況知音相召請。最好是扁舟載酒月中行。旋膾錦鱗烹苦茗。

遍歷過稻畦菊徑。見蘆花深處閃漁燈。

【後庭花】煑香芹碧澗羹。飲松醪飯玉粳。閒伴漁樵話。來尋鷗鷺盟。喜勝概可人情。肯辜負四時佳興。醉春山屐可登。泛滄浪雪可乘。訪一會披羊裘的嚴子陵。憶蓴鱸的張季鷹。遠塵埃寵辱驚。任踈慵幾醉醒。

【青哥兒】呀。喜遭逢累朝累朝全盛。托賴着一人一人有慶。四海無虞罷戰爭。偃武銷兵。重譯來庭。萬國咸寧。祥瑞休禎。儘如今謳謌登覽樂餘生。這受用皆天幸。

【浪裏來煞】感皇恩覆庇深。撫微軀頻内省。捐糜何以報朝廷。一點丹心常耿耿。但祝願當今明聖。萬年天保賀昇平。

冬夜許殿卿潘望甫載酒過訪觀傀儡聽兒盤彈琴二公即席各惠佳句走筆述謝

【北正宫端正好】雪初晴。寒猶峭。帶朝酲困臥衡茅。耳邊忽聽奚童報。驚起華胥覺。

【滾繡毬】報導有嘉賓顧草堂。駐華軒載酒肴。問姓名許詢潘岳。是當今酒聖詩豪。急慌忙倒屣迎。更無煩折簡邀。喜光臨一時二妙。最堪誇雅致清標。才華並美文章伯。童稚相親貧賤交。似漆投膠。

【塞鴻秋】當日箇倚紅顔並負元龍傲。到如今夢黄粱俱醒邯鄲道。常則是啖紫芝共慕商顔皓。有時節望青天大放蘇門嘯。携手訪同心。乘興齊來到。肯似那泛滄浪回轉山陰棹。

【脱布衫】敞西齋絳蠟光摇。出新醅緑蟻浮糟。簇屏風圍爐共卓。話襟期肺肝相照。

【小梁州】休提起緑鬢當年奪錦標。如今都華髮蕭騷。是非榮辱總勾銷。且自開懷抱。問湖海幾吾曹。

【么】新粧傀儡供歡笑。向樽前喝采聲囂。囉哩嗹。紅芍藥。一任他喧嘩呼譟。權當做賞元宵。

【滿庭芳】呈妍獻巧。謾道是真珠絡臂。百寳粧腰。想悲歡離合虚圈套。看破極高。半虚空弄幾條線索。平白地做百樣軀勞。打一會蓮花落。舞一會堯民鮑老。説一會絮叨叨。

【耍孩兒】逢場作戲從吾好。又何必珠圍翠繞。清茶掃雪旋烹調。篆烟輕瑞鴨香飄。呼兒學撫琴三弄。鼓掌酣歌曲六幺。雖没有流水高山操。難得是知音鑒賞。即席間授簡揮毫。

【三煞】走龍蛇字字佳。吐珠璣句句褒。果然是白雪陽春調。謬稱相府人如玉。過許君家鳳有毛。多承教。自成風雅。不費推敲。

【二煞】且莫説河陽縣裏花。箕山樹上瓢。見如今風流文采誰能肖。豪吟謾把胸懷瀉。劇飲頻將磊磈澆。時人那得知關竅。但自愧蒹葭玉樹。最難酬桃李瓊瑶。

【一煞】也休提文章五總龜。榮華七葉貂。喜的是烟霞泉石俱高蹈。德星定應賢人聚。月旦何妨俗子嘲。從他道。道是留連光景。混迹漁樵。

【煞尾】清霜助月華。明河轉斗杓。這佳期後會應難料。儘教那三唱鄰雞報天曉。

張華巖參山居題贈

【北仙吕點絳唇】恩許歸來。泰山滄海。依然在。天與安排。景物如相待。

【混江龍】烟霞勝概。卜居無處不奇哉。有雲林雪竇。疊嶂層厓。蘿薜丹梯皆聖境。桃花流水即天台。尋真好伴赤松遊。避喧遠離紅塵外。常則是藥爐詩卷。竹杖芒鞋。

【油葫蘆】安樂窩中學打乖。常自揣。更無俗念掛胸懷。有時節披雲岩際看泉脈。有時節臨風樹杪聞天籟。閒中日月長。静裏乾坤大。濼源堪比嚴陵瀨。曠千古幾吾儕。

【天下樂】瑶草琪葩手自栽。相挨。次第開。賞花賦詩時岸幘。瓦盆傾竹葉青。磁甌斟秋露白。醉高歌天地窄。

【那吒令】五柳莊舊宅。列修篁古槐。百花洲小齋。對蒼梧翠柏。一竿亭釣臺。卧青莎綠苔。雖居廛市中。總是神仙界。不染塵埃。

【鵲踏枝】魚鳥也日相諧。鷗鷺也兩無猜。放浪襟期。脱略形骸。喜追陪騷人墨客。又何須珠履金鞋。

【寄生草】共老衲參玄妙。訪全真講聖胎。禪機了悟無相礙。靈臺潔淨無粘帶。精神久遠常康泰。那管他蜉蝣旦暮説輪迴。蝸牛蠻觸爭成敗。

【賺尾】苦海浩無涯。世變紛千態。真樂處黃金難買。受用的明月清風天一色。羨君家福分合該。這勝地莫沉埋。須倩飛帛。門外標題大字牌。明書點畫。高懸扁額。請從今喚做小蓬萊。

壽春溪七十

【北中呂粉蝶兒】律應黃鍾。琯灰飛一陽初動。慶長春晝錦堂中。開玳筵。排綺席。绣簾高控。駕祥雲兩兩金童。導引着赴蟠桃大羅仙衆。

【醉春風】丹訣口親傳。真詮手自捧。一時聚會下蓬萊。祝先生壽永。永。有草瓊芝。玄猿白鹿。齊來獻供。

【石榴花】太平時昌運幸遭逢。况風調雨順值年豐。恰正是急流勇退任從容。來伴這樵夫老農。社叟溪翁。林泉巾履相陪奉。儘逍遥散澹疎慵。醉醺醺睡穩華胥夢。再不向鷄鳴紫陌候朝鐘。

【滿庭芳】黄石赤松。振衣華岳。倚劒崆峒。尋真遠過桃源洞。杖化飛龍。聽仙樂笙歌簇擁。列仙姝環珮丁東。天風送。見滄海金波洶湧。現出日輪紅。

【魔合羅】漁陽久播甘棠頌。與召杜龔黄接踵。聲華籍甚大司農。憶蓴鱸歸興方濃。滿川禾黍雙蓬鬢。數卷圖書一瘦筇。家釀開新甕。會心處高山流水。放懷時霽月光風。

【二煞】巍巍堂構新。森森蘭桂叢。九苞争□河東鳳。愛招座上賓滿堂。且喜樽中酒不空。□撫琴三弄。高情何限。雅致無窮。

【煞尾】享椿齡過古稀。賀弧辰恰仲冬。想今生福德是前生種。長願得百歲綿綿荷天寵。

南北中呂合套

新春五日讌集鶴江宅賞梅試筆

【粉蝶兒北】臘盡春回。滿乾坤總含生意。感東君特地招携。列椒盤。懸綵勝。做一箇賞春佳會。入門來不暇相揖。先問那北牕前梅花開未。

【泣顔回南】老幹映春暉。最好是踈枝冷蕋。巡簷索笑。暗香透入簾幃。緑苞金粉。半含羞欲吐嬌無力。賽嫦娥初下瓊樓。似仙姝將赴瑶池。

【石榴花北】想他那歲寒霜雪傲嚴威。只同松竹共襟期。不隨桃李競芳菲。貞心自知。雅操堅持。半星兒不染塵俗氣。天生成玉骨冰肌。且休言調鼎和羹味。先在那百花頭上占春魁。

【泣顔回換頭南】偏宜。春淺雪消遲。助花神分外清奇。深培静養。無勞羯鼓聲催。鴻鈞乍轉。向南枝早露春消息。不引惹蝶攘蜂喧。肯招呼燕語鶯啼。

【鬬鵪鶉北】幸遭逢賢主嘉賓。恰輳合二難四美。賀元正萬象感新。共仰戴陽春布德。也休問廊廟江湖出處違。儘今朝盡醉歸。難匆忙一枕黄粱。忍辜負千鍾緑蟻。

【撲燈蛾南】韶光似箭疾。世態如局戲。筭一月幾番開笑口。能幾許暖風晴日。恰春來花開可喜。撚指間春去又花飛。纔過眼繁華簇錦。却又早落紅如雨緑陰肥。

【上小樓北】眼中人舊侶稀。身後名亦是癡。總不如任運逍遥。結社遨遊。到處徘徊。莫管他主是誰。客是誰。但只要相忘相契。遇佳節同尋樂地。

【撲燈蛾南】清明呵踏青郭西。上巳呵流觴曲水。端陽呵北渚亭。中伏呵南山寺。七夕呵看湖上採蓮成隊。中秋呵邀月舉盃。重陽呵把菊東籬。長至呵圍爐賞雪。準備着四時輪遞做筵席。

【尾聲南】一年佳景君須記。乘興相邀莫阻推。好把那雪月風花入品題。

按：「泣顔回」二曲牌原作「好事近」。

病起讀楞伽偶述

【北黄鍾醉花陰】久病維摩混俗客。夢不到清都絳闕。辭廊廟隱巖穴。惠遠相招。共入蓮宗社。參雙樹演三車。背郭堂開臨緑野。

【喜遷鶯】雖不比祇洹精舍。不二門千聖同轍。毗耶。都一般好天良夜。見本地風光受用别識。情忘禮數絶。潔浄浄一塵不染。亮堂堂萬境無遮。

【出隊子】不生不滅。不多餘不欠缺。合頭一語繫驢橛。一摑須還一掌血。封面機鋒休錯過也。

【么篇】誰分勝劣。無衆生無壽者。化城寶所路跋涉。石火風燈電光掣。彈指刹那十萬刼。

【刮地風】野蔓閑藤自纏惹。多少周摺。幻花空果生枝葉。展轉差迭。興妖作孽。見景隨邪。人我山。煩惱障。猛虎毒蛇。亂交加。難解結。悟真乘一卷楞伽。懸厓撒手無憑藉。證菩提没話説。

【四門子】太虛空朗朗看明月。入紅爐一片雪。痴不是痴。呆不是呆。有一粒金丹能點鐵。丢的開。拔的折。猛可的抽釘去楔。

【古水仙子】想想想老莊周夢裏蝶。是是是埳井蛙逢東海鼈。且休提得兔忘蹄。再誰敢撩蜂喫蚻。笑笑笑不祥金冶中誇鏌鋣。逞懸河口語喋喋。敢敢敢把天機全漏泄。細分數火鼠冷冰蠶熱。恨恨恨豐千長老太饒舌。

【尾聲】隨喜閻浮幾檀越。纔認得當下直截。此外更無玄妙訣。

大士像贊

【北南吕一枝花】南無觀世音。靈感神通大。波羅僧揭諦。般若摩訶薩。萬億恒沙。

平等願無高下。至誠心不夾雜。儘衆生舉號稱名。各現身而爲説法。

【梁州第七】無始刼冤讎苦惱。業報身禍害侵加。但只肯回心轉念無驚怕。解釋了刀兵水火。鬆脱了鐵鎖沉枷。遠離了毒蛇猛獸。降伏了惡鬼羅刹。洛伽山普陀巖五彩雲霞。清淨身妙莊嚴百寶袈裟。念一聲無盡意口中放萬道毫光。誦一卷普門經眼前現千層佛塔。守一味菩薩戒足下生九品蓮花。種瓜。得瓜。自然感應休疑訝。是真實不希詫。千手眼如來大釋迦。常住龍華。

【隔尾】巖間鸚䳇高擎架。藍裏金鱗活撲刺。更有那八部天龍盡隨駕。尋聲救拔。開天顯化。普向那四大神洲將甘露洒。

【牧羊關】楊柳枝。非凡樹。淨瓶兒不是瓦。全不在語句酬答。海潮音無減無增。水月觀不空不假。度世憑心印。到岸捨船筏。大智慧忘了人我。大慈悲離了自他。

【賀新郎】三身四智妙通達。參不透滴水難消。悟了也寸絲不掛。聞聲見色無抓抹。學得箇痴聾喑啞。經幾番滄海桑麻。那裏管金剛王擎寶杵。天魔女弄琵琶。團圞共説無生話。未嘗臨濟棒。且喫趙州茶。

【隔尾】這一條放光大路元無岔。只恐當人起脚差。苦海無邊回頭罷。也休問在家。也休問出家。不早修行的都是箇傻。

壽鶴洲七夕初度

【北南吕一枝花】當日箇龍飛第一年。鳳曆三伏後。雙星傳令節。華誕正初秋。千古齊州。山水鍾靈秀。祥光貫斗牛。可知有好襟懷霽月光風。那更又能文章錦心繡口。

【梁州第七】見如今際景運三朝全盛。且休題困儒冠數載淹留。喜的是一門福禄神天祐。偕琴瑟齊眉廝守。和塤篪同氣相求。舞斑斕芝蘭玉立。結朱陳膠漆情投。不羨他擁貔貅萬里封侯。也休題畫麒麟一品當軸。做幾篇遣興詩坐捻吟髭。結幾箇同志友常開笑口。唱幾曲隨心令大放歌喉。枕石。漱流。高懷雅致天生就。愛清閒儘消受。會盡人情只點頭。無慮無憂。

【尾聲】今日裏洞天仙侣齊稱壽。恰正是玉露金風殘暑收。聽一派新聲管絃奏。滿斟來玉甌。增添上海籌。願年年同醉長生慶喜的酒。

寫真自嘲

【北雙調新水令】業身軀天賦本尋常。變換了幾多形狀。乞梭窮嘴臉。齷齪臭皮囊。仔細端詳。元來是這模樣。

【駐馬聽】直下承當。苦辣酸甜已備嘗。從來倔强。吉凶榮辱不思量。也不防對面起刀鎗。也不知轉眼生波浪。空亂攘。數十年睡夢裏糊塗帳。

【沉醉東風】那裏是經多見廣。也跟着魁念文章。誂煞人鼠咬着牛。慌煞你蛇吞了象。没來由打怪射暗獐。追想起隔年愁無事忙。笑的我前合後仰。

【鴈兒落】當年時血氣剛。豪氣有三千丈。弄精神惹是非。挤性命胡沖撞。

【得勝令】肚裏本無瓤。寺裏不燒香。扯脖子閑争氣。出頭兒瞎頂缸。腆着箇胸膛。氣蝦蟆掭着脹。抗着兩肩幫。呆公鷄鬭不降。

【水仙子】牽前絆後利名韁。假扮喬粧傀儡場。東塗西抹丹青障。細看來全是謊。到如今喚醒黄粱。喫罷飯方尋筯。不吹笛纔省腔。又何須割肉醫瘡。

【折桂令】又何須割肉醫瘡。自有箇教外别傳。海上仙方。守着這本分營生。認的這本來面目。受用這本地風光。天平上没折了斤兩。方寸中没壞了心腸。用舍行藏。自在徜徉。常喜得滿面春風。那怕他兩鬢秋霜。

【沽美酒】畫麒麟入廟廊。安畎畒樂耕桑。休管傍人話短長。歎窮通得喪。回頭看總亡羊。

【太平令】夢中夢無非虚妄。身外身都是荒唐。自點檢平生分量。也筭箇明時卿相。感謝得上蒼。聖皇。主張。賜骸骨輕輕釋放。

【清江引】生從何來去何往。見在身無恙。目下小規模。背後虛名望。那裏要喫鮮魚又想熊掌。

【鴛鴦煞尾】也不會高談闊論相標榜。也不喜甜言美語厮誇獎。幸且安康。尚未羸尫。暢道是遇酒懷開。聞詩技癢。喚做箇陸地神仙。也不敢多謙讓。一任他世態炎涼。儘着嗒戠水登山日遊賞。

鶴江初度壽詞

【北雙調新水令】一天秋色滿滄浪。瑞鶴鳴數聲嘹喨。九皋隨去住。萬里任翱翔。真誥唧將。壽筵外舞相向。

【駐馬聽】兄弟聯芳。堪比河東三鳳凰。夫妻和暢。原來天上兩鴛鴦。萊衣戲彩列班行。蟠桃結實殊形狀。秋氣爽。欣逢華誕多佳况。

【平沙落鴈】黄花帶晚香。白酒開新釀。仙童跨海來。仙樂從天降。

【凱歌聲】絳綵佩萸囊。玉斝泛瑶漿。雅會招吟社。酣歌入醉鄉。行藏。瀟灑陶元亮。情腸。風流潘孟陽。

【沽美酒】宴瓊林醉曲江。拖紫綬綰金章。總是黄粱夢一場。歎紅塵日忙。醒悟也自思量。

【太平令】幸喜得閒身無恙。對良辰美景風光。騁詞賦筆鋒雄壯。吐虹霓襟懷豪放。呀。只這般久長。儘狂。不妨。須信道吉人天相。

【清江引】四時有花須共賞。對酒齊歌唱。俯仰宇宙間。笑傲羲皇上。從來有誰似吾黨。

雲莊約會鶴江預製佳詞届期雨阻不至詞以嘲之

【北雙調新水令】慕雲莊隔月許相招。又做下好詞一套。情懷真會寫。景物儘能描。夢想神交。問先生幾會到。

【駐馬聽】滿載香醪。沽酒無煩金錯刀。不携窈窕。纏頭那費錦鮫綃。又不是長安風冷灞陵橋。又不是潮陽雪擁藍關道。因甚惱。陡然迴轉山陰棹。

【沉醉東風】過雨後風光更好。衝泥來興致偏豪。弔前賢訪勝游。伴野叟同歡謔。喜初寒倍覺清亮。佳會年年能幾遭。乍下的輕輕過了。

【水仙子】想是在銷金帳底飲羊羔。想是在紅粉樓中醉碧桃。想是在烟霞深處談玄妙。料只在鏡臺前將眉黛掃。多應是鳳團茶要親手烹調。數的他心窩兒跳。念的他耳朵兒燒。枉教人百倀猜度。

【離亭宴帶歇指煞】盡道是金谷園酒數罰猶少。請從今另聽三章約。再如此休教放却。須罰他選勝地酒三席。賦險韻詩八首。刻短燭詞成套。大家聽我言。違者非同調。但相會必須傾倒。信口講南華。隨心歌北曲。輪遞開東道。逢時各盡歡。莫遣山靈笑。學取那耆英九老。尋樂地日遨游。共襟期永相好。（下缺）〔一〕

雪後同劉憲副伯東周封君子敏及袁范諸主泛舟夜分至天心水面亭

漫賦

【北大石調念奴嬌】真山真水。這期間恰好。天生吾輩。萬物静觀皆自得。是處佳景堪題。也不問春夏秋冬。陰晴風雨。興到時常隨喜。想神仙風味。也只如此而已。

【六國朝】那裏也瀛洲方丈。閬苑瑶池。但塵事不關心。是人間極樂國。論交海内皆兄弟。剖破人我藩籬。傳經門下多桃李。兼盡師生恩義。眼面前天光雲影。魚躍鳶飛。見化育自流行。盡虚空皆道體。

【卜金錢】看宇宙循環。陰陽闔闢。認取朱畫前元有先天易。千聖同此心。萬古如一日。道豈遠乎哉樂在其中矣。

【望江南】靈臺裏。動静有真機。大火聚中千尺雪。重淵徹底一聲雷。冷煖自家知。

【鴈過南樓】結元始玄珠黍米。現如來隨色摩尼。採芝歌問九還。拈花笑傳三昧。總不離日用家常這些兒活計。不脩煉不坐禪。飢來飯倦來睡。信得及真箇是活潑潑地。

【喜秋風】釣何必富春溪。隱不揀柴桑里。是非塲千古來總兒戲。且只管今朝有酒今朝醉。休問那未來事暗如漆。

【初相會】争名奪利討便宜。弄聰明使見識。畢竟思量有何益。不惺惺直到底。可憐喪盡天真。到何時方後悔。

【浄瓶兒】當原來誰是你。久以後又爲誰。笑幾番死生生死。顛倒癡迷。休疑。三教元無二理。說妙覺。說玄關。說太極。都在這圈兒内。成仙入聖證菩提。

【好觀音煞】這東西箇箇元成人人會。因此說萬善同歸。道本無爲無不爲。萬象森羅此不移。一點良心勿自欺。一段靈光謹護持。若到得定慧圓明念不起。便就是的派真傳祖師意。

壽空石初度

【北雙調凌波仙】奪魁先占廣寒秋。領郡尊居關内侯。投荒徧覽江山秀。曳長裾上國游。賦西園價重應劉。笑雀烈一時銅臭。享子建千金敝有。臥元龍百尺高樓。

【天香第一枝】臥元龍百尺高樓。一代人豪。千載風流。學海悠悠。詞源滾滾。筆陣颼颼。有時節混紅塵尋花問柳。有時節對青樽跣足科頭。覽勝探幽。華嶽滄洲。晤禪宗寶積維摩。話玄機惠子莊周。

【清江引】今日裏三寶郡真齊稽首。來慶先生壽。青山永不移。緑水長依舊。願先生福無疆名不朽。

壽魯峰六十

【北中吕普天樂】六十年。今初度。運當元會。世際唐虞。乾坤灝氣全。海岳精華聚。鶴駕鸞驂祥雲護。衆神仙齊慶懸弧。親傳授玄宗秘譜。琅函寶籙。玉笈靈符。

【醉春風】仙酒獻瑶池。仙籌添海屋。世間甲子幾千週。纔便從頭再數。數。受用的寶鼎仙丹。蟠桃仙果。蕋珠仙露。

【朱履曲】親壽永童顔長駐。主恩深錦誥盈軸。好夫妻偕老笑相呼。金緋官四品。萊綵鳳雙雛。方信道平生萬事足。

【迎仙客】想當年登月窟。步天衢。際風雲赤心常自許。布陽春。沾化雨。樹勛名中外馳驅。扶世教安黎庶。

【謁金門】兩都。宦途。雅望推郎署。甘棠頌德滿寰區。施仁政平寃獄。浙省秦關。薇垣柏府。民愛之如父母。羨通才大儒。揆文奮武。遠邇傳芳譽。

【快活三】戀柴桑舊隱居。憶松菊賦歸歟。一心專念奉潘輿。急回轉王陽馭。

【四邊静】住湖山深處。種修竹千竿。接名花數株。岸柳汀蒲。隱隱桃源渡。共詩朋酒徒。享風月無邊趣。

【十二月】興到也時臨釣渚。客來呵旋摘園蔬。消長日圍碁賭墅。醉斜陽擲采呼盧。會心處華山濼水。是仙家閬苑蓬壺。

【堯民歌】獨醒常笑楚三閭。醉吟偏喜邵堯夫。相伴着溪翁村叟話樵漁。莫管他兔走烏飛换居諸。吾廬。遠紅塵接太虚。常向那彩雲中東望扶桑曙。

【尾聲】今日箇南極星加倍明。壽筵開樂有餘。但願得享遐齡久在人間住。永做箇三島十洲洞天主。

刻明農軒樂府小敍

明農軒樂府，濟南少保殷公所作也。公既罷相歸濟上，絶口不談聲利，而於詩文亦謝不復爲。日與其友人許殿卿輩，策欵段命扁舟，延眺峼華之峰，寄傲明湖之渚。酒酣興逸，則肆口而占樂府數闋，間自爲曼聲，引而歌之相樂也。積久成帙，二三同好者，梓之濟上。余從南陽司理王君所得一帙，受而讀之，音節鏗鏗若自金石出，而情與景會，語語天成，超詣詞場三昧之境，即勝國所傳諸大家之製，不是過也。乃若鴻冥蟬蜕，胸次超然；觸事賞心，直以筆其真樂。自非有道，詎易臻兹，以是稱於薦紳間，豈獨詞調之工已邪。公以臺鼎舊臣，道不合而引退。盛年茂德，遇不究施天下，談士孰不爲公搤捥。而徜徉林壑，曾無幾微效憤世者所爲，樂府可概見矣。公家深源懊，而書空何鄙也。余刻其樂府，而引數語於帙端，俾天下想公之爲人者，覽是可以得其概云。萬曆丙子歲秋七月唐府宗正奉勑提督宗學事後學二庵山人紹齋宙楨頓首拜譔

重刻明農軒樂府序

自勝國周德清氏韻譜作，于是樂府家皆用之，兢兢然於二平三入，不敢少犯焉。寧詞失不工，而不使音不叶，蓋徒具詞，而音不適，終歸于廢云耳。故其書虞集氏曾序之，内言其在館職時，有意正伶人之失而不能奪，乃慨然一時，無如德清者爲之助，豈非正音易習之難，操其權不若得其機，必于人不若工於己哉。若德清者，豈知易世之尚已宗耶。顧其説誠正，而其法良不可易也。我明宴饗樂章載在會典，固多用德清韻也。歷世以來，其成法具在。比穆廟慶成大宴，少保公適在大宗伯，則蒐羅振飭，刊爲成書。迨辭相位，居歷川上，會講之暇，則按周韻作樂府一闋，一二年間九宫殆遍，率從容於三聲十九韻之中，不期其合而自合

矣。臨邑汪少府往在鴻臚時，曾從公相宴事。一日於敝廬見公集乃請梓之，而屬序於予，則以樂府之詞易工，而聲音之中難叶，故詞有雅有淫，而音無變易。風之變也必于俗，而元聲之求亦必由俗，蓋自然之流通，而和平之感化，非强之而使從，脅之而後得也。頃不相示爾祖樂府乎。夫固歙産，而用者周韵也，則聲音之道，子固世授之矣。宜其於少保公之作有意乎。其傳之與觀，其每闋出即被之管絃，而流轉於喉吻，雖狹邪童伎輩相競習之不苦其難，豈非得其自然之機，而用韵如出諸肺腑者乎。以冠乎詞林，而傳之不朽也，必由是矣。至其狀奇絶之景色，寫幽真之物情，有元人未之逮者，則公諸餘，凡具眼者自識之，兹不贅云。

萬曆戊寅仲冬杪濟南許邦才殿卿序

〔一〕以下約缺十一行，現僅剩散套（疑爲北越調鬬鵪鶉）後半部分之三曲及零句，兹録如下：

成害。難道説都是命安排。

〔黄薔薇〕迷魂陣的機關易躧。温柔鄉的棘刺難擇。猛可裏趄脚錯怕前途路窄。漫道是得口訣將初弦藥採。

〔慶元貞〕指望要三峰頂上换形骸。故意往五葷店裏把清齋。分明是千層浪底應科差。危哉。須自揣。休當做抱不哭的小嬰孩。

〔收尾〕玄門自有天仙派。只無染是修真上策。空羨慕錢鏗老壽多年。謹提防摩登伽咒難解。

蘭陵笑笑生

蘭陵笑笑生，嘉靖時人。散曲輯自所著金瓶梅詞話一百回。

小　令

【南仙吕一封書】

生和死兩下相嘆。浮生終日忙。男和女滿堂。到無常祇自當。人如春夢終須短。命若風燈不久常。自思量。可悲傷。題起教人欲斷腸。

【南仙吕皂羅袍】

黄氏在張家。托化轉男身。相湊無差。員外見了喜添花。三年就養成人大。年方七歲。聰明秀發。攻書習字。取名俊達。十八歲科舉登黄甲。

【南正宫玉芙蓉】

東風柳絮飄。玉砌蘭芽小。這春光豔冶巧鬭難描。牆頭紅粉佳人笑。蹴罷鞦韆香汗消。尋芳興。不辭路遥。我只見酒旗摇曳杏花梢。

風吹蕉尾翻。雨洒荷珠亂。見佳人盤鬢如蟬。湘紈半掩芙蓉面。綵袖輕飄賽小蠻。秋波臉。兩情牽好難。引的人意遲寂寞淚闌干。

黄花遍地開。百草皆凋敗。小蛩吟唧唧空階。牛郎夜夜依然在。織女緣何不見來。懨懨害。糊突夢怎猜。我爲他淚滴濕表記鳳頭鞋。

梨花散亂飛。不見遊蜂翅。小窗前鵲踏枯枝。愁聞冒雪尋梅至。忽聽銅壺更漏遲。傷心事。把離情自思。我爲他寫情書閣不住筆尖兒。

【南中吕駐馬聽】

賢妻休悲。我有衷情告你知。妻。你腹中是男是女。養下來看大成人。守我的家私。三賢九烈要貞心。一妻四妾攜帶着住。彼此光輝光輝。我死在九泉之下口眼皆閉。多謝兒夫。遺後良言教道奴。夫。我本女流之輩。四德三從。與你那樣夫妻。平生作事不糢糊。守貞肯把夫名污。生死同途同途。一鞍一馬不須分付。

【南南呂一江風】

子時那。這凄凉如何過。羅幃錦帳和衣卧。歹哥哥。你許下我。子丑時來。不覺寅時錯。疼心腸等他待如何。拋閃了我。願神靈降與他災和殃。

卯時的。亂挽起烏雲髻。羞對菱花鏡。想多情。穿不的錦綉衣裳。戴不起翡翠珍珠。解不開心頭悶。辰時已過了。巳時不見影。奴家爲你憂成病。

午時牌。這相思真個害。害的我魂不在。想多才。你記的月下星前。誓海盟山。誰把你輕看待。你若是未時來。也把奴愁懷解。申時買個猪頭兒賽。

酉時下。不由人心牽掛。誰説幾句知心話。謊冤家。你在謝舘秦樓。倚翠偎紅。色膽天來大。戌時點上燭。早晚不見他。亥時去卜個龜兒卦。

【南南呂西江月】

牛膝蟹爪甘遂。定磁大戟芫花。斑毛赭石與硇砂。水銀與芒硝研化。又加桃仁通草。麝香文帶凌花。更燕醋煑好紅花。管取孩兒落下。

紗帳香飄蘭麝。娥眉輕把簫吹。雪白玉體透簾幃。禁不住魂飛魄颺。一點櫻桃小口。兩隻手賽柔荑。才郎情動囑奴知。不覺靈犀味美。內府衢花綾表。牙籤錦帶粧成。大青大緑細描金。鑲嵌斗方乾浄。女賽巫山神女。男如宋玉郎君。雙雙帳內慣交鋒。解名二十四。春意動關情。自幼乖滑伶俐。風流博浪牢成。愛穿鴨緑出爐銀。雙陸象棋幫襯。琵琶笙箏簫管。彈丸走馬員情。只有一件不堪聞。見了佳人是命。

【南南呂懶畫眉】

冤家爲你幾時休。捱過春來又到秋。誰人知道我心頭。天。害的我伶仃瘦。聽的音書兩淚流。從前已往訴緣由。誰想你無情把我丢。冤家爲你減風流。鵲噪簷前不肯休。死聲活氣没來由。天。倒惹的情拖逗。助的凄涼兩淚流。從他去後意無休。誰想你辜恩把我丢。冤家爲你惹場憂。坐想行思日夜愁。香肌憔瘦減温柔。天。要見你不能勾。悶的我傷心兩淚流。從前與你共綢繆。誰想你今番把我丢。冤家爲你惹閒愁。病枕着牀無了休。滿懷憂悶鎖眉頭。天。忘記了還依舊。助的我腮邊兩淚流。從前與你兩無休。誰想你經年把我丟。

【南商調黄鶯兒】

書寄應哥前。別來思不待言。滿門兒托賴都康健。舍字在邊。傍立着官。有時一定求方便。羨如椽。往來言疏。落筆起雲烟。

【南商調山坡羊】

想當初姻緣錯配。奴把他當男兒漢看覷。不是奴自己誇獎。他烏鴉怎配鸞鳳對。奴真金子埋在土裏。他是塊高號銅怎與俺金色比。他本是塊頑石有甚福抱着我羊脂玉體。好似糞土上長出靈芝。奈何。隨他怎樣到底奴心不美。聽知。奴是塊金磚怎比泥土基。

四 不 應

一向來不曾和冤家面會。肺腑情難捎難寄。我的心誠想着你。你爲我懸心掛意。咱兩個相交不分個彼此。山盟海誓心中牢記。你比鶯鶯重生而再有。可惜不在那蒲東寺。不由人一見了眼角留情。來呵。玉貌生春你花容無比。聽了聲嬌姿。好教人目斷東墻把西樓倦倚。

意中人兩下裏懸心掛意。意兒裏不得和你兩個眉來眼去。去了時强挨孤枕。枕兒寒衾兒剩瑶琴獨對。病體如柴瘦損了腰肢。知道你夫人行應難離。倒等的我寸心如醉。最關心伴着這一盞寒燈。來呵。又被風弄竹聲只道多情到矣。急忙忙出離了書幃。不想是花影輕摇月明如水。

菓子花兒名

初相交在桃園兒裡結義。相交下來把你當玉黄李子兒擡舉。人人說你在青翠花家飲酒。氣的我把頻波臉兒搧的紛紛的碎。我把你賊。你學了虎刺賓了外實裏虚。氣的我李子眼兒珠淚垂。我使的一對桃奴兒尋你。見你在軟棗兒樹下就和我别離了去。氣的我鶴頂紅剪一柳青絲兒。來呵。你海東紅反説我理虧。罵了句牛心紅的强賊。逼的我急了。我在弔枝幹兒上尋個無常。到三秋。我看你倚靠着誰。

我聽見金雀兒花眼前高哨。撇的我鵝毛菊在斑竹簾兒下喬叫。多虧了二位靈鵲兒報喜。我説是誰來不想是望江南兒來到。我在水紅花兒下梳粧未了。狗奶子花迎着門子去咬。我暗使着迎春花兒遶。到處尋你。手搭伏薔薇花口吐丁香把我玉簪兒來叫。紅娘子花兒慢慢把你接進房中。來呵。同在碧桃花下鬬了回百草。得了手我把金盞兒花丢了。曾在轉枝蓮下纏勾你幾遭。叫了你聲嬌嬌滴滴石榴花兒。你試被九花丫頭傳與十姊妹。什麽張致。可不交人家笑話死了。

烟花寨委實的難過。白不得清涼倒坐。逐日家迎賓待客。一家兒吃穿全靠着奴身一個。到晚來印子房錢逼的是我。老虔婆他不管我死活。在門前站到那更深兒夜晚。到晚來有那個問聲我那飽餓。烟花寨再住上五載三年來。奴活命的少來死命的多。不由人眼淚如梭。有英樹上開花。那是我收圓結果。

進房來四下觀看。我自見粉壁牆上排着那琵琶一面。我看琵琶上塵灰兒倒有。那一隻袖子裡掏出個汗巾兒來把塵灰攤散。抱在我懷中定了定子弦。彈了個孤恓調淚似湧泉。有我那冤家何等的歡喜。冤家去撇的我和琵琶一樣。有他在同唱同彈裏來噪。到如今只剩下我孤單。不由人雨淚兒傷殘。物在存留。不知我人兒在那廂。

銀錢名

冤家你不來白悶我一月。悶的人反拍着外膛兒細絲諒不徹。我使獅子頭定兒小厮拏着黄票兒請你。你在兵部窪兒裏元寶兒家歡娱過夜。我陪銅磬兒家私爲焦心一旦兒棄捨。我把如同印箝兒印在心裏愁無救解。叫着你把那挺臉兒高揚着不理。空教我撥着雙火同兒頓着罐子等到你更深半夜。氣的奴花銀竹葉臉兒咬定銀牙。來呵。唤官銀頂上了我房門隨那波臉兒冤家乾敲兒不理。罵了句煎徹了的三傾兒搗槽斜賊。空把奴一腔子煖汁兒真心。倒與你只當做熱血。

姐姐你在開元兒家我和你燃香説誓。我拏着祥道祥元好黄邊錢也在你家行三坐四。誰知你將香爐拆爪哄我。受不盡你家虔婆鶻眼兒閑氣。你榆葉兒身輕。筆管兒心虚。姐姐你好似古碌錢。身子小眼兒大無莊兒可取。自好被那一條棍滑鏝兒油嘴把你戲要。脱的你光屁股。把你線邊火漆打碢碢跌澗兒無所不爲。來呵。到明日只弄得倒四顛三一箇黑沙也是不值。叫了聲二興兒姐姐你識聽知。可惜我黄鄧鄧的金背配你這錠難兒一臉褶子。

叫一聲青天你如何坑陷了奴性命。叫一聲我的嬌兒呵恨不的一聲兒就要把你叫應。也是前緣前世那世裏少欠下你冤家債不了。輪着我今生今世爲你眼淚也抛流不盡。每日家吊膽提心費殺了我心。從來我又不曾坑人陷人。蒼天如何恁不睁眼。非是你無緣必是我那些兒薄倖。撇的我回撲着地樹倒無陰。來呵。竹籃打水勞而無效。叫了一聲痛腸的嬌生。奴情願和你陰靈路上一處兒行。

進房來四下静由不的我悄嘆。想嬌兒哭的我肝腸兒氣斷。想着生下你來我受盡了千辛萬苦。說不的偎乾就濕成日把你躭心兒來看。教人氣破了心腸和我兩箇結冤。實承望你與我做主兒團圓久遠。誰知道天無眼又把你殘生喪了。撇的我前不着村後不着店。明知我不久也命喪在黄泉。來呵。咱娘兒兩個鬼門關上一處兒眠。叫了一聲我嬌嬌的心肝。皆因是前世裏無緣你今生壽短。

想嬌兒想的我無顛無倒。盼嬌兒除非是夢兒中來到。白日裏覩物傷情如刀剜了肺腑。到晚間睡醒來再不見你在我這懷兒中抱。由不的珍珠往下抛。你再不來在描金牀兒上睡着頑耍。你再不來在我手掌兒上引笑。你再不來相靠着我胸膛兒。來呵。生抱這熱笑笑心肝上剜上一刀。奴爲你乾生受枉費了徒勞。你顧了别人撇的我無有個下稍。

燒罷紙把鳳頭鞋跌綻。叫了聲娘把我肝腸兒叫斷。自因你逞風流人多惱你。疾發你出去被仇人纔把你命兒坑陷。奴在深宅怎得個自然。又無親誰把你掛牽。實指望和你同牀兒共枕。怎知道你命短無常死的好可憐。叫了聲不睁眼的青天。常言道好物難全紅羅尺短。

燒罷紙淚珠兒亂滴。叫六姐一聲哭的奴一絲兒兩氣。想當初咱二人不分個彼此。做姊妹一場並無面紅面赤。你性兒强我常常兒的讓你。一面兒不見不是你尋我我就尋你。恰便似比目魚雙雙熱粘在一處。忽被一陣風咱分開來㖸。共樹同栖。一旦各自去飛。叫了聲六姐你試聽知。可惜你一段兒聰明今日埋在土裏。

告爹行停嗔息怒。你細細兒聽奴分訴。當初你將八兩銀子財禮錢。娶我當家理紀管着些油鹽醬醋。你吃了飯吃茶只在我手裏抹布。没了俺娘你也把我陞爲個署府。咱兩個同鋪同牀何等的頑耍。奴按家伏業纔把這活來做。誰承望你哄我說不要了。今日又起這個毛心兒裏。來呵。把往日恩情弄的半星兒也無。叫了聲爹你忒心毒。我如今不在你家了。情願嫁上個姐夫。

黄氏到了那森羅寶殿。有童子先奏說請了看經人來見。閻羅王便傳召請。黄氏拜在金堦下不由的跪在面前。有閻君問你。從幾年把金剛經念起。何年月日感得觀世音出現。這黄女叉手訴說前情。來呵。自從七歲吃齋供養聖賢。望上聖聽言。從嫁了兒夫看經心不減。

【南商調山坡羊帶步步嬌】

燒罷紙小脚兒連跺。奴與你做夫妻一場。並没個言差語錯。實指望同諧到老。誰知你半路將奴抛却。當初人情看望全然是我。今丢下銅斗兒家緣孩兒又小。撇的俺子母孤孀怎生遣過。恰便似中途遇雨半路裏遭風。來呵。拆散了鴛鴦生揪斷異果。叫了聲好性兒的哥哥。想起你那動影行藏可不嗟嘆我。燒的紙灰兒團團轉。不見我兒夫面。哭了聲年少夫。撇下嬌兒。閃的奴孤單。咱兩無緣。怎得和你重相見。燒罷紙滿眼淚墮。叫了聲人也天也。丢的奴無有個下落。實承望和你白頭廝守。誰知道半路花殘月没。大姐姐有兒童他房裏還好。閃的奴樹倒無陰跟着誰過。獨守孤幃怎生奈何。恰便似前不着店後不着村裏。來呵。那是我葉落歸根收圓結果。叫了聲年小的哥哥。要見你只非夢兒裏相逢。却不想念殺了我。哭來哭去哭的奴癡呆了。你一去了無消耗。思量好無下稍無下稍。你正青春。奴又多嬌。好心焦。清減了花容月貌。

【南雙調鎖南枝】

初相會。可意人。年少青春。不上二旬。黑鬖鬖兩朶烏雲。紅馥馥一點朱唇。臉賽夭桃十指如嫩笋。若生在畫閣蘭堂。端的也有個夫人分。可惜在章臺。出落做下品。但能勾改嫁從良。勝强似棄舊迎新。初相會。可意嬌。月貌從容。風塵中最少。瘦腰肢一捻堪描。俏心腸百事難學。恨只恨和他相逢不早。常則願席上樽前。淺斟低唱相偎抱。一覷一個真。一看一個飽。雖然是半霎歡娱。權且將悶減愁消。

【北雙調二犯江兒水】

花容月豔。減盡了花容月豔。重門常是掩。正東風料峭。細雨連纖。落紅千萬點。香串懶重添。針兒怕待拈。瘦損嵩嵩。鬼病懨懨。俺將這舊恩情重檢點。愁壓損兩眉翠尖。空惹的張郎憎厭。這些時對鶯花不捲簾。

槐陰庭院。静悄悄槐陰庭院。芭蕉新乍展。見鶯黄對對。蝶粉翩翩。情人天樣遠。高柳噪新蟬。清波戲彩鴛。行過闌前。坐近池邊。則聽得是誰家唱採蓮。急攘攘愁懷萬千。拈起柄香羅紈扇。上寫阮郎歸詞半篇。

炎蒸天氣。挨過了炎蒸天氣。新凉入綉幃。怪燈花相照。月色相隨。影伶仃訴與誰。征雁向南飛。雁歸人未歸。想像腰圍。做就寒衣。又不知他在那裏貪戀着。並無個真實信息。倩一行人稍寄。只恐怕路迢遥衣到遲。

梅花相問。幾遍把梅花相問。新來瘦幾停。笑香消容貌。玉減精神。比花枝先瘦損。翠被懶重温。爐香夜夜薰。着意温存。斷夢勞魂。這些時睡不安眠不穩。枕兒冷燈兒又昏。獨自個向誰評論。百般的放不下心上的人。

【南仙吕入雙調柳摇金】

心中牽掛。飯不飯茶不茶。難割捨我俏寃家。淒涼因爲我。心上放不下。更不知你在誰家。要離別與我兩句伶仃話。抛閃殺奴家。閃賺殺奴家。你休要把奴來干罷。常懷憂悶。何時得趁我心。牽掛着我有情人。姊妹們拘管的緊。老尊堂不放鬆。顯的我言而無信。不愛你賓和金。只愛你只愛你生的龐兒俊。我和你做夫妻。死了甘心。教奴和你往來相趁。

【北仙吕寄生草】

將奴這銀絲帕。並香囊寄與他。當中結下青絲髮。松柏兒要你常牽掛。淚珠兒滴寫相思話。夜深燈照的奴影兒孤。休負了夜深潛等荼蘼架。〔二〕

【北南吕金字經】

夫人聽我説根源。梵王天子棄江山。不貪戀。要結萬人緣。多全捨。萬古標名在世間。

夫人聽説淚不乾。苦勸員外莫歸山。顧家園。兒女永團圓。休遠去。在家修行都一般。

【北中吕紅繡鞋】

我爲你躭驚受怕。我爲你折挫渾家。我爲你脂粉不曾搽。我爲你在人前抛了些見識。我爲你奴婢上使了些鍬筏。咱兩個一雙憔悴殺。〔三〕

假認做女婿親厚。往來和丈母歪偷。人情裏包藏鬼胡油。明講做兒女禮。暗結下燕鶯儔。他兩箇見今有。〔三〕

【北中呂朝天子】

架兒

這家子打和。那家子撮合。他的本分少虛頭大。一些兒不巧人騰挪。遶院裏都�過。席面上幫閑。把牙兒閑磕。攘一回纔散火。賺錢又不多。歪斯纏怎麽。他在虎口裏求津唾。

踢圓

在家中也閒。到處刮涎。生理全不幹。氣毬兒不離在身邊。每日街頭站。窮的又不趨。富貴他偏羡。從早晨到傍晚。不得甚飽飡。轉不的大錢。他老婆常被人包占。

【北中呂滿庭芳】

罵虔婆

虔婆你不良。迎新送舊。靠色爲娼。巧言詞將咱誑。説短論長。我在你家使够有黄金千兩。怎禁賣狗懸羊。我駡你句真伎倆。媚人狐黨。銜一片假心腸。

虔婆答

官人聽知。你若不來。我接下别的。一家兒指望他爲活計。喫飯穿衣。全憑他供柴糴米。没來由暴叫如雷。你怪俺全無意。不思量自己。不是你憑媒娶的妻。

【北雙調清江引】

轉過雕欄正見他。斜倚定荼蘼架。佯羞整鳳釵。不説昨宵話。笑吟吟掐將花片兒打。

【北中吕四換頭】

赤緊的因説閒話。把海樣恩情一旦差。你這兩日。門兒不抹。我心兒掛。關情的我兒。你怎生便撇的下。

【北仙吕寄生草】

動不動將人駡。一徑把臉兒上撾。千般做小伏低下。但言語便要和咱罷。罷字兒説的人心怕。忘恩負義俏冤家。你眉兒淡了教誰畫。

【北中呂紅綉鞋】

會雲雨風般疎透。閑是非屁似休揪。那怕無縫鎖上十字扭。掄鍬的閃了手腕。散楚的叫破咽喉。咱兩個關心的情越有。

【北大石調鷓鴣天】

記得書齋乍會時。雲蹤雨迹少人知。晚來鸞鳳棲雙枕。剔盡銀缸半吐輝。思往事。夢魂迷。今宵喜得效于飛。顛鸞倒鳳無窮樂。從此雙雙永不離。

【北般涉調耍孩兒】

一靈真性投肚内。這個消息誰得知。人人不識西來意。呀的一聲孕男女。認得娘生鐵面皮。纔得光明際。崑崙頂上轉大千沙界。古彌陀分南北東西。

【北商調掛金索】

大慈仁者。救苦青玄帝。獅座浮空。妙化成神力。清浄斛食。示現焦面鬼。注界孤魂。來受甘露味。
北戰南征。貫甲披袍士。捨死忘生。報效於國家。砲響一聲身臥沙場裡。陣亡孤魂。
來受甘露味。
好兒好女。與人爲奴婢。暮打朝喝。衣不遮身體。逐趕出門。纏臥長街内。飢死孤
魂。來受甘露味。
坐賈行商。僧道雲遊士。動歲經年。在外尋衣食。病疾臨身。旅店無依倚。客死孤
魂。來受甘露味。
鬪惡爭强。枷鎖囹圄閉。斬絞凌遲。身喪長街裡。律有明條。犯了王法罪。刑死孤
魂。來受甘露味。
宿世寃仇。今世來相會。暗計陰謀。毒藥攛腸胃。九竅生烟。喪了身和體。藥死孤
魂。來受甘露味。
乳哺三年。父母恩難極。十月懷胎。坐草臨盆際。性命懸絲。子母歸陰世。産死孤
魂。來受甘露味。
急難顛危。受忍難迴避。私債官錢。逐日來催逼。自刎懸梁。斷了三寸氣。屈死孤
魂。來受甘露味。

久病淹纏。氣蠱癱癆類。疥癬痍瘡。遍體膿腥氣。菽水無親。醫藥無調治。病死孤魂。來受甘露味。
巨浪風濤。洪水滔天至。纜斷舟沉。身喪長江裡。囬首家鄉。無人稍書寄。溺死孤魂。來受甘露味。
回禄風烟。一時難迴避。猛火無情。燒燬身和體。爛額焦頭。死作烟薰鬼。焚死孤魂。來受甘露味。
附木精邪。無主魍魎輩。鱗介飛潛。莫不回生意。太上慈悲。廣垂方便澤。十類孤魂。來受甘露味。

【北雙調五供養】

釋伽佛。梵王子。捨了江山雪山去。割肉喂鷹鵲巢頂。只修的九龍吐水混金身。纔成南無大乘大覺釋伽尊。
大莊嚴。妙善主。辭別皇宫香山住。天人送供跏趺坐。只修的五十三參變化身。纔成南無救苦救難觀世音。
達摩師。盧六祖。九年面壁功行苦。蘆芽穿膝伏龍虎。只修的隻履折蘆任往來。纔成了南無大慈大願毗盧佛。龐居士。善知識。放債來生濟貧苦。驢馬夜間私相居。只修的拋妻棄子上法舡。纔成了南無妙乘妙法伽藍耶。

朝上清

道中尊玉清。王溟滓無光。包梵炁萬象。森羅一黍珠。死魂受煉。受煉超仙界。

朝太清

經中尊上清。主赤明開圖。推運極元綱。流演洞渺溟。死魂受煉。受煉超仙界。

【北雙調水仙子】

當歸半夏紫紅石。可意檳榔招做女婿。浪蕩根插入蓽麻內。母丁香左右偎。大麻花一陣昏迷。白水銀撲簇簇下。紅娘子心內喜。快活殺兩片陳皮。

紫竹白紗甚逍遥。緑□青蒲巧製成。金鉸銀錢十分妙。妙人兒堪用着。遮炎天少把風招。有人處常常袖着。無人處慢慢輕摇。休教那俗人見偷了。

【北雙調楚江秋】

人生夢一塲。光陰不久常。臨危個個是風燈様。看看回步見閻王。急辦行粧。鄉臺上把家鄉望。兒啼女哭好悽惶。排鉸打皷作道塲。披麻帶孝安塋葬。

【北雙調雁兒落帶得勝令】

我去馬坊中推取草。到前邊就把他來叫。歸來把狗兒藏。門上將鎖兒套。尊前酒兒篩。床上燈兒罩。帳煖度春宵。準備鳳鸞交。休教人知覺。把秋菊灌醉了。聽着。花影動知他到。今宵。管恁兩個成就了。

我與他好似並頭蓮一處生。比目魚纏成塊。初相逢熱似粘。乍離別怎難禁耐。好似怪奇哉。這兩日他不進來。大娘又把門上鎖。花園中狗兒乖。難猜。奴婢們睃𥈭的怪。傷懷。這相思實難解。

套　數

【南中呂漁家傲】別後杳無書。不疼不痛病難除。恨凄凄旅館有誰相知。魚沉不見雁傳書。三山美人知何處。眠思夢想。此情爲誰。懨懨憔瘦。一似風中柳絮。知他幾時再得重相會。

【皂羅袍】滿目黄花初綻。怪淵明怎不回還。交人盼得眼睛穿。冤家怎不行方便。從伊别後。相思病纏。昏昏如醉。汪汪淚漣。知他幾時再得重相見。

【前腔】我愛他桃花爲面。笋生成十指纖纖。我愛他春山淡淡柳拖烟。我愛他清俊一雙秋波眼。烏鴉堆鬢。青絲翠綰。玳鈎月釣。丹霞襯臉。交人想得肝腸斷。

【前腔】戍皷鼕鼕初轉。聽樓頭畫角聲殘。搥床搗枕數千番。長吁短嘆千千遍。精神撩亂。語言倒顛。忘飡廢寢。和衣淚漣。終朝懞懂昏沉倦。

【前腔】我爲你終朝思念。在那裏耍笑貪歡。忽然想起意懸懸。一番題起一番怨。恩深如海。情重似山。佳期非偶。離别最難。常言道藕斷絲不斷。

【下山虎】中秋將至。漸覺心酸。只見穿窗月。不見故人還。聽叮噹砧聲滿耳。嘹嚦嚦北雁南還。怎不交人心中慘然。料想相思。斷送少年。黄昏後。更漏殘。把銀燈剔盡方眠。

【前腔】當初携手。月下並肩。説下山盟海誓。對天禱言。若有個負義忘恩。早歸九泉。一向如何音信遠。空教我卜金錢。廢寢忘飡。有誰見憐。黄昏後。更漏殘。把銀燈剔盡方眠。

【尾聲】蒼天若肯行方便。早遣情人到枕邊。免使書生獨自眠。

【南南呂折腰一枝花】紫陌紅徑。丹青妙手難畫成。觸目繁華如鋪錦。料應是春負我。非是我辜負了春。爲着我心上人。對景越添愁悶。

【東甌令】花零亂。柳成陰。蝶困蜂迷鶯倦吟。方纔眼睁心兒裏忘了想。啾啾唧唧呢喃燕。重將舊恨舊恨又題醒。撲簌簌淚珠兒暗傾。

【滿園春】悄悄庭院深。默默的情掛心。凉亭水閣。果是堪宜宴飲。不見我情人。和誰兩個開樽。把絲絃再理。將琵琶自撥。是奴欲歇悶情。怎如倦聽。

【東甌令】榴如火。簇紅巾。有焰無火燒碎我心。懷羞向前欲待要摘一朵。觸觸拈拈不敢戴。怕奴家花貌不似舊時容。伶伶仃仃怎宜樣簪。

【梧桐樹】梧葉兒飄金風動。漸漸害相思。落入深深井。一日一日長夜。長夜難捱孤枕。懶上危樓望我情人。未必薄情與奴心相應。知他在那裏那裏貪歡戀飲。

【東甌令】菊花綻。桂花零。如今露冷風寒秋意漸深。驀聽的窗兒外幾聲幾聲孤飛雁。悲悲切切如人訴。最嫌花下砌畔小蛩吟。咭咭咶咶惱碎奴心。

【浣溪沙】風漸急。寒威凜。害相思最恐怕黄昏。没情没緒對着一盞孤燈。窻眼兒數遍還再輪。畫角悠悠聲透耳。一聲聲哽咽難聽。愁來把酒强重斟。酒入悶懷珠淚傾。

【東甌令】長吁氣。兩三聲。斜倚定幃屏兒思量那個人。一心指望夢兒裏略略重相見。撲撲簌簌雪兒下。風吹簷馬把奴夢魂驚。叮叮噹噹攪碎了奴心。

【尾聲】爲多情牽掛心。朝思暮想淚珠傾。恨殺多才不見影。〔四〕

遣　悶〔五〕

【南仙吕入雙調二犯江兒水】悶把幃屏來靠。和衣强睡倒。聽風聲嘹喨。雪洒窗寮。任冰花片片飄。懶把寳燈挑。慵將香篆燒。只是捱一日似三秋。盼一夜如半夏。捱過今宵。怕到明朝。細尋思這煩惱何日是了。暗想負心賊。當初説的話兒。心中由不的我傷情兒。〔合〕想起來今夜裏心兒内焦。誤了我青春年少。誰想你弄的我三不歸四捕兒着他。你撇的人有上稍來没下稍。

【前腔】懊恨薄情輕棄。離愁閒自惱。論殺人好恕。情理難饒。負心的天鑒表。好教我題起來又是那疼他。又是那恨他。心癢痛難搔。愁懷悶自焦。叫了聲賊狠心的冤家。我比他何如。鹽也是這般鹽。醋也是這般醋。磚兒能厚。瓦兒能薄。你一旦棄舊憐新。讓了甜桃。去尋酸棗。不合今日教你哄了。奴將你這定盤星兒錯認了。〔合〕想起來心兒裏焦。誤了我青春年少。你撇的人有上稍來没下稍。

【前腔】常記的當初相聚。癡心兒望到老。誰想今日他把心變了。把奴來一旦輕抛不理。正如那日被雲遮楚岫。水淹藍橋。打拆開鸞鳳交。到如今當面對語。心隔千山。隔着一堵墻。咫尺不得相見。心遠路非遥。意散了如鹽落水。如水落沙相似了。情疎魚雁杳。空教我有情難控訴。地厚天高。空教我無夢到陽臺。夢斷魂勞。俏冤家這其間心變了。〔合〕想起來心兒裏焦。誤了我青春年少。你撇的人有上稍來没下稍。

【前腔】羞把菱花來照。蛾眉懶去掃。暗消磨了精神。折損了丰標。瘦伶仃不甚好。香褪了海棠嬌。衣惚了楊柳腰。悶悶無聊。攘攘勞勞。淚珠兒到今滴盡了。〔合〕想起來心裏亂焦。誤了我青春年少。你撇的人有上稍來没下稍。

按：此套輯自民國二十五年版（據明萬曆本排印）金瓶梅詞話；詞林摘豔收作小令，題「閨怨」，不署著者；曲文異處甚多，兹雙收於笑笑生及無名氏卷中。

二十八半截兒

【南北雜調十段錦】〔山坡羊〕俏冤家生的出類拔萃。翠衾寒孤殘獨自。自別後朝思暮想。想冤家何時得遇。遇見冤家如同住。如同住。〔金字經〕〔六〕惜花人何處。落紅春又殘。倚遍危樓十二欄。十二欄。〔駐雲飛〕〔七〕悶倚欄杆。燕子鶯兒怕待看。色戒誰曾犯。鬼病誰經慣。呀。減盡了花容月貌。重門常是掩。正東風料峭。細雨漣瀸。落紅千萬點。〔畫眉序〕自會俏冤家。銀箏塵鎖怕湯抹。雖然是人離咫尺。如隔天涯。記得百種恩情。那裏計半星狂詐。〔紅綉鞋〕水面上鴛鴦一對。順河岸步步相隨。怎見個打漁船驚拆在兩下裏飛。〔耍孩兒〕〔八〕自從他去添憔瘦。不似今番病久。才郎一去正逢春。急迴頭雁過了中秋。〔傍妝臺〕到如今瑤琴絃斷少知音。花好時。誰共賞。〔鎖南枝〕紗窗外月兒斜。久想我人兒常常不捨。你爲我力盡心竭。我爲你珠淚偷揩。〔桂枝香〕楊花心性。隨風不定。他原來假意兒虛名。到使我真心陪奉。〔山坡羊〕惜玉憐香。我和他在芙蓉帳底抵面。共你把衷腸來細講。講離情如何把奴拋棄。氣的我似醉如癡。來呵。何必你別心另敍上知己。幾時得重整佳期。佳期。實相逢如同夢裏。〔金字經〕彈淚痕羅帕斑。江南岸。夕陽山外山。〔駐雲飛〕嗏。書寄兩三番。得見艱難。再請霜毫。寫下喬公案。滿紙春心墨未乾。〔江兒水〕香串懶重添。針兒怕待拈。瘦體嵓嵓。鬼病懨懨。俺將這舊恩情重檢點。愁壓挨兩眉翠尖。空惹的張郎憎厭。這些時鶯花不捲簾。〔畫眉序〕想在枕上的溫存話。不由人肉顫身麻。〔紅綉鞋〕一個兒投東去。一個兒向西飛。撇的俺一個兒南來。一個兒北去。〔要孩兒〕你那裏偎紅倚翠銷金帳。我這裏獨守香閨淚暗流。從記得說來呪。負心的隨燈兒滅。海神廟放着根由。〔傍妝臺〕美酒兒誰共斟。意散了如瓶兒碎。難見面似參辰。從別後歲月深。畫劃兒畫損了掠兒金。〔鎖南枝〕兩下裏心腸牽掛。誰知道風掃雲開。今宵復顯出團圓月。重令情郎把香羅再解。訴說情誰負誰心。須共你說個明白。〔桂枝香〕怎忘了舊時山盟爲證。坑人性命。有情人從此分離了去。何時再得成。

【尾聲】半叉綉羅鞋。眼兒見了心兒愛。可喜才捨着搶白。忙把這俏身挨。

鬧五更

【北南呂玉交枝】彤雲密佈。剪鵞毛雪花亂舞。朔風凛冽穿窗户。你心毒奴更受苦。

爹娘駡得奴心忒狠毒。你説來的話全不顧。把更兒從頭細數。

【金字經】夜迢迢孤另另。冷清清更静初。不寄平安一紙書。腮邊流淚珠。不把佳期顧。一更裏無限的苦。

【玉交枝】一更纔至。冷清清撇奴在帳裏。翻來復去如何睡。二更裏淚珠垂。

【前腔】二更難過。討一覺頻頻的睡着。今宵今宵夢兒裏來托。我思他他思我。去時節海棠花兒開了半朵。到如今樹葉兒皆零落。枉教奴癡心兒等着。

【金字經】我癡心終日家等待你。何日是可。合少離多咱命薄。命薄。孤另孤另怎生奈何。好着教難存坐。三更裏睡夢兒多。

【玉交枝】三更月上。好難挨今宵夜長。燒殘蠟燭銀臺上。淚珠流三兩行。紅綾的被兒閒了半牀。新挑的手帕兒在誰行放。瘦損了腰肢腰肢沈郎。

【金字經】沈郎的腰肢瘦。每日家愁斷了腸。盼望情人淚兩行。兩行。對菱花懶去妝。瘦損了嬌模樣。四更裏偏夜長。

【玉交枝】四更如晝。枕邊想不覺的淚流。靈神廟裏曾發呪。剪青絲兩下裏收。説來的話兒不應口。到如今悶的我似章臺柳。教奴癡心等守。

【金字經】我癡心終日家等待你。何日是休。望盼情人空倚樓。倚樓。想情人一筆勾。不由把眉雙皺。五更裏淚珠流。

【玉交枝】五更鷄唱。看看兒天色漸曉。欲待放聲又恐怕傍人笑。叫奴家心内焦。燒香告禱神前筊。負心的自有天知道。枉教奴癡心等着。

【金字經】我癡心終日家等待你。何日是了。簷外叮噹鐵馬兒敲。兒敲。攪的奴睡不着。一壁廂寒鴉叫。淒淒涼涼直到曉。

【玉交枝】曉來梳洗。傍妝臺懶上畫眉。房簷上喜鵲兒喳喳的。小梅香來報喜。報道是有情郎真個歸。奴奴同入羅幃裏。向前來奴家問你。

【後庭花】我問你個負心賊。你盡知一去了半年來。怎生無個信息。我道你應舉求官去。誰想你戀烟花家貪酒杯。我爲你受孤栖。你在那裏偎紅倚翠。我爲你病懨懨減了飲食。瘦伶仃消了玉體。挨清晨怕夕晚。一更裏聽天邊孤雁飛。二更裏想情人魂夢裏。五更裏醒來時不見你。

【柳葉兒】呀。空閒了鴛鴦錦被。寂寞了盟約盟約鶯期。海神廟見放着傍州例。不由我心中氣。你盡知。負心的自有個天知道。

【尾聲】流蘇錦帳同歡會。錦被裏鴛鴦成對。永遠團圓直到底。

【北中吕粉蝶兒】九臘深冬。雪漫天凉然冰凍。更摇天撼地狂風。凍得我體僵麻。心膽戰。實難扎掙。捱不過肚中飢。又難禁身上冷。住着這半天端的是冷。捱不過凄凉要尋死路。百忙裏捨不的頽命。

【耍孩兒一煞】不覺撞昏鐘。昏鐘。人初定。是誰人叫我。原來是總甲張成。他那裏急急呼。我這裏連連應。趁今宵誰肯與我支更。也是我一時僥倖。他先遞與我幾個燒餅。

【二煞】多承總甲憐咱冷。教我敲梆守守更。由着他調用。但得這濟心飢錢未。那裏管人貧下賤。一任教喝號提鈴。

【三煞】坐一回脚手麻。立一回肚子疼。冷燒餅乾嚥無茶送。剛然未到三更後。下夜的兵牌叫點燈。歪踢弄。與了他四十文。方纔得買一個姑容。

【四煞】到五更鷄打鳴。大街上人漸行。衆人各去都不等。只見病花子躺在牆根下。教我偎着他不暫停。得他口煖氣兒心纔定。剛合眼一場惡夢。猛驚回哭到天明。

【五煞】花子説你哭怎的。我從頭兒訴始終。我家積祖根基兒重。説聲賣松槁陳家誰不怕。名姓多居仕宦中。我祖耶耶曾把淮鹽種。我父親專結交勢耀。生下我吃酒行兇。

【六煞】先亡了打我的爺。後亡了我父親。我娘疼專隨縱。吃酒耍錢般般會。酒肆巢窩處處通。所事兒都相稱。娶了親就遭官事。丈人家躲重投輕。

【七煞】我也曾在西門家做女婿。調風月把丈母淫。錢場裏信着人。鑽狗洞。也曾黄金美玉當場賭。也曾馱米擔柴往院裏供。毆打妻兒病死了。死了時他家告狀。使了許多錢。方得頭輕。

【八煞】賣大房。買小房。賸小房。又倒騰。不思久遠含餘剩。飢寒苦惱妾成病。死在房簷不許停。所有都乾净。嘴頭饞不離酒肉。没攬汁拆賣墳塋。

【九煞】掇不的輕。負不的重。做不的傭。務不的農。未曾幹事兒先愁動。閑中無事思量嘴。睡起須教日頭紅。狗性子生鐵般硬。惡盡了十親九眷。凍餓死有那個憐憫。

【十煞】討房錢不住催。他料我也住不成。沙鍋破碗全無用。幾推趕出門兒外。凍骨淋皮無處存。不免冷鋪將身奔。但得個時通運轉。我那其間忘不了恩人。

【北雙調新水令】小園昨夜放紅梅。另一番動人風味。梨花迎咲臉。楊柳妬腰圍。試問荼蘼開到海棠未。

【駐馬聽】野徑疎籬。陣陣香風來燕子。小園幽砌。紛紛晴雨過林西。芳心不與蝶潛知。暗香未許蜂先覺。闌干遍倚。不知多少傷心處。

【雁兒落帶得勝令】我則見碧陰陰西施鎖翠。紅點點鶗鴂抛珠淚。舞仙仙砑光帽簪。虚飄飄花谷樓前墜。尚兀是芳氣襲人衣。豔質易沾泥。落處魚驚。飛來蝶欲迷。尋思。憑誰寄。還悲。花源未可期。

〔一〕雍熙樂府「相思」四首之末曲云：「將我這知心話。付花箋寄與他。當初結下青絲髮。夜深潛立荼蘼下。露苔冰透凌波襪。今朝果是負前盟。不來還我香羅帕。」金瓶梅詞話似即改此曲而成者。

〔二〕樂府羣珠題作「恩愛」三首之末曲云：「你爲我吃娘打罵。我爲你棄了渾家。你爲我脂粉不曾搽。我爲你擔些兒利害。受了些波查。下場頭雙雙地憔悴殺。」金瓶梅詞話似即改此曲而成者。

〔三〕樂府羣珠注曾瑞卿撰，題作「風情」十曲之第二首云：「假認義做哥哥般親厚。行人情似妹妹般追逐。着小局斷兒包藏着鬼胡由。明講着昆仲禮。暗結了燕鶯儔。似恁般誰猜疑我共你有。」金瓶梅詞話似即改此曲而成者。

〔四〕此套詞林摘艷題作「四季閨情」，雍熙樂府題作「失約」，首調曲牌皆作〔香遍滿〕。

〔五〕詞林摘艷「閨怨」，雍熙樂府題作「題情」。金瓶梅詞話似即改此套而成者。

〔六〕小山樂府「春晚」曲云：「惜花人何處。落紅春又殘。倚遍危樓十二闌。彈。淚痕羅袖斑。江南岸。夕陽山外山。」此曲雍熙樂府卷十九亦收。金瓶梅詞話似即截取此曲之半而成者。

〔七〕陳大聲月香亭稿題作「題情」七首之第三首，詞林摘艷題作「麗情」，南宮詞紀題同月香亭稿，俱注陳大聲撰。雍熙樂府題作「題情」，不署作者。曲文如下：「悶倚闌干。燕子鶯兒怕待看。色戒誰曾犯。鬼病誰經慣。嗏。書寄兩三番。得見艱難。再倩霜毫。寫個喬公案。滿紙春心墨未乾。」金瓶梅詞話似即改此曲而成者。

〔八〕詞林摘艷注唐以初撰，題作「閨怨」〔粉蝶兒〕（花落春愁）套内〔耍孩兒〕曲云：「自從他去後添憔瘦。不似我今番害的病久。才郎去時節正逢春。急回來又過中秋。你那裏偎紅倚翠銷金帳。我這裏獨守香閨淚暗流。記的你説來的咒。負心的隨燈兒便滅。海神廟曾有你緣由。」此曲雍熙樂府題作「春思」，盛世新聲、盛世詞林無題，俱不注撰人。金瓶梅詞話似即截取此曲之半而成者。

附録張竹坡評金瓶梅一百回中之散曲

小令

【南雙調孝順歌】

芙蓉面。冰雪肌。生來娉婷年已笄。嬝嬝倚門餘。梅花半含蕊。似開還閉。初見簾邊。羞澀還留在。金蓮再過樓頭。欵接多歡喜。西門慶行也宜。立也宜。坐又宜。偎傍更相宜。

【南南吕懶畫眉】

別後誰知珠分玉剖。忘海誓山盟天共久。偶戀着山鷄輒棄鸞儔。從此蕭郎淚暗流。過秦樓幾空回首。縱新人勝舊。也應須一別洒淚登舟。

【南商調梧桐樹】

心中難自洩。暗裡深深謝。未必娘行。恁地能賢哲。衷腸怎好和君說。說不願丫頭願做官的侍妾。他堅牢望我情真切。豈想風波果應了他心料者。

【南仙吕入雙調川撥棹】

成吳越。怎禁他巧言相鬬諜。平白地送暖偷寒。平白地送暖偷寒。猛可的搬唇弄舌。水晶丸不住撇。蘸剛鞭一味撅。

【南越調綿搭絮】

銀箏宛轉。促柱調弦。聲繞梁間。巧作秦聲獨自憐。指輕妍。風迴雪旋。緩揚清曲。響奪鈞天。說甚麽別鶴烏啼。試按羅敷陌上篇。休按羅敷陌上篇。

【北黄鍾喜遷鶯】

師表方眷遇。魚水君臣須信從來少。賓運當千。佳辰餘五。嵩嶽誕生元老。帝遣阜安宗社。人仰雍容廊廟。願歲歲。共祝眉壽。壽比山高。

附録李漁新刻繡像批評金瓶梅一百回中之散曲

【南羽調歸仙洞】

步花徑欄杆狹。防人覷常驚嚇。荆刺抓裙釵。倒閃在荼蘼架。勾引嫩枝咿啞。討歸路尋空罅。被舊家巢燕。引入窗紗。

【南黄鍾點絳唇】

新涼睡起。蘭湯試浴。郎偷戲。去曾嗔怒。來便生歡喜。【換頭】奴道無心。郎道奴如此。情如水。易開難斷。若個知生死。

【南南吕意難忘】

衣染鶯黄。愛停板駐拍。勸酒持觴。低鬟蟬影動。私語口脂香。檐滴露。竹風凉。拚劇飲琳琅。夜漸深。籠燈就月。仔細端詳。

【北雙調折桂令】

我見他斜戴花枝。朱唇上不抹胭脂。似抹胭脂。前日相逢。今日相逢。似有情私。未見情私。欲見許何曾見許。似推辭本是不推辭。約在何時。會在何時。不相逢他又相思。既相逢我又相思。

李日華

李日華，字實甫，南直隸吴縣（今江蘇蘇州）人。生平無考，約嘉靖初前後在世。工詞曲，曲品云：「李實甫斗膽翻詞。」嘗據友人崔時佩改編之西廂記傳奇，更訂增補成南調西廂記三十八折，盛傳一時。另著有四景記傳奇。

小令

【南正宫玉芙蓉】

四景閨情四首(一)

殘紅水上飄。青杏枝頭小。這些時眉兒淡了誰描。因春帶得愁來到。春去緣何愁未消。人别後。山遥水遥。我爲他盼歸期月轉海棠梢。（群音類選）

新荷沼内翻。雨過瓊珠亂。對南薰鶯啼燕語心煩。蛾眉蹙損春山淡。瘦減腰肢憶小蠻。人别後。千難萬難。我爲他盼歸期倚遍玉闌干。（群音類選）

東籬菊艷開。金井梧桐敗。隔窗聞瀟瀟夜雨傷懷。薄情羈絆天涯外。鴻雁來時書未來。人別後。朝猜暮猜。我爲他數歸期跌綻鳳頭鞋。（群音類選）

漫空柳絮飛。亂舞蜂蝶翅。隴頭梅又早開了南枝。春情欲寄皇華使。幾度停針腸斷時。人別後。朝思暮思。我爲他數歸期掐損指尖兒。（群音類選）

套數

四景宫怨〔二〕

【南南吕六犯清音】〔梁州序〕瑣窗人静。未央天遠。一似嫦娥無伴。玉容消减。教人挫過芳年。〔桂枝香〕何處流紅葉。無心整翠鈿。〔排歌〕春將老。恨轉添。梨花院落冷鞦韆。〔傍粧臺〕怎如得雙雙燕子梁間語。怎如得兩兩鴛鴦沙上眠。〔皂羅袍〕長門望月。深巷鎖烟。琵琶寫不盡思君怨。〔黄鶯兒〕悶懨懨。姻緣未了。何日賜温泉。〔三〕

【前腔】雕簷風煖。香堦紅淺。屈指流光如箭。等閑春去。難教玉貌長妍。雎鳥詩空在。青鸞信不傳。慵薰麝。懶步蓮。含情獨倚小闌前。怎禁得纖腰瘦怯愁如海。怎禁得淑景舒遲晝似年。傷心時候。何處管絃。柰仙源咫尺無由見。枉埋冤。從來薄命。多半是紅顔。

【前腔】紫簫雲散。玉輪初現。忍聽笙歌別院。重門深鎖。教人悔入甘泉。夢斷秦樓遠。愁縈楚黛連。天街静。露葉鮮。自慚新寵不如前。怎能彀瑶琴寶瑟春風館。怎能彀軟舞嬌歌明月筵。羊車聲斷。虎柝韻嚴。把幽情萬種傳秋扇。好涼天。卧看牛女。佳會自年年。〔四〕

【前腔】綉宫添綫。冰壺凝箭。風攪梁園雪滿。謝庭才健。吟毫懶上花箋。魚鑰收來早。龍樓高處寒。眉横黛。鬢嚲蟬。晚粧新樣爲誰妍。只愁着畫圖誤寫春風面。又恐怕羅帶空留碧玉篇。鴛幃獨守。鳳膏枉燃。這新愁舊恨都難遣。綺窻前。梅花和月。應咲我孤眠。

【尾聲】病容添。恩光淺。十年空列女官班。始信人生際會難。〔五〕（群音類選）

複出

小令

【南商調金落索掛梧桐】

東風轉歲華。

楊花亂滚綿。

閑堦細雨收。

銀臺絳蠟籠。

詞林白雪無題，注李日華撰，疑誤。案此四曲見陳大聲可雪齋稿，題作「四時閨怨」。

套數

詠西湖景

【北中吕粉蝶兒】小扇輕羅描不上。

詞林逸響、古今奏雅題作「詠西湖景」，怡春錦題作「詠景」，俱注李日華撰。珊珊集題唐伯虎作。樂府先春屬沈蛟門，疑是。茲已輯於沈氏卷中，不重出。

〔一〕群音類選題作「四景閨情」，新編南九宫詞題作「情」，吴騷合編題作「四時閨思」，南宫詞紀收第一首，題作「題情」，吴騷二集首曲題作「閨思」，南詞韻選第一首無題，南音三籟首曲題作「春閨」，俱注李日華撰。吴歈萃雅、詞林逸響、古今奏雅題作「四景題情」，皆署名李復初著。吴騷二集又收第三首，題作「秋思」，注古詞。韻選又收第三首，無題，三籟又收第二、三、四首無題，金瓶梅詞話無題，俱不注作者姓名。王驥德曲律云：「〔玉芙蓉〕殘紅水上飄，李日華詞也。」

〔二〕群音類選題作「四景宫怨」，南宫詞記題作「宫怨」，吴騷合編題作「四時宫詞」，新編南九宫詞無題，俱注李日華撰。珊珊集題同詞紀，樂府先春、吴騷集無題，皆署文衡山著。吴歈萃雅、古今奏雅題作「四時閨怨」，詞林逸響、萬錦清音題作「四時宫怨」，怡春錦題作「宫怨」，均屬高東嘉。詞林白雪無題，注茅平仲著。南音三籟題作「宫詞」，樂府争奇無題，皆不注作者。未知孰是，兹姑以之歸李氏。

〔三〕此曲後吴騷集多一支前腔：「建章鐘動。上林春曉。綉帳輕寒猶峭。夢回青瑣。依然恨積眉稍。良夜愁中度。花容暗裏消。雕欄外。望轉遥。何日得整鳳鸞交。只願着朱輪照耀雲中駕。只願着彩燕輕盈掌上嬌。紅顔命薄。鸞館寂寥。君王那處同歡笑。好心焦。前生已誤。再不把斷香燒。」

〔四〕此曲吴騷集、吴騷合編、怡春錦、南音三籟作：「長生宫殿。珠簾齊捲。愛殺瑶臺月滿。銀河星燦。天孫此際成懽。競穿針乞巧。誰憐扇棄捐。釵抛鳳。鏡掩鸞。西風吹鬢倍淒然。怎能得簫韶共奏秦臺上。怎能得雲雨同行楚岫間。慵題紅葉。倦舞翠盤。淚痕兒界破芙蓉面。對蒼天。焚香暗禱。願結此生緣。」

〔五〕南宫詞紀無尾聲。

吴國倫

吴國倫，字明卿，號川樓，别號南嶽山人，湖廣興國（今湖北陽新）人。嘉靖二十九年（一五五〇）進士，官至河南左參政。工於詩，與李攀龍等號後七子，有甔甀洞稿、續稿。嘉靖三年（一五二四）生，萬曆二十一年（一五九三）卒，年七十。

複出套數

【南黄鐘畫眉序犯】鸚鵡報春晴。

樂府先春無題，注吴川樓撰。群音類選、吴歈萃雅、詞林逸響、珊珊集、吴騷合編、古今奏雅、南音三籟俱注劉東生撰。兹已輯於劉兑卷中，此不重録。

汪道昆

汪道昆，字玉卿，改字伯玉，號南明，或作南溟，别號太涵，晚號函翁，南直隸（今安徽）歙縣人。嘉靖二十六年（一五四七）進士，除義烏知縣。與戚繼光募義烏兵破倭寇有功，陞按察史、福建巡撫，至兵部侍郎，尋乞養歸。道昆以詩文名海内，與世貞齊名，時稱南北兩司馬。有太函集、副墨、玄扈樓集，及雜劇京兆記、高唐記、洛神記、五湖記等，合稱大雅堂四種。生於嘉靖四年（一五二五），卒於萬曆二十一年（一五九三），年六十九。

套 數

南北雙調合套

歸隱

【新水令北】早歸來遥授醉鄉侯。更無端病魔迤逗。燈前枉自笑。枕上臥堪游。食邑糟丘。這湯沐權消受。

【步步嬌南】憶昔長安看花候。春色濃於酒。風烟不耐秋。半晌繁華。幾番僝僽。回首問漁舟。見枯楊猶繫桃源口。

【折桂令北】人都道我是個没遮攔的騄駬驊騮。没拘管的緑鬢清狂。没干繫的緑綬優游。單只與那没開交的緑醑綢繆。我也曾醉皇都市上蒙頭。我也曾醉王門席上爭籌。我也曾醉高陽池上風流。我也曾醉章華臺上夷猶。更醉在北極丹丘。東海滄洲。中夜西園。明月南樓。

【江兒水南】樽俎供吾樂。干戈爲國謀。東來烽火君知否。鳴鞭躍馬狂催走。搴旗斬將功爭首。表裏山河依舊。纔墮攙槍。又見南箕哆口。

【雁兒落帶得勝令北】我也曾駕輶軒四岳游。我也曾下艅艎三湘守。我也曾奉玄君絳節朝。我也曾聽黄帝鈞天奏。我也曾陪執戟侍宸旒。我也曾親按劍閱邊籌。我也曾憑緩步昭陽殿。我也曾賜深杯玄武洲。蚍蜉。蠻觸空相鬬。鼯鼯。飛揚只暗投。

【僥僥令南】雌黄多士口。垂白少年頭。只見路鬼揶揄齊拍手。不覺的丈人行甲子週。

【收江南北】呀。似我這般多病呵甘獨往任羣咻。烏皮几在睡齁齁。白綸巾在髮颼颼。一任取混龍蛇應馬牛。齊丢下鵔鸃冠和那鷫鷞裘。

【園林好南】租庸使公家早酬。糟糠婦村醪早篘。帝力於吾何有。便做是百無成百不憂。百無成百不憂。

【沽美酒帶太平令北】我當初直待要補重玄觸不周。迴白馬放青牛。糠粃堯舜蔑東丘。高步任天游。説甚麽逍遥莊叟。笑神禹玄圭藉手。卑公旦赤舄躭憂。排七聖襄城迷瞀。覆三車祇園紕繆。也不須九疇。九流。呀。投至到洛水重開蘭臺重構。

【尾聲南】羊求三徑荒蕪久。獨坐落花清晝。奈黄鳥嚶嚶似有求。（北宫詞紀）

贈徐姬飛卿有跋(二)

余參禪金山，秦淮徐翩飛卿往訊，爲作慧月天人品，並繫以辭。

【南仙吕入雙調園林好】常相傍淮南小山。曾得致河中小蠻。人世那逢青眼。端爲爾一開顔。還爲爾更愁顔。

【前腔】瘦怯怯春羅半刪。嬌滴滴秋波兩灣。高髻雲鬟宫扮。從何處落塵寰。知何處脱塵寰。

【江兒水】錦瑟逾千指。霓裳第一班。題來錦句留香翰。携來彤管卿雲爛。揮來綵筆天花璨。一幅千金争看。帝里前身。墮落在那莊公案。

【前腔】繡户時時掩。琅函日日翻。菩提煩惱無常限。須彌芥子真和幻。刹那曠刼如輪轉。解脱都無拘絆。借問登伽。糊突心猿誰綰。

【五供養犯】〔五供養〕蓬萊海岸。欲叩三乘直到三山。維舟風馥馥。繞屋步姗姗。信是天人。縞帶全抛華鬘。香巖容説法。香積候傳餐。〔月上海棠〕一晤無多。相逢恨晚。

【前腔】青樓夢返。黄鳥歌殘白嶽雲還。帝居天作闕。佛座雪爲山。信宿精藍。水月梵王宫晚。到來千座滿。歸去一帆閒。五兩風輕。順流如坦。

【玉交枝】三生轉眠。會中人朝來暮還。忙中撇却千金擔。何勞湯沸柴燔。禪心一點江上山。風情幾綑春前蔓。惡魔頭是紅襟淚斑。孽冤家是情詞恨柬。

【前腔】蘭橈輕泛。送行人垂楊淺灘。彩雲只合天邊散。又何勞聲唱陽關。人生聚離誠等閒。江心舟舵須欄絆。莫沉淪鴛衾麝蘭。急回頭紅爐冰炭。

【川撥棹】枝和幹。算從前總浪攤。到頭來興盡更闌。到頭來興盡更闌。看印澄潭新蟾一彎。漾銀波照影寒。説團圞又缺殘。

【前腔换頭】别後依希響珮環。香韻風揚纏彩幡。信道是丰骨非凡。信道是丰骨非凡。悟從前料門開指彈。似掌書仙供奉班。散瓊花繡佛壇。

【尾聲】江上雲沙頭雁。伴人閒松濤古梵。説甚紅樓翠與丹。（吴騷合編）

蒲團悟語，不宜更作麗詞。亟爲脱胎，以當降魔一杵。想鬧熱場中正不可無此冷諢也。顧大衆着眼。半嶺道人

〔一〕彩筆情辭題作「贈徐姬參禪」。

宗臣

宗臣，字子相，號方城，南直隸（今江蘇）興化人。嘉靖二十九年（一五五〇）進士，由吏部考功郎，歷稽勳員外郎。出爲福建布政參議。文章與李攀龍、王世貞相切磋，爲嘉靖七子之一。著有宗子相集。嘉靖四年（一五二五）生，三十九年（一五六〇）卒，年三十六。

套數

情女述懷

【南仙吕入雙調步步嬌】歡喜寃家難相離。鎮日心縈繫。衷腸訴與誰。不合情多。惹下相思淚。咲我自痴迷。眼睁睁不看傍州例。

【江兒水】想起初逢日乍見時。指山高海闊爲盟誓。似漆投膠相粘住。如糖伴蜜甜言語。哄得我輸情輸意。今日裡苦淡酸辛。都做了愁中滋味。

【園林好】起初時願白首終身靠伊。到如今剩隻手孤身靠誰。早知你口是心非。把盟山爲地上泥。將誓海爲溝中水。

【川撥棹】悔。悔後應遲。悔之又悔。病纏身都爲你。瘦怯怯强自支持。瘦怯怯强自支持。病懨懨無方療醫。負心的人易欺。負心的天怎欺。

【前腔】喜。喜那當時。喜之又喜。兩情濃無彼此。情繾綣酒勸金卮。情繾綣酒勸金卮。意綢繆春生綉幃。得便宜你自知。落便宜我自知。

【五供養】把恩情説起。似鸞交鳳友相偎。惟嫌夜短。恣歡娱。那知更籌又起。一般樣銅壺漏水。今夜裡聽來下滴偏遲。衾寒心獨苦。枕冷淚雙垂。翻來覆去夢遶魂迷。

【僥僥令】信無三月雁。愁有五更鷄。把萬恨千愁重題起。都鎖在纖纖兩道眉。

【前腔】閑中空懊惱。静裡細尋思。想起負德辜恩無如你。受盡了凄涼再有誰。受凄涼更有誰。

【尾聲】芳心已作沾泥絮。不逐東風上下飛。一任鶯老花殘春自歸。（樂府先春）

按：此套樂府先春無題，注宗方城撰。新編南九宫詞題作「情」，注舊詞。群音類選題作「閨怨」，昔昔鹽題作「情女述懷」，太霞新奏題作「思情」，樂府争奇無題，俱不注撰人。兹據先春輯之，題從昔昔鹽。

王子安

王子安，生平不詳。

套數

南北南吕合套

閨情

【四塊玉北】信物存。情詞在。想着他美貌端莊錦綉文才。好交我病懨懨愁兀兀看看害。害的我頭懶擡。頭懶擡眼倦開。錦繁花無心戴。

【金索掛梧桐南】繁花滿目開。錦被空閑在。劣性寃家。誤得人忒毒害。前生少欠他。今世裡相思債。失寐忘飡倚定着這門兒待。房櫳静悄如何捱。

【罵玉郎北】冷清清房櫳静悄如何捱。獨自把幃屏倚。知他是甚情懷。想當初同行同坐同歡愛。到如今孤另另怎剮劃。愁慼慼酒倦釃。羞慘慘花慵戴。

【東甌令南】花慵戴。酒慵醲。如今燕約鶯期不見來。多應他在那裡貪歡愛。物在人何在。空勞魂夢到陽臺。則落得淚盈腮。

【感皇恩北】呀。則落得兩淚盈腮。多應是命裡合該。莫不是你緣薄。咱分淺。都一般運拙時乖。怎禁那攙閑人是非。施巧計栽排。撕撏碎合歡帶。硬分開鸞鳳釵。水渰塌楚陽臺。

【針線箱南】把一床絃索塵埋。兩眉峰不展開。香肌瘦損愁無柰。懶刺綉。傍粧臺。舊恨新愁教我如何捱。我則怕蝶使蜂媒不再來。臨鸞鏡也。問道朱顏未改。他早先改。

【採茶歌北】改朱顏瘦了形骸。冷清清怎生捱。我則怕梁山伯不戀我這祝英臺。他若是背義忘恩尋罪責。我將這盟山誓海說的明白。

【解三酲南】頓忘了誓山盟海。頓忘了音書不寄來。頓忘了枕邊許多恩和愛。頓忘了素體相挨。頓忘了神前設下千千拜。頓忘了表記香羅紅綉鞋。說將起。傍人見了。珠淚盈腮。

【烏夜啼北】俺如今相離了三月如隔數載。要相逢甚日何年再。則我這瘦伶仃形體如柴。甚時節還徹了相思債。又不見青鳥書來。黄犬音乖。每日家病懨懨懶去傍粧臺。

得團圓便把神羊賽。意廝投。心相愛。早成了鸞交鳳友。省的着蝶笑蜂猜。

【尾聲】把局兒牢鋪擺。情人終久再歸來。美滿夫妻百歲諧。（詞林摘艷）

按：詞林摘艷題作「閨情」，注明王子安作。盛世新聲、盛世詞林無題，群音類選題作「女相思」，雍熙樂府題作「牽掛」，俱不注撰人。北宮詞紀題作「題情」，注王實甫著，未必可信。兹從摘艷以之屬子安。

王元和

王元和，生平不詳。

套數

題情[一]

【南越調小桃紅】暗思金屋配合春嬌。是那一點花星照也。向這懽娛中深埋了禍根苗。我一從見了那箇妖嬈。他便和咱燕鶯期。鳳鸞交。鴛鴦侶。只引得蜂蝶兒鬧也。恨不得折損柔條。誰承望五陵人。可早先能够小蠻腰。

【下山虎】向這芙蓉錦帳。配合春嬌。說不盡忔憎處。[二]有萬般小巧。割捨了葉損枝殘。蕋開瓣凋。早一樹烟華春事了。是咱思算少。又被傍人一覓裏攪。猛可裏袄神廟。頓然火燒。險把藍橋水渰倒[三]。

【山麻稭】[四]計痛喋。低低道。你休得爲我愁煩。因我煎熬。多嬌。猶兀自恐咱憔悴潘安容貌。越着我氣冲牛斗。恨填滄海。怒鎖霞霄。

【恨薄情】爲恩情。傷懷抱。追遊宴賞情分少。朱顔鏡裏添老。書齋静悄。不敢展文公家教。但只是磨香翰。浣兔毫。纔下筆便寫出風情。翰林舊稿。

【四般宜】織錦字寄英豪。焚金鼎謝青霄。端詳了雲翰墨。越着我恨難熬。全不寫雲期雨約。但只訴玉減香消。他道我風流性。如竹摇。忔登的〔五〕在咱心上。默地拴牢。

【怨東君】他那裏紅粧殘頓忘了楚嬌。咱這裏青衫濕漸成沈腰。他那裏兩淚〔六〕搵鮫綃。咱這裏行裏坐裏五魂縹緲。躭煩受惱。是咱離多會少。莫不是普天下相思病。我共他占了。

【江頭送别】腌臢悶。腌臢悶。甚時斷絶。㾾煎病。㾾煎病。甚日醫療。又不敢對着人明明道。只落得夢斷魂勞。

【餘音】眠思夢想如花貌。這愁煩誰人知道。守着這一盞殘燈昏沉沉坐到曉。（詞林摘艷）

按：曲牌【恨薄情】【怨東君】，類選作【五韻美】【五般宜】，並於【江頭送别】後多出【憶多嬌】一曲：無福消。命難招。老天斷送鳳鸞交。形孤影吊夜迢迢。天知寂寥。天知寂寥。管取和天瘦小。

〔一〕詞林摘艷題作「題情」，注無名氏。群音類選題作「紀情」，吴騷合編題同摘艷，彩筆情辭題作「懷美」，俱署王元和撰。詞林一枝題作「風情妙曲」，昔昔鹽題作「憶昔思情」，新編南九宮詞題作「情」，南詞韻選、盛世詞林無題，皆不注撰者。南九宮譜、南詞新譜、南曲九宮正始俱引小桃紅、山麻稭、恨薄情、怨東君、江神子、江頭送別六曲，正始注明散套。九宮大成南北詞宮譜引下山虎、山麻稭、四般宜、餘音四曲。吴歈萃雅、詞林逸響、南音三籟、古今奏雅題作「思憶春嬌」，詞林白雪無題，俱屬陳大聲。未知孰是，兹互見陳、王兩家曲中。

〔二〕「忔憎處」，摘艷作「忔憎迅」，兹據他本改。

〔三〕「猛可裏」二句，摘艷屬下曲，兹據他本正之。

〔四〕「山麻稭」，摘艷作「二犯鬬寳蟾」，兹據他本改。

〔五〕「忔登的」，摘艷作「忔登迅」，兹據他本改。

〔六〕「兩淚」，摘艷作「五淚」，兹從他本。

史直夫

史直夫，生平不詳。

套數

題情

【北正宫端正好】花下燕鶯期。春日鴛鴦會。翠紅鄉端的堪宜。配鸞鳳若得成連理。今日稱了平生意。

【滚綉毬】俊龐兒淺淡粧。身穿着縞素衣。顫巍巍巧盤着雲髻。描不成玉體香肌。櫻桃一點唇。春山八字眉。酒席間一團兒和氣。喜孜孜滿捧金盃。輕彈錦瑟歌聲細。謾撥銀筝金縷低。怎能勾步步兒相隨。

【倘秀才】冰上人知他在那裏。月下老不知所以。因此上姻緣簿不將咱名姓題。無心觀經史。意懶看文籍。這凄凉自知。

【脱布衫】意痴痴染病躭疾。悶懨懨廢寢忘食。愁冗冗情牽恨惹。急穰穰似痴如醉。

【醉太平】想輕憐痛惜。似畫餅充飢。空勞鶯燕問花媒。想離愁自知。青鸞不把家書寄。賓鴻不至無消息。錦鱗不到信音希。要相逢除非是夢裏。

【尾聲】楚陽臺朝雲暮雨無蹤跡。桃源洞水遠山長去路迷。祆廟火騰騰列焰飛。藍橋水澄澄雪浪堆。西廂下鶯鶯少了見識。臨川縣蘇卿等了半世。有一日江景凄凄。風雨霏霏。怨怨悲悲。哭哭啼啼。直趕到金山恁時節悔。（詞林摘艷）

按：盛世新聲、盛世詞林無題，雍熙樂府題作「離恨」，俱不署名。兹據詞林摘艷輯之。

丘汝成

丘汝成，生平不詳。

套數

詠三分[一]

【北仙吕點絳唇】秦失邦基。項劉争利。施謀智。倚仗雄威。到底來天命歸仁德。

【混江龍】君臣際會。豪傑英俊似雲集。張子房運籌帷幄。韓元帥戰勝迎敵。蕭丞相輔弼國家遵法律。不絶割賞撫黔黎。整頓的江山鞏固。揩磨的日月光輝。肅靖了亡秦宇宙。扶立起炎漢華夷。調鼎鼐。理鹽梅。播星斗。吐虹蜺。逼的箇秦子嬰繫頸獻降符。逼的箇楚霸王自刎在烏江内。一來是上天眷命。二來[二]是臣宰扶持。

【油葫蘆】鼎足三分漢社稷。占天時曹孟德。他則待命諸侯施權柄逞奸欺。事無成一命歸泉世。廢獻帝做山陽公便把曹丕立。論東吴孫仲謀。據長江千萬里。倚仗着龍韜虎略多雄勢。得地利可勍敵。

【天下樂】劉先主仁和是國戚。占了西蜀。建帝基。山河大礪因富國。他則待復故邦雪舊址。不能勾整乾坤皆混一。

【那吒令】若論着智謀。有軍師調理。若論着勢威。有雲長翼德。若論着英勇。有子龍孟起。老將軍黄漢昇。他每都多鋒利。一班兒將相扶持。

【鵲踏枝】沙場上受驅馳。陣面上惡迎敵。雖然是將勇兵强。虧軍師妙策神機。想當初赤壁下鏖兵對壘。直殺的烟滅灰飛。

【寄生草】丞相要平蠻虜。我則待除逆賊。勦滅荒暴無遺類。見如今曹丕虎視中原地。我則怕乘虚鼠竊西蜀地。軍師前論黄數黑説兵機。我正是班門弄斧誇強會。

【六幺序】擎天柱堪稱許。棟梁材衆所推。習韜略善曉兵機。憑丞相妙策深奇。决斷無疑。曉天文地理精微。堪爲舟楫能經濟。敢當先斗膽誰及。共軍師報國把功勞立。他則待心存漢室。恢復華夷。

【幺篇】耀武揚威。斬將奪旗。勦捕渠魁。他將那小醜妖氛净洗。喜孜孜得勝回。四海傳檄。萬國皆知。奏鑾轝獻伏丹墀。玳筵開慶賞風雲會。麒麟殿圖寫容儀。功勞顯耀英雄輩。笑吟吟加官賜賞。喜孜孜廕子封妻。（詞林摘艷）

上武職[三]

【北南呂一枝花】擎天架海梁。佑國安邦將。錦袍銀鎖鎧。金印碧油幢。神表堂堂。諳地理觀乾象。受皇恩被寵光。點三軍返踞投壺。安萬姓謳歌擊壤。

【梁州】驅虎豹威風凜凜。擁貔貅豪氣昂昂。坐施行政中軍帳。弓彎秋月。劍掣寒霜。營安細柳。獵縱長楊。撲鼕鼕鼓擂花鞚。不剌剌馬驟沙場。按着那六韜書亂紛紛奇正璇環。施逞那三略法鬧炒炒縱橫擾穰。展開那五方旗卒律律上下悠揚。遠方。近方。人都道羽林星宿從天降。施愷悌萬人望。名注金縢姓字香。萬代輝光。

【尾聲】篪塤迭奏誠堪賞。文武兼齊普讚揚。當日箇德行如雲過顏巷。使蓬門有光。斯文道長。自嘆不遇英賢鎮長想。（詞林摘艷）

上太師[四]

【北正宮端正好】享富貴受皇恩。陳綱紀明天道。貫胸襟虎略龍韜。威儀楚楚全忠孝。文共武皆奇妙。

【滾繡毬】擺旌旗霞彩飄。列干戈日月高。驟蹀躞馬銜着金絡。撼玲瓏玉掛絨縧。擁高衙大纛雄。卧重裀列鼎豪。靄畫堂瑞烟籠罩。撲湘簾花霧飄飖。金爐火煖龍涎噴。銀燭光輝絳蠟燒。歲月逍遥。

【倘秀才】朝鳳闕朱衣紫袍。陞虎帳貂裘繡襖。瞻仰龍樓爵禄高。鞠躬躬趨黄道。雄赳赳侍清朝。近鑾輿玉藻。

【呆骨朵】丹書鐵券金花誥。撫華夷四海名標。旌旗影欵動龍蛇。金鼓響驚飛燕雀。出落着威武非熊兆。調鼎鼐。理陰陽。居廊廟。普天下賀太平壽域開。宰臣每整乾坤安定了。

【貨郎兒】開大宴齊臻臻華筵前歡樂。香馥馥珍羞美餚。有交梨火棗。有蟠桃。炮麟脯。烹魚尾。燒熊掌。煎羊羔。

【醉太平】有龍笛鳳簫。間鼉鼓檀槽。擺列着清歌妙舞出妖嬈。唱黄鍾六幺。萬民豐足皆歡樂。八方寧静開懷抱。四時康泰盡和調。

【貨郎兒】文修武備。日轉遷階。穩拍拍的輔佐邊庭。把這風塵静掃。

【尾聲】普天率土歸王道。萬國尊依賀聖朝。君德成勝禹舜堯。臣宰賢良過管樂。則將那天下奸邪盡平勦。（詞林摘艷）

四季賞心〔五〕

【北仙吕點絳唇】三月韶光。萬花争向。春開放。紅紫芬芳。膏雨過。堪遊賞。

【混江龍】東風飄蕩。麗人天氣景非常。戲清波鴛紅鴨緑。採名園蝶粉蜂黄。香馥馥梨花白雪嫩。緑依依楊柳翠絲長。看了這山明水秀。李白桃紅。端的是堪寫在幃屏上。聲嚦嚦鶯遷喬木。語喃喃燕遶雕梁。

【油葫蘆】寶馬香車人鬧攘。把花籃春盛將。正值着豔陽天明媚景好風光。一處處會佳賓玳瑁筵寬廣。一步步動仙音絃管聲嘹喨。歌謳着金縷詞。酒斟着白玉觴。笑吟吟且開懷展放江湖量。赤緊的春歸去太疾忙。

【天下樂】因此上捹了醄醄入醉鄉。見芳草池塘。夭桃間緑楊。花撲撲賽過錦繡鄉。蹴踘聲吹到綺筵。鞦韆影迸過粉牆。回首早散荼蘼滿院香。

【那吒令】過清和氣爽。葵花開豔芳。起薰風淡蕩。藕花吹異香。正炎天晝長。榴花綻錦囊。遶方池圓沼中。向水閣凉亭上。摇紈扇浴罷蘭湯。

【鵲踏枝】碧荷筒飲瓊漿。白蓮藕雪冰霜。正好宜沉李浮瓜。避暑乘凉。人和着採蓮腔在蘭舟畫舫。須臾間又是重陽。

【寄生草】玉露養芙蓉豔。金風飄桂子香。墜銀牀梧葉瀟瀟響。過南樓塞雁呀呀唱。噴清香黄菊叢叢放。這的是酒中得趣孟參軍。喜的是窻前寄傲陶元亮。

【幺篇】一任教西風裡烏紗落。且喜得東籬下菊正黄。趁着這凝霜紫蟹偏肥壯。旋將這新篘緑蟻頻釃盪。更和那知心故友同歡暢。恰纔見丹楓滿樹舞林間。却又早彤雲四野垂天上。

【六幺序】呀。冷颼颼寒成陣。疎剌剌風力狂。剪冰花應瑞呈祥。恰便似蝶翅飛揚。鶴羽翱翔。敲竹葉風透幽窻。採樵人路迷難行往。便有打漁人怎向寒江。亂紛紛撏綿扯絮空中降。這見了呵消災壓瘴。更那堪宿麥移蝗。

【幺篇】偏向那重門閉上。呀。梅花開送暗香。韻悠悠歌着奇腔。按着宫商。炭火上燒着肥羊。金盃中淺注羊羔釀。便醺醺醉倒何妨。受用那紅爐煖閣銷金帳。慶的是豐年稔歲。樂的是地久天長。

【尾聲】翫景物悦心神。伴詩酒添情況。席上生風慣常。見了些高髻雲鬟新樣粧。幸遇着日吉辰良。莫輕將歲月行唐。赤緊的風雨憂愁一半妨。一夜一個花燭洞房。一夜一個淺斟低唱。休負了百年三萬六千場。（群音類選）

〔一〕盛世新聲無題，雍熙樂府題作「諸葛平蜀」，俱不注著者。詞林摘艷題作「詠三分」，注丘汝成撰，兹據以輯之。

〔二〕「二來」，盛世新聲、詞林摘艷俱作「敢二來」，衍一「敢」字，兹從雍熙樂府。

〔三〕盛世新聲、盛世詞林無題，雍熙樂府題作「武臣」，俱不署作者。詞林摘艷題作「上武職」，注丘汝成撰。

〔四〕盛世新聲、盛世詞林無題，群音類選題作「臣道」，雍熙樂府題作「武臣享福」，俱不注作者。詞林摘艷、北宫詞紀題作「上太師」，俱署名丘汝成著。兹據摘艷録之。

〔五〕盛世新聲無題，詞林摘艷題作「四時行樂」，俱署名丘汝成作。北宫詞紀題作「四時景」，詞林白雪無題，俱注楊文奎撰。群音類選題作「四季賞心」，雍熙樂府、盛世詞林無題，皆不注撰人。未知孰是，兹姑互見丘、楊兩家曲中。

丘汝晦

丘汝晦，生平不詳。

套數

月下聽琴

【北仙吕點絳唇】月朗風清。夜闌人静。人初定。萬籟無聲。重把厖兒整。

【混江龍】腮凝桃杏。盤旋鸞髻墨雲生。眉描翠柳。唇點朱纓。金縷衣裙明燦燦。玉牌環佩響玎玎。出綉户金蓮窄窄。推珠簾玉笋輕輕。步蘭堂動衣麝靄。下瑶堦移步香生。體態嬌羞花閉月。貌丰姿絶代傾城。瑩水雲比玉香猶勝。妖嬈嬝娜。窈窕娉婷。

【油葫蘆】怕蕩起塵埃欵步行。睃趁着月下影。錯疑做廣寒宫仙子下天庭。慢騰騰扭捻穿芳徑。笑吟吟做意兒將雕闌憑。就着這蟾魄明。兔影清。遍乾坤一片無瑕瑩光皎潔。天地一壺冰。

【天下樂】撲刺刺林間宿鳥驚。忒楞騰。莫不是綽見影。猛可裏支楞争響了一聲。又不是鶯燕啼。又不是鸞鳳鳴。原來是操高山流水聲。

【那吒令】撫冰絃。韻清。又動焦尾。正聲。又雅操時。神驚鬼驚。又角徵明。宫商應。羽意堪聽。

【鵲踏枝】一字字可宣情。一句句動人情。似魚躍風波。鶴唳雲庭。咭玎璫似銀壺瀉冰。支楞争動玉指波頃。

【寄生草】操琴的眼底神珠出。胷中冰鑑明。未曾步蟾宫先有偷花性。不曾跳龍門先有憐香性。未曾登虎榜先有風流性。張君瑞五言詩當日做主婚書。這生七絃琴今夜爲媒证。

【六幺序】呀。賣弄他風流性。顯耀他俊雅能。噴珠璣錦綉聰明。一箇美貌書生。一箇俊俏娉婷。正是惺惺的還遇惺惺。過松棚緩步穿芳徑。他撲堆着笑臉兒相迎。入蘭房共枕成歡慶。半羞半肯。又喜又驚。

【幺換頭】早則應承。施呈。兩意相應。一霎恩情。悄語低聲。海誓山盟。趁着這窻前月影。相映着行雨雲汗滴香清。體健身輕。素春羅一點紅生。恰綢繆引動風狂性。

這些兒美味纔生。雲鬟揉亂重新整。渾身氣爽。滿面春增。

【賺尾】今夜鳳鸞交。何日鴛鴦並。端詳了風流可憎。雨歇雲收纔待醒。描不出體態輕盈。俏娉婷。俊雅書生。百年姻緣今夜成。則學那張生志誠。休學李勉薄倖。笑吟吟攜手出門庭。（詞林摘艷）

按：此曲盛世詞林無題，不注撰人。

包應龍

包應龍，生平不詳。

套數

憶別

【南仙呂入雙調柳摇金】雕盤香靄。羅幃錦綉衾。設海誓共山盟。久静還思動。背琴書朝帝京。折柳向陽關親送。腸共斷短長亭。不由人淚盈珠淚傾。〔和〕我囑咐你箇俊俏的多情。休得把奴薄倖。

【前腔】從他別去。傷春病漸成。咳嗽近來增。悶把幃屏靠。月華明纔二更。彷彿似冤家來到。輕蓮步笑相迎。却原來是這海棠花被風弄影。〔和前〕

【前腔】聞知你在科塲及第。別尋親在鳳城。頭上有神明。負心的喬短命。怎生般看待您。百忙裏把這絲絃撧斷。撲鼕的井墜了銀瓶。咭玎瑺玎瑺碎菱花。把奴魂夢驚。〔和前〕

【前腔】靈禽報喜。切切語弄聲。蜘蛛結網在畫簷楹。昨夜銀臺上燈光紅焰生。驀聽的梅香來報。急去問叮嚀。却原來是畫眉郎歸院庭。〔和前〕（詞林摘艷）

侯正夫

侯正夫，生平不詳。

套數

間阻

【北南吕一枝花】風吹散楚岫雲。水渰斷藍橋路。硬分開鶯燕友。生拆散鳳鸞雛。想起當初。指望待常相聚。誰承望好姻緣遭間阻。月初圓忽被陰雲。花正發頻遭驟雨。

【梁州第七】他爲我畫閣中倦拈針指。我因他緑窗前懶看詩書。這些時不由我心憂慮。琴閑雁足。歌歇驪珠。身心恍惚。鬼病揶揄。望夕陽對景嗟吁。倚危樓朝夕躊躇。我我覷不的小池中一來一往交頸鴛鴦。聽不的疎林外一遞一聲啼紅杜宇。看不的畫簷間一上一下鬬巧蜘蛛。景物。態度。蜘蛛絲一絲絲又被風吹去。杜宇聲一聲聲喚不住。鴛鴦對一對對分飛不趁逐。感起我一弄兒嗟吁。

【尾聲】幾時能柔條兒再接上連枝樹。幾時能暖水兒重温活比目魚。那的是着人斷腸

處。窗兒外夜雨。枕邊廂淚珠。則我這一點芳心做不的主。（詞林摘艷）

按：盛世新聲、盛世詞林無題，俱不注撰人。詞林摘艷、北曲拾遺、詞林逸響注明侯正夫作，雍熙樂府不注著者，皆題作「間阻」。南北詞廣韻選署元人。北宮詞紀題作「怨別」，詞林白雪無題，並注徐子方。未知孰是，玆姑依摘艷輯之。

徐知府

徐知府，名號不詳。

南北雙調合套

題西山景[一]

【風入松北】燕山形勝[二]出皇都。佳景萃西湖。水光山色清如許。儘騷人玩賞歡娱。喜追陪忘機故友。幸相逢賞音伴侶。

【風入松南】瀟索天氣雨晴初。雅宜策杖携壺。載歌載詠前途去。金錢撒黄花盈路。倚西風霜林醉也。排遠漢鴈斜書。

【新水令北】一天新爽入郊墟。畫秋光緑烟紅樹。水香黄稻熟。露冷翠荷枯。信步舒徐。行到水窮處。

【皂羅袍南】混混在岩前傾注。向石渠中流出。漸滿成湖。錦鱗螺翠浪中浮。白鷗緑鴨波心浴。晴空瀲灧。光含玉虚。微風蕩漾。光摇玉宇。湖亭正好把瑶觴舉。

【慶宣和北】直喫的瓶中淨壺内無。村釀也宜沽。謾哩新詩謾聯佳句。樂足。未足。

【步步嬌南】賞罷湖亭臨山麓。不憚崎嶇路。青山入畫圖。樓閣峥嶸。巒嶂突兀。金碧競光輝。真箇奪人目。

【駐馬聽北】田首塵區。水遶人家隨地曲。舉頭仙馭。雲開岩樹倚天孤。石傾幽谷老松扶。泉垂斷澗枯藤柱。門高峰望帝居。兀良在縹緲雲深處。

【丰韻好南】韻悠悠鳴金翠竹。淅零零飄紅碧梧。速魯魯烏飛兔走。撲刺刺熊經鳥舒。山映日金鋪翠羽。山飛瀑盤傾素珠。山藴霧紗籠碧玉。遥指處起不伏。遥望處有還無。

【折桂令北】慢登臨步下雲衢。石蹬稜層。後擁前扶。止息禪庵。吟風弄月。擊缶投壺。羨吾儕兼文兼武。喜山僧通釋通儒。香裊金爐。酒泛銀壺。詩興汪洋。醉眼糢糊。

【桂枝香南】流光難住。佳期難遇。嘆人生如萍梗鴻翔。聚散如遊絲飛絮。引手時不我延。水流東去。不去偷閑行樂。更何如。且看山前墓。英雄今在無。

【鴈兒落北】人情轉轆轤。世事翻碁局。堪憐夢裡身。且盡盃中物。

【錦衣香南】赤緊的日已西。天將暮。欵欵將寶鐙踏。雕鞍據。馬上欹斜。人扶歸去。漁翁晒網趁日斜鋪。牧童横笛。倒跨騂犢。聽山寺晚鐘。分餘韻應答空谷。野水無人渡。小舟灣住。寒鴉萬點。競集林木。

【收江南北】呀。不覺的海洋玉鏡轉瑶虚。戍樓銀漏滴銅壺。御街車馬禁金吾。素光羸絳幮。滿身花影倩人扶。（詞林摘艷）

〔一〕盛世詞林無題，不注作者。

〔二〕「形勝」，詞林摘艷作「行勝」，兹從盛世詞林。

曹孟修

曹孟修，生平不詳。

套數

元宵[一]

【北黄鍾醉花陰】錦繡花燈半空挑。綵結成鰲山最高。十五夜賞元宵。百姓每滿斗香燒。將萬萬歲皇恩報。感天地好田苗。五穀收成都完備了。

【喜遷鶯】先動起簫韶清樂。韻悠悠音呂和調。聲高。都是這太平曲調。南北腔黄鍾句句標。真是好。看了這鰲山勝境。端的是巧筆難描。

【出隊子】我則見紅光顯耀。似祥雲罩碧霄。則見那花燈兒不離了一週遭。更和這滚燈兒鰲山前後繞。恰便似萬萬朵金蓮開放了。

【刮地風】玉兔金烏日月高。呀。普天下萬國來朝。有西池王母乘雲罩。彩雲間瑞靄飄飖。上面有七真傳道。更有那八仙請教。有玉女翠盤中捧着仙桃。有長壽仙世不老。引着這虎鹿猿鶴。高高的展開看經教。寫着賀豐年萬萬朝。

【四門子】有千般隊舞安排了。見八蠻來獻寶。率領簇。穿錦袍。有玲瓏玉帶寶嵌着。獻白象牙。水犀角。玻璃瓶珊瑚瑪瑙。

【古水仙子】鼕鼕鼕畫鼓敲。響瑺瑺鑼聲相襯着。見見見傀儡兒齊來。一箇箇手執百寶。出出出繞週圍轉幾遭。他他他端的是堪畫堪描。是是是有院本做一段喬教學。賀賀賀一齊的舞起村夫樂。慶慶慶慶佳節賞元宵。

【尾聲】萬萬載江山太平兆。賀當今四海來朝。普天下快活直到老。（詞林摘艷）

南北南吕合套

祝　讚[三]

【青衲襖南】混元初生太極。秉陰陽分二儀。清者爲天濁者爲地。日月兩輪週流四維。遍南北東與西。衆星辰皆拱北。瞻紫微。乾坤泰宇宙巍巍。蕩蕩華夷。惟人能配三才弘道理。

【罵玉郎北】大明朝當今帝主登龍位。太平年豐和國祚。普天下樂雍熙。民安國泰蒙天意。聖明君行道德。臣僚每秉直正。百姓每施仁義。

【大迓鼓南】天心。合聖機。皇圖綿遠。永固洪基。保安承天意。千邦納土萬國來儀。祝願吾皇萬萬歲。

【感皇恩北】聖威掌握着錦綉城池。端的是穩勝盤石。一壁廂定了邊疆。平了蠻魯。掃了戎夷。勦除了盗賊。攝伏了重譯。見如今干戈退。無士馬。捲征旗。

【東甌令南】穀雙穗。麥二岐。映日桑麻千萬里。軍民樂業無爲治。興禮樂增和氣。風調雨順太平世。聖明君撫黔黎。

【採茶歌北】聖明君撫黔黎。官清正燮理鹽梅。感應得禎祥累現景星輝。紫霧祥光籠金闕。慶雲瑞靄罩彤墀。

【賺南】寶殿光輝。鳳閣龍樓錦綉圍。香風細。勝如華樂天宫裏。似洞天福地。

【烏夜啼北】擺列着金盔武士。更和那花帽錦衣。手持着畫鑾牌開山斧方天戟。風飄飄鑾輅龍旗。雄赳赳金吾大將齊行立。一箇箇勇猛威儀。錦重重寶殿風微。景陽鐘一撞百司齊。文武每静鞭鳴三下排行對。三舞蹈。誠心意。山呼萬歲。賀吾皇洪福天齊。

【節節高南】奏簫韶喧鼓吹。樂聲齊。蠻夷進寶來朝禮。獻奇珍類八寶石。珊瑚樹。

美玉良金通犀貝。琉璃玳瑁明珠翠。一人有慶兆民安。君臣共享昇平世。

【鶻鶉兒北】見如今天下和平。更那堪萬方定體。四時序歲稔年豐。托賴着明君大德。感應得天降禎祥。地生秀氣。瑞應集。甘露垂。出現神龜。鸞鳳來儀。日月增輝。醴泉涌海不揚波。黃河水澄清見底。

【尾聲南】聖主仁明通天地。天心從順四時宜。五星順度清寧太極。（詞林摘艷）

〔一〕盛世新聲、盛世詞林無題，雍熙樂府題作「燈夕」，皆不署作者。詞林摘艷注皇明曹孟修撰。

〔二〕盛世新聲、盛世詞林無題，雍熙樂府題作「祝太平」，俱不署作者。惟摘艷注曹孟修撰。

崔子一

崔子一，生平不詳。

小令

【南仙吕入雙調錦法經】

閨情

又添上弄身又慵。心又慵。身心不放鬆。綉枕羅衾同誰共。芳心冗冗。閑情濛濛。

把一紙寄秋波兩眼兒春愁重。恨鎖眉峰。將一星星淚血。都流的我臉兒紅。（詞林摘艷）

雲萬重。山萬重。雲山無路通。幾度相思勞夢魂。腰圍漸鬆。離愁正濃。

情書寫下憑誰送。恨殺鱗鴻。將一星星淚血。都滴的我字兒紅。（詞林摘艷）

被何處亂恩正濃。情正濃。恩情一旦空。翠鸞無處尋丹鳳。孤衾半擁。良宵夜永。

砧聲驚覺團圓夢。野外疎鐘。將一星星淚血。都湮的我被兒紅。（詞林摘艷）

音未通。信未通。音信無半封。況值秋來愁越重。啾啾砌蛩。呀呀塞鴻。被何處響玎璫鐵馬聲相弄。恨殺西風。將一星星淚血。都滴的我袖兒紅。（詞林摘艷）

張　氏

張氏，生平不詳。

套　數

南北南吕合套

偷　期

【青衲襖南】蹙金蓮雙鳳頭。纏輕紗一虎口。我見他笑撚鮫綃過鴛甃。敢眉下傳將他心事留。占鶯花第一儔。正芳年恰二九。恰二九。生的來體態輕盈。皓齒朱唇。不能勾並香肩同携手。

【罵玉郎北】嬌娃俊雅天生就。腰似柳襪如鉤。湘裙微露金蓮瘦。你看他寶髻堆。玉笋長。露出春衫袖。

【大迓鼓南】相逢。鶯燕友。四眸相顧。兩意相投。此情難消受。風流自古偏惜風流。展轉留情雙鳳眸。

【感皇恩北】呀。指望待飽玩嬌羞。誰承望各自分頭。好教我恨天高。嫌地窄。怨人稠。指望待相隨皓首。誰承望鬼病因由。不由人魂緲緲。體飄飄。魄悠悠。

【東甌令南】添疾病。減風流。廢寢忘飡相應候。前生作下今生受。今不遂來生又。魂勞夢穰感離愁。都則爲女嬌羞。

【採茶歌北】都則爲女嬌羞。端的是忒風流。閃的人不茶不飯幾時休。何日相逢同配偶。甚時密約共綢繆。

【賺南】計上心頭。暗令家童私問候。休泄漏。何期兩意同成就。爲他憔瘦。

【烏夜啼北】閃的我看看疾重實實病久。爲多情鎮日空僝僽。呀。一會家近書齋想念無休。到黄昏愁雲怨雨相迤逗。更闌也無限憂愁。夜深沉兩淚交流。想嬌容直到五更頭。我與你從頭一一他行受。果然他心意堅。恩情厚。俺待要鸞交鳳友。燕侶鶯儔。

【節節高南】喜孜孜暗討求。語相投。今宵暗約同成就。靈犀透。共焚香。齊設呪。日墜月上初沉漏。星移斗轉三更候。潛蹤躡足近庭幃。輕移那步臨門候。

【鵪鶉兒北】猛見了俊俏多情。我和他挨肩携手。悄悄的行入蘭房。暗暗的同眠共宿。嬌滴滴語顫聲低。情未休。情未休。錦被蒙頭。燕侶鶯儔。旖旎温柔。受過了無限淒涼。誰承望今宵配偶。

【尾聲南】多情此意難消受。書生切切在心頭。受過淒涼一筆勾。（詞林摘艷）

按：盛世新聲、盛世詞林無題，群音類選題作「寫□」，俱不注撰人。詞林摘艷題作「偷期」，注皇明張氏作。彩筆情辭題作「贈妓」，注元張氏作。兹從摘艷。

張善夫

張善夫，生平不詳。

小令

【南羽調月中花】

麗情

更深静悄。把這被兒薰了。看看等到月上花稍。静悄悄全無消耗。敲殘了禁鼓纔來到。見奴家臉兒不醮來。跪在我這身邊告。我故意兒焦。他偷眼兒瞧。付能勾咬定了牙。可着我忍不住笑。（詞林摘艷）

勤兒推磨。好似飛蛾投火。你將我啞謎兒包籠。我手裏登時間猜破。近新來把不住舡兒舵。則管裏搬弄心腸。軟一似酥蜜菓。者莫是誰。休道是我。便是鐵打的人。其實強不過。（詞林摘艷）

疎狂忒煞。薄情無柰。兩三夜不見你回來。我説着敢頑不採。不由我轉尋思權寧耐。我將這錦被兒伸開。寬掩過香羅帶。推繡鞋。不去捋。你若是惱得荒。直着氣的你害。（詞林摘艷）

花街柳市。戀着蜂媒蝶使。多應在謝舘秦樓。你那裏瓜甜蜜蔕。囬來時無酒佯粧着醉。特故裏打草驚蛇。到尋我些風流罪。欲待撾了面皮。恐怕傷着就裏。我欲待隨順了他。其實受不的氣。（詞林摘艷）

按：詞林摘艷題作「麗情」，注皇明張善夫撰。雍熙樂府題作「風情」，金瓶梅詞話無題，南宮詞紀題作「嘲風情」（收第一、三、四首），舊編南九宮譜録第二首，太霞新奏僅録二首，第一首題作「夜歸」，第二首題作「閨情」，曲牌作〔香轉南枝〕，俱不注撰人。

寧齋

寧齋，别署寧齋老人，山西太原人。生平不詳。

套數

祝讚

【南南吕繡帶兒】乾坤定民生遂養。梯山航海來王。先正務禮樂宣明。應天心大整綱常。

【宜春令】皆仰。纘鴻圖正大光明。遵成法萬年興旺。重儒道有蕭曹房杜。予弼吾皇。

【降黄龍】無荒無荒。肝食宵衣。寅畏嚴恭。把這聖學進講堯謨舜典章。孝傳慈闈。道繼文王。

【醉太平】永享。萬年畿甸勝磐石。枕居庸京師屏嶂。大河南漾。左滄溟淵淵。右擁太行。

【浣溪沙】望帝闕。如天上。罩鳳城瑞靄洋洋。端居九五鎮千邦。天生聖人化萬方。風雨時年年歲登。皆因是聖明主治道彰。

【啄木兒】捧盈執玉朝廷上。仁文義武無偏向。威福兼開擴封疆。罷刀鎗人民樂康。

【鮑老催】我皇禹湯。漢高大度欠對當。周文兢業惟畏惶。思創業謹守成絶逸放。感應天庭屢兆祥。

【下山虎】景星明慶雲飄蕩。騶虞現甘露瀼。錦獅玄兔自外邦。鳳凰與麒麟雙至。紫芝瑶草生光。

【雙聲子】風俗厚。彝倫正。固根本儲皇立。千千秋同心奉養。輔當今端拱垂衣。佳時宴樂。便朝朝對景遊賞何妨。

【餘音】大明一統山河壯。遍道路謳歌擊壤。蓋寰宇祝賀聖皇。（詞林摘艷）

題半身美人（二）

【北南吕一枝花】不禁愁楊柳眉。宜傅粉芙蓉額。善歌詞櫻桃口。含春意杏花腮。不是凡胎。賽楚女吴姬態。有超羣出衆才。幾般兒離俗妖嬈。一樣兒難學性格。

【梁州第七】渾愛煞含情無語。向人前懶把頭抬。眉尖眼角情何大。孜孜留意。欵欵栽排。微微冷笑。暗暗施乖。解語花迎露初開。生香玉長就清白。無褒彈姿致兒温柔。多典雅心腸兒真率。會偷期一段兒胸懷。迤魂。逗魄。輕盈裊裊宫腰窄。緑窻畔粉牆外。疑是巫山夢裡來。展轉疑猜。

【尾聲】自從一見傾城色。酒興詩學日漸衰。若得相親共歡愛。把愁煩頓解。向神前跪拜。永續鸞交誓不改。（詞林摘艷）

中　秋〔三〕

【北商調集賢賓】剔團圞月明天似洗。更漏引皷初催。涼陊陊一天秋意。冷沉沉萬頃玻璃。月華映玉露泠泠。玉露湛月色輝輝。一年最好今夜裏。對蟾光堪賞堪題。照龍樓如玉宇。浸鳳闕似瑶池。

【逍遥樂】筵開玳瑁。酒進金盃。肴陳玉食。樂奏聲齊。奉吾皇聖后尊席。祥鳳雲龍同聚會。蓋天下黎元遭際。則俺這當朝聖主。勝如那周世文王。更配着漢代和熹。

【金菊香】千門萬姓樂雍熙。處處樓臺排宴會。賞今宵月明無賽比。並無有半點雲飛。鳴皷吹唱歌隨。

【醋葫蘆】月當天正中。風生太液池。天心水面少人知。明君對此思化理。無爲而治。聖心似明月照無遺。

【幺篇】太平景象多。明時樂事宜。竭誠盡孝侍慈闈。皇天昭感明聖德。因此上四方寧謐。更豐年五穀盡成實。

【浪來裏煞】司大化如捧盈。急親賢允圖治。推明聖德保無危。中秋宴享宜樂矣。一班兒忠良輔弼。掌握着磐石堅固錦華夷。（詞林摘艷）

南北黄鍾合套

元　夜〔三〕

【醉花陰北】春意融和鳳城裡。四海内皆朝上國。值元夜景相宜。燈月交輝。仙景般多佳致。鰲山列與雲齊。則聽的一派仙音動天起。

【畫眉序南】燈月下設筵席。淅淅香風數十里。見遊人車馬。往來追隨。銀漢闊月朗星稀。遍市街喧闐歌吹。〔和〕旎旖。羅綺成行隊。嬌羞美貌遊嬉。

【喜遷鶯北】正值着堯年舜日。攝伏的南貊東垂。歸依。北狄西溢。慶賞元宵民樂矣。真箇美。則聽的鼕鼕皷響。都是那社火併集。

【畫眉序南】天棚樂響雲霓。鮑老街前舞神鬼。見驚人百戲。調出希奇。燈月底相引妖嬈。端詳着千嬌百媚。〔和前〕

【出隊子北】見兒童相携。向街前齊叫起。道今年元夜最爲魁。放烟火烘烘接太微。舞迓皷歡聲恰似雷。

【畫眉序南】燈毬兒巧粧飾。耿耿星橋月如水。似金蓮開放。散滿瑶池。樓上下燈火相連。門内外歌聲相繼。〔和前〕

【出隊子北】今夜裏非同人世。似蓬萊仙境裡。家家庭舘唱聲疾。湛湛遥天星宿稀。處處樓臺舞袖底。

【神仗兒南】良辰美景。喜遇佳辰。燈時月夕。遶街前齊呈百戲。衆樂人燈光底。百事能爲。打院本做雜劇。賞玩着頓忘歸。

【刮地風北】一箇箇後仰前合醒又醉。端的是足食豐衣。勝西池王母蟠桃會。民仰雍熙。報秋成穀生雙穗。應豐登麥秀二岐。官府廉。法清政。減除差役。民安業警報息。遵天命端拱垂衣。賀吾皇御極無爲治。端的勝唐虞有至德。

【神仗兒南】巧畫花燈世無比。畫的來直恁般美。累朝故事。彩畫絶魁。雪景翎毛共山水。盡都是名人筆。

【四門子北】雪花燈隱約冰花碎。滚燈兒地上疾。白羽鵝。錦雉鷄。鳳凰燈兩翅恰似飛。禁皷又催。銅壺又滴。將春盒兒擺起。

【鬪樊樓南】酒泛金盃令行莫急。列佳餚烹錦鯉。對佳人星月底。淋漓衣袂。相隨趂不暫離。

【古水仙子北】您您您把羊羔火上炙。是是是一任交天明樂一囬。看斗柄往東移。見月輪從西墜。一年家能有幾。他他他一箇箇素手相携。慶豐年大有時序宜。現金鰲盛世呈祥瑞。後來因此上賞元夕。

【餘音南】年年此日應須記。五夜重來歡會。祝賀當今萬萬紀。（詞林摘艷）

〔一〕盛世詞林無題，不注撰人。
〔二〕盛世詞林無題，不注撰人。
〔三〕盛世詞林無題，不注撰人。

李登

李登，字士龍，號如真子。南直隸上元（今江蘇南京）人。隆慶初，以選貢充國子監生，授新野令。忤時，去官歸，家居三十餘年，惟以明學爲務。有冶城真寓存稿八卷、冶城真寓續稿二十一卷、書文音義便考、六書指南等。生於嘉靖二年（一五二三），卒於萬曆三十七年（一六〇九），卒年八十六。

小令

【南仙呂入雙調玉抱肚】

春興

人閑清晝。弄花陰黄鸝語柔。桃葉渡正好尋盟。鳳凰臺儘堪回首。春風還到柳梢頭。挑得青蚨上酒樓。（南宫詞紀）

【南仙吕懶畫眉】

題澗松晚翠壽高石樓

疎松隔水奏笙簧。松老無風韻亦長。鶴翻松露滴衣裳。則看這霏霏晚色烟華上。怕甚麽零葉翻紅萬樹霜。（南宫詞紀）

山松徑與瀑泉通。静裏猶驚翠掃空。怎當他亂流常響石樓風。縱有那杏花深巷春風夢。總不如無事焚香對古松。（南宫詞紀）

寄懷高石樓

茅齋寄在少城隈。我和你詩句縱横付酒杯。夜長猶恨漏聲催。今日個衷情欲訴無人會。罕教郭外殘潮帶月回。（南宫詞紀）

相逢一笑即相親。感你四十餘年惠愛深。豈知書劍老風塵。春來不得山中信。尊酒何人與細論。（南宫詞紀）

閒情集古

吾盧雖小亦佳哉。但見羣鷗日日來。脱巾散髪謝氛埃。欲窮風月三千界。更費高人賦詠才。（南宮詞紀）

柴門日午尚慵開。服藥閑眠養不才。那裏有門前修刺孔融來。無人共語乾坤外。坐對寒松手自栽。（南宫詞紀）

玉山誰起復誰頽。燮理筋骸酒一杯。紅顔白髮遞相催。衷情慾訴無人會。試看河上仙翁去不回。（南宮詞紀）

愛山騎馬入山來。石路無塵竹徑開。且隨達士共詼諧。須信浮名更在浮雲外。不見揚震豐碑翳緑苔。（南宮詞紀）

【南仙吕入雙調玉抱肚】

自述

李登

少年時候。照乾坤星星兩眸。儘人間萬事關心。措寰中一齊措手。而今都付與東流。

獨向江邊伴白鷗。（南宮詞紀）

經綸罷手。問時艱憑他運籌。怕筵前舞袖郎當。轉與那郭郎分醜。諸公此日正殷憂。我方嚮山中覓釣舟。（南宮詞紀）

臧允中

臧允中，生平不詳。

小令

【南中吕番馬舞秋風】

美色

杏臉桃腮。鬢鬟烏雲金鳳釵。纖纖玉手。裊裊腰肢。小小弓鞋。捲簾無語步蒼苔。沉魚落鴈堪人愛。多管是天仙下瑶堦。説不盡多嬌態。（詞林摘艷）

臧用和

臧用和，生平不詳。

套數

平定安南

【北黄鍾醉花陰】大將平南命征討。托洪福齊天聖朝。文共武智謀高。統百萬雄兵。將地土如雲掃。

【喜遷鶯】人似虎。馬如蛟。號令威嚴擺布着。第一功渡江緊要。船到岸納喊旗摇。四壁下攻着。放起連珠信砲。殺的那賊寇無敵荒了手脚。無計可逃。大將軍威風八面。計有千條。

【出隊子】按黄公三略。施吕望運六韜。殺的那一攢攢一簇簇填滿山壕。恰便似刈葦删蒲絶了禍苗。將他那寨主窩巢火盡燒。

【刮地風】四隅起征鼙震天表。勒不住戰馬咆哮。都是那六丁六甲活神道。一箇箇勇烈英豪。按不住怒氣冲霄。也不索逢山開道。遇水疊橋。逢着山。遇着嶺。平躪平削。總監軍掠陣角。則將那戰鼓催敲。暗埋伏四面軍圍遶。恰便似兵山般鐵桶牢。

【四門子】勝諸葛略策如神妙。將崎嶇路等待着。一隊隊鎗。一隊隊標。水磨鞭映日光皎皎。鎗掀了牌。箭逼了標。怎當那明晃晃袞刀。

【古水仙子】齊臻臻盡圍遶。將小醜凶奴盡數勦。斬首賊百萬之餘。擄象馬勿知多少。盡歸降投順了。見長江血水濤濤。定蠻夷遠方無耗擾。撫安的邊境軍民樂。酧將士建功勞。

【尾聲】海宇清寧賀天表。樂昇平萬國來朝。入青史盡標題圖像閣。（詞林摘艷）

按：盛世新聲、盛世詞林無題，雍熙樂府題作「征南」，俱不注撰人。

王世貞

王世貞，字元美，號鳳洲，別號弇州山人，南直隸（今江蘇）太倉人。嘉靖二十六年（一五四七）進士，歷刑部主事，官至刑部尚書，移疾歸。世貞才學富贍，好爲詩古文，與李攀龍、謝榛、宗臣、梁有譽、吴國倫、徐中行稱「後七子」。攀龍没，獨主壇坫者二十年。一生著述極富，有弇州山人四部稿一百七十四卷，續稿二百零七卷，弇山堂別集一百卷，又有鳴鳳記傳奇等。其所著藝苑卮言，尤爲後世讀曲家所推重。生於嘉靖五年（一五二六），卒於萬曆十八年（一五九〇），年六十五。

小令

【南黄鍾畫眉序】

春　怨

絲雨殢東風。點透流蘇問殘夢。道衾兒閒半。冷煖誰同。紅將鼉喚轉簧鶯。香欲散

收田幺鳳。倩他新織雙魚帶。争信我玉減珠鬆。（南詞新譜）

【北雙調折桂令】

問先生酒後何如。潦倒模糊。偃蹇婆娑。枕底煙霞。樓頭日月。門外風波。盡皇都眼眶瞧破。杖青天信腳胡過。好也由他。歹也由他。便做公卿當甚麽麽。（弇州山人四部稿）

問先生不飲何如。一點篝燈。數卷殘書。冷卻扁舟。悶他五柳。淡殺三閭。太行路都來胸腹。帝京塵滿上頭顱。睡也憂虞。醒也憂虞。不得酕醄怎便糊塗。（弇州山人四部稿）

【北正宫塞鴻秋】

月昏昏罷轉霓裳隊。漏沉沉忽呀銅龍閉。冷清清暗滴梨花淚。懶丕丕繡出鴛鴦翅。流蘇七寶圍。破玉千金賜。猛追尋認做了前生事。（弇州山人四部稿）

【北雙調水仙子】

歸思

日輪踅住下坡車。風伯吹開障眼花。天公放下單身赦。猛回頭都弄咱。告蜂王且散昏衙。争劉項攤場戲耍。走儀秦兒童鬭嘩。談周孔故紙生涯。（弇州山人四部稿）

丙辰偶成

蚩尤遍插五方旗。饕餮平添八面威。於菟長出漫天翅。罵張翁都是你。攬乾坤任意胡爲。老龍呵睡眠多日。螃蟹呵横行幾時。神龜呵曳尾涂泥。（弇州山人四部稿）

【南黄鍾畫眉序】

秋怨

纖玉上蝦鬚。起唤銀鈎掛秋樹。恨龍沙天遠。雁足無書。銅壺冷淚滴清鉛。金剪澁脂蔫紅絮。濃霜斷角遼陽道。知他夢裏何如。（弇州山人四部稿）

複出

套數

【南商調山坡羊】風兒踈喇喇吹動。

樂府先春注王鳳洲作。此套見陳大聲月香亭稿和秋碧樂府等書，疑是。茲已輯於陳氏卷中，此不重出。

王克篤

王克篤，字菊逸，山東壽里（今東平）人。仕途不順，晚築自適齋以寄志。著有散曲適暮稿一卷。約生於嘉靖五年（一五二六），卒於萬曆二十二年（一五九四）以後。

小令

【北雙調折桂令】

自述

老先生不愛繁華。淡淡生涯。小小人家。有的是萬軸牙籤。一軒風月。數畝烟霞。甚的是輕裘肥馬。甚的是大纛高衙。名也休誇。利也休誇。富也從他。貴也從他。半生來百事無能。不會奔趨。不會經營。不會去黑海連鰲。丹山搏鳳。碧水屠龍。劣性格懵懵懂懂。古心腸瞶瞶聾聾。酒約詩盟。筆耨舌耕。贏得清狂。當了功名。

正旦立春

歲華除一夜春來。玉燭重調。壽域新開。門掛靈符。爐擁獸炭。酒泛椒杯。舞鮑老兒童娛綵。燒爆竹庭院驚雷。子姓相挨。女婦齊排。簇簇擁擁。鬧鬧垓垓。

表兄鳳崗元夜招飲

荷兄家特地相招。妓選名姝。筵設佳肴。百斛金波。三山寶炬。一曲瑶簫。赤團圞冰輪乍皎。暖氤氳春雪初消。景也逍遥。人也清高。何幸追陪。拚飲通宵。

端陽約飲池上阻雨

喜今宵節届端陽。準擬相將。滿飲壺觴。難料陰晴。不靳風雨。抵死相妨。空教人倚危樓悒悒怏怏。對銀塘踽踽凉凉。悵望三湘。烟水迷茫。千古忠魂。競渡空忙。

西園草亭初成醉題

傍雲林小結茅窩。石枕藤床。釣艇漁蓑。閑來閑往。宜風宜月。堪舞堪歌。湍聲寒玉噴碎顆。山光温翠滴青螺。信口吟哦。乘興斟酌。醉向今夕。明日重過。

懷古

嘆人生石火風燈。今日韶顔。明日衰翁。金谷珊瑚。梁園詞賦。麟閣功名。田頭也邱山高塚。傷心處渭水西風。今古英雄。此恨都同。何以忘憂。美酒千鍾。

餞應試

祖鞭催行色匆匆。滿眼秋光。唾手雲程。有的是八斗才華。一囊緑綺。三尺青萍。將相才原來有種。清夜夢自古無憑。指日成名。目下峥嶸。努力加功。早奏捷峰。

二十一年苦雨紀災

兩月來不見開晴。暗淡朝昏。迷漫西東。泥滿街衢。苔生庭户。鷗長浮汀。平地裡我則見汪汪泉湧。半空中只聽得陣陣盆傾。電灼雷轟。目悸心驚。沈灶産蛙。居塌牆崩。

自嘆

浮生五十已無聞。百歲光陰早半分。看看日暮窮途近。好將息夢裡身。加湌飯養性修真。海外無靈藥。壺中有剩春。試問知音。

四十已去五十過。百事無成兩鬢皤。蜉蝣身世咱瞧破。老頭皮待怎麽。得磨跎且自磨跎。閑來高高坐。醉時浩浩歌。不去張羅。

自慰

瓦盃盛酒且盤桓。茅屋藏書只静看。菜根滋味真寂淡。這清閒不等閑。門雖設鎮日常關。讀一會五柳先生傳。看一會三茅道士篇。過遣流年。

寂寂寞寞子雲居。歲歲年年幾卷書。草玄誰識玄中趣。任旁人笑我迂。不曉事終日如愚。鳩計由來拙。蝸涎聊自濡。莫問贏餘。

憎白髮

無謀短髮漸星星。逐恨隨愁日夜生。朝來塞滿青銅鏡。亂蓬蓬成萬莖。雖不是白璧青蠅。人爲你退三舍。我爲你吃一驚。堪恨堪憎。

過李山人別業

萬松深護野雲隈。花竹幽窗次第開。青山緑水柴門外。喜沙鷗日日來。小庭除静掃無苔。壁上黄筌畫。席前白玉杯。鎮日徘徊。

九日感懷

幾行雁字寫長空。數朵黄花媚曉晴。一川木葉堆荒徑。對西風心自驚。嘆龍山佳會難逢。細把茱萸看。滿將桑落傾。知明年此恨誰同。

【北雙調沉醉東風】

偶　興

無事累争長競短。有家常奉喜承歡。秃厮姑會宰鷄。村胖姐能炊飯。老山妻把盞擎盤〔一〕。稚子牽衣娱笑喧。當家兒團圓過遣。

遠閑愁三聲好好。消世慮一醉陶陶。名利場不去攢。人我海從他鬧。得開交俺且開交。不飲從他酒價高。省得些來多去少。

春日遊白雲洞山莊

春馥馥野花綉地。緑茸茸芳草披離。屋角上鵓鴿飛。山坡下牛犢睡。撲鼕鼕社鼓頻催。竹塢人家近水溪。恍疑在輞川畫裡。

桃杏色烘開酒興。燕鶯聲喚起遊情。携酒傍水隈。倚杖穿雲洞。可人天春色溶溶。萬疊深山翠微横。且追隨一觴一咏。

閨　夢

散餘香烟消寶鼎。咽殘更漏滴銅龍。半床翡翠衾。一枕鴛鴦夢。正貪歡星眼朦朧。猛可驚來手抱空。那去了風流俏種。

旅中對月話别

楫耿耿銀河清淺。仰巍巍玉闕高寒。廿年契闊情。今夜嫦娥面。嘆淹留兩地風烟。可喜人圓月也圓。又則怕人别後韶光頓减。

【北中吕紅繡鞋】

打懶

也不羡竿頭弄險。也不羡血海舒拳。區區抱甕學灌園。還却農桑債。完畢官庫錢。俺則待閑坐的打個懶。
也不羡官羊沽酒。也不羡列鼎張筵。尋常席地向花前。淡淡茅柴味。小小苜蓿盤。俺則待閑坐的打個懶。
也不羡朱樓紫閣。也不羡畫棟雕簷。竹籬茅舍兩三間。牆頭綠樹遮。門外紅塵斷。俺則待閑坐的打個懶。
也不羡鰲頭獨占。也不羡月殿高攀。青雲却步不能前。銷繳了三都賦。打疊起五色箋。俺則待閑坐的打個懶。
也不羡旌旗閃閃。也不羡車馬轔轔。春來無夢到長安。身不入毒蛇會。脚不踏蜀道難。俺則待閑坐的打個懶。

閱世

幾曾見十全到底。那裡有不散筵席。鶴長鳧短不能齊。富貴棚中戲。興亡局上棋。休笑別人誇自己。

急煎煎油鍋插手。惡狠狠錢眼翻身。恨不能太行山變做了雪花銀。没滿坑填不勾。定盤星忒認真。走的這昧心橋步步緊。

雪夕

銀砌就千層樓觀。玉粧成萬里封疆。小簷頭倒掛碎琳琅。鼎内烹活水。梅邊渡暗香。這幽歡怎自賞。

【北中呂滿庭芳】

春日

春景堪翫。花開紅樹。柳滿晴川。遠山幾點青如蘸。風日暄妍。蝶翅翻輕敲粉板。鶯聲碎迭奏清絃。厮把遊人伴。傳觴弄盞。莫惜價十千。

春酒堪沽。拖條黎杖。掛個葫蘆。溪橋烟柳深深處。梨釀新熟。小奚奴[三]婆娑解舞。老秋娘龍鍾提壺。醉倒迷歸路。狂歌野呼。驢背上倩人扶。春曲堪歌。頻撾社鼓。謾擊銅鑼。隨腔一調蓮花落。哩哩囉囉。倒着巾吟懷潑潑。齊拍手飲興酡酡。醉向紗茵卧。任兒童笑我。酩酊也待如何。春句堪裁。雲生洞口。水轉溪隈。無邊詩料柴門外。即景徘徊。近體成撚髭删改。五言就試手敲推。填不滿奚囊[三]債。情舒意解。坦坦兩眉開。

【北中吕朝天子】

同客醉飲妓家即席口占

情長。興長。拉友消閒話。春風一曲杜韋娘。笑飲平康巷。欵撥檀槽。滿斟玉釀。樂陶陶入醉鄉。你狂。我狂。都醉在糟邱上。

情高。興高。此處堪行樂。肴醢不須醋充庖。小舖設胡治造。青韭油調。乾螃蟹醋泡。割橙香蟹味。你抄。我抄。這滋味真個妙。

情真。興真。大家閑評論。有詩有酒有知音。須飲個瓶之盡。細賡唐音。謾品沈韻。

勝平原十日飲。你吟。我吟。都寫入風流陣。情洽。興洽。清燕絶縈罫。有詩有酒有笙笆。眼底春無價。柳映花遮。杯深碗大。醉歸來日已斜。你家。我家。相送到柴門下。

再遊公冶長書院荒落不復前日愴然賦此

山高。峰兀。石磴盤盤路。岩楓霜染錦糢糊。秋老山容瘦。信步携笻。登臨閑竚。仰遥岑觀未足。殘碑。草没。不認得讀書處。臨厓。倚岩。曾結青雲院。先賢姓字古今傳。景物年年换。僧老藤枯。垣頽碣斷。嘆徑行不似前。殘陽。鳥喧。酒意淡遊情倦。

【北正宫醉太平】

自遣

醉時放歌。醒後評跋。百年身世二毛多。且隨緣過活。吃兩碗黄虀淡飯長生藥。伴幾個蓬頭赤脚看家貨。住一座披星戴月懶雲窩。不受用怎麽。

人情懵懂。世事疎慵。呼童鎮日掩柴扃。遠紅塵市井。蒼苔濁酒撩情興。蓬窗土坑酣春夢。殘編斷簡散幽情。不受用怎生。

疊石鋪砌。插槿編籬。付手新治一張犁。老文章閣起。依時種幾畝山薄地。迎秋絮一床蘆花被。趁閑釀一甕秋露白。不受用怎的。

感事

慣爲非作歹。好成精弄怪。千方百計巧安排。屋簷上天矮。露珠兒引起黄河派。樹葉兒打破天靈蓋。三脚瓦絆倒老員外。再休去撞采。

放倒身施爲。掐破手算計。漫天撥地治莊宅。到幾時足矣。撥牙籌日夜勞心力。約鴻溝抵死争閑氣。送空舡那樣受便宜。怕冤家路窄。

清湛湛蒼穹。黑洞洞前程。乘除加減自分明。空携風捕影。金鋼鑽鑽不入琉璃甕。海上方醫不好傳槽病。破茶舡撑不到斗牛宫。請先生自省。

罩下魚撒網。現捏佛燒香。薄薄眼皮小心腸。會撓疼搔痒。翻花閃草時興樣。單眉細眼風流像。拖枝曳蔓好聲響。傻聽了半晌。

俏雙生手窘。醜馮魁販金。小蘇卿暗定了促頭針。閉着眼打盹。碎文章不如把鵓鴿糞。破書箱跟不上成錢囤。三簷帽強似頂破頭巾。暗地裡自哂。

護身符到手。蜣螂皮一丢。陽施陰設逞戈矛。幹家私銅斗。做閻王不嫌小鬼瘦。掌天秤只要星兒彀。赶脚的儘着懶驢愁。愛饅頭可口。

汗珠兒洗脚。肋條肉餵貓。家家給一扇許由瓢。向沿門乞討。翻磚刼瓦將街坊鬧。搥胸跌足把皇天叫。典兒賣女往外邊逃。俺只推不曉。

賴祖宗慶衍。託天地周全。豐衣食足美田園。心遂意滿。一人得志千人怨。一家成就千家散。十年富貴百年冤。看殷鑒不遠。

買田宅數區。積金珠百斛。前堂後閣錦糊糢。列嬌娃俊僕。百忙裡走不出無常路。急囲頭早上了輪迴簿。無來由做了塌守錢虜。誰便宜誰苦。

【北中吕喜春來】

孤　斟

箇中滋味黄虀甕。耐久家常老瓦盆。呼童日在掩柴門。散懶人有酒且孤斟。

梁上久懸徐稚榻。江頭空碎鍾期琴。可從何處覓知音。離索人有酒且孤斟。

飄搖身世風前葉。聚散人情陌上塵。白頭今已老夷門。衰暮人有酒且孤斟。懶向侯門彈馮鋏。好來陋巷樂顏貧。區區抱甕任吾真。拙劣人有酒且孤斟。

【北雙調殿前歡】

暮　景

老來催。老來心事已多違。伏櫪因驥無肋力。俯眼低眉[四]。嗟往事總堪悲。錯過了風雲會。消阻了英雄氣。殘陽易下。逝水難回。

老來臨。老來消得幾回春。元宵又過朱明近。歲月侵尋。嘆歡悰日去心。白髮添新恨。碧草縈孤悶。空躭美景。虛負良辰。

老來磨。老來人事轉蹉跎。席門晝掩誰相過。儘可張羅。嘆貧恨一身多。畫餅雖充飢。指梅空療渴。交情寂淡。世味涼薄。

【北正宮叨叨令】

閑　嘆

白衣蒼狗時時幻。桑田滄海年年變。眼見的崇樓峻閣千秋觀。都做了荒陂野草三家店。兀的不嘆殺人也麽哥。等閑一局樵柯爛。

今日箇高車駟馬長安陌。明日也官橋野渡南唐驛。似這等嬌紅艷紫鶯花墜。都做了長登李倒傀儡戲。兀得不嘆殺人也麽哥。彩雲易散琉璃脆。

【北正宫塞鴻秋】[五]

閑　笑

到幾時乾净净戴一頂烏紗帽。到幾時顫巍巍坐一乘花藤轎。到幾時精塊塊積幾屋鴉青鈔。到幾時嬌滴滴娶幾房家生俏。半夜裡睡不着。千條計尋思到。天明依舊把豆腐叫。

雙黄鎖日日眉尖掛。一盤珠夜夜胸前畫。恨不能泥塊兒變做金子渣。糠粃兒糶作珍珠價。口含着飯説餓殺。腰纏着錢學抄化。别人碗裡偏饅頭大。

閑　勸

脚根淺上不去金鑾殿。骨胎凡赴不得蟠桃晏。伎倆小做不得河陽縣。根基窮闖不出悲田院。休合你命争。莫把别人怨。勸你支着鍋休等南來鴈。逞英雄枉費了擔山力。弄神通錯使了移天計。愛便宜惹了些腌臢氣。使機關落了些恓惶淚。人欺天不欺。你會誰不會。勸你十分醉争似三分醉。

【北仙吕寄生草】

閑　怨

世路多坑塹。天心難忖量。翻黄覆黑家豪旺。蛆心狡肚身肥壯。安貧守分多災障。餓殺人夷齊首陽。誤殺人顔子簞瓢巷。無憑據。甚世經。胡言亂語爲時重。擔斤播兩登科貢。真才實料乾扎挣。三脚猫咬殺錦班彪。五眼鷄變做葳蕤鳳。

【南南吕一江風】

四季偷閑

且偷閑。看一回南華卷。訪一回東山伴。過林巒。流水橋邊。風擺動青旗颭。旋取杖頭錢。追陪半日歡。醉倒在黄公苑。且偷閑。簇簇榴巾綻。密密槐陰展。小蒲團。坐對南薰。把村醪泛。涼生石洞天。匡床自在眠。管甚麽雲來占。且偷閑。插棘編籬院。春黍炊新飯。喜團圓。妻織農耕。把秋税及時辦。看黄花開滿園。紅葉鋪滿川。休辜負龍山晏。且偷閑。萬里同雲暗。一夜璚花剪。掩柴門。土坑蘆蓆。甕頭清香而酸。乾柴細細添。磁甌漫漫傳。恍疑人在蓬萊苑。

【南仙吕傍粧臺】

陶淵明詩云：「結廬在人境，而無車馬喧。問君何能爾〔六〕，心遠地自偏。」寄興何曠哉。余新築土室一間，因作臨鏡序〔七〕四闋云。

人境結茅廬。懶聞世事往來疎。門前槐柳蔭。牆外燕鶯呼。新詩數聯閑攻課。荒圃三畦自看鋤。沽村釀。摘野蔬。逍遥身世勝贏餘。人境結茅亭。雨餘天際晚涼生。鈎簾邀皓月。拂袖引清風。閑來閑往人三個。自斟自酌酒一盅。吟懷闊。醉眼明。無邊光景有誰争。

人境結茅齋。荒堦草砌土平臺。多種十個竹。廣植數株梅。安排杖履尋詩去。收拾笙歌送酒來。無些事。絶塵埃。好懷喜得幾回開。

人境結茅菴。白雲深護萬松寒。市朝希夢寐。車馬絶喧闐。春雲有態從舒卷。野鳥多情任往還。安穩坐。自在眠。人云我是此中仙。

庚辰冬喜雪

風雪浩無涯。天工施巧剪出滿空花。搊頭飛上下。撲面舞横斜。寒逼烏鵲投林急。凍合溪橋去路滑。山堆練。簷吐牙。歡聲動地老農家。

兀坐喜無涯。安排乘興好去訪梅花。雨沾銀樹動。風擺玉龍斜。揮毫謾詠詩腸闊。移甕頻篘酒興滑。烘松火。煮豆芽。風光不減富兒家。

【南正宫玉芙蓉】

春日遊沸泉

三山列畫屏。一水灣銀鏡。翠森森蔽檜。喬木蔭濃。雲歸古洞松花冷。雨過春山瑶草青。真奇勝。神仙路通。正個是人間天上小蓬瀛。

秋　閨

庭除積雨收。簾幙新涼透。掛遥天半輪。眉月如鈎。誰家砧杵三更後。驀地敲來撮上愁。難消受。潺雨愁。空教人對銀釭無語抱箜篌。

【南仙吕入雙調玉抱肚】

安　分

不須苦掙。且隨緣過活一生。天自有加減乘除。賭不的人勝人能。命裏一斗莫嫌窮。走徧天下只十升。

不須倔強。且模稜隨鄉寓鄉。做一個好好先生。粧一個傻傻模樣。呼牛呼馬有何妨。俺做柔來你做剛。

【南中吕駐馬聽】

回首春歸。不見桃花片片稀。嘆韶光易老。好事多磨。心恨難齊。窮途莫訝阮籍悲。

荷鋤那識劉伶醉。誰是誰非。知音已矣。把瑶琴摔碎。對酒當歌。歲月無情一擲梭。説甚文雄八斗。猛力千鈞。鏖戰百合。黄金殿上福緣薄。青雲路口時辰錯。意氣消磨。嗚呼老矣。且向北床高卧。

【南中吕駐雲飛】

偶　成

心性蕭疎。官不差科吏不呼。人做的咱不做。人去處咱不去。嗏。終日只如愚。自歌自舞。老瓦盆邊。消遣些天之禄。甘作人間一酒徒。

心性疎慵。不近喧嘩不上城。野飯多清興。草枕無驚夢。嗏。茅屋兩三楹。薄田半頃。淺種深耕。把官租隨時供。甘作田間一老農。

元宵會飲雹泉

堪賞元宵。士女紛紛上畫橋。萬點寒星落。一派笙歌鬧。嗏。今夜興偏豪。月明燈皎。但願人月年年。依舊團圓照。常把金樽〔八〕碧桃。

端陽會飲西亭

堪賞端陽。畫舫龍舟競渡忙。簾外榴巾放。水面荷錢漾[九]。嗏。玉碗泛瑶漿。大家飲賞。醉倚紅粧。把水調齊歌唱。贏得清狂老更狂。

中秋會飲壽山

堪賞中秋。浩渺雲空素月流。野老歡相候。鷄黍争相侑。嗏。團坐晚山頭。仰天拍手。月影宜人。也向杯中溜。共醉陶陶任唱酬。

立　秋

歲月如流。忽地春來忽地秋。車馬空馳驟。山水還依舊。嗏。白髮老人頭。且喜今朝有酒。對景開懷。便是功名就。莫待明日黄花蝶也愁。

殘　冬

雪凍風嚴。撥盡寒爐到夜闌。破壁孤燈暗。古篆殘烟散。嗏。心事轉凄然。老懷難遺。春帖慵裁。強把椒觴泛。霜鬢明朝又一年。

懷　人

睡煞鴛鴦。十二欄杆春晝長。湘瑟佳人况。錦字迴文樣。嗏。花發小樓傍。種種思量。一架薔薇。還對芙蓉帳。日落華胥夢燕來。

【南仙吕入雙調朝元歌】

狂徒酒徒。堪作忘懷侶。駁驢蹇驢。也濟窮途苦。大澤誅蛇。中原逐鹿。到而今那分勝負。逞甚機謀。萬事蒼天自有主。付手一張鋤。習勞半畝圃。三盅酒入肚。給皇帝俺也不做。

名牽利牽。徒使精神減。黄天黑天。翻轉閉着眼。俺韜略曾讀。典謨閲徧。到而今飄零書劍。獻賦十年。怎得朱衣頭一點。不必苦留戀。來日時光短。你看那推車打擔。咱騎驢他也欣羨。

【南商調黄鶯兒】

世情古怪看客下菜。順風兒那樣使舡。見了兔把鷹放快。有穀的借出米來。家有一千借出五百。若無錢活佛不拜。咱家裡煮黍。烹鷄煎炒肉。漫牆遞過豆腐來。

【北雙調撥不斷】

雜　咏

讀史偶感

美虞姬。駿烏騅[一〇]。風流叱咤千人廢。垓下兵稀伯業微。拔山舉鼎成何濟。不如沉醉。

識兵機。論安危。搖唇鼓舌把侯王説。自嘆高陽悔已遲。雄心空逐油河沸。不如沉醉。

逞驕侈。不見機。誇豪鬪富真兒戲。珊瑚錦帳總成非。油頭粉面樓前墜。不如沉醉。

五陵西。接太堤。崇樓峻閣侯王第。許史堂前燕雀飛。金張陌上狐狸睡。不如沉醉。

上　巳

三月三。曲水邊。王孫士女争濯盥。團扇輕摇玉指纖。羽觴滿泛金波歛。好個蘭亭佳筵。

競渡

五月五。飲菖蒲。清歌妙舞閑亭處。户户門懸虎艾符。家家池放龍舟渡。休把良辰辜負。

七夕

七月七。是何夕。河邊牛女遥相憶。滚滚銀濤作雨飛。人言都是雙星淚。只因多離少會。

重陽

九月九。逞風流。龍山此日開觴豆。烏帽多情却戀頭。醉來滿把黄花嗅。捹飲到月明時候。

【北雙調落梅風】

詠　鶯

翎毛貴。聲韻嬌。占春光錦衣花毛。這枝又上那枝高。到惹的鶻鵪笑。

詠　蛙

青草畔。綠水涯。借陰凉逍遥長夏。雨餘井底鬧喧嘩。幾曾見東洋大。

詠　蟬

吸清露。咽曉風。綠楊濃晝長人静。一聲長嘯海天空。忽驚斷槐根夢。

詠　蝶

香鬚細。粉翅纖。三百個名園都採徧。一番風雨一番寒。花落也空迷戀。

咏蜜蜂

朝飛去。薄暮還。忍着飢將百花採徧。爲誰辛苦爲誰甜。好窩巢别人占。

咏蜻蜓

立不住。飛不高。舞盤旋來來落落。好耍兒童厮覷着。拿着你不知道。

咏螢

高又下。滅還明。度牆頭曉風相送。雖然是一點假星星。也曾伴青黎映。

詠燕子

穿簾幕。入户幃。舞翩蹮身輕體媚。東家飛過復西飛。又趁入鶯花隊。

偶戲

支個架。占塊塲。着綺羅堂堂模樣。擎拳拱手甚安詳。有外像全無裏像。

鞦韆

金粉面。玉酥肩。逞風流緑楊庭院。一來一往任流連。儘會騰空也使身冷汗。

蹅索

竪起木。絆條繩。半虚空身騰脚動。眼前現放着死合生。只怕闖下來無人償命。

【北雙調清江引】

老來便宜這雙眼。一般清如湛。天上蠓蟲飛。地下活佛現。常則是大不見小不見。

老來便宜這個口。緊閉着無滲漏。也不會説是非。也不會評休咎。常則是讀些書吃些酒。

老來便宜這雙耳。實坯坯不通氣。也不聞報恩寺裡鐘。也不聞嚴更樓上擂。你不聽心不煩真可喜。

老來便宜這雙手。高捲起雙袍袖。也不會寫赫蠻書。也不會解牢籠扣。常則是擎着這酒杯兒做朋友。

老來便宜這雙膝。直挺挺無迴避。也不在馬上拳。也不在簷前跪。常則是抱着你閑坐地。

老來便宜這雙脚。不走崎嶇道。不上木蘭車。也不踏花藤轎。常則是伴着根黎杖兒跑。

惜事

一日一日又一日。昏早相催遞。纔見玉兔生。又早金烏墜。斷送的忙人兒都老矣。

一月一月又一月。幾度花開謝。纔過了上元宵。又早是中秋節。斷送的忙人兒都老也。

一年一年又一年。回首滄桑變。新人換舊人。後箭催前箭。斷送的忙人兒都老焉。

飲酒

一鍾一鍾又一鍾。莫惜瓶之罄。受用些是便宜。勞碌了成何用。君不見北邙山下塚。

一壺一壺又一壺。消遣些天之禄。醉中原有春。身外別無物。盼不到劉伶墳上土。

一瓢一瓢又一瓢。且開口呵呵笑。閑中任我閑。鬧處由他鬧。想人生只争晚共早。

【北雙調慶宣和】

題漁樵耕牧小畫

三尺漁竿一葉舟。雲水悠悠。得魚換酒醉醄醄。風流。風流。

腰鐮深入萬山叢。伐木丁丁。倦來一枕白雲空。睡醒。睡醒。

一川禾黍雨初消。月滿東皋。荷鋤負耒冷蕭蕭。趁早。趁早。

連天野草緑芊芊。水接平川。短笛牛背自在眠。歸晚。歸晚。

【北雙調清江引】

麥子麥子只當米。吃一粒掐一粒。水姑渣做半盆。牛犢皮攤一蔽。五月五吃到七月七。

穀子穀子没結果。偏我做的錯。起初苗兒稀。次後虮蜡過。該人家七八石愁殺我。

豆子豆子怎麽好。旱的旱潦的潦。牛毛黄不開花。百枝齊葉兒弔。幾畝小菉豆狗支了。

黍子黍子二畝整。指望是吾之命。翻了兩三翻。鋤又鋤不浄。到秋來剛剛的打勾了種。

閨怨

兩個黄鸝鳴翠柳。小院清晝〔二〕。簾垂燕子閑。粉淡梨花瘦。消愁幾杯桑落酒。

梅花

南枝夜來先破蕊。洩漏春消息。便宜雪月交。不惹蜂蝶戲。有時節暗香夢裡。

套數

吕家莊頭，表兄鳳崗李公别業也。莊西水一泓，清泚可愛，兄築亭於上面，匾曰：乾坤一草亭。日酣觴賦詩於其中，視富貴若土苴。余高其風，賦南吕一篇，以俟後之觀風者採焉。

【北南吕一枝花】池開銀鏡浮。亭結生消現。地偏饒樂事。心遠絶俗緣。竹扃松關。無半點塵埃占。鎮日主人閑。白蓮社陶令歸來。緑野堂裴公習懶。

【小梁州】興到也三杯軟飽。悶來時一覺黑甜。眼前佳趣真堪翫。濯纓緑水。遶屋青山。烹茶石鼎。載酒溪舡。奏清商鷓韻緜蠻。捧紅牙蝶翅翩翻。籠綉龕翠柏蒼梧。列畫屏層嶂疊巒。濺瓊珠瀑布飛泉。景物。天然。幾般兒厮把幽人伴。儘消遣任流連。好一個散誕逍遥地上仙。跳出塵樊。

【餘音】名韁利鎖無縈絆。野鹿沙鷗任往還。清風明月不須錢。只將這小蒲團坐穿。老瓦盆飲乾。説起人世浮雲。他看不在眼。

先太祖鳳崗公，郡誌隱逸，邑載高士，而海内名公，多推爲獨行君子，謂可與管幼安比肩。竊意清風高節，於所見書籍外，必尚有卓卓可述者。奈余家經壬午兵燹之後，譜牒家傳，放遺散失，千百未存十一。而余生又晚，欲考先人軼事，每恨不可多得。今忽於殘缺鈔本中，睹菊逸王先生詞，吾先人塵視軒冕之志，洋溢於楮墨，潛德幽光，實可借此而發也。先生以邑中名宿，潦倒諸生間。而詩酒自樂，超然塵坌之外，於世之富貴人，不輕接，亦不輕談，獨於吾先人長言咏嘆如此。諷誦再三，銘感何既，故謹識。邑後學李汝謨乾隆乙酉仲冬下浣呵凍書。

余獨坐一室，愕然無餘物，惟篝燈書卷，土坑布袍數者而已。適冬夜，濁酒新熟，釃而飲之，不覺就醉，因走筆胡寫數首，爲閑中發一笑云。

【北般涉調耍孩兒】半間茅屋十分俊。聽我從頭論。一窗燈火一床琴。插萬軸牙籤隱隱。布袍旋補堪遮體。濁酒新篘可入脣。此外無些甚。更有使不殘多年破甑。戴不爛隔歲方巾。

【八煞】這屋呵。不庇雨和風。相陪星與辰。荒堦草砌蒼苔蔭。有的是疎簾淡月書聲細。稚子山妻笑語頻。安樂窩無何郡。坦坦世界。小小乾坤。

【七煞】這燈呵。寂寂三更夜。蕭蕭深掩門。小窗一點青光浸。你是我不嫌貧知心友。我是你撥火添油切己身。相陪伴。相存問。包藏着光輝燦爛。吐露出牆壁嶙峋。

【六煞】這琴呵。矮舖舖床一張。齊森森絃七根。其中就裡多風韻。清聲響徹蘇門嘯。雅調鏗翻梁父吟。有詩醉卧和書枕。高山流水。少甚知音。

【五煞】這書呵。備今古興亡事。載詩書禮樂文。盈箱積案難成陣。停披曾受十年苦。誦說寧辭五夜勤。磨穿鐵硯鑽研盡。養成錦心繡口。灑雨揮雲。

【四煞】這袍呵。千縫身似縷。百結袖如鶉。截長補短胡綴衽。你則道粗針大線天生舊。俺則道避冷遮寒湛眼新。雉頭狐腋何足論。穿着方便。蓋着安穩。

【三煞】這酒呵。消繳了眉尖恨。濃釀出心上春。小槽旋滴珍珠嫩。臨風把盞頻頻勸。對月開懷滿滿斟。把人間萬事消磨盡。似這磁甌瓦鐸。說甚注玉傾銀。

【二煞】這甑呵。堪笑珠爲粒。空憐桂作薪。幾番冷煖遭磨鈍。蜘蛛網罩層層厚。蠛虱塵埋寸寸深。飢來隻字難烹飪。只因萊蕪官冷。原憲家貧。

【一煞】這巾呵。從他塵土埋。不妨烟火燻。寂寞高掛誰偢問。也曾花前灑酒追元亮。也曾山上隨風娛孟君。簷寬幅窄堪籠鬢。看着他烏紗穩戴。争似俺接䍦斜簪。

【煞尾】一屋矮如窩。八般攢似錦。眼見的桑田滄海古還今。且則是自歌自舞閑弄磣。

南北雙調合套

余偶見羣兒，拾一破錢，争而玩之。憶昔女子，作半邊錢詩云：「半輪明月掩塵埃，依稀猶有開元字。想見青光未破時，買盡人間不平事。」噫嘻！錢神物也，古今玩之，因賦俚句於左，以誌其神。

【步步嬌南】半輪明月塵中現。拾起來真堪羨。手擎着顛又顛。幾度徘徊。數番留戀。好一個回生起死利市仙。恨女媧不把青石煉。

【折桂令北】論根基古今流傳。籍占金穴。跡鑄銅山。面貌團圓。眼孔方正。字號周全。他也曾排金門入紫闥人人稀罕。他也曾串九州遊六合處處珍玩。洞府神仙。洛下英賢。見我家兄。執手盤桓。

【江兒水南】包府尹連忙笑。温御史不肯彈。鐵菩薩抬起頭來看。惡夜叉偷放鬼門闕。狠閻羅私改了輪迴案。大鬧了靈霄寶殿。撼海摇山。把幾件不平事生生買免。

【鴈兒落北】則爲你親戚情不往還。則爲你骨肉恩成冰炭。則爲你冷淡了相識面。則爲你阻斷了風月緣。

【得勝令北】呀。則爲你昧着心夜夜將空舡搬。則爲你瞞着己時時將牙籌算。則爲你戰兢兢渡了些揚子江風和浪。則爲你遠迢迢走了些太行山險又巔。銅錢。你殺人呵勝似口三尺龍泉劍。雙邊。你救人呵强如丸九九轉不老丹。

【僥僥令南】謾詑書千卷。休誇策萬言。儘你是伶牙利齒聰明漢。手裡無時怎禁得人憎鬼也嫌。

【尾聲】從來惟有文章賤。凡世之人只重錢。買一個瞥煞猫來細細的儹。

余老會至矣，百歲闗心，一貧刺骨，矧遭些凶年，左右盼顧，實爲狼狽。昨把鏡照面，茫然良久。古人云：「五十之年，忽焉已過。」因援筆寫此，情見乎詞。時萬曆二十二年新正三日書。

【北雙調新水令】融融紅日映山窗。攬青銅幾番惆悵。心驚新歲月。指點舊行藏。逝矣流光。又早五旬之上。

【駐馬聽】薄暮殘陽。百事無成倍慘傷。悒悒悵悵。朝來風雨捲難量。看這等蠅頭蝸角等尋常。都做了鏡花水月誰承望。細端詳。主人翁不似年時壯。

【水仙子】只見短髮凋颼寸寸霜。病齒玲瓏個個長。亂紋穿滿腮額髒。這三般心自想。老來催心事悒怏。富貴運逢煞。兒女星坐空亡。嘆浮生枉自忙。

【沉醉東風】愁擔兒沉沉難放。苦葫蘆暗暗自嘗。臨崖樹水早衝。枯根草霜偏降。似俺這福薄人百孔千瘡。無那無能可怎當。誰替俺愁思半晌。

【折桂令】母高年菽水清涼。病喘絲絲。風燭難防。門户蕭條。田園荒蕪。骨肉參商。厮守的老伴妻殘病羸尫。傳家的豚犬侄蠢懦孤霜。世態炎涼。人事周章。觸目驚駭。舉手愴惶。

【離亭晏歇指煞】又無個爺親娘舅相憑仗。又無個三兄六弟相依傍。正遇着歲飢年荒。孟嘗君緊閉門。龐居士牢封囤。王十萬忙收賬。無一粒站脚粮。那得根剔牙棒。也教人無的思量。空有些爛文章怎生嚼。喬字帖不堪煮。破書箱不中餉[三]。只落的愁腸日九回。再休提豪氣三千丈。聽從頭細講。本是五百刼欠冤債的蒼生。又墮在黄柏海叫我遭疼受痒。

一年好景莫過於春，一春好景莫過於元宵、花朝、清明。余一生窮愁，每遇此景，不得傾倒，所謂人世難逢開笑口者非耶。因作俚調，以紀其歲月心事云。

【南黄鍾畫眉序】佳節上元宵。處處笙歌舞鮑老。奈無人承携。少客招邀。那些個載酒行歌。空負月明燈皎。〔合〕幾番對景傷懷抱。叫人展轉難消。

【前腔】囬首又花朝。風月晴暄春正好。奈閑愁閑悶。無酒無肴。柳青青柳眼空嚬。花灼灼花腮枉笑。〔合〕幾番對景傷懷抱。叫人展轉難消。

【皂羅袍】早是清明來到。準擬尋花問柳。散步逍遥。無端風雪滿西郊。恍疑人在藍關〔三〕道。匆匆黎杖。前村路遥。酒家何處。青旗謾招。溟濛野色迷山嶠。

【前腔】且自歸來行樂。把衣衫脱下。掩却衡茅。荒詩幾首細推敲。狂歌一曲無腔調。山肴野蔌。鹽調醋澆。村醪濁酒。連漿帶糟。茅簷醉舞山妻笑。

【尾聲】人生未必當年少。漸老逢春能幾遭。只須遇境開懷自斟酌。

人無百歲人，常懷千歲憂，可笑哉。余年幾七旬，幸時事少安，日惟陶情詩酒，以樂天年。因俚曲一篇，以自慰云。

【北雙調新水令】人生七十古來稀。可又早六十三歲。盼七旬能有幾。想百歲已無期。仔細思維。這早晚難迴避。

【落梅風】醜共好。成與虧。大綱來邯鄲一寐。今日個瞧破矣。總不如葫蘆提省淘閑氣。

【鴈兒落】俺如今官不呼吏不催。俺如今名不綰利不羈。俺如今男不熬女不煎。俺如今是不干非不繫。

【得勝令】呀。幸時事少艱危。喜身軀無病疾。看蠻觸由他鬬。且蝸蜒聊自頤。罇罍。終日價瓦盆酒傾唇醉。敲推。有時節奚囊詩信口題。

【鴛鴦煞】得一日是一日。樂一會是一會。更有甕牖繩樞。草舍茅籬。看了這駟馬高車。連甍結綺。争似俺笑傲懽虞受用些貧中味。似俺這坦蕩蕩玩世出塵徒。煞强如憂戚戚白頭厮掙的。

南北雙調合套

貧中儘有無窮趣味〔四〕，覺名韁利鎖，終是徒勞。因乘興狂歌一曲，以示現在之樂云。

【步步嬌南】今朝有酒今朝樂。明日君休料。萬事等鴻毛。一醉陶陶。百樣愁消繳。憑火屋上着。不顧油瓶倒。

【折桂令北】上床來鞋履相抛。逞甚嘍囉。賣甚乖覺。伯王英雄。石崇豪富。韓信功勞。百年身浮萍風掃。一場空傀儡肩挑。一品當朝。萬貫纏腰。有一日那話來時。呀的聲難躲難逃。

【江兒水南】嘆了口長吁氣。落了些無下梢。惹了些蝸角胡廝鬧。搏了些蠅頭苦更焦。看他天涯歲寄經營擾。去韶顏及還衰貌。碌碌奔波。到不如酒風頭便宜了。

【鴈兒落北】俺而今塌了天尋不着。俺又無孩子們來聒吵。俺蘆花被煖似錦鮫綃。俺草茅簷不讓蓬萊島。俺綠楊池景不減西湖妙。俺散幽情遶林泉步畫橋。山樵溪釣歸來早。斷簡殘編撩興高。終日把瑶琴獨抱。土坑上敲。呀。歪戴着巾子翻披着布襖。

【雁兒落帶得勝令北】中間裡坐着個老兒叨。兩邊廂列着些家中寶。一個家喜孜孜抱酒壺。一個家慌慞慞燒茶銚。呀。瓶兒裡忙把螃蟹炒。鍋兒裡爛將蔓精炒。霎時間直嚷你爹兒落。把一個甕頭清撇到糟。叨騷。唱一會嗢嗢學驢叫。窈窕。舞一會捕塌跌一脚。

【僥僥令南】鋪着個連䂑倒。枕着扇挍料瓢。睡一會忽嚕嚕安穩覺。那管他紅日三竿晒着腰。

【尾聲】從今悟却邯鄲道。水底休將明月撈。老犍暍溝裡倒一倒。

按：【雁兒落】句式當四句，本套【雁兒落北】多出數句，似爲【沽美酒帶太平令】，其順序也當在【僥僥令】之後。又：【雁兒落帶得勝令北】原僅書【得勝令北】，兹正。

南北雙調合套

嘲賭

【步步嬌南】憑着輸自己錢合鈔。枉惹旁人笑。營生不甚高。廢寢忘飡。本虚利耗。面垢頭撓屈脊蝦腰。拿班做勢却是蹊蹺。

【江兒水南】三二攢。酨一簇。明言休惱。你稱兄。我稱號。貌禮相交。輸了的減口吞聲。贏了的鼓掌呼笑。命運合低。還説道色樣兒好。

【得勝令北】俺只見肯讀的衣紫袍。俺只見肯耕的食粱膏。俺只見自在的落便宜。俺只見安分的多快樂。英豪。看宋祖多謀略。顛稍。把華山丟搭了。

【幺篇】我勸你沙中井莫淘。我勸你火上冰休燎。我勸你速止了下坡車。我勸你急挽住東流罩。聽着。近墨者多黑皂。擇交。把狐朋一旦掃。

【尾聲】人生適意多行樂。爲黍烹鷄酒滿槽。把一號賭錢的人輸殺了。

按：［江兒水］曲牌疑誤；【得勝令】單用且連用二曲的情形在散套中亦極爲少見。

適暮稿小引

余曩效顰，編那吒令一韻十首。客有過我者，索而歌之，因誡曰：「曲製重雅馴，一涉嘲謔，非體也。」余媿而火其稿，譬則吟堦小蟲，少經撞捉，則悠然逝矣，寧復作啾啾聲耶。今老會至矣！百念灰冷，日惟潦倒一壺，醉即信口狂歌，醒而姑録其一二。日月積累，忽成一帙，因命姪書之，且名曰適暮小稿。自知腔譜舛訛，詞旨荒陋，不足窺作者之藩籬，第嘆老嗟卑，流連光景，姑少借是以陶寫老阮云爾。古人云，人生貴適志。吾惟自適其適而已，即工拙何暇計哉。不識復笑我不也，余不媿矣。萬曆二十二年新正三日書，壽里菊逸氏自記。

〔一〕「擎盤」，原作「檠盤」。
〔二〕「奚奴」，原作「溪奴」。
〔三〕「奚囊」，原作「溪囊」。

〔四〕「低眉」，原作「底眉」。
〔五〕「塞鴻秋」，原作「塞秋燕」。
〔六〕「何能爾」，原作「何所樂」。
〔七〕「臨鏡序」，原作「臨境序」。
〔八〕「金樽」下疑脱一字。
〔九〕「荷錢漾」，原作「荷錢樣」。
〔一〇〕「烏騅」，原作「烏錐」。
〔一一〕「清晝」，原作「青晝」。
〔一二〕「不中餉」，原作「不中向」。
〔一三〕「藍關」，原作「籃關」。
〔一四〕「趣味」，原作「趨味」。

高　濂

高濂，字深甫，號瑞南，别署瑞南居士、桃花漁長、湖上桃花漁、千墨主、萬花居，浙江錢塘（今杭州）人。曾官鴻臚寺。工詞曲。著有雅尚齋詩草、芳芷棲詞、遵生八牋及傳奇玉簪記、節孝記二種。約生於嘉靖六年（一五二七），卒於萬曆三十一年（一六〇三）前後，年七十七左右。

小　令

【南仙吕九迴腸】

離　思〔一〕

〔解三醒〕對燈兒幾番思想。挨枕兒無限凄凉。燈殘枕冷空惆悵。夜兒短夢兒長。人從夢裡空來往。事在心頭自忖量。眉尖上。〔三學士〕常時描出愁模樣。鏡兒中暗怯風霜。

愁容蕭索花枝瘦。病體凋零柳葉黃。〔急三鎗〕挨幾個燈兒滅。香兒盡。月兒斜。照得人孤另。花影冷紗窻。（太霞新奏）

秋　閨〔三〕

苦心兒終朝寧耐。惡病兒逐日挨排。意中人隔秋雲外。黃葉恨滿空堦。春宵剩有心頭愛。錦字難教病裡裁。空躭待。○西風一枕相思債。怎教人盡付沉埋。隔河夢斷經年約。對月人思千里來。○你聽風聲急。雁聲孤。砧聲慘。柔腸碎。怎又添得雨聲哀。（太霞新奏）

【南仙吕桂枝香】

中秋懷遠

珠簾乍捲。銀潢初轉。下遥天桂影生寒。滿長空蟾光如練。望關河斷腸。望關河斷腸。蒼山萬點。白雲一片。淚空懸。雁截秋來信。人孤月共圓。（南宫詞紀）

【南商調金絡索】

題　情

說圓未得圓。要見何時見。背地裏情牽。争奈會晤無方便。寄來書寫盡。萬千言。空自一度看書一度憐。何曾怨恨心先冷。爲待佳期眼望穿。空懸戀。不知何日是姻緣。我就生也留連。死也留連。愛你心生死都不變。（南宫詞紀）

【南仙吕入雙調玉抱肚】

四聲怨

枕邊三唱。喚人愁病添幾樁。叫長空霧冷霜凝。催樵鼓月沉星朗。咿咿喔喔。聲聲風裏自悠揚。那管人聽欲斷腸。（南宫詞紀）

村居鄰院。一聲高霜風滿天。關山夢生扯分離。衾枕寒慣增愁怨。淒淒冷冷。香銷玉漏篆無烟。月落紗牕正可憐。右雞聲（南宫詞紀）

西風雁字。落汀沙烟渾柳絲。一緘書望斷衡陽。五更寒寄來燕市。悠悠啞啞。棲霜

叫月訴相思。最苦人聽是此時。（南宮詞紀）

霜天如洗。片雲孤影兒乍飛。一聲悲絃斷瑤琴。半天愁夢回湘水。情憐意慘。悲悲切切耳邊催。忍得肝腸不作灰。右雁聲（南宮詞紀）

短長難聽。曲闌邊芭蕉幾聲。暗湘簾香影生寒。打紗牕風摇不定。霏霏拂拂。如今巫峽夢無憑。空着魂消一夜醒。（南宮詞紀）

雲沉風驟。看霏霏烟迷畫樓。舞殘花片片春憐。喚鳴鳩聲聲病陡。蕭蕭瑟瑟。簷前雨共淚盈眸。隔個牕兒一樣流。右雨聲（南宮詞紀）

淒淒冷冷。報黄昏又敲五更。助一番寥落秋聲。添幾度懨纏春病。風風雨雨。香奩寂寞此時情。幾陣心寒枕上聽。（南宮詞紀）

譙樓聲動。助相思愁添恨濃。慘孤幃春枕蕭條。驚別鶴香魂斷送。朝朝暮暮。撩人敲入別離中。腸斷天涯曉夜風。右鐘聲（南宮詞紀）

【南商調金絡索】

四時怨别

春心破柳芽。春信催花發。艷紫嬌紅。盡爲東風嫁。誰言夢裏身。遍天涯。悶疊青山一帶斜。琵琶淚墮江州吏。丹藥空回古押衙。心牽掛。滿前春色落誰家。我的病也因他。愁也因他。病和愁都在斜陽下。（南宮詞紀）

葵榴簇絳綃。荷芰閑芳沼。綠樹陰濃。花賺鶯聲老。撩人雙燕子。壘新巢。長日簾櫳閉寂寞。風塵夢醒黃梅雨。芳草心懸朱雀橋。和誰道。舊愁占住在眉梢。一會裏目斷雲霄。腸斷雲霄。天際恨知多少。（南宮詞紀）

秋雲浄碧波。霜葉因風墮。月冷桐花。朱户封金鎖。紗牕疎影轉。淡銀河。驀地撩人一雁過。生前欠有相思債。別後難消歲月磨。誰知我。愁來心上似穿梭。要問你途路如何。病害如何。待問呵問着那一個。（南宮詞紀）

梅魂入夢香。雪色侵羅帳。轉眼年華。青鏡憐惆悵。雕輪人去也。路茫茫。不信天涯不斷腸。何能飛鳥同雙翼。那怕音書没半行。長思想。敢將恩義等閑忘。你便身在他鄉。家在他鄉。只願你舊日心常一樣。（南宮詞紀）

套　數

惜飛花

【南正宮白練序】春飄泊。看風度殘花逐絮浮。更着意粧點草茵如綉。溪頭。香水流。暗囑東君次第收。何曾久。空只爲春風調弄。雨雲消受。

【醉太平】清晝。飄香墮粉。正堪憐朱户。暗惜青樓。沾衣撲面。顛狂不減風流。牽愁。香消南國夢悠悠。早化生湘雲楚岫。年華馳驟。斷送青春在樹底枝頭。

【白練序換頭】依依。似逗留。隨風暗投。最怕見關河路去馬歸舟。飛揚。傍畫樓。正病怯珠簾不上鈎。添憔瘦。恨淚抛紅雨。心結春愁。

【醉太平】佯羞。粧殘半面。回風更舞。斕斑紅袖。蜂房燕壘。早搬弄泥香蜜就。遨遊。風飄萬點鬢邊愁。又一番緑肥紅瘦。向香塵紫陌。急秉燭在送春時候。

【尾聲】緑陰幾樹閑清晝。午夢驚回啼鳥幽。儘發付花落柴門醉未休。（南宫詞紀）

題情〔三〕

【南中吕瓦盆兒】相思到底。爲他害得不分明。金屋夢玉關情。只爲着別離兩字等閒輕。因此上鴛鴦陣。擺做了愁兵。未知道自別來。他心可至誠。他應恨魚沈雁靜。不道我仲宣愁。相如渴躭孤另。枉教我欹枕對殘燈。

【榴花泣】〔石榴花〕誰知一別蹤跡便飄零。怪煙雨隔江城。只見天邊圓月幾回明。紗窗半掩一派冷清清。〔回泣顔〕凄涼淚傾。把不住幾陣渾身冷。飲弓蛇空自心驚。照石鏡見他無影。

【喜漁燈】音書欲寄情難罄。雲樹冥。相思債欠下了前生。今日却怎生。怎生掃却心頭病。虛擔着雨剩雲凝。風情。全無半星。斷人腸寒蛩幾聲。

【尾聲】絮叨叨。真難聽。攪得我神魂不定。好一似吞却金鍼和綫攖。（吴騷合編）

題　情

【南黄鍾絳都春序】春愁萬結。怪終朝眉頭。心上堆疊。點檢相思。共衰柳黄花憔悴也。傷秋淚洒楓林血。更難脱懨纏歲月。別離天遠。恨湘烟縹渺。楚雲空闊。

【出隊子】相逢相別。屈指光陰如電掣。花星喜宿偏照那時節。幾句新詩將心事寫。平白地慇懃。雙魚佩結。

【鬧樊樓】三星在户梨花夜。繡窗燈暗。獸爐香滅。犬吠朱門歇。人約黄昏絶。響叮蓼更漏。風淅瀝月冷霜冽。悄摩娑傍迴廊下躲凹。

【滴滴金】猛然一見魂飛越。怪寒侵羅袂身似鐵。戰兢兢忙把羅幃揭。膽兒寒心兒怯。恩深意切。喜香温翠軟方寧貼。誓盟共説。剩得如今那些。

【畫眉序】魂夢遶蝴蝶。窗外花陰影搖拽。見寒燈一點。紙窗風射。眼中人無影無形。心上事難拋難撇。爲他常是病兒惹。真個弄巧成拙。

【沙上啄木兒】〔浣溪沙〕情牽掛。事磨折。絞柔腸幾回寸裂。推不去懨煎將愁怨賒。驟心車還覆轍。〔啄木兒〕看窗前不見山回折。枕邊淚似江濤瀉。咫尺江山將魚雁截。

【三段繡】〔三段子〕當初見月。待黄昏情意熱。如今見月。怕黄昏形影孑。〔繡衣郎〕因他去也。一般風景還分別。兩邊愁各自空掙拽。甚日得有圓無缺。

【滴溜子】迢迢夢。迢迢夢。心帆幾摺。悠悠恨。悠悠恨。愛河已決。天上香車七葉。一年一度秋。星橋接。偏我和他。今生斷絶。

【下小樓】空接。魚書雁帖。反教人添哽咽。看時只把鞋跟跌。料想。無繇見者。又何勞撥草尋蛇。

【永團圓犯】〔永團圓〕相逢不久忙拋撇。嘆佳期成永訣。祆神火戮鴛鴦牒。泣春風枝上鴂。簫聲已徹。彩雲散處琉璃劫。往事空饒舌。巫陽夢涉。臉消紅鬢飛雪。〔鬧樊樓〕病似相如怯。顋結韓平穴。〔望吾鄉〕嘆三生。總虚説。都是前生孽。〔永團圓〕贏得淚枯竭。

【尾聲】待丟開。難割捨。只落得情牽意惹。心癢空揉似隔靴。（吴騷合編）

郊行見麗人〔四〕

【南南吕太師引】花飛陌上春將盡。妒東風殘香逐塵。溪山下水流花恨。林皋外雨卸春魂。美人一見情難忍。禁不住眉鈎目引。分明是。巫山彩雲。向人間賣精神。

【瑣窗寒】斷人腸風雨紛紛。恍惚相憐意自勤。看他多情多趣。宜喜宜嗔。形容玉軟。衣衫烟潤。全不是尋常丰韻。此心因他撩惹。不由人便教兜地銷魂。

【三段子】風掀練裙。襯丹霞梨花吐雲。春生笑嚬。濕胭脂櫻桃綴唇。腰肢妒雪飄輕俊。身裁艷月憐清潤。瀟洒飛烟。風流絶塵。

【東甌令】身嬌怯。性温存。幾轉秋波玉溜頻。春心寄託鴛鴦陣。蜂蝶牽愁悶。青樓朱箔見無門。此恨向誰論。

【三换頭】姻緣妒人。從來無準。恩情未真。怎生便親。自笑没根。牽引浪裏浮萍。飄泊恨誰曾憐憫。惜别愁成病。難忘見是恩。卦揲遊魂。何處是漁郎可問津。

【解三醒】倚雕闌低頭自忖。怪晝漿頃刻平分。雨窗寂寞今宵恨。從此後佔晨昏。雙魚未許能吞餌。尺素何由得到君。忙偷揾。止不住盈盈望眼。滴滴啼痕。

【三學士】有分相逢無遠近。這其間事涉寒温。如今天近人難近。畢竟是寒温没半分。野水平川愁隱隱。芳草路怨埋輪。

【節節高】青山隔暮雲。怨殘春。尋花問柳空勞頓。今休問。陌上人。桑間恨。相思一擔都承認。此情未必他相信。夢魂冷落楚陽臺。琵琶聲斷臨川郡。

【尾聲】湘波月冷簫聲隱。那裏問秦臺楚君。過眼繁華總未真。（南宫詞紀）

恨遠人[五]

【南南吕宜春令】燈前恨。夢裏人。似風帆摇摇此身。銀河鵲渡。相逢也得年年準。似如今何處朱陳。都忘却舊時秦晉。向風塵。多少恩情。挽來愁悶。

【太師引】這些時。何事縈方寸。悶懨懨春風困人。空消受多愁多病。竟冷落爲雨爲雲。常時淚滴忙偷揾。這寂寞有誰投奔。雙魚信。年來未聞。空教我對鶯花瘦損精神。

【瑣牕寒】暗河橋春樹紛紛。望斷天涯不見君。看樓前飛絮。陌上行人。風塵斷線。往來無準。指歸期難憑音問。此身飄飄何日化行雲。和他夢裏温存。

【三段子】青樓笑噸。他那裏新人意親。黄昏夢魂。管甚麽舊人怨嗔。我想舊人空自多新恨。新人未必常親近。新舊恩情。也須平半分。

【東甌令】閑金鴨。斷瑶琴。冷落紗牕又一春。梨花零亂桃花褪。芳草連天恨。鶯鶯燕燕總撩人。碎割别離魂。

【三换頭】前生此身。姻緣未盡。今生此身。恩情兩分。暗想來生。無準怕似如今。難道是兩三番都成冤恨。慣惹多情病。難逢有義人。捱過殘春。又被那一陣飛花引夢魂。

【劉潑帽】怕人暗地裏猜疑問。百般兒强自支分。苦心淚眼常含忍。薄倖人。到底他心腸狠。

【大聖樂】恨花星不照青春。好風光無分寸。五行怎没個紅鸞運。單寡宿與孤辰。却教我行藏常帶臨川恨。風月空懸司馬奔。粉消玉損。苦則苦人閑清晝。花落黄昏。

【解三酲】想着他温存安頓。就其間分外生春。他同衾共穴心兒肯。朝和暮意兒真。他把太行説盡爲盟押。却教我滄海流乾是病根。從今恨。似山同層疊。水共沉淪。

【節節高】凄凉不忍聞。暗銷魂。窗前雨急風兒緊。寒燈燼。唳雁紛。春宵悶。參商慣擺迷魂陣。别離如刺心頭刃。佳期只索夢兒頻。誰知夢見猶無準。

【三學士】無計從君心自忖。除非是羽翼凌雲。君家住處知何處。妾便逢人難問人。渭北江南天遠近。芳草路雨紛紛。

【大迓鼓】從前。錯認真。因他留戀。即便成恩。那知恩愛空調引。當初留戀枉勞神。寂寞春愁蕭條病身。

【撲燈蛾】啼紅減翠顰。怨粉輸香韻。楊柳殢柔腸。又見海棠風謝也。芳心隱隱。想乘鸞跨鶴兩無門。鳳簫聲暗生愁鬢。天台信。可憐回首隔風塵。

【尾聲】蜂愁蝶怨春思窘。月缺燈殘夜愴神。况是我夜夜無眠病怯春。（南宫詞紀）

怨秋聲

【南商調山坡羊】風淅瀝雁聲如訴。寒凛冽霜威如妒。打紗牕敗葉蕭條。聒秋蛩枕畔添淒楚。燈影孤。更籌下玉壺。清清冷冷點滴那堪數。夢轉荒凉人隔天涯路。江湖。雁將來書有無。蕭踈。病將危藥怎扶。

【皂羅袍】砧杵誰家門户。聽敲殘燈火。淚寄長途。别離心上怎支吾。相逢眼底成辜負。白雲紅樹。天涯影孤。青樓朱箔。王孫信無。風塵慣把青春誤。

【解三酲】常常念絲牽千縷。單單剩珮挽雙魚。去時有約渾無據。圓缺恨短長吁。紫簫月冷栖鸞樹。花萼春藏合浦珠。憑誰語。儘青衫淚滴。病怯相如。

【玉抱肚】年華虚度。恨撩人情沾起初。想孤鸞别鶴空調。奈秦樹楚天躭誤。相思兩字。千愁萬恨寫成書。飛不去滕王蛺蝶圖。

【掉角兒】炯春星眸含五湖。裊東風腰纖三楚。湧湘波色潤珊瑚。下廣寒香浮玉兔。真個是朝爲雲。暮爲雨。夢魂迷。陽臺下人間難遇。香銷寶爐。月沉金屋。山長水遠。鳳隻鸞孤。

【尾聲】愛河終歲分鴛侶。花陣何年合虎符。空教我青鏡憐人兩鬢枯。（南宫詞紀）

代妓謝雙送别瀑泉王孫〔六〕

【南商調二郎神】西風緊。恨留不住幾摺征帆此夜人。黯黯離愁心上忍。寒雞殘月。似妒我衾裯緣分。三唱聲沉影一痕。報曉牕鵲傳初信。驀地裏消魂。霎時間天涯海角枕畔平分。

【集賢賓】朝烟帶迷遠村。蒹葭露冷江濆。無計從君舟楫穩。水中央空惜離羣。菱花妒粉。任憔悴别來青鬢。鱗鴻難問。五雲高路隔朱門。

【鶯啼序】霜花露草遺淚痕。甘自眼前承認。佃心頭般般是恩。愁日後椿椿成恨。有誰憐三秋斷魂。弔隻影一鈎殘燼。君須憫。芙蓉花摇落風塵。

【啄木兒】慚風月。隔笑顰。烏鵲盟寒枕簟春。漫自喜帶日寒鴉。早飛傍聽雨長門。君心棄置渾無準。妾身生死能相信。望眼將傳石上神。

【黄鶯兒】芳草戀王孫。遍天涯付展輪。你是迷香洞掌鶯花印。生平此身。知心是君。相逢莫作尋常論。意兒真。分鞋破鏡。憐取眼前人。

【琥珀貓兒墜】姻緣兩字。空自計朝昏。紈扇情多易怨嗔。巫山巫峽夢難尋。温存。怎得個君能爲雨。我作行雲。

【尾聲】堪憐柳色章臺嫩。莫把桃花當避秦。須索要早向春風一問津。（南宫詞紀）

斷絃愁

【南南吕十様錦】〔繡帶兒〕嘆冰輪一痕初破。寥寥影側繩河。半生愁陡上心窩。百年事又早蹉跎。飄泊。〔宜春令〕揾不住眼底懸河。擺不脱心頭宿火。這風波。好準備緑牕朱户。安頓悶淹愁鎖。〔降黄龍〕如何。生剖絲蘿。衾枕凄凉。鶯花折挫。儘教害我。恨只恨鸞凰驀地張羅。〔醉太平〕雙蛾。從今躭待病兒多。害不了病題纔做。五行坎坷。

總是我運兒孤苦。命兒單薄。〔浣溪沙〕別如梭。情如割。少年人眼底消磨。可憐癡病害成魔。孤身一似船無舵。失手難教自轉那。好風光占得幾多。〔啄木兒〕窗前花褪雙頭朶。枕邊綫脱連珠顆。又早扇掩西風泣素羅。〔鮑老催〕愁呵怨呵。山高水深怎奈何。青春易老車走坡。金粉消。緑鬢疎。朱顔墮。空自夢遶丹山覓鳳窠。〔下小樓〕早受用些夢魂寂寞。鬭心兵戟與戈。愁營怨陣幾時和。恨殺。是寃家誤我。賺得人那裏去開科。〔雙聲子〕望中梅。畫中餅。怎救得人飢渴。生前事全没個定奪。難説道由我由他。〔鶯啼序〕隨風逐波。怎甘心鏡裏冷落嫦娥。

【尾聲】辭條病葉風前墮。飄泊其如水上何。偏是那花月青春辜負我。（南宫詞紀）

弔亡姬

【南仙吕入雙調步步嬌】珊瑚枝碎琅玕折。玉剖明瑺裂。雲暗月攲斜。沉沉風雨催花謝。可憐金屋事豪奢。翻做了春夢飛蝴蝶。

【山坡羊】碧陰沉紗窗半掩。黄昏月白斕斑。綉簾幾陣梨花雪。亂蒙茸塵鎖翠遮帷。

昏慘淡。香冷金鋪疊。燕子樓那人兒何處也。枝頭杜宇杜宇空啼血。却怪流水桃花仙山雲路賒。悲咽。恨湘波踪影滅。愁結。怨巫峰魂夢絶。

【玉交枝】鶯嬌燕怯。對芳菲誰憐嘆嗟。花殘月冷和長夜。那其間多少周折。青春孤枕衾冷熱。黄昏獨坐燈明滅。鳳臺空簫聲斷絶。鸞鏡剖蟾光頓缺。

【五供養】風愁雨咽。可惜芳年等閒浪擲。蛾眉沉翠黛。瓠齒瘞香雪。塵掩花明玉潔。筍尖憐十指。桃瓣墮雙頰。緑鬢雲消。朱顔霧滅。

【滴溜子】離别恨。離别恨。從今暗結。相思債。相思債。何時了絶。待説人前難説。此情誰共知。孤燈殘月。剖不斷柔腸。我甘心碎裂。

【月上海棠】無休歇。淚珠兒點滴何曾絶。恨姻緣簿上。合該欠缺。斷頭香一囤兒消磨。合歡帶何時得挽結。把盟誓説。願轉世輪回。和你同衾共穴。

【尾聲】半生心事三生切。何曾有一宵歡悦。把影兒裏恩情。和他向夢兒裏説。（南宫詞紀）

有所思[七]

【南正宫普天樂】夜深沉。人愁悶。心上事我也全無準。割不斷悶鎖眉痕。纏不了愁拴方寸。寒雞殘夜夢斷孤燈隱。把悶和愁排成陣。在心頭般般記恩。在眉頭長長惹恨。在口頭教我。日日搬唇。

【鴈過聲】消魂。芳容病損。鶯花老飄零一春。落紅飛絮偏勾引。斷腸時斷腸人。更那堪斷腸雨打重門。悠悠。心自忖。生前若少姻緣分。爲甚麽相逢他便情含意允。

【傾盃序】羞論。世上愁。人間恨。都是我和他認。怕情分鸞鳳。信沉魚鴈。病惹揶揄。把恩和怨厮混。待更深人静。金錢暗卜。對天低問。不知是何時衾枕許同温。

【玉芙蓉】燈花夢裡人。鵲噪天邊信。似如今兩事曾無準。冰絃空托湘江恨。彩筆誰憐蜀錦文。我的恓惶淚。這恓惶憑誰説與君。但只願兩心兒爲雨更爲雲。

【小桃紅】妒畫描憐身分。欺霜雪偏嬌嫩。衣裳香染姻霞潤。形容艷奪梨花韵。娉婷站立湖波襯。真箇是巫山夢裡前身。

【尾聲】暗中有約難忘信。背地裡何曾敢負恩。只求個早成就眉頭心上肯。（南宫詞紀）

寒閨怨〔八〕

【南中吕好事近】風雪蕩梅花。紛紛密洒窻紗。銀鋪玉砌。茫茫白占天涯。嗟呀。夢冷金荷寶鴨。早醒來閑衾剩榻。因他不真不假。到如今看來。是我還差。

【錦纏道】恨冰沙。馬蹄兒歸期誤他。人在眼中㕅。鴈魚沉說甚麼鵲噪燈花。別離多香車七駕。相見少雲雨三峽。芳心付歲華。半丢半有。半真還半雜。一半恩和愛。一半兒還像是冤家。

【普天樂】別離緣相思假。牽長債何時罷。恨悠悠病害無頭。怨沉沉淚脫如麻。常提常駡。你把些空頭牽惹。賺我真實交轄。

【古輪臺】去天涯。風塵飄泊向誰家。紅香翠軟厭厭醉。風流牽掛。不念長門。孤眠在殘月窻紗。淅淅零零。咿咿啞啞。風前寒鴈落汀沙。我想栖鸞有樹。更那堪招鳳聞笙。春宵無價。鳳枕鴛衾。香温玉軟。都做鏡中花。如今話。空自恨折罰。

【尾聲】風號似怨心驚怕。雪積如愁淚轉加。待得雪霽風閑我怎得見他。（南宮詞紀）

薄命吟〔九〕

【南仙吕入雙調步步嬌】風節花雨簾櫳悄。門巷閑芳艸。香泥落燕巢。柳色成陰。鶯聲漸巧。經年病債幾時消。悶懨懨人向粧臺老。

【山坡羊】不挣持紅衫瘦小。難捱抵粉容消耗。嘆深沉花月樓台。竟冷落春風色。笑聲漸遥。秦臺碧玉簫。月明人遠。曲是淒涼調。多分東君把鉛華妒阿嬌。終朝。夢魂迷音信杳。通宵。别離多歡會少。

【皂羅袍】債是前生未了。任虚躭歲月。實受蕭條。是雖是我命該招。苦還苦你孤星照。落花飛絮。紅顔暗消。鳴鳩乳燕。青春易老。怪朱門夢到書難到。

【好姐姐】堪笑。近來懷抱。全不是當初腔調。風情月思。如今一半拋。愁纏繞。心頭火烈焚祆廟。枕上雲深斷鵲橋。

【玉交枝】事情難料。那裡是收場下梢。恨生成何似花枝好。惹如今柳怯纖腰。事挣心上難打熬。人憎眼底空煩惱。擔不起半生這遭。怎教我一身得了。

【江兒水】冰疊心頭恨。春風吹未消。癡迷强對人嚬笑。蒼天慣妒花月貌。把姻緣配合常顛倒。使緑鬢紅兒空老。生怨眉尖。死恨心頭多少。

【川撥棹】情空好。把連枝做萍梗交。似如今畫餅徒勞。似如今畫餅徒勞。怨相逢是禍苗。把瓊枝共錦苞。做牆花同路艸。

【僥僥令】團圓羞對月。來往不如潮。坐看殘月轉窻紗。香篆裊。聽孤鴈語嘹嘹。魂暗消。

【尾聲】投桃愧我生前好。結珮憐君死定交。但願生死輪迴。把今世裏姻緣和他一對兒了。（南宫詞紀）

薄情恨〔一〇〕

【南雙調鎖南枝】牕前雨。心上愁。寂寂寞寞無了休。風急雨還收。夢醒愁依舊。燈和影。相對羞。你便忘了枕上言。怎不怕神前咒。

【朝元歌】情投意投。因此上心交厚。恩丢義丢。忍下得情翻覆。暗想從頭。指望天長地久。意結綢繆。誰想霧捲雲收。花殘月缺一旦休。無價寶可能求。真心人難得有。似你言不應口。行行字字。忘却寫來親手。

【香柳娘】苦心兒自守。耐心兒自守。只怕霜冷白蘋愁。春老梨花瘦。爲恩情逗留。爲恩情逗留。雖是恨如仇。愛他心還有。似風中絮浮。似風中絮浮。飛共水東流。要撩人怎能彀。

【玉交枝】風流沾手。想從來幾人到頭。誰能長似初相守。看收場畢竟都丢。人心黄葉不耐秋。世情驟雨何曾久。在眼前空教淚流。佃心頭常憂日後。

【五供養】青春難又。恨韶華看看過頭。琵琶空有調。抱曲更誰投。我想尋花弄柳。鬬春風無了休。半生如過隙。雙鬢已先秋。怎禁得憪煎恁般消受。

【醉公子】依舊。向恩愛中間廝守。怕虎尾春冰。驚心戰手。今後。且樂寄朝昏。好把從前風月酬。

【尾聲】風塵到底須參透。把盟誓難教一旦丢。願得你把花月飄零翻做松柏久。（南宮詞紀）

南北雙調合套

悼　內

【新水令北】風掀霜葉打窗紗。喚殘更雁聲咿啞。牀頭燈影滅。屋角月痕斜。魂夢天涯。我將這枕邊人撇不下。

【步步嬌南】瞬息間死生兩字令人怕。真箇是幻泡成虛假。東風吹落花。把我那半世鴛儔。飄然蝶化。可憐風雨事波楂。白頭恩斷魂掛。

【折桂令北】猛可的索孤辰傳遞嗟呀。斷送得樓空燕壘。春老蜂衙。辜負韶華。可惜那香銷流水。玉委泥沙。高唐夢雲深楚峽。武陵源路隔桃花。霜冷栖鴉。蔓泣無瓜。把一片錦瑟瑶琴。都做了斷雨殘霞。

【江兒水南】月暗雙鸞鏡。香分七寶車。豐城劍剖青萍匣。鴛鴦社冷芙蓉榻。珮鐶聲碎雙魚滑。準備寒衾掙踏。路斷繩河。那討箇七夕年年鵲駕。

【雁兒落帶得勝令北】想當年春香初破瓜。十五向王昌嫁。他喜孜孜將箕帚操。我嬌滴滴把蛾眉畫。呀。德性頗賢達。情意更懽洽。冀缺耕能佐。孟光案可誇。榮華。俺只道美姻緣夙世裏曾安排下。嗟呀。誰知道斷冰絃我共他。

【僥僥令南】雞鳴方有室。蘋採正宜家。誰想鼓盆一曲令人詫。把我玉樹分開連理丫。

【收江南北】呀。早知那無情風雨妒奇葩。悔不將綉幃牢護牡丹芽。想從前月老定應差。相思帳怎查。思量起不如俺不配這嬌娃。

【園林好南】苦哀哀淚痕似麻。情默默愁空抵牙。掂碎了金瓶玉斝。窺奩具恨增加。窺奩具恨增加。

【沽美酒帶太平令北】呀。美人兮天一涯。秋水闊阻蒹葭。形影空憐夢裏抓。怎能勾重逢半霎。把別恨訴琵琶。莫不是斷頭香前生燒下。因此上辜負了青鸞同跨。說甚麽兩重結髮。又做了一場閑話。我呵終日裏想他。念他。總是你負咱。呀。怎把那白頭吟反教恁兒郎招價。

【餘音南】人生大夢如飄瓦。早不覺兩鬢青霜夢裏華。空飲恨星前月下。怎得箇魂返

人間古押衙。（南宮詞紀）

南北雙調合套

警悟

【新水令北】兩丸催促爲誰忙。早西沉又看東上。分長短趲炎涼。較榮枯頻收放。傳遞興亡。暗咲着今來古往。

【步步嬌南】打不破利名關如籠網。笑他暗地人争撞。駕開苦海一帆航。風波險處空擾攘。慢教兩鬢點青霜。馬牛笄少兒孫帳。

【折桂令北】説甚麽圖霸圖王。到如今禾黍離宫。風火咸陽。那些個事業天長。看他們蛇思吞象。雀捕螳蜣。萬般謀成得個曹劉。幾年間又换子隋唐。柳敗長楊。禍起長江。到如今一般兒安頓在衰草斜陽。

【江兒水南】武略雄頗牧。文韜優杜房。五侯甲第山河壯。登壇賦槊人何往。錢山金谷誰收掌。個個是英雄宗匠。不比尋常。也都掩在白雲青嶂。

【雁兒落帶得勝令北】倒不如傲羊裘山水長。倒不如隱豹林烟霞爽。倒不如投赤松張子房。倒不如歸五柳陶元亮。求得個長生術。這便是出世方。思量。最快活身閑放。何妨。無拘管箕踞蓬頭卧短牀。

【僥僥令南】傍山林結草堂。種修竹覆低牆。門開萬頃湖波漾。做一個出乾坤生死場。

【收江南北】呀。躲避些功業呵免坎坷赴雲陽。總博得高標青史兩三張。資甚麽兒孫談講。況不入封侯相。學不得投筆先生題柱郎。

【園林好南】採林花青袍染香。披芰荷開襟致爽。學得些潯陽疎曠。愛孤山壓衆芳。愛孤山壓衆芳。

【沽美酒帶太平令北】了殘棋對夕陽。彈扣角與瀟湘。静几爐焚柏子香。烹蝌子沁詩腸。泛滄浪一葉可航。聽欸乃水雲清響。醉糢糊三更月上。嘯海天幾聲豪放。我呵見了些人忙。我忙。老忙。少忙。都有個散場。呀。總不如早尋脱網。

【尾聲南】千般機局空勞嚷。自古來了不盡人生心上。但願得隨分安閑歲月長。（群音類選）

惜　别〔二〕

【南南吕十樣錦】〔繡帶兒〕河橋路征帆初掛。瀟瀟水冷蒹葭。生怕尋夢裏陽關。蚤輕分眼前巫峽。寃家。〔宜春令〕明知是長短隨緣。畢竟的縈牽難罷。這心頭怪風塵離別。夢魂驚謔。〔降黄龍〕因他。秋水烟霞。掌上輕盈。淩波瀟灑。娉婷如畫。勾引得漁郎路失桃花。〔醉太平〕嗟呀。蒼茫風露去無涯。水中央櫓聲咿啞。怎生禁架。這雙眸望斷。一天愁壓。〔浣溪沙〕鴛枕邊。燈篝下。兩綢繆意不争差。等閒蜂蝶浪排衙。新詞醉寫冰絲帕。風月心傾緑鬢娃。儘郵亭唱入琵琶。〔啄木兒〕懽娱一刻千金價。金錢卜動游魂卦。難道是水上萍踪鏡裏花。〔鮑老催〕而今淚洒。那堪人去愁轉加。深林古樹棲暮鴉。山與水。魚共雁。伊和咱。端的是水遠山長魚雁遐。〔下小樓〕惹得些沒頭牽掛。假疑真怎捉拿。三更夢不到天涯。教我鸞孤鳳寡。一擔兒總自撑達。〔雙聲子〕漏聲悽。寒宵害。先已把供招押。〔鶯啼序〕從前事幾多恩愛。倒翻成無限波查。還相訝。何日月重圓。枯木重華。

【尾聲】姻緣須記臨岐話。莫把我別後相思當假。又只怕回首恩情似搦沙。（吴騷合編）

按：十樣錦、十二紅，俱譜中所不載。但兩調向爲人所習見，且步驟亦自調貼。故爲破格之收，以備一體。問其所本，則不可得而知也。附識

南呂名作如林，閲之如入萬花谷中，令人目迷五色。然而姚黄魏紫，疎影暗香，自足玄賞，是選不能盡收。而惟有近乎感嘆傷惋之旨者，録爲上乘，其餘剩香殘蕋，當留别墅，以待陽春。嶺樵

〔一〕南宫詞紀題同，注高深甫撰。吴騷合編題作「懷舊」，署名孫百川著。

〔二〕南紀題作「離思」，注高深甫著。合編題作「懷舊」，注孫百川撰。

〔三〕彩筆情辭、吴騷合編題作「題情」，俱注高深甫撰。吴歈萃雅、南音三籟題作「閨思」，皆署名沈青門。

〔四〕吴騷二集題作「奇邂」，注桃花漁長作。吴騷合編題作「紀遇」，注高深甫著。南宫詞紀、太霞新奏、古今奏雅題作「郊行見麗人」，俱署高瑞南撰。昔昔鹽題作「郊見麗人」，不注撰人。

〔五〕南宫詞紀、古今奏雅題作「恨遠人」，群音類選、吴騷合編題作「閨情」，俱注高瑞南撰。昔昔鹽題作「情恨遠人」，不注作者。

〔六〕太霞新奏、吴騷合編題同南宫詞紀，俱屬高濂。

〔七〕昔昔鹽題同南紀，不注撰人。

〔八〕南紀題作「寒閨怨」，太霞題作「雪天閨怨」，俱注高深甫撰。昔昔鹽題同南紀，不注作者。

〔九〕昔昔鹽題同南紀，不署作者。

〔一〇〕此套首曲與無名氏同牌曲悉同。第二首以下諸曲與沈瓚「步步嬌・離情」套相同。

〔一一〕彩筆情辭題作「嘆別」，注高深甫改刻。

李贄

李贄，原名載贄，號卓吾、宏甫，別號温陵居士，福建晉江人。萬曆中嘗官姚安知府。晚年著書講學。因對耿定向之僞道學多所揭露，亦激烈攻擊程朱理學，爲給事中張問達所劾，逮死獄中。有焚書、續焚書、藏書、續藏書、李氏文集等。嘉靖六年（一五二七）生，萬曆三十年（一六〇二）卒，年七十六。

套數

【南正宮素帶兒】蒙垂問。自那日園亭見雅粧。消瘦了擲果舊時模樣。心愁。萬縷長。經幾度無聊欲斷腸。還思想。邀雲約雨。夢遶高唐。

【昇平樂】惆悵。花間款曲。蜂情斜睨。蝶翅偷忙。只是我蘭心蕙性。非比路柳堤楊。堪傷。少年司馬易輕狂。錯認做文君情況。不須凝望。十二巫峰。夢斷襄王。

【素帶兒換頭】羈縻。在虜鄉。雲山渺茫。銷魂處怎禁得暮雨斜陽。風流。債肯償。早成就韓生秘閣香。堪嘉賞。雙飛鸂鶒。並舞鸞凰。

【昇平樂】才郎。少年顛沛。當滄旃嚙雪。艱真不喪。建功立業。應須把帝居丕壯。端詳。閒花野草競芬芳。豈堪入繡幃珠幌。還期同歸故苑。好共百年衾帳。

【尾聲】姻緣前定非虛謊。莫把精神暗裡傷。管取帶綰同心誓久長。（樂府先春）

張鳳翼

張鳳翼，字伯起，又作伯子，號靈墟，别號泠然居士、靈墟先生，南直隸長洲（今江蘇蘇州）人。嘉靖四十三年（一五六四）舉人。與弟獻翼、燕翼並有才名，時稱「三張」。屢試不第，晚年鬻書爲生。著有傳奇虎符記、紅拂記、祝髮記、扊扅記、灌園記、竊符記六種，合稱「陽春六集」。另有談輅二卷、處實堂集八卷、海内名家工畫能事二卷，及敲月軒詞稿、夢占類考、文選纂注等。生於嘉靖六年（一五二七），卒於萬曆四十一年（一六一三），年八十七。

小令

【南仙吕解三酲】

想羅浮故人何在。紙帳裏素魄空回。輕顰淺笑在行雲外。埋没殺廣平才。閉門不管窗前月。一任幽香自品裁。無聊賴。再休提千金一刻。萬點春輝。（三徑閒題）

嘆芳菲總成冤債。嗟繾綣轉作離懷。烟條偏鎖在愁城外。羞京兆冷章臺。黄鸝莫作

藏身處。一入絲中遣不開。無聊賴。再休提千金一刻。萬縷春輝。（三徑閒題）

【南商調山坡羊】

秋夜

冷清清孤燈廝守。夜迢迢空房坐久。急煎煎心頭火燒。困騰騰捱不下盃中酒。苦逗留。冤家不自由。老天不管人消瘦。枕上幽期做了夢中佳偶。凝眸。雲迷十二樓。低頭。難熬無限秋。（三徑閒題）

歡會

喜孜孜玉人來到。笑吟吟銀缸相照。暖溶溶雲濃雨深。羞搭搭勉上巫陽道。信此宵。須知勝那宵。天憐人苦苦盡甘還到。一段芳魂兩頭顛倒。藍橋。說甚波瀾十丈高。飄飖。漫舞東風楊柳腰。（三徑閒題）

【南仙吕桂枝香】

風　情[二]

半天丰韻。前生緣分。驀然間冷語三分。窣地裏熱心一寸。夢中蝶魂。夢中蝶魂。月中花暈。暗中思忖。可憐人。不知興慶池邊樹。何似風流倜儻身。（南宫詞紀）

【南仙吕九迴腸】

題　情[三]

〔解三醒〕一從他春思牽掛。到于今多少嗟呀。秋波望斷藍橋下。鎖春山又阻巫峽。音書未托魚和雁。凶吉難憑鵲與鴉。成話靶。〔三學士〕當時鏡裡花難比。更那堪塵掩菱花。佳人已屬沙吒利。義士今無古押衙。〔急三鎗〕只索向無人處。把鮫綃看。見盟言在。不覺淚如麻。（群音類選）

一從他相逢月下。歡娱事能有幾些。眉來眼去情傳話。攬春心一點如麻。恩情只望長廝守。風浪誰知起衆花。擔驚怕。想前生曾欠鴛鴦債。今世裡合受波查。倒做了鏡中鸞影波中月。夢裡幽期風裡花。誰知我意中愁。心中想。閒中客。獨坐小牕紗。（群音類選）

【南南吕宜春令】

恨　阻

想着温柔旖旎情。悄無言可人心性。堪憐薄命。朦朧踪跡無憑証。桃源路眼見得都迷。烟霧中那尋蹊徑。攔不住虚舟一葉。似順風萍梗。（彩筆情辭）歌纔罷酒乍停。坐談間風波易生。非干薄倖。深言欲入愁難聽。惜花心殢作春愁。憐香念釀成春病。空自有經綸萬種。做不得濟困扶傾。（彩筆情辭）

【南仙吕醉扶歸】

寫　懷

曾經地肺把仙緣殢。難道天台路便迷。巫峰雲雨自應疑。竟不道高才宋玉心如水。

爲甚多情錯認做薄情的。無端欲把盟言棄。（彩筆情辭）

【南正宫玉芙蓉】

四時閨思〔三〕

餘香冷絳綃。半壁燈光照。繡衾兒獨擁。夜寒偏峭。秦臺寂寞煙空繞。何日雙吹碧玉簫。關情處。嘡嘡麗譙。猛可的熱心腸一陣水兒澆。（吴騷合編）

按前三曲傳之舊本，即韻選亦所並載，後得伯起一闋，以成全璧。而三籟疑之，抑未之見耶。

【南仙吕二犯傍粧臺】

擬四時閨情

〔傍粧臺頭〕睡朦朧。牀空鴛被羞覩繡芙蓉。翠翹欹雀雲撩亂。支剩枕墮釵横。〔八聲甘州〕青樓珠箔天涯遠。隔斷巫山幾萬重。〔皂羅袍〕畫廊人静。難禁曉風。〔傍粧臺尾〕飛紅冉冉度

簾櫳。（吴騷合編）

畫橋東。垂楊堤畔曾繫玉花驄。自從那日分離後。心上事不言中。荷花空對嬌如面。紈扇常抛恨欲同。王孫何處。雙魚怎通。玉簫聲斷彩雲空。（吴騷合編）

數流螢。見天河牛女又早巧相逢。舞殘清露涼金縷。樓十二倩誰同。霜毫欲寫離情寄。羞緘鸞箋托雁鴻。更闌香燼。閒凭繡籠。秋聲何處響梧桐。（吴騷合編）

獸爐紅。葡萄春煖曾記捧金鍾。醉尋羅袖籠香冷。驚玉粟響玲瓏。風流回首渾如夢。愁對寒山峰外峰。圍幃徙倚。相思轉濃。梅花枝上雪初融。（吴騷合編）

【南中吕石榴花】

寄　情墨憨齋改本〔四〕

梅花小蠟封就翠絲欄。揮毫纔罷墨初乾。從教銀字似星繁。情長紙短寫不盡恨千般。但重重淚沾多少斑。寄他行做相思公案。又何曾恨鴛孤泣鸞單。都只是專候您平安。（太霞新奏）

【南商調鶯花皂】

相思二曲[五]

別後冷衾裯。枕兒邊只殢愁。朝來春睡濃于酒。○繫春心夢惹池塘柳。漫登樓。悄凝眸。想想着你金杯在花底浮。想想着你青驄在花裡遊。○只怕緑肥紅瘦。雲迷雨收。空房難守。相思怎休。歸期只在清明後。（太霞新奏）

梧葉又飄零。對風簾心暗驚。山盟海誓渾難定。怎能勾雙舞青鸞鏡。悄難憑。未分明。若有一個見憐的死也輕。若有一個聚頭時死也寧。爲你相思如醉。何時得醒。柔腸寸寸。黄昏五更。無端做出懨懨病。（太霞新奏）

【南仙吕桂枝香】

別　情

那人別去。滿城風雨。遲回橋畔歡踪。冷落枕邊情緒。幽期幾時。幽期幾時。盈盈一水。迢迢兩地。這相思。無奈新愁惹。重將舊恨題。（彩筆情辭）

【南仙吕傍粧臺犯】

題情

〔傍粧臺〕夜沈沈。陽春一曲斷瑶琴。按不住心頭祆廟火。撇不開夢裏楚臺雲。難將我語和他語。未必他心似我心。〔皂羅袍〕新愁潮擁。舊愁海深。薄情薄倖。咱們你們。〔傍粧臺〕朝來看鏡二毛侵。（彩筆情辭）

套數

憶別

【南仙吕桂枝香】提心在口。恩深義久。暗憐雨殢雲尤。怎管得緑肥紅瘦。迎秋送秋。迎秋送秋。寒温依舊。誰道歡娱難又。兩悠悠。須知粉褪消雙臉。無奈詩成倍四愁。

【前腔】更闌罷酒。移燈時候。枕邊廂私語綢繆。被窩裏春光拖逗。朦朧兩眸。朦朧兩眸。雲横螓首。風摇臺柳。幾時休。若教天遣雙珠合。不羡人間萬户侯。

【大迓鼓】笙寒。悵小樓。柱横寶瑟。絃亂箜篌。燈花夜笑雙眉皺。鏡裏朝看半面愁。暮暮朝朝曾得自由。

【前腔】清謳。轉謬悠。歌殘玉樹。韻咽珠喉。曲中欲顧愁回首。調外陽春恨未酬。悄悄冥冥獨上蘭舟。

【大勝樂】松牕下寒雨都收。問東君重到否。幾迴睡足欹衫袖。今日裏探傍州。玲瓏骰子埋紅荳。果然是入骨相思怎得休。霜凝鴛甃。殘燈孤枕。謾數更籌。

【前腔】歎分飛兩下鸞儔。似參商和卯酉。無端冷落攜雲手。銷緑鬢夢黄頭。雖是别離不慣成虚憶。怎柰鳳去臺空江自流。梅花帳底。祇留得依稀素影。一痕清瘦。

【解三酲】記登高萸香入酒。又早是一陽時候。十分惆悵今經九。怎挽得歲月如流。好似紅蓮墜粉絲牽藕。子結蓮房苦到頭。難禁受。這千般淒楚。剛折過萬種温柔。

【前腔】鎖春心爲誰廝守。航苦海謾自沈浮。吁嗟風浪時時有。鶯鵲駕計拙如鳩。捱多少鷄聲茅屋驚殘夢。受幾許漏咽冰澌報曉籌。難測候。這春生黍谷。焰冷蕭丘。

【尾聲】一天好事多僝僽。十二欄杆倚未休。何日得再整衾裯。（彩筆情辭）

述懷

【南仙呂入雙調步步嬌】無端聚散如翻掌。轉眼添惆悵。音容忽渺茫。一日三秋。不覺九秋模樣。待教撇了不思量。劣冤家又早在心兒上。

【江兒水】樓上悤悤別。門前草草粧。似萍流不定隨波浪。幽期何事成虛誑。料應非負約空勞攘。一片熱心難放。奈可嚴城咫尺。把人攔擋。

【園林好】去時節神留意怏。要來時身羈路長。冷落了畫眉張敞。空恍惚夢高唐。知不遠在巫陽。

【僥僥令】烟迷和霧障。雨鎖共雲韁。多少遊絲兼蛛網。遣不去繫春絲絆夜光。

【川撥棹】空相望。不由人難主張。梁園調何處鶯簧。梁園調何處鶯簧。楚宮腰侑誰舉觴。聽寒蛩鴈幾行。有音書不寄將。

【錦衣香】破愁城。無佳釀。陷錦營。徒魂往。舌劍心兵。腹攪腸荒。不教鷄犬避孫郎。盈盈一水。天塹長江。限江南江北。要相逢怎禁風浪。倏忽摧蘭槳。沿洄飄蕩。何當頃刻。片帆無恙。

【漿水令】那些兒蜂狂蝶浪。那些兒鷺序鵷行。知他控鶴在何方。鵲橋纔駕。又早參商。龍涎冷。鸞衾曠。幾時緑蟻同歡暢。題心處。題心處。梅牕影漾。驚魂的。驚魂的。漏斷人腸。

【尾聲】休嫌冷谷無春況。定見温柔别有鄉。孤舘由他此夜長。（彩筆情辭）

春日病懷

【南正宫白練序】清明後。正卧枕着牀一小樓。平堤上幾樹翠眉顰皺。消瘦。萬種愁。嘆九十春光即日休。難獨守。看看負却。緑窗春晝。

【醉太平頭換】輕浮。遊絲飛絮。似多情狂態。攬作春愁。追思往事。那些個鳳侣鸞儔。休休。潘郎絲鬢近蒙頭。有誰問瘦生安否。幾番看鏡。朱顏雖改。素心依舊。

【白練序頭換】悠悠。三月秋。溪邊渡頭。驚心處黄鶯囀作歌喉。凝眸。芳杜洲。漸緑暗紅稀春怎留。難禁受。不如意事。十常八九。

【醉太平頭換】回頭。萍踪浪跡。論新情故愛。淚閣雙眸。愁花恨月。休題起舊日風流。休休。明珠一向暗中投。有誰解茂陵琴奏。荒村蕭寺。無端聽得。鍾山暮後。

【尾聲】鎮日懨懨非中酒。眼前揺落豈因秋。怎能勾楚雨巫雲續舊遊。（彩筆情辭）

長干弔亡改刻

【南越調小桃紅】雨花臺畔。聚寶城垓。古刹多先代也。只見白楊下。孤塚遍紛埋。痛殺你掩泉臺。知那塔寄春魂。瘞香腮。銷肌玉。攢眉黛也。豐草長林棲暮靄。豈是冰簟閒堦。傍有墮雙釵。

【下山虎】落紅滿地。膩粉成埃。草宿孤鴛天。翻做啼鵑夜哀。一從那絃絶瑶琴。再不見迴紋錦裁。梅落羅浮夢不諧。玉樹歌安在。惟有殘碑鎖緑苔。容易琉璃解。蘭芳便衰。化作江上清風自去來。

【蠻牌令】想芙蓉不堪採。悼楊柳別章臺。溟漠仙鄉呼不起。知何處是蓬萊。一別後凄凉楚館。幾年間冷落秦淮。絮香醪無由寫懷。謾臨風淚洒盈腮。

【尾聲】幽明不得酬緣債。重結來生怕未偕。夕陽疋馬空騃。（彩筆情辭）

秋　懷〔六〕

【南南吕梁州賀新郎】筠牕星散。苧幃風度。幽夢無端攪寤。疑真似假。教人懊恨當初。渾似蝶香銷粉。蛛網縈絲。鏡破鸞孤舞。幾番消渴也。寸腸枯。誰道如今腸也無。〔合〕没定奪。難存住。風花撩亂章臺路。韶華去。怎回顧。

【前腔】梧飄金井。蛩吟玉露。身似悲秋宋玉。有情難賦。無端短嘆長吁。怎能勾傾城傾國。行雨行雲。把多病多愁補。瑶琴空駐怨。分應孤。不是知音世上無。〔合前〕

【前腔換頭】聽征鴻天外相呼。似失侶不勝凄楚。更那堪嘹嚦數聲哀訴。好似緑珠墮恨。碧玉沉愁。聲斷衡陽浦。天長音信短。怎支吾。知道眉兒淡也無。〔合前〕

【前腔】對簾櫳涼月紛敷。恍一似嫦娥低度。却元是助人愁半痕玉兔。想像西廂詩侣。南浦情人。淚洒梨花雨。輳成離恨譜。淡了會親符。果是人間好事無。〔合前〕

【節節高】含顰對綺疏。望長途。虚無縹緲輕雲護。懽情阻。錦字無。把歸期數。高唐雲雨何朝暮。巫山何處陽臺路。〔合〕争怕春光不相留。朱顔未肯常如故。

【前腔】風烟斷緑蕪。夢魂徂。朦朧誰注姻緣簿。深盟負。望眼枯。芳年誤。凄涼形影憑誰顧。天涯草色王孫路。〔合前〕

【尾聲】風花雪月都虚度。江州司馬淚如珠。及至相逢一句無。（南宫詞紀）

春閨 張伯起改〔七〕

【南南吕懶畫眉】枕痕一線透紅頰。向晚明眸猶困怯。羅裙寬褪二三摺。相思此際憑誰説。只有花底東風窗外月。

【不是路】月影横斜。花塢涳濛又早香霧遮。愁城疊。海棠春病犯周折。夢魂賒。昏生彩燭殘烟滅。怯守宫砂詠楚些。天明也。翠幃慵把金鈎拽。禁不住起來嬌怯。起來嬌怯。

【掉角兒】嚲蟬鬢飛鴉堆卸。牽雙鳳落花紅結。浸芙蓉水漾銀盆。搗荼蘼香浮玉屑。怎禁這髻兒矮。眉兒淡。鏡兒分。釵兒損。恁般情切。知心久别。歸舟阻絶。猶記得。雙携素手。幾回饒舌。

【尾聲】相逢抛把身兒舍。一味裡緊偎熱貼。且將細語向床頭和他慢慢説。（吴騷二集）

代春恨

【南南吕懶畫眉】東風何事送愁來。目斷河陽花自開。年年三月病難挨。非關春色能禁害。自是分淺緣慳命又該。

【東甌令】我心先痛。你恨難裁。一段懽情成禍胎。可憐恩義深如海。幸償却前生債。縱教分鏡冷粧臺。且任鎖塵埃。

【賞宫花】這盟言怎改。便磨礱祇自捱。要趁巫山雨。只待楚雲諧。怕一日三秋難過遣。現如今咫尺是天涯。

【降黃龍】堪哀。痛殺人非災。嫩葉柔枝。怎禁摧敗。教伊愁嗔懼責。早懨懨不覺病骨如柴。難排。這情踪尷尬。且由他香消玉損花揩。那些個惜玉憐香。仗義疎財。

【大勝樂】自當年一入天台。已撇凡心無障碍。誰知更在天台外。剛月瑩又陰霾。我壯心强按低雙睫。痛淚羞傾閣兩腮。今經幾載。把千塲話柄。博得兩心相愛。

【解三酲】想殺你春山凝黛。想殺你巧咲盈頦。想殺你鬧中偷眼傳情悄。想把你小名喚暗地忙來。想殺你舞欺楊柳隨風態。想殺你歌壓桃花逐扇開。憑誰解。舌尖兒動念。心坎安排。

【尾聲】這愁煩如天大。何日得苦盡甘來。好向多情訴永懷。（彩筆情辭）

寫　恨

【南仙吕入雙調步步嬌】劣寃家多少迷魂處。頃刻難相離。情濃意似痴。暫喜佯嗔。乍來忽逝。暗地自支持。恩情但願常如此。

【江兒水】勝賞觀燈夜。佳辰解粽時。含香荳蔻當年事。風前月下相牽繫。醉鄉醒眼難抛棄。萬種離情愁思。回首從前。一一爲伊牢記。

【玉山供】爲伊牢記。問伊家還須念兹。拿不住鏡裏花開。禁不住夢裏雲攜。盈盈一水。恍似回峰迢遞。聚首非容易。也應知。這番不是等閑期。

【川撥棹】曾知你。殺風景的乖性兒。霎時間覆水難收。霎時間覆水難收。平白死心成死灰。把殘桃欲贈誰。泣前魚也任伊。

【錦衣香】掀翻了鸚鵡杯。顛倒了鴛鴦字。銷沉了惜玉心。玷辱了鏗金謎。温柔鄉與合浦藍田。都做丘坻。劉郎斂足武陵溪。路當險處。再不教迷。降魔劍近來都做了百鍊鋼的。肯教重繞指。東風傳示。千金一刻。此後休提。

【漿水令】野花枝東牆樹底。没來由西隣鳥啼。箕南斗北各天涯。參商牛女。會合分離。都勾却。休説起。香臺禮佛將心誓。愁城下。愁城下。打破重圍。迷津裏。迷津裏。問個端的。

【尾聲】從教酒價高千倍。不飲須知柰我爲。急發盞燈前也是遲。（彩筆情辭）

志　恨〔八〕

【南仙吕入雙調步步嬌】玉壺一夜冰澌滿。斗帳巫山遠。烏啼金井寒。抱影無眠。怎生消遣。白茫茫禍水漲波瀾。救不住祆火燃心焰。

【江兒水】訂不真三生約。參不透五藴禪。撒不開紅莖埋心坎。水盼蘭情都虚幻。蜂遊蝶浪空留戀。漫把春絲牽挽。好惡姻緣。没個衡陽回雁。

【園林好】恨殺你風流業冤。争惹得相思病纏。填不滿鵲橋天塹。舉首處九嶷山。行步裡鬼門關。

【川撥棹】空作念。倩誰將心事傳。夢寥寥雨澁雲慳。夢寥寥雨澁雲慳。夜迢迢愁隨漏添。爐熏爐燒夜烟。把梅花獨自看。

【尾聲】秦源路阻羊腸險。一任緑迷紅賺。都付與枕上尊前。(三徑閒題)

暮春寫懷〔九〕

【南仙吕桂枝香】一天愁緒。千般心事。斕珊桃李花開。寂寞枇杷門閉。巫山夢中。巫山夢中。孤鴻天際。雙魚何處漫尋思。怎能彀。做得司花吏。獨占河陽第一枝。

【不是路】夢寐佳期。争奈佳期作後期。悶來時。柔腸寸寸縈千縷。好似春蠶促斷絲。欄杆倚。月移花影無人至。止有空梁落燕泥。思量起。良宵萬種風流處。怎生抛棄。怎生抛棄。

【長拍】遠遠山盟。遠遠山盟。重重海誓。牢牢的赤繩牽住。月中冰上。有誰人驀地支持。辜負鳳鸞期。怎教他温柔鄉。夜闌孤處。兩地相思無告語。分明是簫咽秦樓月冷時。没裁劃險做了斷魂的。真箇是潘郎鬢也成絲。

【短拍】漫把青尊。頻傾緑蟻。問愁魔甚日消除。星朗夜何其。認不真參商牛女。那些箇别離歡會。捱得明河近也。笑吟吟樂效于飛。

【餘文】瑶臺謫下思凡使。好事多磨信有之。會見鸞枝有分栖。（三徑閒題）

志　恨〔一〇〕

【南南吕朝天子】歌罷鶯簧舞罷鸞。打不破風流寨。離恨關。别時容易見時難。柰緣慳。無端度日如年。寫不出新愁萬般。新愁萬般。

【前腔】愛他風雲附也寒。無奈羊腸險。行路難。想小樓吹徹玉笙寒。倚闌干。暗將珠淚偷彈。倩誰人與傳。倩誰人與傳。

【不是路】鬼病懨懨。似滿院楊花不捲簾。情無限。分明十二晚峰前。在眉尖。愁縈萬縷難消遣。花隔簾櫳月在天。空相盼。冰霜歷盡陽和轉。幾時如願。幾時如願。

【掉角兒】想當日秋波頻轉。怕如今春風消臉。待緘書衡陽雁單。盼携雲楚臺天遠。洛陽金。緱山月。合浦珠。延平劍。甚日重圓。千迴萬轉。心頭債緣。問蒼天。怎生消受。月下尊前。

【前腔】俊龐兒枕痕添線。弱腰肢帶圍應減。聰明性新詞幾篇。旖旎人舊情休淺。玉生烟。珠有淚。柳含羞。花凝怨。多少愁煩。知心業冤。千難萬難。問蒼天。怎生成就。枕上燈前。

【尾聲】相思未遂常相見。盼殺也恩情美滿傳。餖飣得貞心鐵石堅。（三徑閒題）

題恨（二）

【南中吕泣顏回】解語一枝花。被霜凌雪妬芳華。香消玉減。零落了鬒髻堆鴉。雙蛾恨鎖。遠山横冷淡無人畫。一霎時平地風波。兩邊廂對面天涯。

【前腔換頭】堪憐。紙帳冷梅花。相思夜夜空到窗紗。夢中親見。訴不出許多情話。魂摇魄亂。那些兒一刻千金價。陰霾障一六巫峰。邊聲噪十八胡笳。

【長拍】悶擁離鸞。悶擁離鸞。愁縈意馬。兩鴛鴦驚散汀沙。檻猿籠鳥。更那堪路遠途雜。血淚洒杜鵑花。雁聲孤。漏沈沈怎禁牽掛。一紙魚牋難盡寫。轉教人萬縷春情亂似麻。眼前雖望斷七香車。豈無緣向太湖石畔。帽仄烏紗。

【短拍】子晉風流。子晉風流。潘郎温雅。奈不在宋玉東家。空懸望眼巴巴。悄無言粧聾做啞。待得債緣滿也。看彩鸞飛雙駕赤城霞。

【餘文】强寬懷抱終難罷。鎮日無端自咬牙。恨一似明妃馬上琵琶。（吴騷合編）

春閨〔三〕

【南南吕梁州新郎】〔梁州序〕瓊樓人静。綺窗塵遠。簾幙春風輕軟。花開花落。相思易惹難痊。正是晝長人困。鳳管蕭然。此際情無限。啼鶯聲亂也。攪春眠。兩地牽愁各一天。〔賀新郎〕〔合〕韶光逝。難留戀。對東風無語空長嘆。人别後。幾時見。

【前腔】荼蘼香軟。海棠枝懶。雨重紅芳消減。羅帷岑寂。玉爐飛斷沉烟。謾把絲桐閒整。别雁離鴻。總是傷春怨。闌干憑欲遍。夜如年。露滴香埃月滿天。〔合前〕

【前腔換頭】掛斜暉柳帶蒼烟。舞雕簷桃花紅艷。更瑶堦人悄。漏傳銀箭。落得西樓閒倚。望入雲林。人共天涯遠。當年携手處。草芊芊。翻做愁雲怨雨天。〔合前〕

【前腔】落晴霞影亂文軒。瀉寒濤冷侵眉靛。更江空風送。一聲歸雁。只恐關河迢遞。信斷衡陽。離恨憑誰遣。銀缸燒盡也。不成眠。人去空遺離恨天。〔合前〕

【節節高】垂楊月影圓。漏將殘。花稍露滴珍珠濺。重門掩。聽杜鵑。啼紅怨。流光頻向愁中變。惜春不禁芳心亂。〔合〕殷勤分付與東風。莫教凋盡桃花片。

【前腔】榆英落翠鈿。舞簷前。空堦風送香塵淺。春宵半。蝶夢闌。鄉心轉。玉人此夜應腸斷。啼痕界破梨花面。〔合前〕

【尾聲】倚樓空把歸舟盼。對景教人思悄然。何日重逢續斷絃。（吴騷合編）

七夕有懷〔三〕

【南南吕十樣錦】〔繡帶兒〕今宵夢偏驚孤影。更蕭蕭幾葉秋聲。香輪路埋没紅亭。芳草恨寥落青燈。支撑。〔宜春令〕袖衫上淚染盈盈。推不開是我當初承領。這參商只落得鵲橋無準。銀漢無憑。〔降黄龍〕三星。望裡空明。幾度嗟呀。幾番孤另。幾曾經病。今做了寒梅瘦削。衰柳伶仃。〔醉太平〕恩情。那知方寸是愁城。這惡淒涼又早裝成陷穽。教我怎生支應。秋蛩夜雨。霜枕寒更。〔浣溪沙〕枕兒孤。衾兒冷。恨依棲一點殘燈。那人音信隔鴻溟。天涯人去如萍梗。飄泊年華幾變更。病懨懨。静掩柴扃。〔啄木兒〕當初怕與天孫並。如今一年一見渾無定。又早人對黄姑怨未平。〔鮑老催〕明河耿耿。穿針人隔長短程。山高水深魂夢驚。況此時。歎別離。成孤另。空自賦就秋聲卧短檠。〔下小樓〕閃殺人關河分鏡。幾年間合未能。心頭寃恨向誰評。堪咲。這樁行徑。只落得些唇舌虛名。〔雙聲子〕楚天雲。秦川樹。不管你人多病。天涯路。那討音和信。單剩得夢裏分明。〔鶯啼序〕姻緣畫餅。兩下裡誤却今生。

【尾聲】向風聲入寒幃冷。人值凄涼怎聽。霜露空多枕簟情。（吴騒二集）

題　情

【南仙吕二犯傍粧臺】無語淚闌干。關心春事許多般。驀忽地風浪起。早一似散文鴛。怕只怕瑶琴有恨悲別鶴。錦瑟無聲泣杜鵑。腰肢如沈。鬢絲漸潘。翠�深處翠眉攢。

【前腔】玉筯點冰紈。湘簾不捲恨漫漫。幾徘徊還欹枕。重展轉坐長嘆。想只是前生有分今生淺。花下難期月下緣。烟中秋水。霧中遠山。鏡中花鳥夢中懸。

【簇林鶯】多情處。多恨添。好姻緣。難上難。猛然想起柔腸斷。愁縈錦牋。心傷鏡鸞。莫教巫峽行雲散。問蒼天。何時劒合。何夕月重圓。

【前腔】西風裡。新月前。總粧成。愁萬千。落霞飛盡垂楊岸。鷗鷺暝烟。帆歸遠天。怎能彀得遂鴟夷泛。寄嬋娟。玉容消瘦。還爲强加飡。

【琥珀貓兒墜】白蘋紅蓼。綠水碧雲天。凄斷漁歌遠浦前。西風不覺换流年。堪憐。那些箇揚州跨鶴。十萬腰纏。

【前腔】青山綠酒。白鬢促朱顔。花月春江夢已闌。文園何事病牽纏。堪憐。怎能彀樓頭嶺外。弄玉乘鸞。

【尾聲】休言白璧青蠅玷。定許明珠合浦還。準備秋江翫月圓。（群音類選）

題　情[四]

【南南吕十樣錦】〔繡帶兒〕燈兒下低頭自忖。消磨了幾個黄昏。夢回時殘月孤篷。花落後細雨重門。思省。〔宜春令〕是前生做下今生。怕今生又欠來生。愁悶。怎討得一宵恩愛。暫了半生緣分。〔降黄龍〕難論。無底深恩。月下花前。目成心允。幽期密訂。幽期密訂。受盡了從前多少寒暄。〔醉太平〕心田。錯將紅荳種愁根。惡根苗苦縈方寸。

思量不盡。這千般旖旎。半天丰韻。〔浣溪沙〕性兒温。情兒順。最相應暗裡温存。可憐冤債告無門。河陽天遠難投奔。〔啄木兒〕何日方酬斷袖恩。絮叨叨説與你們。相逢非是言無準。匆匆自恨情難盡。又早是雨打梨花深閉門。〔鮑老催〕此情未伸。花屏雨餘都減春。韶光九十無半分。人不見。枉嘆息。空勞頓。夢冷巫山一片雲。〔下小樓〕精神。〔雙聲子〕水中魚。沙中雁。怎討得愁中信。〔鶯啼序〕心中事描寫在紙上。又相將便落得些夢中秦晉。早人前商與參。桃源有路欲埋輪。羡殺世人薄倖。倒省得瘦損化作啼痕。其間怎言。自甘心寂寞。卧病文園。

【尾聲】緣慳咫尺如天塹。相思一曲學啼猿。又恐路上人聞也斷魂。（群音類選）

坐隱園贈無如高士

【北雙調新水令】無無高士結山廬。似陶潛日涉成趣。濃陰青幄展。翠色畫屏紆。不染塵俗。是松蘿最幽處。

【駐馬聽】懶去馳逐。尚友常思超萬古。養成恬素。閒心争忍負三餘。千峰迤邐似仙都。萬花璀璨同金谷。畫堂深簾半歛。正西山爽氣連嘉樹。

【沉醉東風】長林下瀟湘風雨。小齋中東壁圖書。閑招世外人。共領滄州趣。六橋横十里澄湖。放一葉扁舟載緑醑。似博望槎通牛渚。

【雁兒落】機忘水面梟。坐侶松根鹿。蘿從閣上憑。雲向扉前護。

【得勝令】呀。這分明是楊子草玄居。摩詰輞川圖。丹洞堪銷夏。瑶台好望舒。庭虚。露下鶴梳羽。簾疎。春深燕引雛。

【水仙子】彈琴石上紫烟孤。較奕亭中白日晡。揮毫花底陽春度。但論今與吊古。愛山翁散誕無拘。烹石鼎金芽嫩。泛湘罍玉薤酥。薦盤餐筍脯芹菹。

【掛玉鈎】世事紛紜究竟無。誰把真如悟。面壁年來見性初。何勞遠問金沙路。則這紫竹林。青蓮窟。一任你日日修持。夜夜跏趺。

【折桂令】一會家厭喧囂境入清虚。誰道真仙不可招呼。則見你寫遍黄庭。披殘鴻寶。讀罷陰符。向龕中逍遥玉麈。望樓頭縹緲霞裾。只聽得笛弄天衢。鶴唳雲區。他道你試出東山。終有日聚首蓬壺。

【鴛鴦煞】達人雅抱煙霞趣。蒼生重望經綸布。你須把廊廟山林。做遊戲棋局。心自鴻冥。身隨鳳翥。一片閒雲任來去。忘榮辱。笑他每出處分途。想未看先生新訂這

一譜。（坐隱先生集）

複出

套數

閨怨

【南商調十二紅】伴孤燈三更情況。

吴歈萃雅、詞林逸響、珊珊集、萬錦清音、古今奏雅題作「閨怨」，南音三籟題作「閨思」，俱署張伯起著。梨雲寄傲、群音類選、南宫詞紀、吴騷集、吴騷合編、樂府先春皆屬陳大聲。兹已輯於陳鐸卷中，此不重出。

【南黄鍾絳都春序】情濃乍别。

詞林白雪無題，注張伯起撰。樂府先春、群音類選、吴騷集、吴歈萃雅、詞林逸響、萬錦清音、吴騷合編、南音三籟、珊珊集、古今奏雅俱注王渼陂作。兹已輯於九思卷中，此不重録。

秋思

【南仙吕醉扶歸】相思欲見渾難見。

三徑閒題無題，群音類選題作「秋思」，吴歈萃雅、詞林逸響、南音三籟、珊珊集、古今奏雅、萬錦清音題作「怨别」，彩筆情辭題作「秋懷」，吴騷合編題作「題情」，皆注張伯起撰。樂府先春、吴騷集皆署王伯穀。玆已輯於稺登卷中，不重出。

【南南吕石竹花】從他别後海角天涯。

詞林白雪無題，注張伯起作。樂府先春署茅平仲撰。玆已輯於茅溱卷中，此不重録。

【南仙吕八聲甘州】相思無底。

樂府珊珊集無題，注張伯起撰。唾窗絨、吴騷合編俱屬沈青門。玆已輯於沈仕卷中，不重録。

〔一〕吴騷二集題作「詠遇」，南宫詞紀題作「風情」，南詞韻選無題，彩筆情辭題作「别情」，俱屬張伯起。

〔二〕群音類選、彩筆情辭、吴騷合編題作「題情」，南宫詞紀題作「怨别」，南音三籟題作「離思」，南詞韻選、南詞新譜（收首曲）無題，俱注張伯起撰。吴歈萃雅、詞林逸響題同三籟，皆署名沈青門作。樂府爭奇無題，不注著者。

〔三〕三籟無題。

〔四〕二集題同。

〔五〕南詞新譜收第二首，無題。

〔六〕三徑閒題、詞林逸響題作「凉夜」，南宫詞紀、彩筆情辭題作「秋懷」，俱注張靈墟撰。三籟題作「離思」，樂府先春、吴騷集無題，皆署名王雅宜。

〔七〕二集注沈青門撰。

〔八〕彩筆題作「志恨」，三徑閒題無題，此從彩筆。

〔九〕逸響題同三徑，古今奏雅題作「春暮書懷」。按：昔昔鹽無名氏撰題爲「情濃恨别」小令四首之第一支（一天愁緒），與此套首曲悉同。

〔一〇〕吴騷二集題作「癸巳冬日秣陵道中題情」，三籟題作「道中題情」，俱注張伯瑜撰。彩筆題作「情阻」，與三徑皆屬張伯起。未知孰是，兹姑互見兩家曲中。

〔一一〕彩筆題同。

〔一二〕二集題作「閨情」，逸響、合編、奏雅、萬錦清音題作「春閨」，俱注張伯起撰。

〔一三〕逸響題作「七夕有懷」。

〔一四〕群音類選、彩筆題作「題情」，萃雅、逸響、怡春錦、珊珊集題作「怨别」，合編題作「懷舊」，樂府先春、三徑、三籟、吴騷集無題，俱注張伯起著。昔昔鹽題作「燈下思情」，奏雅題同萃雅，樂府争奇無題，皆不署作者。

張佳胤

張佳胤，字肖甫，號崌崍山人，四川銅梁人。嘉靖二十九年（一五五〇）進士，官至太子太保、總督薊遼尚書兼都御史。嘗與王世貞諸人唱酬，爲嘉靖七子之一。有崌崍山房集。嘉靖六年（一五二七）生，萬曆十六年（一五八八）卒，年六十二。

套數

秋懷[一]

【南仙呂桂枝香】因他別後。懨懨消瘦。粉褪了雨後桃花。帶寬了風前楊柳。這相思怎休。這相思怎休。害得我天長地久。難禁難受。淚痕流。滴破芙蓉面。却似珍珠脱線頭。

【不是路】萬種風流。今日翻成一段愁。淚盈眸。雲山滿目恨悠悠。謾追求。情如柳絮風前鬬。性似桃花逐水流。沉吟久。因他數盡殘更漏。恁般僝僽。恁般僝僽。

【長拍】[二]霧鎖秦樓。霧鎖秦樓。雲迷楚岫。御溝紅葉空流。偷香韓壽。錦帳中枉自綢繆。蹙破兩眉頭。小蠻腰瘦如楊柳。淺淡櫻桃樊素口。空教人目斷去時舟。又不知風流浪子。何處淹留。

【短拍】〔三〕月下砧敲。月下砧敲。風前笛奏。斷腸聲無了無休。搗碎我心頭。又加上一場症候。頓使我愁人不寐。襄王夢雨散雲收。

【餘文】薄情忘却神前呪。一度思量一度愁。把往日相思付水流。（南宮詞紀）

〔一〕此套昔昔鹽題作「恨鎖陽關」，南宮詞紀題作「秋懷」，樂府爭奇無題，俱不注撰人。吴歈萃雅、古今奏雅題作「離思」，皆署祝枝山。詞林白雪屬關漢卿。樂府先春無題，注張肖甫作。未知孰是，兹姑以之屬張氏。

〔二〕「長拍」，原作「木丫叉」，今正。

〔三〕「短拍」，原作「幺篇」，今正。

胡汝嘉

胡汝嘉，字懋禮，一字沁南，號秋宇，南直隸江寧（今江蘇南京）人。嘉靖三十二年（一五五三）進士，官翰林院編修，山西參議。以言事忤執政，調副使。工隸草並畫，兼善詞曲，著有沁南稿二卷、蒨園集及紅線記雜劇等。

套數

【南中吕石榴花】聽殘玉漏展轉動人愁。思量起竟含羞。我把玉釵敲斷鳳皇頭。傍孤燈暗數更籌。出乖露醜。這事兒落了他人後。想昨宵雨約雲期。到今朝鳳泣鸞愁。

【前腔】忙來月下恨殺那人留。爲甚事淚雙流。武陵人抱悶悠悠。夜深沉不餌魚釣。心中暗愁。這話兒好教我參不透。只指望楚雨巫雲。怎翻做緑慘紅愁。

【泣顔回】休説那風流。一霎時忘却綢繆。教我黄昏獨自。等得我月轉西樓。將人便丢。那些個見你情兒厚。他愁模樣堪愛堪憐。定不是將没作有。

【前腔】一日隔三秋。鴛鴦結牢鎖心頭。心紅一瓣。魂靈兒都爲他勾。何曾下口。更難忘燈下鞋尖兒瘦。我若做浪蝶遊蜂。須教是裾馬襟牛。

【尾聲】從今莫忘神前呪。今夜情難罷手。怎能勾閨一箇更兒相聚久。（樂府先春）

夏日閑情[一]

【南商調高陽臺序】出谷鶯啼。穿簾燕舞。時當午夏光景。避暑深林。緑陰門巷幽靜。偏稱。科頭箕踞長松下。汲清泉謾煎香茗。任炎熇。蒸人如醉。薰風吹醒。

【前腔換頭】當景。榴火燒空。葵心向日。炎天暑氣方盛。玉碗調冰。黑甜一枕初醒。心靜。地偏喜與囂聲隔。閉賢門更無童應。滌煩襟。一天梅雨。好舒高詠。

【前腔】奇勝。巧石排空。芭蕉分緑。闌干屈曲堪憑。池館清幽。風煖晝長人靜。佳景。消閑對客敲棋局。喜亭前鹿眠莎徑。釣船歸。滄浪一曲。助人清興。

【前腔】那更。杏子酣紅。楊梅沁紫。枇杷比蠟尤勝。此際堪嘗。急須摘下盤飣。還整。行厨細斫銀絲鱠。晚涼處正宜酩酊。聽蟬聲。半催殘暑。半傳秋令。

【尾聲】當年五柳歸陶令。我亦林泉結隱盟。任取暑往寒來不暫停。（南宫詞紀）

〔一〕新編南九宫詞題作「景」，注新詞。

蔡國珍

蔡國珍，字汝聘，號見麓，江西奉新人。嘉靖三十五年（一五五六）進士，授南京刑部主事，歷福建提學副使，以侍養歸。萬曆間起故官，累遷吏部尚書。屢疏乞休。國珍素以學行稱，著有怡雲堂集、蔡恭靖公詩文稿、雜編九卷。生於嘉靖七年（一五二八），卒於萬曆三十九年（一六一一），年八十四。

套　數

祝初泉七十

【南雙調寶鼎現】太平開盛會。氣回鶯谷。無邊生意。喜春到芳菲如舊。念老去鬢顔漸異。南極夜來浮瑞氣。東風門巷百花明媚。但願得歲歲長春。共斟緑蚁頻頻道喜。

【錦堂月】蓮葉巢龜。芝園伏鹿。曉來壽筵穠麗。青鳥遥臨。數顆瑞桃爲贄。漫誇他杖刻鳩形。共羨你年躋亥字。〔合〕杯浮蟻。唯願取首皓眉龐。花下長醉。

【前腔換頭】欣企。椿應莊朝。桃符朔數。禄以素封尤備。祵鼎熙恬。揚州控鶴堪擬。

豈獨羨陶猗齊貲。更相誇喬松比齒。〔合〕杯浮蟻。唯願取首皓眉龐。花下長醉。

【前腔】誦美。宴設西池。籌添東海。堦前玉樹森植。光紹箕裘。三槐五桂堪覬。行看取朱紱承恩。共歸來斑衣薦旨。〔合〕杯浮蟻。唯願取首皓眉龐。花下長醉。

【前腔】自揣。蒲柳餘姿。草茅末品。敢圖華封全祉。瓦缶黄流。幸賴上天私庇。叨前福已切冰兢。迓後祥敢希川至。〔合〕杯浮蟻。唯願取首皓眉龐。花下長醉。

【醉翁子換頭】評議。凡耄耋孰非可紀。但五福純全。如君鮮儷。奇異。斂福定何因。杯水膠舟只自疑。〔合〕從今後。看人物熙恬。輝映無疑。

【前腔】漫憶。論世事孰能盡美。況濫竊純休。莫知自始。聽啟。天眷豈虚生。樛木從今葛自縻。〔合〕從今後。看人物熙恬。輝映無疑。

【僥僥令】晴花然露蕊。細柳裊煙枝。只見桑弧蓬矢俱生色。春酒近南山。作壽巵。

【前腔】沖襟尋水石。佳句似池塘。但見酒氣花香常相引。好景對鄰翁。且自怡。

【尾聲】衰年白日憐駒隙。計上天不忘善類。看取歲歲晴光轉緑縻。（蔡恭靖公雜編）

賀某新婚

【南黄鍾西地錦】簾幙瑞煙籠罩。門闌喜氣飄飖。禮行奠雁梅初摽。合歡約在今朝。

【畫眉序】佳日會桃夭。羅綺筵開似蓬島。喜鵲橋牛女。瑞氣縹緲。都憑取紅葉情深。應不負藍橋音早。〔合〕由來花月相宜處。偏稱百年歡笑。

【前腔】月苑沸秦簫。花燭蘭房夜輝耀。喜芙蓉並蒂。竟成偕老。争誇處鳴鳳諧占。卻正是關雎叶調。〔合〕由來花月相宜處。偏稱百年歡笑。

【滴溜子】笙歌沸。笙歌沸。洞房春好。夜景霽。夜景霽。金屏月曉。想前生赤繩繚繞。襟期蘭茝同。更風流才貌。今夕佳期。正須傾倒。（蔡恭靖公雜編）

賀某入泮

【南商調黃鶯兒】芹水孤踪。芸窗片影。嘆十年勤苦。幽懷耿耿。時來到。喜一舉連翩雲路。把文幟獨操其柄。

【前腔】棘院照文星。聚群英入彀程。文場鏖戰詞峰盛。雲梯已成。蟾宫正清。手攀仙桂天香浄。氣崢嶸。鹿鳴宴罷。争羨省元榮。

【前腔】桃李媚春城。辨南宫擢俊英。文光浮動朱衣瑩。黄榜乍迎。藍袍正明。看花上苑青驄騁。氣崢嶸。瓊林宴罷。争羨殿元榮。

【前腔】宫花媚御酒馨。際明時起一經。得償素願吾何幸。荷君恩剩。欲把勳業銘鐘鼎。論人生。須庇民尊主。也須從此播芳名。

【前腔】泥金報绿授新。慰高堂里闬驚。十年庭訓今纔應。荷前休應。須有譽望光鄉井。論人生。須褒親蔭嗣。也須從此播佳聲。

【尾聲】雞窗牢落孤燈影。喜今日詞林脱穎。方顯得驚人在一鳴。方顯得驚人在一鳴。（蔡恭靖公雜編）

按：首套【寶鼎現】曲牌名原作【寶鼎兒】，南詞新譜云：「寶鼎現元是詩餘之名，今人多作寶鼎兒，誤矣。」「南極夜來浮瑞氣」句前原誤題曲牌【前腔】。〔黄鶯兒〕「賀某入泮」套除第二、三曲句式合黄鶯兒外，餘皆疑有誤。

高志學

高志學，字承學，號石樓，南直隸江寧（今江蘇南京）人。秀才。工小令。

小令

【南南呂懶畫眉】

李如真招同諸生夜飲集古

晚來幽獨恐傷神。花榭留歡夜漏分。羨君談笑出風塵。白蓮社裏如相問。魯國諸生盡在門。（南宮詞紀）

題澗松自壽答如真

柳疎梅墮少春叢。石上千年映古松。數枝危緑傲霜風。想因古來才大難爲用。徒在這碧水澄潭映遠空。（南宮詞紀）

冷烟輕靄傍衰叢。落木寒泉聽不窮。獨有那蒼松臨水欲成龍。縱然是沙村白雪仍含凍。正直原因造化功。（南宮詞紀）

石城懷古集句

雨苔烟草石城秋。楓葉蘆花共客舟。暮山江上捲簾愁。都是關河霸國興亡後。遥想英雄涕自流。（南宮詞紀）

秋懷集古

露華清冷蓼花愁。風物淒淒宿雨收。杖藜徐步立芳洲。長溪南路當羣岫。閑看橋西一片秋。（南宮詞紀）

秋天一夜静無雲。露下銀河雁度頻。祇因病起倦登臨。只坐到荷香浥露沾衣潤。徙倚闌干一愴神。（南宮詞紀）

芙蓉苑裏起清秋。風雨縱横亂入樓。紅林吹葉水生洲。只有青山萬古長依舊。朝夕催人自白頭。（南宮詞紀）

碧天無際雁行高。秋盡江南草木凋。好教我羈懷病思兩無聊。閑眠盡日無人到。只

暗室有哀蟬伴寂寥。（南宫詞紀）

此時嗚咽易傷情。只見蒼苔白露生三徑。暗室有哀蟬伴寂寥。（南宫詞紀）

淡雲疎雨過高城。慘慘天寒獨掩扃。此時嗚咽易傷情。只見蒼苔白露生三徑。暗室

愁聽蟋蟀聲。（南宫詞紀）

一牕風露晚蕭騷。吾愛吾廬遠市朝。人因見懶誤稱高。豈知書中事業真堪笑。盡擬浮沉付濁醪。（南宫詞紀）

苦吟林下拂詩塵。何用浮名絆此身。同時幾許在青雲。我壯心暗逐高歌盡。萬事浮沉只閉門。（南宫詞紀）

贈李如真集古

吾兄詩酒繼陶君。節概猶誇似古人。緑蘿門外有朱輪。縱使繡衣屢許攜佳醞。你只靜卧青山看白雲。（南宫詞紀）

放懷丘壑任天真。甘與柴桑結近鄰。論文還比聚星人。閑吟料得三更盡。相送柴門月色新。（南宫詞紀）

能將疎懶背時人。薄俗嗟嗟難重陳。與君隨處合相親。升沉得喪何須問。你文采風流今尚存。（南宫詞紀）

孫斯億

孫斯億，字兆孺，號雲夢山人，湖廣（今湖南）華容人。年十四補博士弟子，後棄去，週遊天下名勝，慷慨懷古。著有雲夢山人集、園屋集、鳴鋏集及浮湘、南岳、中州、北遊諸稿。嘉靖八年（一五二九）生，萬曆十八年（一五九〇）卒，年六十二。

套數

壽康對山太史

【北商調集賢賓】花甲子六十年今再數。熬天地有丹爐。看了他童顏鶴髮。又何須閬苑蓬壺。生涯付酒斝詩囊。升沉任玉兔金烏。樂昇平一曲新樂府。真個是擊壤康衢。管甚麽尊空從客散。玉倒倩人扶。

【逍遥樂】玳筵重布。鴛降羣仙。慶臨初度。笙歌沸歡動邦閭。翠袖金翹列畫圖。煞强如越女吴姝。更那堪殽烹鳳髓。觴泛流霞。盤薦雕胡。

【金菊香】喜的是南天星降丈人府。北海籌添靈壽屋。西母桃蟠青玉圃。朱顏重鑄。

無限壽與天俱。

【醋葫蘆】想當日朧傳第一呼。文章冠玉府。到如今被傍人依樣畫葫蘆。看了這翠袖擎盃紅袖舞。説甚麽一品公孤。還待要名登金籙列仙都。

【幺篇】胸藏萬卷書。心輕千石粟。甚的是紫袍玉帶掛金魚。富貴榮華威共福。都覷做晚雲朝露。傲乾坤老眼未模糊。

【梧葉兒】森庭樹。獻掌珠。百歲樂無虞。騎白鹿。訪隱居。住清虛。更索甚降龍伏虎。

【後庭花】休把這李青蓮當酒徒。休把這陶元亮當餓夫。休把這遊宴侈責康樂。休把這功名薄笑杜甫。只一味恣狂疎。管甚麽海桑陵谷。賞東風花一圃。對南薰琴一曲。邀明月舞翠襦。嗅寒梅踏凍嶼。

【青歌兒】呀。笑他每夢蕉夢蕉的争鹿。笑他每呼盧呼盧的逐兔。争似俺野老山翁不用呼。提會雙六。唱會新曲。醉卧氍毹。醒飲酴酥。便報道地覆天翻日月没。喒不顧。

【浪來裏煞】一會家嫌周公忒好名。怪孔子仍干禄。石崇金谷竟何須。漢三傑祇爲名利苦。笑殺人趙璧秦鹿。看乾坤幾時罷了這枰局。（北宮詞紀）

按：此套北宮詞紀署名孫斯億，疑誤。康海花甲之年當爲嘉靖十四年（一五三五），此時孫斯億僅六歲。

陳全

陳全，南直隸金陵（今江蘇南京）人。負俊才，性喜浪遊，善取笑。周暉金陵瑣事云：「陳全秀才有樂府一卷行於世，無詞家大學問，但工於嘲罵而已。」

小令

【北正宫叨叨令】

病瘧自嘲

冷時節冷的在冰稜上卧。熱時節熱的在蒸籠裹坐。疼時節疼的天靈破。顫時節顫的牙關錯。兀的不害殺人也麽哥。兀的不害殺人也麽哥。似這般寒來暑往人難過。（北宫詞紀）

【北雙調水仙子帶折桂令】

嘲妓者楊蚖蝶

逞精神日日在褲襠裏跑。賣解數夜夜向人身上跳。慣碾嚼時時到不便處咬。近不得富家郎。只將那窮漢炒。叮的他痛痒難熬。比蟣子身軀大。比虱子模樣小。因此上小名兒叫做蚖蝶。因此上小名兒叫做蚖蝶。到不的錦帳牙牀。受用的藁薦蒲包。若不是指甲上身亡。畢竟是牙齒裏喪命。炭火内焚燒。誰教你睡夢中將人打攪。被窩内自逞輕薄。翻斤斗跌了一交。死没騰却被拿着。端的是爲嘴傷身。因此上有命難逃。（北宮詞紀）

【北中吕朝天子】

嘲尼姑（二）

素衣。淡食。穿喫無滋味。冰清玉潔念阿彌。到老成何濟。你如今花朵身軀。青春年紀。不還俗等甚的。想着被窩兒裏恁地。枕邊廂的就裏。甜似你波羅蜜。（北宮詞紀）

寄妓者小名瓢兒

這瓢。是甚瓢。口兒小身子大腰兒嫋。你向春風棚上架兒高。待秋來人難要。你合守定顔回。甘貧樂道。誰着你趁西風水面上漂。有藤的被他纏倒。脱空的被他掛着。怎知你葫蘆裏賣甚藥。（游覽粹編）

【北雙調水仙子】

寄妓者小名馬兒

你本是追風趁日紫驊騮。披上鞍兒搭上鞦。只因你能行快走多馳驟。顛殺人不肯休。緊收韁渾身肉戰。慢抽鞭滿口涎流。馬兒你怕不怕。我便上個籠兜。（游覽粹編）

嘲遺尿

佳人一貌不尋常。流出桃花賺阮郎。身軀兒須在陽臺上。藍橋水渰得茫茫。二三更泄漏春光。錦被裏翻紅浪。繡幃中波液長。一對戲水的鴛鴦。（游覽粹編）

【北雙調雁兒落帶得勝令】

禿　子[三]

似葫蘆怎解瓢。似湯鏇如銀銚。簪不得道士冠。宜戴頂僧伽帽。呀。頭髮遍週遭。遠看像個尿胞。如芋苗經霜打。比冬瓜雪未消。有些兒腥臊。又惹的蒼蠅閙。鏖糟。只落得不梳頭閒到老。（游覽粹編）

【北正宮塞鴻秋】

村婦道傍便溺[三]

綠楊深鎖誰家院。見一女嬌娥急走行方便。轉過粉牆東蹴地金蓮。清泉一股流銀綫。衝破綠苔痕。滿地珍珠濺。不想牆兒外馬兒上人瞧見。（堅瓠首集）

【南雙調鎖南枝】

陳全與妓何瓊仙飲適見雌雄雞交者瓊仙請詠之其詞曰

女靈禽。非走獸。風流事誰不有。只好背地偷情。那許當場弄丑。若是依律問罪。應該笞杖徒流。更加一等強論。殺來與我下酒。（堯山堂外紀）

按：曲牌原脱，句式近似［鎖南枝］，姑補。

〔一〕游覽粹編題作「尼姑」。

〔二〕堅瓠九集題作「嘲禿子」，注陳介撰。

〔三〕堅瓠首集署名王越撰。又注：「一作陳全詞」，疑是。兹姑輯之。

陳翰林

陳翰林，生平無考。

複出

套數

【南正宫普天樂】四時歡。千金笑。

三徑閒題無題，注陳翰林作。樂府先春、吴騷集、吴騷合編俱屬李東陽，兹已輯於西涯卷中，此不重出。

殷都

殷都，字無美，一字開美，號斗墟，一作斗虛，南直隸嘉定（今上海嘉定）人。萬曆十一年（一五八三）進士。官兵部郎中，常持御史中丞節，出撫鄖口。工散曲，曲品云：「殷部郎觸目琳球。」有殷無美詩集十六卷、爾雅齋文集，另輯有酒史。嘉靖十年（一五三一）生，萬曆三十年（一六〇二）卒，年七十二。

小令

【南仙吕二犯桂枝香】

閨思[一]

舊愁稍可。新愁難妥。我爲他辨個真心。未必他心如我。哥哥。我當初不合情恁多。一些顧盼忒認過。到如今可奈何。只落得眉兒上鎖。心兒裏窩。指兒上數。口兒裏哦。這段風流債。今生了得麽。（南宫詞紀）

複出

套數

春思

【南羽調勝如花】從他去經幾春。

吴騷二集題「春思」，署殷斗墟。樂府先春無題，屬馮開之。兹已輯於馮夢禎卷中，此不重出。

〔一〕群音類選題作「閨怨」，昔昔鹽題作「思情自擬」，俱不注撰人。南詞韻選無題，署名殷斗虚著。

薛論道

薛論道，字譚德，號蓮溪，别署蓮溪居士，直隸定興（今河北易縣）人。少時多病，一足殘廢。八歲能文，博綜六藝。親歿家貧，遂輟舉子業，讀兵書，自負智囊。萬曆初，許論（襄毅）開府密雲，辟爲參謀，陞指揮參事。戚繼光鎮薊，大水谷之役敍功擢官三級。遭疑忌，以神樞參將加副將歸田。著有林石逸興十卷。約生於嘉靖十年（一五三一），約卒於萬曆二十八年（一六〇〇），年七十左右。

小令

【南商調山坡羊】

草堂漫興

對青山虚亭閒坐。看白駒碧窗飛過。追思往事世態都瞧破。自憐福分薄。生平性氣濁。也待摇舡漫弩不慣使隨風舵。欲待砥柱中流恨攔頭巨浪多。頽波。挽不回其奈何。干戈。急丢開整釣蓑。

對青山虛亭閒卧。非是俺生成慵惰。風濤最險急溜中難收舵。密排着名利羅。分甚麽清與濁。高車駟馬福過常生禍。瓦鉢磁甌自斟還自歌。奔波。枉奔波待怎麽。蹉跎。得蹉跎少甚麽。

對青山虛亭閒步。覷南柯豁然如悟。人生如寄那有長生路。榮枯定有初。窮通枉用謀。漢陵魂斷草樹連天暮。吴國龍飛江山壯畫圖。悲夫。危哉名利途。思乎。良哉貧賤鋤。

對青山虛亭閒立。聽枝頭黄鶯嘹嚦。聲聲如勸争甚名和利。陳平六出奇。張良三進履。爲韓爲漢都做了一場戲。機淺機深只争的半着棋。知幾。知幾要見幾。休提。大家葫蘆提。

清　閒

四堵容膝一舍。五湖扁舟一葉。閒來無事把酒歌明月。身不近虎穴。心不到魏闕。青山緑水頗有鷄豚社。蓬户柴扉絶無車馬轍。學奢。埋頭受用些。粧呆。省些唇與舌。

但得不貧不富。説甚高官大禄。光風霽月俯仰惟清素。功名性本疎。富貴心也無。忘機絶念方外尋鷗鷺。坐咏行吟詩中話柳蘇。榮枯。天人定有初。耕讀。兒孫自有謀。

矮矮茅屋蓬户。門外青山無數。雖無車馬時有白雲護。窗前栽翠竹。池邊種緑蒲。藏頭袖手漫把松陰步。散髮披襟閒將花畔鋤。非粗。村居禮貌疎。非俗。幽居思慎獨。

看破浮生虚幻。遁脱功名羈絆。忘情世慮那有多營幹。粗褐可禦寒。家常有糲飡。市聲不耳夢寐無憂患。俗軌不門晨昏常是關。心閒。心閒身自安。身安。身安心自閒。

安命

誰不待封侯拜將。誰不待爲卿作相。誰不待腰金衣紫。誰不待麒麟像。誰不待姓字香。誰不待福壽昌。誰不待妻榮夫顯。誰不待兒孫旺。天有安排浮生空自忙。心强。心强命不强。人長。人長天也長。

誰不待簪纓世胄。誰不待金章紫綬。誰不待高車駟馬。誰不待君恩厚。誰不待金滿樓。誰不待玉滿樓。誰不待封妻蔭子。誰不待光前後。天有安排浮生空自愁。閑愁。榮枯命有由。無求。不欺天自庥。

誰不待官封萬户。誰不待家成豪富。誰不待良田萬頃。誰不待千鍾禄。誰不待日華堂。誰不待夜華屋。誰不待歌兒舞女。誰不待紅樓助。天有安排浮生空自謀。閑謀。生來命有初。多謀。誰云天網疎。

誰不待青雲甲第。誰不待白屋成器。誰不待聯芳並美。誰不待風雲際。誰不待名利齊。誰不待富貴奇。誰不待乾坤同久。誰不待千年計。天有安排浮生空自迷。心機。其如命莫移。心欺。天公不肯依。

青雲得路

筆下龍蛇放浪。自覺文章官樣。七篇翰墨一掃群英蕩。朝爲田舍郎。暮登天子堂。磨穿鐵硯嬴得瓊林上。剔盡青燈博來姓字香。昂昂。烏紗射斗芒。堂堂。紫袍拖地長。

遁脱吕蒙悒怏。跳出顔回陋巷。宫牆萬仞一躍三千丈。拜别孔孟堂。不愁陳蔡糧。衣冠氣概换了寒儒像。頭角峥嶸忽然宰相腔。奎光。風雲護帝邦。文場。名題翰苑香。

十載寒窗獨傍。一舉成名天上。三場壓倒五百英雄讓。青雲足下翔。虹霓萬丈長。鰲頭先據禹門桃花浪。金殿傳臚蟾宫桂子香。眉揚。宫花插兩傍。名揚。春雷震四方。

非是英雄豪放。還是斯文未喪。窮經皓首不負生平望。男兒能自强。天公自主張。一朝發奮位列公卿上。三策重瞳身登將相堂。經邦。綿綿萬國昌。安邦。元元四海康。

逸樂

忘卻功名塵慮。博得林泉清趣。高懷雅抱那有閑情緒。山溪崖畔居。江皋曲木廬。烹茶掃葉頗得詩中句。引水通渠閑觀池内魚。安愚。生平懶混俗。無趨。悠悠樂有餘。

一線松竹門路。兩葉煙霞窗户。三間草舍四季寒温布。詩書教子讀。瓜茄自己鋤。垂綸菱浦緊閉乾坤目。坐詠梅軒推開名利途。籬疎。披塵遠世俗。眸舒。青山是畫圖。

雅抱山林風度。偏愛茅屋清素。柴扉常掩那有公侯顧。田間谷黍熟。缸頭酥釀浮。偏宜泛玉壺。

東流西墜一任搬朝暮。結社開樽何須計有無。藜蔬。挑剜不用僕。香蒲。偏宜泛玉

高卧白雲山下。明月清風無價。壺中玄奥静裏乾坤大。夕陽看落霞。樹頭數晚鴉。花陰柳下笑笑逢人話。剩水殘山行行到處家。憑咱。茅屋草舍窪。從他。金階玉路滑。

恬　退

早知幾從容恬退。莫粧呆長貪榮貴。風高浪險急溜難迴避。從來禍福隨。誰來别是非。晁忠賈逆其死一般累。蹠盜齊賢傷生一樣悲。思危。休着名利迷。明微。何不畫錦歸。

早知幾心安身浄。莫粧呆希圖僥倖。官高必險物理循環應。春來莫履冰。時來須忌盈。胸藏班馬那箇獲昌盛。舌掉蘇張誰能有後成。惺惺㈡。惜生不善生。兢兢。達人鑒未形。

早知幾休貪薄宦。莫粧呆爲他羈絆。傍州多少盡是喬公案。藍關策馬難。長沙去不還。唐家十宰幾箇無憂患。漢室三傑一人逃入山。心寒。君顔不是頑。求安。回頭

苦海乾。早知幾回頭頻看。莫粧呆消息踏犯。長棚十里那有筵不散。朱轂今日丹。天威明日寒。陸機聲譽不免華亭嘆。蘇子馳名長流三四番。朝班。誰能得久安。機關。鹿門自有山。

村　樂

參透了乾坤玄奥。摘脱了利名圈套。烏紗收起受用些村田樂。靠山懷構小巢。傍溪邊作稼苗。布袍一領好把風霜傲。粗糲三餐能將日月消。消消。過一朝少一朝。朝朝。飲一瓢是一瓢。

辭别了繁華朝市。消磨了凌雲豪志。掠起官人樣子點檢莊家事。逢人莫道詩。再休者也之。無多田地老手親扶耜。廣種桑麻山妻頗善絲。閑思。過一時少一時。還思。飲一巵是一巵。

蚤嘗着莊家嗞味。説甚麽功名榮貴。倉盈囤滿一倍收十倍。後場柴亂堆。前園菜更肥。東鄰西舍日日三家醉。北疃南村遭遭半夜歸。徘徊。過一迴少一迴。銜杯。飲一杯是一杯。

樂的是秋收春種。喜的是差科不重。草屋矮矮勝似花梁棟。但求一歲豐。争如禄萬鍾。薄粥熟菜肚皮撑得痛。事少心閑睡得日頭紅。從容。過一冬少一冬。窮通。飲一鍾是一鍾。

歸興

嚦嚦鵑啼深樹。聲聲莫如歸去。忽然喚醒掃盡千般慮。浮生六尺軀。誰能百歲餘。妻財子禄各有安排處。富貴功名看來總是虚。休歟。天公有定局。歸歟。彭澤有故廬。

歷盡風波世道。看破功名腔調。三槐九棘幾箇終廊廟。雖然進步豪。何如退步高。急流勇退蚤泛江東櫂。罷釣收綸休驚海底鰲。飄飄。一官付羽毛。翹翹。一身遠市朝。

一世雖然有命。萬事曾無一定。盈虚消長物理循環應。成敗敗還成。興廢廢還興。人生富貴那有千年盛。天有風雲曷嘗百日晴。獨醒。湘江水自鳴。逃名。五湖舟自横。

自古誰興誰廢。而今誰醒誰醉。人情世味幾箇能恬退。明知名利危。還着名利迷。

千層洪浪滾滾魚如沸。萬里長空悠悠鳥倦飛。明微。達人知自悲。思歸。賢哲保未危。

春　景

默默輕寒消盡。軟軟和風成陣。山明水秀舉目天光近。庭階起緑痕。園林結繡紋。鶯聲燕語句句合成韻。萬紫千紅家家總是春。王孫。穿花尋舊津。游人。沿門借酒樽。

夏　景

鳥度炎雲如墜。人在薰風如醉。誰家棋子驚起南窗睡。落花積幾堆。紅殘緑漸肥。新荷跳雨濺濺瓊珠碎。翠竹摇風翻翻柳葉飛。徘徊。勝遊忘暮歸。啣盃。閑愁不上眉。

秋　景

昨夜金風潛遞。今朝玉霜偷砌。寒來暑往彈指光陰易。驚鴉覓蓼溪。虛舟傍柳堤。

一天秋色但有殘霞細。滿地黄花不妨衰草淒。淒其。看看日已西。涼兮。醺醺醉倚籬。

冬景

鐵馬疎簷嘹喨。臘梅碧窗開放。蕭蕭天際極目無人望。朔風起大荒。寒雲鎖帝鄉。漁夫樵父帶雪煙波上。公子王孫偎紅軟玉傍。滄滄。征人遠塞忙。茫茫。高僧埜寺藏。

四時閨情

日遲遲春光明媚。困綿綿情思如醉。鶯啼林外深院人無寐。梁間燕子歸。天涯人未回。瀟瀟細雨洒不盡千行淚。陣陣和風吹不開兩道眉。孤幃。偏嫌月影隨。空閨。愁聞玉漏催。

緑森森槐陰如砌。亂飄飄榴花鋪地。池温沙暖對對鴛鴦戲。行行不暫離。飛飛顧且啼。天遥人遠有恨憑誰寄。雁杳魚沈音疎信更稀。含悲。柔腸千萬迴。還悲。知他甚日歸。

亂紛紛梧桐飄蕩。一行行征鴻嘹喨。月明露冷寂寞芙蓉帳。朝來對曉粧。憔容菊更黃。愁風怨雨一陣一惆悵。蛩鬧砧敲一聲一斷腸。淒涼。情長值夜長。恓惶。思郎又恨郎。

冷颼颼朔風如箭。亂霏霏雪花如練。風因雪舞雪亦因風旋。摧殘到枕邊。孤幃誰見憐。疎簷鐵馬日與嚴飇戰。紙帳梅花夜同薄命眠。心猿。思思一線牽。雲煙。迢迢萬里天。

未遇

氣重重把天公相問。你如何虛生豪儁。空付與忠肝義膽峥嶸處卻無分。欲絶千里塵。誰識冀北群。天涯走盡闖不出糊塗運。謁遍朱門尋不着拜將人。風雲。遮隔的日月昏。楓宸。恨無緣見聖君。

天樣高雄心消盡。海樣深才學成悶。吐虹霓胸懷塞滿射斗牛青萍磨磷。淹煎了錦繡文。折磨了年少春。五陵豪氣空寂寞三江恨。萬里鵬程枉跋涉六尺身。精神。怎支撑一洗貧。經綸。有屈時還有伸。

拿雲手布袍寬褪。冲霄翼樊籠長困。叢叢荆棘滾滾龍蛇混。韓侯淮水貧。非熊飯棘津。陸隨逞辨那用匡時論。絳灌當時無劵濟世文。蘇秦。不爲骨肉親。田文。等閒閉了門。

有一朝時來運到。烈轟轟乾坤照耀。風雲際會平步登廊廟。龍泉與兔毫。文韜共武韜。内勤黎庶爲國鋤强暴。外攘夷狄安邊靖虜巢。歌謡。聲名山斗高。勳勞。赫赫著聖朝。

妻

誰不欲不嫉不妒。誰不欲多賢多助。誰不欲三從四德。誰不欲紅樓富。奈何月下牘。赤繩繫已熟。痴聾蠢子偏有花枝婦。醜陋村娃却歸俊俏夫。嗟乎。姻緣事有初。思乎。冰人枉用謀。

財

誰不欲金珠盈目。誰不欲田疇無數。誰不欲粟陳貫朽。誰不欲家豪富。何如命裏無。枉登名利途。人稱錢虜且守將軍庫。我道豪傑長提司馬壺。糊塗。從來仗義疎。青蚨。偏歸鄙吝徒。

子

誰不欲兒孫多順。誰不欲家聲克振。誰不欲箕裘堪繼。誰不欲嚴庭訓。妻財子禄根。陰陽造化循。燕山多子豈是今生分。伯道無兒莫非前世因。爲人。良心一念存。施恩。馮商果報真。

禄

誰不欲千鍾門户。誰不欲千鍾地步。誰不欲千鍾貴顯。誰不欲千鍾禄。書中自有屋。書中自有粟。魚龍不奮妄意風雲助。草木無根空勞雨露扶。勤讀。勤讀禄在吾。不讀。不讀枉用謀。

忠

爲君難爲臣不易。辨人倫綱常非細。不患無位患所以不能立。不忠千載譏。忠直萬古奇。生不如死秦賈爲人詈。雖死猶生逢干世所希。忠兮。章章青史題。姦兮。森森筆可欺。

孝

爲子當尊親教。事親須克子道。承顔接色惟順爲能孝。順其心勿撓。順其志勿摇。哀哀父母罔極應難報。生我劬勞昊天何以高。劬勞。養兒知母勞。劬勞。教兒知父勞。

廉

論人臣立身行志。端只是識一廉字。縱然尸素做一個清白士。忠君無所私。臨民遺去思。一心如水那怕門如市。四知却金幽獨暮夜時。思之。苞苴乃禍滋。安之。清貧不敢辭。

節

報君恩一身何吝。盡臣節死而何恨。天覆地載敢把綱常紊。君臣乃大倫。忠節本至仁。蘇卿漢將萬里懷忠信。王蠋齊賢一心不二君。伍員。忠魂千古存。張巡。英風啓後人。

酒

誰道歡伯無害。那見醉侯封拜。名爲藥長無病因他瘵。雖然且放懷。精神最可哀。憑他躲債少債終須在。借他卻愁有愁還自來。休猜。貪杯惹禍胎。丢開。争如把素齋。

色

多少花衢柳陌。盡是前寃宿債。温香軟玉更比青萍快。羅幃四下開。干戈十面埋。亡身滅國商紂烽煙害。斷魄消魂楚王雲雨臺。哀哉。傍州密密排。悲哉。英雄不自裁。

財

人道黄金可愛。我怕黄金爲害。忘身殖貨那個能長在。金臺塵已埋。錢山今在哉。紫標黄榜萬世爲譏誡。錦帳燭薪看來總禍階。貪財。朝朝鬼病揣。輕財。時時笑臉開。

氣

造化本乎一氣。一鼓塞乎天地。天人一體喜怒存亡係。呼吸宇宙彌。卷舒星斗稀。志爲將帥六馬無拘繫。義用中和七情貴轉移。剛兮。凛然不可極。方兮。浩然養所宜。

戒嫖風〔三〕

看了他一言一動。盡都是七擒七縱。唱的是鶯儔燕侣。彈的是鸞交鳳。機關千萬重。牢籠天地空。翻雲覆雨盡是桃溪夢。巧語花言吹來柳陌風。相逢。千金一笑傾。偎紅。家貲彈指中。

命世才因他斷送。好田宅由他踢弄。行止呵被他喪了有聰明成無用。浪花逐轉蓬。山盟隨去風。羅幃錦帳恩愛千金重。水盡鵝飛飢寒二字窮。囊中。歸來一洗空。嫖風。誰能有始終。

二十年柳街花巷。一掃光東飄西蕩。只弄的無家無國。有親朋門不上。名留風月塲。身歸貧賤鄉。海神廟裏不受馮魁狀。御史行臺難追妙玉贜。不良。坑人甚虎狼。商量。收心别有方。到而今嘗着滋味。悔當時如癡如醉。都做了江心補漏賊去了將門閉。從前事莫追。而今猶可爲。糟糠結髮少甚鸞凰配。際會風雲何憂龍虎圍。心灰。鳴珂巷裏悲。奪魁。瓊林宴上歸。

弔　古

今古陳摶一睡。萬事劉伶一醉。張良見早范蠡識迴避。雖然天網恢。王家放過誰。蕭何下獄僅免一身罪。韓信一擒殃及九氏悲。狂爲。接輿少是非。不爲。許由洗耳歸。

惜　陰

看破浮生如戲。堪嘆光陰如寄。東溟西海日月如流逝。百年彈指移。七十轉盼稀。黄粱一枕富貴曾何異。蝶夢一回誰能物我期。淒其。夕陽暮烏啼。知幾。何爲名利羈。

扇

洒仁風輕摇漫布。蔽紅塵清心明目。右軍留墨更有曹植賦。農夫一刃鋤。太極一半圖。清風在手九夏時相顧。素月常懷三秋乃見疎。悲夫。炎涼何太速。薄乎。人情不似初。

鏡

晝歸來不昏不夜。見粧臺一輪明月。團團秋水皎皎將人射。鑑形能鑑睫。照心能照邪。妍媸一覩媸者多不悦。邪正一分邪必生妒絶。堪嗟。人情世事別。還嗟。剛明常被折。

劍

拂青萍寒生秋鏡。吐長虹霜飛霞暎。氣衝牛斗不見豐城令。光摇日月明。威靈神鬼驚。誅魑斬魅到處妖氛净。去佞除邪廓然寰宇清。征興。遐荒萬里行。昇平。匣中空自鳴。

馬

他本是天生騏驥。如之何終於伏櫪。一馳千里踏碎單于地。太行蹕做泥。鹽車其可羈。孤竹失道雖老夷吾異。冀北空群當年伯樂奇。常悽。生平知遇稀。一嘶。聲名山斗齊。

弔戰場

擁旌麾鱗鱗隊隊。度胡天昏昏昧昧。戰場一弔多少征人淚。英魂歸未歸。黄泉誰是誰。森森白骨塞月常常會。塚塚磧堆朔風日日吹。雲迷。驚沙帶雪飛。風催。人隨戰角悲。

塞上即事

玉門迢騅蹄犇綻。鐵衣寒征袍磨爛。將軍戰馬歲歲流血汗。功名紙上閑。秋顏鏡裏殘。烽煙歷盡壯志逐雲散。酒郡無緣青絲帶雪還。知還。一身得苟安。求安。餘生得瓦全。

刺牡丹

豔陽天春光蕩漾。牡丹亭金瑛開放。花工一展萬種都須讓。聲名播洛陽。嬌妖入醉鄉。姚黃魏紫賣弄風流況。國色天香粧成富貴腔。强梁。名園獨擅芳。商量。韶華幾日長。

錢虜

見幾個貪財行貨。每日家躭飢捱餓。逢人説儉遇客常空坐。男兒慳吝哥。佳人叫化婆。牙積口儹廣有松紋鏍。數米調湯曾無腥味鍋。奔波。一文錢要死活。張羅。便死呵任狗拖。

冰山

巍巍乎勢傾華岳。赫赫乎風聲載道。飛霜萬里盡把乾坤罩。凌凌草木凋。芒芒星斗摇。江湖裂膽罷了嚴光釣。朝野寒心逼彎陶令腰。狂飈。三冬任爾飄。休驕。一春看爾消。

詩酒陶情

詩一聯清心明性。酒一杯樂天知命。詩爲酒友酒乃詩之興。酒寒詩未成。詩成酒未醒。詩憑酒力李杜稱詩聖。酒仗詩懷劉伶得酒名。忘情。除非詩酒能。浮生。不爲富貴驚。

自足

粗衣飯隨時掤拽。淡詩詞隨心編揑。虛名薄利眼見無心射。看蟻穴暗嗟。見蠅血袖遮。一椽茅厦土炕遍温熱。五畝荒園藜羹不用賖。囊竭。窮腰懶待折。非呆。權門怕待涉。

嘆世

謝家莊盡作秦舍。刎頸交翻成吴越。參商骨肉陌路着疼熱。田舍郎俊傑。英雄漢道呆。雪中求炭走遍無人借。錦上添花盈門不斷絶。堪嗟。炎凉貧富别。周折。親疎枉費舌。

閑中寫懷

惜青春青春虚度。爲功名功名耽誤。忠君君遠事親親朝露。爲文文半途。爲武武見疎。歸諸天命天命玄於數。克盡人謀人謀有若無。思乎。窮通判有初。安乎。不尤乃丈夫。

教子忠孝

自古成名忠孝。何嘗不由親教。商言四者誠乃人之要。誰不爲子焦。誰不爲子勞。賢哉馮母擊杖金魚落。善誨劉生蔬食甲第高。兒曹。束帶立於朝。雲霄。英名青史標。

教子勤學

三思人之六蔽。益知學之爲貴。剛直信勇由也蒙其誨。勤學嘗夢龜。不學没字碑。學成經濟豈患名和位。養就調羹何愁鹽與梅。春雷。一聲震棘圍。揚眉。飛身到太微。

教子勤農

聰明潛心颜孟。純朴須知耘種。耕讀兩字達者無輕重。官家有萬鍾。田夫有上農。爲學干禄那有百年俸。致志扶犁寧無一歲豐。書中。前賢嘗屢空。勤農。陳粟嘗腐紅。

教子修身

君子不憂不懼。端在無私無欲。嘗存内省不疚復何慮。一身萬事居。一心天地虛。虛心治國毁譽由他去。以道修身持循勿苟趍。尤須。饒人不是愚。還須。無忘父母軀。

燈籠

深夜廣寒更漏。何處燭籠如晝。醉桃一點染染胭脂透。團團一火球。光摇滿地流。披風冒雨暗與煙霞輳。破晦穿幽遥將星斗收。悠悠。依人徹夜遊。休休。羞明見日愁。

琴

憶伯牙高山逸興。非子期知音誰聽。含情太古舜把南風正。孤桐帶露清。朱絲映月明。七弦寫意字字離鸞令。一曲鳴泉泠泠流水聲。冰清。寒風指下生。心通。幽情膝上橫。

棋

士大夫飽食終日。消白晝寧無博奕。百年世事總是一場戲。一盤勝負棋。一生成敗機。黄橘一剖白叟悲根蔕。石室一局王樵故友稀。天兮。壺中造化奇。人兮。何爲名利迷。

書

對青燈展書相問。難道説英雄長困。三墳五典義理無窮盡。寒窗十載親。磨穿鐵硯勤。一天星斗燦燦昌文運。九萬鵬程茫茫一禹門。誰云。文章可立身。誰云。儒冠多誤人。

畫

罷琴書静觀塵性。看畫壁饒多佳勝。四時光景春夏秋冬應。枯松掛亂藤。池花遶碧亭。山明水秀草木芬芳盛。虎嘯龍吟風雲變態形。丹青。天機筆下生。豪英。功名入畫屏。

歸隱

打破功名一弄。跳出黄粱一夢。束腰帶解摘下烏紗重。撞開麟鳳籠。遁脱狼虎叢。高車駟馬抵死擡不動。緑水青山餘生還可逢。天空。遊心魚鳥中。從容。漫尋鷗鷺蹤。

盟結沙汀鷗鷺。那管郊圻狐兔。周公夢少絶斷長安路。身不離草屋。足不踏仕途。襟懷瀟洒天地爲門户。眼目昏花雲山作畫圖。塵俗。胸中半點無。江湖。眉頭更覺疎。

但把眉頭疎放。多少清閒佳況。存亡興廢不在吾心上。榮華夢一場。功名紙半張。龍争虎鬬好歹由他撞。海闊天空高低任我狂。浮缸。濁醪不榨香。家常。菜羹滋味長。寧爲菜羹寒士。不去奔波朝市。宦情收起打點林泉事。商山採紫芝。桐江理釣絲。臨池戲筆漫寫羲之字。把酒掀髯長歌子美詩。識時。休争雄與雌。隨時。不言公與私。

樂飲

醉醺醺無醒無寐。樂醄醄無憂無累。羞同噲伍願入劉伶隊。瓮不乾不放杯。杖頭無任典衣。幕天席地日與清風會。巾漉瓢汲夜邀明月陪。合眉。不聽閑是非。扶歸。黄粱夢一迴。

醉醺醺無牽無掛。樂醄醄無高無下。濁醪妙理有甚閑驚怕。朝朝酒肆扒。暮暮扶到家。半醒半醉常卧槽頭下。無衣無飡不教瓮底乏。榮華。看榮華眼就花。烏紗。見烏紗頭便麻。

醉醺醺無昏無晝。樂醄醄無争無鬬。瓶之罄矣便覺三分瘦。厭金樽羨瓦甌。怕登壇上酒樓。缸浮榨滿衣㪚都將就。浪飲狂歌家貧不會愁。髯頭。高陽興不休。藏頭。岳陽還可遊。

醉醺醺無天無地。樂醄醄無拘無繫。麯生爲友石大夫結同契。怕青州從事稀。盼白衣相送疾。三枚兩蔬囊裏不須計。一斗十千床頭不甚惜。食其。漢皇一見奇。儀狄。禹王何太疑。

漁

風雨簑衣一件。家業扁舟一片。綸竿五尺敢把三公賤。江湖作福田。魚蝦當酒錢。千年渭水獨被姜公擅。七里長灘猶説嚴子賢。幽然。星前載月還。安然。蘆邊一覺眠。

樵

一身不朝不市。兩字無非無是。岩棲穴處那有公侯志。爲工不善絲。爲商不善資。山林活計治亂非吾事。斧擔生涯飢寒儘可支。歌之。煙霞嘯傲時。安之。陰晴不會思。

耕

一生別無活計。百歲不離簑笠。笑談隴畝無慮無名利。家前家後溪。南田北種畦。

荷鋤扶耜信口歌不忌。士與工商搖頭莫用提。爲衣。桑間蠶半席。無飢。春前雨一犁。

牧

生來不知富貴。從來好騎牛背。朝朝暮暮雜入兒童隊。逐流信步隨。沿村趁草肥。無天無地枕笠迎風睡。無是無非横笛帶雨吹。斜暉。羣鴉奔樹飛。雲迷。牛羊尋逕歸。

風

大塊原來一氣。四時炎涼何異。怒號千里萬竅鳴天地。春來鼓太極。夏來火入離。秋來虎嘯草木皆零替。冬至龍吟寒威透敝衣。封姨。去來形影稀。雲霓。摧殘東復西。

花

春日園林遊宴。萬紫千紅開徧。芳菲滿目豔色侵人面。嬌姿映曉天。清香散碧軒。

輕摇慢舞蝶使因風戰。鬭巧争妍蜂媒帶露眠。樽前。翩翩上翠鈿。池邊。娟娟笑玳筵。

雪

忽聽玉龍交戰。一陣乾坤不見。敗鱗殘甲埋没清虚殿。寒雲接霧川。瓊瑶砌碧園。藍關秦嶺盡是梨花院。野地胡天結成柳絮氈。躚躚。六出舞翠巔。翩翩。三白洒麥田。

月

清夜金波如晝。長空玉盤如繡。銜山渡海入户穿窗竇。方纔脱釣舟。又上柳梢頭。廣寒深鎖會把嫦娥瘦。桂影高懸能添白髮愁。颼颼。涼生雲外秋。悠悠。光摇水底樓。

【北中吕朝天子】

光陰

浮世風車。星流電掣。霎時凉登時熱。樽前轉眼日頭斜。人物如凋謝。去歲朱顔。今年白雪。看不上殘更月。少者壯些。壯者老些。半點兒不容借。

白日西飛。黄河東沸。搬弄得人憔悴。黄金難買寸陰迴。不戀三公貴。桃李纔芳。梧桐又墜。看落花逐逝水。春風漫追。秋飈緊隨。他幾曾停一會。

兔走烏飛。東流西墜。頃刻間添一歲。下坡車馬最堪悲。後輩催先輩。滄海桑田。古今興廢。提起來心如醉。笑人自迷。不知退悔。一箇箇無滋味。

地覆天飜。三秦兩漢。逐雲來隨雲散。南争北戰盡邙山。都是僂儸漢。日月如流。乾坤忽變。説起來難睁眼。得閑且閑。得安且安。惜分陰金不换。

樂道

朱顔漸消。年紀半老。看破邯鄲道。功名路上我先逃。讓與它榮耀。忙處人多。閑處人少。參透了其實玅。脱下紫袍。穿上布袍。一任把風霜傲。七情漫消。六塵盡掃。願入虛無教。出家何憚鹿門遥。有路終須到。大夢誰知。吾生先覺。物外把乾坤笑。睡的日高。吃的肚飽。有甚麽皇宣詔。一閒時伴樵。行時跨鶴。漫悟玄關竅。呼吸吐納静中調。嘗把丹田抱。萬慮都灰。一心樂道。細參詳壺中奥。精血勿採。形神勿勞。這便是長生藥。洞天小橋。蓬萊僊島。弱水人難到。金丹成就任逍遥。自有玄中玅。白鹿同遊。玄猿同嘯。醉蟠桃食芝草。山與壽高。壽同天老。抵多少人間樂。

人和

天生萬形。人爲物靈。敬人者人恒敬。雍雍揖遜氣和平。常把吾心正。非禮勿言。非禮勿聽。事三思日三省。呼牛也應。呼馬也應。有甚麽閑争競。顔和氣平。從人順情。誠心答虛心應。無驕無諂道中行。不倚不偏佞。明德修身。謹言慎行。見不賢内自省。寵辱莫矜。喜怒莫形。争甚麽强和勝。心平物平。財明義明。我無争人何競。隱惡揚善順時行。長短隨機應。外不殊俗。内不失正。盡人情從天命。休誇老成。莫道後生。一箇人一箇性。

無慢無欺。責人責己。重其義輕其利。逢人常是咲怡怡。無忌無嫌隙。敬而無失。恭而有禮。依於仁遊於藝。不論高低。不争閒氣。四海内皆兄弟。

開懷

展放開酒懷。滿斟上巨杯。猜的猜賣的賣。三枚兩謊一齊開。勝負都休賴。富貴功名。九霄雲外。人愛的咱不愛。盡今宵快哉。到明朝再來。欠酒債妨何害。整頓起詩懷。把吟魔擺開。錦繡腸寬似海。陽春白雪片時來。筆下乾坤大。一斗百篇。才雄萬代。語不驚心不快。粧做箇酒獃。學做箇詩伯。有甚麽成和敗。大放開老懷。還不覺甚衰。虎瘦了雄心在。閑愁不上兩眉來。跳出紅塵外。酒友詩朋。合成一塊。興來時天地窄。詩不成再裁。酒不煖再釃。我不惹人不恠。收拾起宦懷。村筵席漫排。山核桃胡麻菜。浮缸濁酒瓦瓶釃。禮貌全不在。換盞穿杯。蠻纏胡賴。面皮紅心頭快。看王侯第宅。羡將軍將臺。怎似俺逃名寨。

不平

對一會聖賢。嘆一會老天。有許多不方便。人生十有九不全。有一件無一件。陋巷顏回。蓬門原憲。凍餓殺無人見。齊了行愛錢。都不肯尚賢。有才學同誰辨。清廉的命窮。貪圖的運通。方正的行不動。眼前車馬鬧轟轟。幾曾見真梁棟。得意鴟鴞。失時鸞鳳。大家挃胡撕弄。認不的蚵龍。辨不出紫紅。說起來人心慟。不讀書善文。有才學道村。鑯鎗鋒青萍鈍。時年依假不依真。魚目把明珠混。駑馬金鞍。絶塵鹽困。寂寞殺誰來問。亂匌匌幾羣。死把定要津。說起來教人悶。軟膿包氣豪。矮漢子位高。惡少年活神道。爺羹娘飦小兒曹。廣有些鴉青鈔。銀鑄冰山。金垂犗釣。今日車明朝轎。村頭腦紫貂。瘦身軀綠袍。說起來教人哄。

謹　言

莫事高競卑。休說是講非。一言興一言廢。從來多少受人虧。都只爲無迴避。相對如愚。接言如誨。未開言先謙退。言出禍隨。駟馬怎追。少卷舌多滋味。莫争雌競雄。謾談私論公。一言輕一言重。甜言美語煖三冬。不投機干戈動。夫人不言。言必有中。古和今惟端貢。樽俎折衝。片言獄空。切莫把喉舌縱。且粧聾做癡。謾誇能道知。莫說寬休說勢。逢人開口但遲遲。敬於人浮於世。一語驚人。一言不智。喜中言忙中忌。君子見機。切莫語直。形乎外存乎內。

物不材自全。人不才自然。不饒舌不招怨。謹于德行慎于言。是非場休多辨。防口防川。發言發箭。無品題無褒貶。暴者莫言。不仁莫言。處下愚不須勸。

屈伸

且韜迹晦光。謾説短論長。春杏開秋菊放。從來海水斗難量。一躍三千丈。渭水臺前。凌烟閣上。平地雷滔天浪。困時節草堂。亨時節廟廊。滿乾坤聲名蕩。

謾誇武論文。休説假道真。蚰蚓飛魚龍困。老天其可枉生人。遲早一般運。今日不炊。明朝金印。骨肉親君王信。困時節沉淪。亨時節風雲。滿乾坤聲名震。

也休説命窮。也休誇運通。誰認的真梁棟。老天生我定不空。有才必有用。司馬題橋。非熊入夢。那其間識麟鳳。困時節草蓬。亨時節鼎鐘。滿乾坤聲名重。

運通的任狂。失時的且藏。埋没在淮陰巷。哀哀漂母受淒涼。跨下屈人量。運轉時來。封侯拜將。九里山重瞳喪。誅滅了楚王。扶持起漢邦。滿乾坤聲名壯。

守拙

安愚的最高。守分的更好。説精細都不妙。從實地上脚根牢。休闖入聰明窖。散木長年。文材壽夭。有幾個人知道。靈鵲構橋。杜鵑補巢。枉惹的班鳩咲。怕風波遠津。絶是非閉門。再不與龍蛇混。興亡治亂也休論。守吾拙安吾分。身重千金。舌緘三寸。睡不驚行處穩。張儀鼓唇。蘇秦掉文。總不如嚴光遁。名也不近他。利也不惹他。行險處天生怕。公門桃李邵平瓜。都做了千年話。到處推聾。逢人粧啞。不弄乖不學詐。小小莊家。低低茅廈。任人謀從天化。知自切自磋。常自琢自磨。切莫把閑牙嗑。從來尺水丈餘波。小可裡天來大。閉口藏舌。全身遠禍。運不通窮處躲。舉棹滄波。揮鞭劍閣。總不如東山卧。

功名

胸中要文齊。命裡要福齊。誰道功名易。英雄那得上天梯。自有亨通地。不遇無知。誰識曲逆。正遇着豁達帝。萬金不惜。拔出六奇。纔用着安邦計。且謾誇德隆。也休説道宏。誰把天撥動。從來造物有窮通。有才必有用。不得鮑叔。焉知管仲。更喜得桓公重。風雲適從。群臣適逢。纔顯出真梁棟。棟梁材世輕。斗筲器顯名。總是各人命。聖人遭厄道不行。否泰由天定。一語不投。萬言不聽。妻不炊親不敬。運至時亨。合縱連衡。統六國風烟静。

姜太公屠牛。司馬公賣酒。達者須遷就。誰能唾手覓封侯。命與心相輳。戀戀綈袍。懷讐感舊。都只爲功名構。魏棄秦收。拜將封侯。身何輕名何厚。

仁

探人之立身。最先乎立本。興孝弟懷忠信。循循勉勉力於仁。知務者須當盡。三月不違。五常不紊。在邦聞於家訓。仁者安仁。智者利仁。在君子無不慎。

義

咲時人用機。頓忘乎天理。重其利輕其義。焉知智士辨於宜。他自比倍人異。殺身成仁。捐生取義。奪造化回天地。青史標題。千古莫及。觀其利如何利。

禮

統千國萬邦。正三綱五常。禮不興誰能王。人心天理本先王。一家仁一家讓。百行克修。四箴可想。貴於和節爲上。語默行藏。禮貌周詳。敬無失心無放。

智

物莫不有知。人莫不有痴。鷦鷯蜘蛛智。算來智者莫如痴。智不如全不智。晁錯殺身。曹公亂世。臭和冤誰能洗。本性莫移。至誠莫息。道不虧人不忌。

信

以一誠致身。以一身率民。兵與食何須吝。巧言令色豈爲仁。言可復義可近。寄命托孤。惟忠與信。行之實人之本。重諾如金。出言如訒。信於人必先信。

富

珍珠付斗量。珊瑚作柱梁。四十里迴紋帳。朝朝夜夜出紅粧。奏笙簧齊歌唱。玉液金波。猩唇熊掌。列麒麟排獅象。香生玉觴。雲接華堂。説甚麼瑶池上。

貴

正百僚輔君。任調羹補衮。執玉笏懸金印。朝班凛凛第一人。治化平綱常振。位列三公。官高一品。滿乾坤聲名震。甲第連雲。金紫盈門。奕葉綿兒孫順。

貧

朱買臣賣柴。呂蒙正趕齋。我比他窮還恠。兒號鬼咲任安排。貧自貧妨何害。形體飢寒。心腸舒泰。硬肚皮寬似海。陋巷幽哉。簞瓢樂哉。道不曲書不賣。

賤

雪屯了書齋。雲埋了將臺。時不至須寧耐。循環否泰盛衰。自然有根基在。版築何傷。椎牛何害。朝羊裘夕獅帶。平步天台。日履金堦。壯山河乾坤大。

妓遊

樂餘年暮年。趁花天月天。且盡俺生前願。蓬萊何處覓神仙。枉自把丹砂煉。眠底綢繆。樽前繾綣。玉人兒嬌又軟。柳下池邊。舞翠歌喧。說甚麽蟠桃宴。

携雲鬟翠鬟。尋近山遠山。只不去連雲棧。松陰澗下水潺潺。正好把匏樽泛。杏臉迎霞。鶯聲徹漢。這風光誰曾慣。美酒紅顏。情牽意攀。說甚麽朝中宦。

過桃溪柳溪。逐長堤短堤。棹不摇舟不繫。湖平風静東復西。無不是追懽地。詩酒人豪。吹彈名妓。醉夢中笙歌裡。七十者稀。光陰有幾。説甚麽名和利。喜風清月清。聽殘更晚更。賞不盡湖山興。清風爲槳月爲燈。天色涼人烟静。鷗鷺和鳴。鴛鴦交頸。把風流人唤醒。才子多能。紅粉多情。説甚麽衣冠正。

閨思

看橋邊柳枝。覷牆頭杏枝。盡都是鶯花市。薄情遊子更何之。抛閃得人獨自。多病多憂。多情多思。不愁殺定害死。脂粉慵施。茶飯懶思。都只爲心頭事。雙飛燕並還。並頭蓮雙展。偏叫俺離人見。人心怎比物心堅。到頭來終無變。薄倖冤家。將誰留戀。咫尺間天様遠。愁恨綿綿。淚眼涓涓。都只爲心頭怨。聽砧聲近鄰。盼征鴻碧雲。盡都是凄涼韻。重門獨自鎖黄昏。静悄悄誰偢問。九迴柔腸。一思一寸。把姿顔容易損。針指慵親。魂夢傷神。都只爲心頭恨。聽風聲雪聲。捱長更短更。夜迢迢人自冷。殘燈閃閃滅還明。偏照的人孤另。誓海山盟。一些不應。雁無盡魚無影。少緒無情。夢擾魂驚。都只爲心頭病。

遊樂

尋幾箇逸賢。挑百文酒錢。杏花村梨花院。謫仙何處瓮頭眠。俺與他同相勸。席地松陰。酒杯詩卷。説甚麽瓊林宴。談一會酒泉。講一會漆園。好風光都遊遍。

覓風流酒儔。趁烟波釣叟。到處把柴扉扣。忘懷好友盡林丘。説甚麽無親舊。倚杖行吟。沿村問酒。見紅塵忙遮袖。美山幽洞幽。伴鶴遊鹿遊。這風光誰參透。

拉詩豪酒豪。過石橋木橋。俯清流登懸眺。山谷隱隱酒旗摇。那便是吾東道。縱興酣歌。掀髯長嘯。眼看着天地小。探猿穴鳥巢。看巒迴水潮。無一處不遊到。

駕一隻小舟。載幾尊薄酒。列佳殽何須厚。揚帆舉棹順波流。聽一派笙歌奏。秋水長天。一色相湊。遍地花隨岸柳。話衷腸小甌。興來時巨斗。收覽盡江山秀。

書齋

目秦雲楚雲。送殘春晚春。蝶亂飛花成陣。新來常是睡昏昏。諸事無心問。筆硯慵親。詩書懶近。那人兒心頭印。減盡精神。費盡殷勤。盼不到傳□信。

並頭蓮乍新。比目魚弄津。暗藏着相思陣。曛風偏熱有情人。慾火翻成疢。斷送聰明。荒疏學問。那人兒實要緊。情親意親。愁根病根。寫不出拔不盡。嘆愁身病身。少三魂二魂。偏遇着淒涼運。書齋最怕到黄昏。寂寞誰相問。北雁南飛。西風又緊。那人兒如何近。默默傷神。懨懨瘦損。捨不得將他恨。看一會韓文。想一會柳文。解不開心間悶。聖賢名教可不尊。無奈相思困。雪滿書齋。風埋琴軫。那人兒如何信。文君淚顰。相如病損。那顧得傍人論。

美　妓

模樣兒太嬌。年紀兒最小。性格兒忒柔弱。牡丹初綻弄妖嬈。常是把雕欄靠。萬種風流。一身窈窕。真個是天然俏。小小櫻桃。緊緊閉着。等閒間不一笑。體段兒不高。衣服兒素縞。説話兒微含笑。金蓮小小慢輕蹺。急忙裡行不到。不倩人扶。便託人抱。似海棠常睡倒。丹青枉勞。畫工空巧。寫不出其中妙。雲髻兒輕翹。蛾眉兒淡掃。滿臉兒堆着俏。纖纖十指嫩葱稍。緩緩把琵琶抱。閨愁一闋。相思一調。有情人都害倒。意轉眉稍。情含眼角。迤逗殺人年少。咲臉兒迎着。甜話兒暗嘲。小名兒低低叫。佳期約定在今宵。汗巾兒爲執照。眼去眉來。跟定幫倒。都只怕人知道。準備先逃。筵席散了。尋不見花胡哨。

志學

雪案螢牕。梁間牛上。困守顔回巷。惡衣惡食便何妨。豈把身心放。道不憂貧。志不屈降。富也讀窮也講。鑿壁引光。螢火練囊。一箇箇都爲相。

孔聖門徒。道高志篤。豈爲貧窮誤。寒窗獨下苦工夫。十載不出户。帶經荷鋤。懸梁刺股。幾曾把光陰負。詩書既熟。文章滿腹。黄金屋千鍾禄。

希聖希賢。青燈黄卷。要遂男兒願。隨光逐月夜無眠。苦志不知倦。細玩三墳。沉潛五典。一字字都游遍。斷簡殘編。鐵硯磨穿。熬得個瓊林宴。

鴻儒肚皮。凌雲豪氣。暫斂鵾鵬翼。胸藏萬卷盡珠璣。何忝瑚璉器。學問淵淵。文章濟濟。風雨驚龍蛇筆。口吐虹霓。足步雲梯。奪得箇鰲頭第。

老風流

老頭兒風騷。玉美人妖嬈。圈入風流套。也不哭嫁也不燒。説的是村和俏。眼底傳情。舌尖送好。不能彀如年少。小娘子興饒。老先生力飄。無奈何空焦燥。

老頭兒壽高。玉美人太嬌。同步章臺道。畫堂秉燭列佳殽。調弄出千般俏。鴛枕相偎。酥胸緊靠。到根前胡支調。小娘子興高。老先生力薄。無奈何只陪笑。老頭兒弄獃。玉美人賣乖。引入烟花寨。投寒送暖會安排。舊風光依然在。錦帳交歡。青春不再。有錢財無處買。小娘子興來。老先生力衰。無奈何着他恠。老頭兒會頑。玉美人會纏。哄入烟花院。嘲風弄月儘盤桓。雨和雲不方便。枯樹生花。從來少見。枉惹的蜂蝶亂。小娘子興顛。老先生力綿。無奈何涎空嚥。

嘲馬生病

也不是寒着。也不是熱着。這病兒咱知道。文章氣象斗山高。道不行空焦燥。客裏蕭然。囊中無鈔。把英雄乾困倒。得黄金滿腰。上揚州跨鶴。絶勝似靈丹藥。

走死哭嫁

説不盡神通。參不透牢籠。儘他摶由他弄。虔婆扯碎粉頭縫。廣有些喬發蹤。走誓逃盟。乘鸞跨鳳。太行山平地壠。金盡囊空。前扶後擁。小脚兒行不動。煖溶溶玉巵。嬌滴滴艷詞。啜哄入烟花肆。燃香剪髮任爲之。做下些虛頭事。不願同生。但求同死。假真節佯傳示。喪盡家貲。各分彼此。那話兒無一字。

入花營柳圍。越聰明越迷。打不破風流謎。虛心冷意假慈悲。牽繫着人心肺。淚眼愁眉。瞞神謊鬼。哭起來情如醉。水盡鵝飛。天南地北。錐扎也無些淚。無天理煙花。套了些儍瓜。動不動先説嫁。終朝每日做渾家。哄的人心牽掛。銅斗家緣。盆傾瓮洒。不精光不干罷。手頭夢撒。他還是他。把馮魁乾撇下。

嘲蒼妓

容顔漸消。年紀半老。眉尖上横一道。樽前席上舊相交。別有了如花貌。坐着無光。看着又惱。歸來把菱花照。情懷儘高。風流去了。送上門人不要。

忘機

造物在傍。咲人自忙。枉把精神喪。鶴長鳧短兩無傷。斷不去接不上。莫若忘機。無思無想。利不求名不望。處順安常。無牽無强。惹不下兒孫帳。造物最明。人不自省。箇箇不安命。耕牛倉鼠事不平。也都是前生定。莫若忘機。無争無競。任他炎由他冷。無辱無榮。無驚無寵。惹不下兒孫病。造物無邪。人不割捨。碌碌無明夜。蜈蚣百足莫如蛇。這消息誰能借。莫若忘機。

無沾無惹。任花開由花謝。窮便窮些。富便富些。惹不下兒孫業。造物有來。人不自揣。物理包涵大。與其角者齒必衰。那裡有全都在。莫若忘機。隨寬就窄。形不勞心常泰。飢也樂哉。飽也快哉。惹不下兒孫債。

旅況

春滿春消。花開花落。盡是相思套。杜鵑啼血似人嘲。句句剜心竅。旅館孤桐。關山別調。助離愁添懊惱。天遠也人遥。名牽也利擾。都只爲邯鄲道。薰風暑飄。新荷雨跳。柳外鴛鴦叫。合鳴音韻若絃調。羞殺人年少。旅館飄零。天涯流落。故國心魂夢擾。望鵬九霄。嘆年紀半老。憔悴了英雄貌。雲鴻夜號。壁蛩亂炒。都把離人鬧。芭蕉窻外雨瀟瀟。默默傷懷抱。旅館蕭然。琴書冷落。海天長音信杳。生澁了寶刀。乾枯了兔毫。夢不入非熊兆。雪滿雲霄。風悲畫角。暗被梅花咲。愁懷更比楚天遥。有夢應難到。旅館情疏。故鄉心老。返不回江東棹。枉懷着六韜。包藏着三略。寂寞在寒江釣。

隱逸

竹林四圍。清溪遶迴。天外雲橫翠。中間一段小石堆。睡復醒醒復睡。坐詠行吟。

呼朋引類。不朝南不向北。濁酒三杯。閑身一醉。傲殺王侯貴。漁樵閑咲。老殘生咱善保。三尺麻絛。一領布袍。五畝田宅樂。遠遠山腰。小小團瓢。不近長安道。岩居穴處任逍遥。無甚皇宣詔。野叟閒談。王侯第宅。元戎將臺。説起咱不愛。東籬菊畔訪彭澤。五柳荒莊外。緑水青山。不須錢買。劃一道紅塵界。開懷洒懷。幽哉快哉。博得身康泰。明月清風。咱明月掛冠。林泉覓歡。勝似長沙竄。湖山一派眼睛寬。名利都割斷。分一半。緊頑着時光短。到處盤桓。心足意滿。清浄金不换。

名不就

欲覓封侯。常懷糾糾。汗馬蹄穿透。等閒白了少年頭。貧賤還依舊。畫虎不成。反類其狗。又豈肯甘牛後。有國難投。有家難走。都只爲名不就。羞彈蒯緱。氣冲牛斗。志與時不輳。韓侯月下自淹留。蕭相焉能遘。薦賢偏無。妬賢偏有。有青天無昏晝。恨莫出頭。又難回首。都只爲名不就。天際邊頭。龍潭虎口。歷盡眉不皺。英雄豪氣海天浮。肯落他人後。勇冠三軍。才堪八斗。盡做了乾生受。鷄肋難丢。朱門恥求。都只爲名不就。

漂瓦虚舟。青山白首。枉把英雄瘦。明珠豈可暗相投。走遍將誰售。故國空懸。丹心難剖。淚滴濕征袍袖。金盡床頭。愁鎖眉頭。都只爲名不就。

宰相五更寒

一枕黄粱。魂勞意穰。夢寐聽鷄唱。馬蹄踏碎禁街霜。五夜朔風蕩。袖手縮肩。腰彎臂爽。直凍到天色亮。環珮鏘鏘。玉露滄滄。幾曾把身心放。

將軍夜過關

地遠天遥。星稀月皎。夜度關山道。塞雲不斷玉門迢。鐵馬愁難到。露濕征袍。風鳴畫角。亂轟轟單于鬧。刁斗纔燒。東方漸曉。忽又聽賢王報。

日出僧未起

浄浄佛堂。清清方丈。常把垂簾放。紅塵不許到慈航。怕惹災和障。衣鉢隨緣。沙門無象。絶是非無妄想。一炷清香。幾句無量。一覺眠三竿上。

名利不如閑

卿相惶惶。經商穰穰。那有閑情况。笑人碌碌自家忙。一些添不上。赫赫名韁。森森利網。戰兢兢心不放。五畝山莊。三逕菊黃。受用殺陶元亮。

永不還席

遇席不逃。還席便惱。陪客天生好。有心疼處割一刀。不會作東道。到處説寬。逢人道擾。善謙恭能陪笑。朋友來嘲。奪門就跑。假張慌渾家鬧。

【北雙調水仙子】

思　歸

六十將近老形骸。把棹不歸弄甚乖。風波滿目機關大。亂訇訇狼虎排。説甚麽棟宇梁材。喜的是高軒蓋。怕的是途路窄。總不如早早回來。

中年已過覺辛酸。蒲柳行藏當自寬。龍争虎鬬由他亂。且抽頭袖手觀。再休提走馬金鑾。獅蠻帶行常斷。紫羅襴包禍端。總不如藜杖藤冠。

玉門迢遞敝征衫。汗馬嘶風勒斷銜。昏昏老眼驚沙慘。頂上纓不勝簪。怎禁他虎窟龍潭。黑漫漫胡雲暗。亂騰騰虜氣涵。總不如回首林巖。

看來禽獸喜山林。可愧人心不物心。東奔西走圖些甚。山更高水更深。密排着羅網森森。纔解的人前譖。又提防腦後針。總不如散髮披襟。

歸樂

常驚走馬到臨崖。今日江心把棹回。一脚跳出功名外。輕九棘賤三槐。不戀他黃閣烏臺。楚離騷誰能解。漢長沙不再來。說甚麼玉路金階。

田園將蕪正歸來。山色湖光滿壯懷。老天放我紅塵外。一俯仰一快哉。坦悠悠竹杖芒鞋。折桑蓬爲樞户。採茅茨構小齋。說甚麼畫戟門排。

一灣煙水界塵埃。朝市山林兩斷開。行吟坐賞心頭快。杞人憂不在懷。樂雲霞輪到吾儕。睡一覺無驚怕。飲一杯少禍災。說甚麼拜將登臺。

白雲堆裏訪蓬萊。緑水池邊鷗鷺偕。青山遊遍無人怪。任逍遥任往來。晚歸家濁酒頻釃。小兒曹忙供菜。老山妻慢捧杯。說甚麼渭水燕臺。

憤世

翻雲覆雨太炎涼。博利逐名惡戰場。是非海起波千丈。笑藏着劍與鎗。假慈悲論短説長。一箇箇蛇呑象。一箇箇兔趕獐。一箇箇賣狗懸羊。蠅頭蝸角鬧穰穰。蟻陣蜂衙處處忙。呼牛道馬喬模樣。暗藏着參與商。霎時間禍起蕭牆。平地裏翻成浪。滿天空露結霜。分甚麽紅紫青黄。趨朝履市亂慌慌。不見人閑只見忙。沽名釣譽多謙讓。貎宣尼行虎狼。在人前恭儉温良。轉回頭興讒謗。翻了臉起禍殃。盡都是腹劍舌糖。人情世事最堪傷。名利催人走斷腸。果然後浪催前浪。攛掇的人自忙。亂紛紛賭勝誇强。争不上麒麟象。推不下傀儡場。曉夜家百計千方。

甘貧

朱門應是勝柴扉。布襖何如錦繡衣。王侯自比白衣貴。到頭來誰是誰。最傷心隨喜隨悲。柴扉在朱門廢。錦衣凋布襖肥。總不如甘守寒微。算來還是守寒微。達者不爲名利迷。古今多少興和廢。有盈時便有虧。總不如無福無危。蒙着頭安然睡。閉着門躲是非。貧自貧無喜無悲。功名富貴時光脆。轉頭來萬事灰。總不如無欲無爲。粗茶飯多滋味。布衣裳耐風吹。似這般有甚盈虧。數椽茅舍豈云卑。環堵蕭蕭少是非。折腰未動心先愧。笑時人言行違。看而今智者爲誰。漢赤松抽身退。越鴟夷把棹歸。總不如陋巷顔回。

宿將

西風吹起舊征袍。回憶當時學六韜。翻然獨自成一笑。都做了枉圖勞。把丹心火滅煙消。夢不入非熊兆。脚不踏胡虜巢。功名事付與兒曹。掀髯無語自量度。豈爲家貧賣寶刀。等閑不下徵賢詔。把英雄魂暗消。亂匌匌狐鼠横郊。雲遮了祁連道。風埋了玉門橋。用不着衛霍嫖姚。老天不許滅天驕。故把英雄暗裏削。竹頭木屑成連抱。棟梁材伴草茅。説起來日遠天高。只爲把魚龍笑。越顯的犬羊驕。羞殺俺中國人豪。腥羶何敢易天朝。頗牧山林粧睡着。九重但肯頒一詔。把燕臺增尺高。論割鷄焉用牛刀。輕踏碎單于道。慢折磨可汗巢。賀蘭山瓦解冰消。

勸世

從來金谷羡石崇。自古錢山説鄧通。幾曾留得兒孫用。嘆百年一夢中。論人謀豈勝天公。廣田園誰能種。置詩書誰善攻。總不如積德重重。營營狗狗苦貪求。空與兒孫做馬牛。千年計較乾生受。青門瓜邵平侯。幾人知蝶夢悠悠。盼富貴秋雲散。看榮華春水流。謝家莊改换秦樓。秦樓謝宇敗還成。滄海桑田也變更。兒孫自有兒孫命。一箇人一箇星。一星星照得分明。黄閣内生乞丐。白屋裏産公卿。那容的天性人情。須知富貴等浮雲。那有百年長是春。兒孫自有兒孫分。看盈虧日月昏。轉回頭别是乾坤。堯之子成不肖。瞽之兒作聖人。方信道造物無親。

悼生

昨宵曲指自量度。倒去顛來睡不着。人生最怕無常到。誰料得誰壽夭。等閑的白髮蕭蕭。方纔道朱顔少。卻又早年紀老。誠然是天地一朝。須知天地亦一朝。暑往寒來彈指交。春花秋月將人笑。笑人痴空自老。好光陰愁裏煎銷。競錢財常焦燥。爲兒孫生懊惱。全不念大數難逃。人生大數豈能逃。何苦忙忙枉自勞。貪圖難滿心頭竅。把青春斷送了。盡都是無福難消。牛山淚空滴盡。邙山路去不遥。有兒孫誰替一遭。無常那有替一遭。物理循環造化高。消息幾個人知道。把時光空過了。到臨危手擺頭摇。有金銀拿不去。好田莊用不着。只落得風雨荒郊。

爲將

朝廷拜我領元戎。授鉞分符動九重。一身司命三軍衆。全憑着一念忠。可忘乎盡瘁鞠躬。憂社稷安危共。愛嬰兒甘苦同。大將軍以死爲榮。朝廷命我統三軍。閫外風雷號令新。折衝禦侮懷忠信。藴韜鈐武共文。看轅門細柳森森。旌旗布回天地。陣雲開動鬼神。大將軍盡命於君。朝廷命我事征伐。曉夜何曾脱汗馬。一身萬死鋒鏑下。聽胡笳兩耳麻。那怕他帶雪風沙。按陰陽分奇正。察虚實明衆寡。大將軍以國爲家。朝廷命我鎮邊關。一線封疆萬里山。旌旄到處遮雲漢。把胡兒心膽寒。净烽烟國泰民安。準備着擒可汗。安排着繫呼韓。大將軍義膽忠肝。

寄征衣

西風吹妾妾身單。君戍蕭關君自寒。知他定把寒衣盼。提起來心上煩。舊征衣再補重翻。剪刀動心先慟。針綫拈淚已殘。寄一年一損愁顔。西風吹妾妾及夫。寒到君邊衣到無。君寒妾冷誰相顧。兩天涯一樣苦。淚盈盈點檢征服。新絲綿重重緒。舊布帛慢慢補。禦風寒不在精粗。西風吹妾妾憐君。萬里迢迢阻玉門。征鴻羞寄年年信。把音書付斷雲。捲征衣兩淚紛紛。君寒暑關心妾。妾淒涼怎寄君。只落得無語傷神。西風吹妾妾憂郎。爲辦寒衣檢舊裳。千針萬綫奴心上。一針針淚兩行。瘦和肥仔細端詳。兩肩窩削三寸。四停身照舊長。不傷情鐵打心腸。

詩酒風光

新詩一首語驚人。濁酒三杯更助神。不因酒困因詩困。任吟魔恠醉魂。且逍遥詩酒閑身。説甚麽貧和富。論甚麽假和真。葫蘆提自有乾坤。新詩一首素心空。濁酒三杯滿面紅。功名富貴成一夢。脱皇家麟鳳籠。且開懷霽月光風。花和月時時共。酒和詩日日濃。這纔是花酒叢中。新詩一首罷琴書。濁酒三杯萬事除。無情日月拴不住。不作權待何如。也不須禮貌相拘。入酒肆何勞騎。串章臺那用車。任他人咲我狂儒。新詩一首喜琳琅。濁酒三杯入醉鄉。尋花覓柳隨波浪。咲區區傀儡場。得疏狂且自疏狂。酒興開詩懷放。月又清花又香。這便是詩酒風光。

偷情

嬌娃微露短牆頭。才子閑從陌上遊。春情一點成邂逅。恨無媒逕路幽。只樂得意許心留。他看我虛遮袖。我看他面帶酒。俏臉兒到底含羞。風流自是愛風流。鸞鳳還尋鸞鳳儔。眉尖眼角空迤逗。急忙裹難下手。每日家覓逕尋幽。小心兒拿不定。粉牆兒偏又陡。俏臉兒到底含羞。眉來眼去意綢繆。賣弄風流緩步遊。人前虛把眉兒皺。背地裡話兒勾。說來的露尾藏頭。口兒裡雖然否〔三〕。心兒裡實是有。俏臉兒到底含羞。雲情雨意兩相投。燕侶鶯儔那用求。花前月下黃昏後。效鸞鳳成配偶。兩慌忙帶兒齊揪。手兒推腰兒就。胸靠胸口搵口。俏臉兒到底含羞。

養恬

得高歌處且高歌。須信人生能幾何。從他富貴天來大。論清閑誰似我。安樂窩幾句彌陀。身無病家無禍。心不憂眉不鎖。好磨跎便且磨跎。得優遊處且優遊。莫待匆匆白了頭。百年能有多時候。萬頃田一箇口。也須知温飽無求。白日裡三飡飯。到晚來一醉酒。好藏頭便且藏頭。得從容處且從容。休把眉頭日日封。百年富貴一身重。到頭來萬事空。又何須車馬轟轟。血淋淋龍蛇陣。密森森麟鳳籠。好疏慵便且疏慵。得逍遥處且逍遥。一日逍遥一日老。快休闖入功名套。把時光都負了。對烏紗自己量度。楚亞父乾生受。漢長沙空懊惱。好開交便且開交。

相思

月明偏照小書齋。遥對嫦娥自感懷。巫山移向天涯外。把高唐雲雨埋。有誰憐宋玉多才。害的人身子瘦。愁的人心越窄。去心頭又上眉來。月明偏照小書牕。遥對嫦娥自感傷。聰明總是因他喪。疼不疼癢不癢。病懨懨懶進茶湯。□□章無一句。添相思淚幾行。眼睁睁不見奎光。月明偏照小書房。遥對嫦娥幾斷腸。離愁萬種堆心上。不思量都是謊。咫尺間地遠天長。鴛鴦夢無一箇。鳳鸞箋無半張。空叫人淚眼汪汪。月明偏照小書軒。遥對嫦娥獨自眠。瑶臺冷落人不見。叫不應離恨天。睡昏昏夢覺胡顛。十二時折磨債。五百年業障冤。見妖嬈萬事周全。

驕　奢

恰纔富貴便驕人。忘了當時人咲貧。金珠一旦銷磨盡。舊時窮還到身。看天公那有私恩。勤儉的必然富。驕奢的畢竟貧。又何須問卜求神。天時人事兩相因。物理循環果報真。陰功勤儉須兼盡。遠在兒近在身。又何須高大其門。翡翠堂招災禍。草團瓢利子孫。全不在廣有金銀。貧窮富貴固前因。教子須知德潤身。傳家樸素非爲吝。怕施設啟後人。善持家珠米芝薪。當節約思勤儉。遠浮華知務本。不驕奢到底不貧。驕奢貧賤轉浮沉。富貴須從勤儉尋。輪流否泰非謡讖。盛和衰須自審。也須索積德存心。不肖子金如糞。治家兒糞如金。任他人咲我喫鈝。

東山

東山風景最清幽。那有紅塵到上頭。雲林深處天然秀。未携棋先載酒。玉人兒緩步同遊。舞一會歌一會。飲一甌換一甌。老先生到也風流。

東山高處最逍遥。明月清風不用邀。閑花野草皆詩料。看功名真箇小。玉人兒百媚千嬌。比郵亭風光妙。喻高唐情興饒。老先生到也風騷。

東山清趣最幽然。真是人間自在天。朝朝暮暮開華宴。又何惜杖上錢。玉人兒笑舞翩翩。袖兒裡同牽挽。枕兒邊相並肩。老先生到也風顛。

東山風月豈尋常。天賜逸賢詩酒鄉。流觴曲水隨波漾。酒又濃花又香。玉人兒淡抹輕粧。興來時雲爲幕。醉來時石做牀。老先生到也風光。

消遣

一間茅舍一蓬牕。一盞清茶一柱香。一輪明月一天亮。一陣風一陣凉。一卷書一卷文章。一鼓腹一舒暢。一揚眉一舉觴。一醉來一枕黄粱。

一隻小艇一綸竿。一片簑衣一片灘。一行鷗鷺一行雁。一面湖一面山。一日安一日清閑。一榼酒一盂飯。一開懷一解顔。一醉來一枕邯鄲。一琴鳴盡一高歌。一日清閑一日過。一宵良夜一榻卧。一形和一泰和。一蹉跎一句彌陀。一身快一心樂。一詩狂一酒魔。一醉來一枕南柯。一灣烟水一林丘。一半田疇一半洲。一吟一咏一昏晝。一鶴朋一鹿友。一粗飡一飽何求。一生事一生命。一箇人一箇口。一醉來一枕莊周。

狐假虎威

全憑城社據爲家。慣與檮杌作爪牙。張威借勢驚人怕。滿乾坤袖裡蛇。鬧轟轟播土揚沙。虎不如城狐大。驥不如社鼠猾。畢竟有鷹犬尋他。

賣狗懸羊

從來濁婦慣撇清。又愛吃魚又道腥。説來心口全不應。貌衣冠行市井。且只圖屋潤[四]身榮。張布被誠何意。飯脱粟豈本情。盡都是釣譽沽名。

見兔放鷹

眼前光景眼前情。那様人兒那様行。一分勢利一分敬。半針兒不挫影。再休提松柏長青。見兔兒將鷹放。看風兒把舵更。到明朝另有陰晴。

指鹿爲馬

大姦天地膽包籠。敢把當朝口盡封。片言詭遇干戈動。把人君社稷傾。望夷宫神鬼難容。弑九重乾坤暗。滅三族宇宙紅。都只爲一念不忠。

成　敗

勸君名利少干涉。否泰循環物理别。貧窮富貴花開謝。知己的休去惹。縱高車多少時節。楚霸王千鈞力。蘇季子三寸舌。到頭來誰是豪傑。

門前車馬鬧轟轟。一品當朝禄萬鍾。名揚四海山河重。列簪纓晝錦榮。都做了過耳春風。楚亞父千條計。漢淮陰十大功。到頭來誰是英雄。

開疆展土報明君。功狗功人事業新。良弓高鳥銷磨盡。滿乾坤日月昏。不認的相國將軍。讚蕭何能成漢。羡范睢善相秦。到頭來誰是賢臣。

世人只想位名高。不想名高易動摇。陰晴自古人難料。福雖多禍不少。位高的幾箇能逃。嘆李斯謀猷壯。咲晁錯智量高。到頭來誰是英豪。

遠塵

新來學會做山翁。學會山翁萬慮空。連醅濁酒糟一瓮。悶來時飲幾鍾。那管他恠雨斜風。悲老體因詩瘦。喜衰顏藉酒紅。老頭兒自在縱横。

新來學會做漁樵。學會漁樵萬慮消。嚴灘渭水都不釣。富春山豈爲樵。假名兒避了塵囂。結絲綸山妻會。釣鈎針稚子敲。老頭兒自在逍遥。

新來學會棹漁歌。學會漁歌萬慮磨。無腔無板無人和。趁清閑且快活。算流年半百還多。嘆富貴冰消日。看光陰車下坡。老頭兒自在風魔。

新來學會做狂夫。學會狂夫萬慮無。不求禄位不求富。也不學酈酒徒。耐飢寒幾碗薄粥。村沽酒不嫌淡。布衣服不厭粗。老頭兒自在慵疏。

受用

百年三萬六千春。花謝花開斷送人。光陰不戀人豪俊。日開筵豈算頻。又何妨村舍鷄豚。歌明月時時樂。醉春風日日薰。受用些便也不貧。

百年三萬六千場。入夏新荷又吐芳。涼亭無暑熏風蕩。緑陰中作醉鄉。俯清波翡翠池塘。剖金鱗偏加味。飲玉漿分外香。受用些便也不妨。
百年三萬六千秋。日月如梭不暫留。西風到處黄花瘦。喚白衣忙送酒。且開懷瓦鉢
磁甌。迎霜蟹偏宜醋。出水鷄不用油。受用些便也不愁。
百年三萬六千冬。那有朱顔日日紅。濁醪但得常浮瓮。勝官家禄萬鍾。醉醺醺酒釅
花濃。列佳餚休説儉。旋烹炙莫道豐。受用些便也不窮。

烟霞寄傲

烟霞深處訪玄真。坐向沙頭洗幻塵。七情六欲消磨盡。把功名付水濱。任逍遥自在
閑身。尋野叟同垂釣。覓遺民共理綸。樂醄醄别是乾坤。
煙霞深處陋三公。睡醒舡頭日已紅。飄然跳出黄粱夢。把功名付轉蓬。受用些明月
清風。人世間逃名士。雲水中自在翁。日悠悠夢遠非熊。
烟霞深處結鷗盟。不效嚴陵犯客星。道心常比塵心净。把功名付水萍。一漁竿萬事
咸輕。青箬笠披霜耐。緑簑衣帶月明。那怕他風雨陰晴。
烟霞深處結蝸廬。點檢靈淵即太虚。滄浪濯盡閑情緒。把功名付過駒。易消磨天地
須臾。觀鷗鷺忘機處。伴漁樵安樂居。卧林丘默祝唐虞。

題杜甫

文章今古震乾坤。聲價流來萬代尊。行吟坐賞龍蛇陣。捲風雲日月昏。志孤高四海一身。展胸襟包天地。吐珠璣泣鬼神。到如今一語驚人。

題李白

天生神異賦長庚。下筆須教風雨驚。百篇一斗君王敬。跨長鯨弄月明。號謫仙以飲爲名。鳴於世稱詩聖。稟乎天應酒星。到如今不數劉伶。

秋閨

西風帶露透紗窗。孤枕蕭蕭滿簟涼。離愁萬種堆心上。最難支秋夜長。憶天涯遊子何方。一聲雁一重恨。一聲砧一斷腸。只落的淚眼汪汪。

西風帶露透鮫綃。獨擁孤衾只厭薄。翻來覆去心頭躁。眼强合睡不着。盼佳期水遠山遥。聽寒蛩堦前鬧。恨征鴻雲外號。怎支撑這等寂寥。

西風帶露透香閨。無奈離愁又上眉。芭蕉聲裡人憔悴。結柔腸千萬迴。對孤燈獨坐孤幃。惆憪的心如醉。思量的意似迷。幾番家夢遶魂飛。西風帶露透孤幃。獨自淒涼獨自悲。秋聲盡是相思味。把離人魂暗追。一思量一陣昏迷。一天恨心頭寄。萬斛愁訴與誰。望雕鞍甚日纔歸。

了　道

白雲高處誦黄庭。洞口清風足下生。無爲世界清虚境。脱塵緣萬事輕。探無極天地無名。袍袖展乾坤大。杖頭挑日月明。都只在一粒丹成。

悟　空

靈山會上本無傳。百丈竿頭進步先。自心自性吾常見。論空門那有言。萬法歸于聖同源。破大愚三拳妙。悟天龍一指禪。都只在一咲青蓮。

佳人才子

喬才何處賣風流。不占鰲頭占酒頭。楊花心性天生就。弄輕顛到處遊。粘着的不肯干休。救命謊隨身帶。牙疼呪順口流。秀才家羞也不羞。

喬才何處戀嬌娲。不跳龍門學騙馬。千割萬捨丢不下。悔當時錯戀他。認不出薄倖寃家。甜話兒全不應。面情兒都是假。秀才家差也不差。

喬才何處戀絃歌。不去登科學醉魔。辜恩負義誰之過。遠嫦娥近素娥。等閑的不辨清濁。舊之新新之舊。薄者厚厚者薄。秀才家錯也不錯。

喬才何處弄風騷。不好詩書只好嫖。文章做了風流套。不是剪便是燒。把构欄住就儒學。又會把恩情騙。又偏能放啞刁。秀才家曉也不曉。

舟行

一横明月正横秋。萬里長江一葉舟。鄉關何處人憔瘦。海雲邊天盡頭。利名身曉夜悠悠。急溜裡難收舵。大波中怎下鈎。總不如高卧林丘。

對雁

年年不住幾翻飛。恰向南來又北歸。知寒知暖知迴避。度春秋不暫違。咲人痴不爾相隨。雁不到人偏到。鴈歸時人未歸。都只爲名利着迷。

啄木鳥

身如文綺嘴如錐。慣會穿鑿作木賊。樹頭樹底尋滋味。鼓唇舌響似雷。串深林縱羽斜飛。東山出西山入。朝城南暮城北。枉奔波到老不肥。

鴟鴞

青天不舉夜縱橫。鬼魅行來到處凶。聲音笑貌驚鸞鳳。又何曾識大鵬。惡名兒無類相從。萬物中君獨恠。百鳥叢爾最兇。無恠乎世不相容。

【南商調黄鶯兒】

邊城秋況

無奈楚天秋。露滄滄暑氣收。山城容易寒白晝。雲屯戍樓。風埋日頭。馬蹄踏遍黄花瘦。恨悠悠。玉門白首。只爲覓封侯。

無奈楚天高。聽征鴻雲外號。聲聲刺入人心竅。風吹戰袍。月明寶刀。朱顔紅葉皆零落。冷蕭蕭。鄉關何處。萬里路迢迢。

無奈楚天空。草凄凄萬樹紅。胡霜汗馬身如凍。朝蛩夜蛩。殘鐘晚鐘。疏砧亂杵成一弄。恨叢叢。西風又緊。專意送歸鴻。

無奈楚天長。顧遐荒情暗傷。秋聲畫角齊嘹亮。西風幾場。鴻雁幾行。白雲常在眉睫上。戀高堂。心隨明月。夜夜到吾鄉。

春　雨

孤旅困黄昏。聽啼鶯報晚春。楊花輕落離人鬢。風雲莫伸。鱗鴻罕聞。一思一想一重悶。雨紛紛。殘紅萬點。千里暗銷魂。

夏　雨

客裏正寂寥。被啼鵑葉底嘲。歸來歸去將人咲。山遥水遥。魂勞夢勞。無端情緒常盈抱。雨瀟瀟。芭蕉聲裏。一點一心焦。

秋　雨

落葉下寒砧。黯孤城雲霧深。天涯苦被浮名禁。閑塵滿琴。離愁滿襟。一身萬里蕭條甚。雨霦霦。聲聲點點。滴碎故鄉心。

冬雨

誰道玉門遥。走玉門風更高。寒威到處貂冠落。戰馬日哮。刁斗夜燒。胡雲常把燕山罩。雪飄飄。排闥逼枕。無奈苦衾薄。

對月

對月不成眠。望嬋娟桂影懸。寒波一派光如練。情牽意牽。魂顛夢顛。相思千里心猶面。恨綿綿。音疏信杳。鸞去鏡空圓。

對月不成歡。望嬋娟桂影團。清波如畫同誰翫。心酸意酸。眉攢目攢。雲山萬里愁不斷。海天寬。長空飛鏡。獨覺照孤鸞。

對月不成雙。望嬋娟桂影茫。廣寒深鎖金波漾。情長恨長。愁狂病狂。因他暗把精神喪。淚汪汪。銀河耿耿。織女化參商。

對月不成吟。望嬋娟桂影深。風清露冷淒涼甚。秋聲滿林。離愁滿襟。傷情暗淚心頭浸。擁寒衾。垂牀倒枕。更漏已沉沉。

德子孫

造物本無偏。力脩持澤自綿。陰功莫大行方便。多結好緣。廣種福田。靈台一念常存善。天何言。報如影響。畢竟子孫賢。

造物本無形。德不薄福自充。一啄一飲皆前定。利莫苟營。名莫苟成。人心天理明如鏡。天最靈。報如影響。畢竟子孫榮。

造物本無方。有興時便有亡。興亡只在人心上。靈長祚長。求祥得祥。從來積德人家旺。天不忙。報如影響。畢竟子孫昌。

造物本無情。善與惡却有徵。人心更比天心盛。讚念福生。作念禍生。善門應是多餘慶。天最明。報如影響。畢竟子孫興。

春閨

無語對芳春。怯輕寒擁繡裀。困人天氣偏多悶。堦前緑痕。枕上淚痕。看來總是離人恨。睡昏昏。情思飄杳。獨自暗傷神。

無語暗銷魂。嘆韶光又半春。東風不見傳來信。茶飯懶親。衾枕懶温。行思坐想心殘春晚春。愁身病身。滿懷心事憑誰問。淚紛紛。相思千里。猶自鎖重門。無語對黄昏。見飛花亂暮雲。果然人遠天涯近。更沉漏沉。愁深病深。一番提起一番甚。最傷心。紛紛紅雨。飛落滿瑤琴。無語慢停針。見歸鴉棲舊林。恓惶淚把心頭浸。頭印。怕黄昏。天涯望斷。滿目盡愁雲。

應世難

我欲守清廉。守清廉物議潛。無瑕常被青蠅玷。貪圖的善謙。清廉的惹嫌。舌糖口蜜腹中劍。但出尖。一拳兩脚。推倒大家撏。

我欲守公平。守公平讒謗興。醜直惡正多奸佞。公不平物鳴。私不通禍萌。是非顛倒誰作證。月華清。行人愛賞。盜者厭分明。

我欲守誠實。守誠實若土泥。嫌長道短説不濟。聰明的又嫉。老實的又欺。不知誰傻誰伶俐。葫蘆提。休説南北。只要有東西。

我欲守安然。守安然也有愆。求全反被人憎怨。好也是要錢。歹也是要錢。謙恭和氣稱鄉愿。告蒼天。風雲雷雨。他也不能全。

塞上重陽

荏苒又重陽。擁旌旄倚太行。登臨疑是青霄上。天長地長。雲茫水茫。胡塵盡掃山河壯。望遐荒。王庭何處。萬里盡秋霜。

倏爾又重陽。喜登臨情興長。傾樽應盡平胡量。投足太行。舉目大荒。封侯擬在眉睫上。塞雲茫。連天衰草。不見左賢王。

彈指又重陽。寄天涯情暗傷。可憐佳節值疏况。三逕已荒。二毛已蒼。黄花白髮不相讓。度秋霜。千林墮葉。客子倍凄凉。

轉盼又重陽。爲功名紙半張。投醪投筆成悒怏。風也斷腸。雨也斷腸。山河也似添惆悵。自徬徨。玉門回首。兩鬢盡胡霜。

不仕

小小構茅茨。但容膝便可支。心頭不罣功名事。長歌楚詞。漫和杜詩。臨池閑寫羲之字。倦來時。南窗一覺。夢寐也無思。

矮矮小窩巢。近山林遠市朝。疏慵怕上長安道。一琴一鶴。半漁半樵。從來詩酒王侯傲。任逍遥。困來一覺。夢寐也無勞。人情世事都參透。自悠悠。倦來一覺。夢寐也無憂。

遠遠卧林丘。避紅塵不用樓。詩書禮樂門庭舊。得休且休。得遊且遊。青山緑水偏多興。

草草一茅亭。要藏頭不在精。東籬菊下開三逕。詩朋酒朋。鷗盟鷺盟。青山緑水偏多興。世緣輕。晚來一覺。夢寐也無驚。

懷　古

誰不待侍明君。侍明君得顯親。奈何人海魚龍混。薰蕕莫分。玉石並焚。那時不用匡時論。嘆忠臣。不達時務。千古吊湘魂。

誰不待侍君王。侍君王姓字香。奈何麟網不疏放。夷齊首陽。韓彭未央。不如早納風魔狀。紙半張。多成多敗。都是夢一場。

誰不待侍朝班。侍朝班心膽寒。奈何世事如冰炭。韓侯上壇。張良入山。誰能保的無憂患。省愁煩。無官無禄。一世得安閑。

誰不待侍金堦。侍金堦惹禍災。奈何仕路機關大。人情冷哉。世事恠哉。衣冠常把一身賣。把頭埋。一生受用。説甚棟梁材。

勇退

終日冒風沙。染秋霜兩鬢華。是非天大官不大。蝸角逕滑。羊腸路峽。當局不怕傍觀怕。亂交加。龍争虎鬬。説甚玉無瑕。說甚玉無瑕。點青蠅袖裡蛇。迅雷掣電難遮架。范蠡海槎。陶潛縣衙。不如一筆都勾罷。論官家。急流勇退。所見也不差。所見也不差。喜歸來日日暇。茅屋小小低低厦。醉醒任咱。清濁任他。閑非閑是都不罣。就莊家。深耕淺種。本等舊生涯。本等舊生涯。事蠶桑不用咱。南窗睡足東籬下。稚子種瓜。山妻理麻。不寒不煖不驚怕。眼不花。青山未老。日日樂雲霞。

妓嗟

終日苦奔忙。任虔婆喬主張。營奸賣俏平康巷。新郎舊郎。村郎俏郎。由他擒縱由他放。赴排場。筵前席上。有禍我先當。終日站花街。任虔婆胡派差。付能我愛他不愛。多才俊才。活埋死埋。一心只在馮員外。暗傷懷。吞聲忍氣。甜苦自家捱。
終日苦無休。任虔婆無厭求。後門送出前門又。村也用留。俏也用酬。有錢那論人
新舊。自含羞。瞞心昧己。好歹在心頭。
終日換新郎。任虔婆旋做腔。將無作有喬模樣。舌如蜜糖。心如虎狼。觔輸力盡不
輕放。歹風光。茫茫苦海。升斗豈能量。

誡秀才嫖

一念母劬勞。養育恩山斗高。昊天罔極應難報。勤學苦學。名標姓標。身榮親顯方
爲孝。戀妖嬈。無情花柳。斷送是英豪。
斷送是英豪。把聰明一旦消。甘心自棄違名教。花朝月朝。魂勞夢勞。胸中錦繡成
虛抱。弄風騷。嗚珂巷裡。那箇有皮毛。
那箇有皮毛。教傍人巧畫描。名虧形損家零落。雲也盡消。雨也枉勞。烟花何補忠
和孝。勸英豪。回頭未晚。還可奮青霄。
還可奮青霄。把詩書須飽學。鵾鵬豈被絲羅罩。發憤氣豪。忘食志高。須知夕死朝
聞道。際時髦。名登金榜。束帶立於朝。

傀儡

大夢我先嘗。笑浮生空自忙。一迴下去一迴上。衣冠滿堂。金玉滿箱。掀天揭地聲名壯。傀儡場。無多光景。恰快樂又悲傷。

大夢我先知。咲浮生空自癡。一身苦爲千年計。功名數奇。富貴忌極。天公不與人同利。傀儡席。無多光景。恰懽會又別離。

大夢我先度。咲浮生空自錯。寸心廣有天來大。分不厭過。財不厭多。争名奪利翻成禍。傀儡哥。無多光景。恰富貴又消磨。

大夢我先醒。咲浮生空自能。無名無夜徒奔競。家貲滿庭。田園負城。英雄頭上誇强勝。傀儡精。無多光景。恰道好又凋零。

骷髏

昨日到荒郊。見骷髏白骨凋。横三竪四黄沙暴。風飄雨瀟。猿啼鳥號。嚴寒酷暑不知道。嘆英豪。三分氣在。聲價與天高。

昨日到城東。見骷髏白骨横。青山緑水成一夢。塵蒙土蒙。狐踪兔踪。朝朝暮暮黄昏送。嘆英雄。當時豪邁。氣概海天空。

昨日到城西。見骷髏白骨凄。風吹日晒不爲計。頭枕草堤。身卧土泥。横斜只落一拳地。嘆精奇。争名奪利。心志與天齊。

昨日到邙山。見骷髏白骨寒。當時都是僂儸漢。烏鴉日殘。螻蟻夜飡。不知疼痛不爲患。嘆朱顔。收園結果。留與後人看。

聲名

應世最難爲。説無爲便有爲。無爲至理從來昧。行則影隨。言則響追。誰能脱得聲名累。甚堪悲。人生天地。都被桎梏迷。

技累

最好是愚呆。笑蘇張苦掉舌。雄心未滅身先滅。直木夭折。甘井易竭。文章虎豹常遭獵。嘆英傑。螳螂怒臂。何以抗車轍。

智名

處世貴和平。厭時人多自矜。誇能鬬勝不恤命。名高謗興。智高禍生。從來機械傷人性。智和名。人之凶器。切莫與相爭。

勇功

萬事轉頭空。福未來禍已萌。聲名暗把英雄送。鳥盡弦傾。兔死狗烹。功高威震君心動。嘆韓彭。能謀能勇。失筭未央宫。

養天和

着意養天和。養天和萬慮磨。忘情遺物心常樂。是也任他。非也任他。塊然獨坐悠然卧。日蹉跎。浮生世故。看破紙還薄。

樂天真

着意樂天真。樂天真性自存。甘吾恬惔安吾分。毁也在人。譽也在人。功名富貴都不問。不憂貧。心遊物外。禍福自無門。

守天麻

着意守天麻。守天麻不用謀。無憂無累無聲臭。其生若浮。其死若休。幽無罪譴明無咎。自悠悠。生成造化。於我更何求。

享天年

着意享天年。享天年壽自全。人生那有都如願。福乃禍先。禍乃福源。達人知命身常健。且安然。一日不死。一日是神仙。

子孫賢

事業盡蕭然。幸堂前有子賢。詩書禮樂無不辨。箕裘可傳。門楣可延。春雷動處魚龍變。喜翩翩。養兒若此。何苦又説錢。

子孫不肖

萬頃置良田。積金珠廣有錢。奈何有子不如願。天道好還。人謀枉堅。霎時滄海桑田變。最堪憐。養兒不肖。富貴總徒然。

詠菊

百卉盡凋零。爾持節獨後生。凌霜傲雪秋顔勁。識味楚平。知趣晉明。金英玉露名三逕。晚芳成。孤高雅操。桃李不同榮。

詠蘭

深谷自脩藏。厭身色與世忘。身齊蕭艾根不傍。飄然異芳。幽然暗香。清風常在高堂上。論炎涼。三春花草。誰耐九秋霜。

題柳花

狂態眇天低。亂春暉宇宙彌。萍踪浪迹無實地。逐流傍溪。穿窗透籬。心無定準身無繫。東復西。因風作勢。到處點人衣。

題葵花

炎夏獨成林。挹清芬滋味深。孤忠不入繁花蔭。簪者愛簪。吟者愛吟。輸誠向日非謠讖。論胸襟。爲人臣子。誰肯鑒葵心。

鞦韆

深院是誰家。起鞦韆接碧霞。彩雲縹緲人如畫。玉纖挽拏。金蓮倒踏。恍然疑是天仙下。俊嬌娃。東風吹綻。一朵牡丹花。

鬬　鷄

芥羽一毛輕。倚豪雄起鬬争。攖冠披髮不恤命。且立且行。且戰且鳴。傾心抵死搏一勝。總然贏。錦衣零亂。金距血腥腥。

富貴不淫

大道本天真。守天真性自純。居仁由義須克盡。富也正身。貴也正身。大丈夫富貴焉能紊。重人倫。不淫不蕩。德譽滿乾坤。

貧賤不移

節操本乎人。守無失志自存。窮達壹是安吾分。愈否愈純。愈久愈真。大丈夫貧賤焉能困。持吾身。無移無改。陋巷有賢門。

威武不屈

正氣莫誰何。鐵石心其可奪。須知身墮名不墮。雷霆奈何。斧鉞奈何。大丈夫威武焉能挫。壯山河。中流砥柱。千古振頹波。

忌　滿

造化本無情。察循環否泰生。天時人事無不應。持滿捧盈。臨深履冰。人心不足必無幸。莫惺惺。盈虧至理。日月最分明。

譏忙人

富貴笑春風。轉回頭事已空。古今枉把忙人送。石崇運通。范丹命窮。看來總是一場夢。嘆愚蒙。營營狗狗。何日是從容。

撞入烟花

花柳最妖嬈。有上稍無下稍。黄金傾盡成一笑。花朝月朝。鸞交鳳交。看來總是風流套。弄鮫綃。千嬌百媚。暗裡把魂銷。暗裡把魂銷。陷人坑作鳳巢。笙歌引入迷魂窖。銀箏漫調。象板漫敲。鶯聲燕語相偎抱。雨雲交。青蚨滿載。夜夜是良宵。

夜夜是良宵。越聽明越撞着。烟花不怕來時俏。一箇綑着。一箇吊着。虔婆賽過活神道。剪和燒。虚疼假熱。多少巧籠牢。多少巧籠牢。明絲羅暗綁縛。舌尖常帶三分鰾。粘着摸着。皮焦肉焦。歸來畢竟蓮花落。愛風騷。卑田院裡。到底不離瓢。

識破烟花

風月逐時新。滿舡茶日日親。一朝茶盡姻緣盡。花門柳門。秦雲楚雲。無情轉眼不相認。假和真。從今識破。急走快招魂。急走快招魂。及歸來已罄身。果然馬死黄金盡。銀無半分。錢無半文。江心補漏今方信。雨和雲。將人斷送。進退更無門。進退更無門。有何顔見六親。搥胸頓足心頭恨。牙尖肉痕。枕邊淚痕。誠然十面埋伏陣。會通神。也須狼狽。水洗送出門。水洗送出門。若長江縱大鱗。天空海闊從吾奮。詩書可温。風雲可伸。飜然跳出糊塗運。喜從新。災星一去。還是好乾坤。

題張良

開卷覽興亡。漢三傑説子房。興劉滅項乾坤蕩。誅了楚王。扶起漢邦。赤松先避韓彭障。識行藏。功成身退。不敢犯君王。

弔韓信

曲指數英雄。漢淮陰十大功。三秦席捲乾坤動。智縣兩龍。威震九重。時衰正遇遊雲夢。但持忠。一心無二。焉到未央宮。

題孔明

漢祚已難留。向南陽起武侯。茅廬三顧何其厚。千籌萬籌。興劉爲劉。三分能有多時候。羨忠猷。鞠躬盡瘁。一念死方休。

梅雪遊

梅雪舞交加。助遊人情興賒。蒼龍飛上枯松掛。陶家党家。漁家酒家。天然一幅王維畫。玉無瑕。梅争雪鬬。老眼也生花。

大　鵬

豪氣斗山移。但呼吸宇宙彌。等閑一舉冲霄翼。雲合霧迷。神號鬼啼。翻江攪海驚天地。笑藩籬。翩翩斥鷃。焉敢論高低。

鳳　凰

五色羽成文。太平時儀聖君。三百六十禽中俊。鷄冠燕唇。前鴻後鱗。孤高常在青霄舊。志不倫。自歌自舞。羞與雀同群。

鸚　鵡

靈域本關西。負圖機物所稀。能言能舞爲人異。御名雪衣。封號緑衣。事君報主皆知義。羽中奇。聰明智慧。百鳥更何及。

陶　元　亮

一念去來兮。覺從前事已非。田園將蕪爲歸計。功名莫羈。富貴莫移。黄花三逕一席地。傍東籬。清風千古。留與後人題。

問　天

翹首問青天。你如何造物偏。不言不語不方便。英雄漢少錢。黄口兒廣田。愚濁富貴聰明賤。枉呼天。天何于我。應是命皆然。

妙　畫

造物手中來。把乾坤筆底裁。風雲飛佈天涯外。樓臺殿臺。蓬萊草萊。四時不謝花常在。更奇哉。畫堂人物。累歲不知衰。

赤　壁

炎漢數應亡。把山河作戰場。舳艫千里烟波蕩。圖王霸王。興邦滅邦。風流萬古人惆悵。嘆周郎。二喬三氣。雲水兩茫茫。

元　夜

燈月兩相交。映煇煌宇宙包。銀花火樹連天照。鰲山似燒。雲漢似焦。金吾不禁遊人樂。鬧元宵。王孫士女。擠擠渡星橋。

中三元

科第舉寒微。喜奎光獨上眉。天開文運昌吾輩。槐花正催。桂子正肥。飛身直到蟾宮内。戰秋闈。英雄五百。奪得解元歸。二月起蟄雷。禹門遥星斗輝。桃花浪煖魚龍沸。文燦棘闈。光射紫微。朱衣點首春官背。五經魁。第一屬我。奪得會元歸。金殿試文魁。占鰲頭肯讓誰。重瞳三策吾先對。龍顔見奇。臚傳第及。瓊林宴上頭一位。喜揚眉。宫花壓帽。奪得狀元歸。

【北雙調沉醉東風】

宦歸

拜辭了龍樓鳳閣。摘脱了玉珮金貂。迴避了未央宫。絶斷了長安道。喜歸來行李蕭蕭。自咲風塵已二毛。還得見青山未老。

昌黎馬天高地險。鴟夷舟浪静風恬。也不登韓信壇。也不賣張良劍。也休提鼎鼐梅鹽。小小茅屋短短簷。頓忘了功名一念。

收拾起前遮後擁。頓脱開鳳網麟籠。消磨了宦海心。畢罷了黄粱夢。虎狼叢逞甚英雄。翠蓋朱軿過眼空。送了些貪圖懵懂。

羊腸路天寬地窄。虎頭牌惹禍招災。戰兢兢白玉堦。血淋淋黄金帶。誇甚麽棟宇梁材。擺手摇頭歸去來。纔跳出愁山悶海。

羶毛蹇穩如駿馬。鹿皮冠煖似烏紗。坐拳石海樣寬。樂斗室天來大。滿田園盡是桑蔴。瓦鉢磁甌對晚霞。且受用一時半霎。

駟馬車虚舟飄瓦。三公位費口粘牙。心懷着臣子憂。身伴着君王怕。總不如早早歸家。老體劬輸氣力乏。且去與兒孫戲耍。

再休提官高位顯。且只圖子肖妻賢。説甚麽班馬才。掉甚麽蘇張辯。嘆一身半百餘年。夢寐無驚一覺眠。抵多少東門黄犬。

喬公案磨牙費嘴。季子金魄散魂飛。羨逢萌早掛冠。嘆李斯空垂淚。俺而今豈肯着迷。吐氣揚眉晝錦歸。大丈夫急流勇退。

題錢

人爲你跋山渡海。人爲你覓虎尋豺。人爲你把命傾。人爲你將身賣。細思量多少傷懷。銅臭明知是禍胎。喫緊處極難布擺。

人爲你名虧行損。人爲你斷義辜恩。人爲你失孝廉。人爲你忘忠信。細思量多少不仁。銅臭明知是禍根。一個個將他務本。

人爲你東奔西走。人爲你跨馬浮舟。人爲你一世忙。人爲你雙眉皺。細思量多少閑愁。銅臭明知是禍由。每日家營營狗狗。

人爲你生煩惹惱。人爲你夢擾魂勞。人爲你易大節。人爲你傷名教。細思量多少英豪。銅臭明知是禍苗。一箇箇因他喪了。

有你時肥羊美酒。有你時緩帶輕裘。有你時百事成。有你時諸般就。有一朝金盡床頭。一任英雄貫斗牛。告人難誰憐素手。

有你時眉揚氣吐。有你時膽大心麤。有你時說話豪。有你時胸襟富。有一朝用盡青蚨。朋友無情骨肉疏。說甚麽能文善武。

有你時紅纓白馬。有你時皂蓋烏紗。有你時爵禄崇。有你時功名大。有一朝囊裏消乏。頓覺從前事已差。眼看着情疏援寡。

有你時人人見喜。有你時事事出奇。有你時坐上席。有你時居高位。有一朝運去時移。垂首縮肩雨內鷄。想從前交情有幾。

不得你赤身露體。不得你忍餓躭飢。不得你言語低。不得你精神細。不得你半步難移。那怕聲名山斗齊。空着手高高吊起。

不得你箝舌閉口。不得你爽背縮頭。不得你體貌微。不得你形骸瘦。不得你萬事難周。那怕文章過孔丘。空着手急忙快走。

不得你見官無理。不得你與吏爲敵。不得你反是非。不得你違條例。不得你禍福時移。那怕胸中氣正直。空着手先不見喜。

不得你英雄失色。不得你壯士傷懷。不得你家國亡。不得你功名敗。不得你美玉塵埋。那怕胸藏八斗才。空着手人先不采。

四　反

摳牙鬼粟陳貫朽。大丈夫飃瓦虛舟。慷慨的手內無。鄙吝的囊中厚。竟不知造物何由。仰視天公暗點頭。俺豈肯折腰五斗。

英雄漢披風冒雨。黃口兒駟馬高車。嘆耕牛宿草無。羨倉鼠餘糧聚。竟不知造物何如。幾向天公長太吁。問着他没言没語。

貪婪的喬遷疊轉。清廉的積謗叢愆。忠良的箇箇嫌。奸佞的人人羨。竟不知造物何緣。空有天公不肯言。任傍人胡褒亂貶。

骨肉親參商卯酉。陌路人情意綢繆。棄天倫猶子疏。惑世俗螟蛉厚。竟不知造物何求。總是天公不與讐。説起來教人掩口。

四　正

畏四知冰清水冷。持三尺鬼怕神驚。扶植的社稷牢。培養的乾坤正。又何須釣譽沽名。總是他人僥倖成。俺只是一心耿耿。

愚自愚不奸不狡。貧自貧無諂無驕。秉一心正與直。存兩字忠和孝。那在乎位顯名高。總是他人氣焰豪。俺怎肯伏低做小。

須記的責人責己。休忘了無慢無欺。做一個正氣人。做一個清白吏。更何憂國治家齊。總是他人巧用機。俺只是恭而有禮。

運不通黃金失色。命中有使盡還來。王將軍庫自盈。司馬公壺長在。又何須牙齒積財。總是他人手搵腮。俺只是摇摇擺擺。

好好先生

道不同干戈便起。話不投禮樂爲敵。月旦評善品題。號智囊能畫計。總不如醉漢便宜。鄉原雖然取世譏。相逢處人人見喜。

長共短全不在我。是和非一任從他。緊箍着三寸舌。方免的一身禍。俺怎肯信口開闔。諾諾連聲揖讓多。纔入的時人一夥。

但逢人高高舉手。未開言謹謹低頭。不明人且順情。難耐事須遷就。又何須苦較深求。世事從來那得周。總不如藏舌閉口。

也休道誰南誰北。也休説誰是誰非。閑話時點點頭。喫緊處粧粧醉。再不然閉眼合眉。那樣人兒那樣隨。快休與磨牙費嘴。

居之安

不如意十常八九。要遂心到老難周。得身安莫怨貧。但無病休嫌瘦。又何須多慮多愁。富貴迷人不自由。達造化安然少有。

平爲福

甚可悲無邊苦海。最堪憐有限形骸。拔不出六欲根。填不滿七情債。等閑間禍福難猜。富貴迷人不放懷。更不念平安難買。

觸藩

爲功名探穴虎口。爲功名獻策龍頭。爲功名壯志躋。爲功名英雄瘦。都只爲鷄肋難丢。進退叫人不自由。這其間如何罷手。爲功名腰折五斗。爲功名愁蹙雙眸。爲功名戰馬疲。爲功名征袍舊。都只爲潑水難收。妻嫂不炊父子羞。這其間如何罷手。爲功名氣冲牛斗。爲功名謁遍諸侯。爲功名夜渡關。爲功名朝聞漏。都只爲覓餌尋鈎。名利牽人天盡頭。這其間如何罷手。爲功名忠肝抖抖。爲功名義膽搜搜。爲功名薄大敵。爲功名驅窮寇。都只爲破釜沉舟。壯志消磨兩鬢秋。這其間如何罷手。

造化權衡

欲其角必然無齒。要成福畢竟無兒。聰明漢不與錢。富家翁不識字。最公平造化無私。一飲一啄信有之。咲時人不知所止。

祝壽

西王母蟠桃送酒。東方朔海屋添籌。香馥馥麟脯排。韻悠悠笙簧奏。華筵開萬載千秋。珠履盈庭戲彩樓。壽綿綿天長地久。

祝華封八埏九有。頌壺公三島十洲。現南極不老星。映紫府長生宿。宴瑶池玉液金甌。五色斑斕萬户侯。望祥光群仙拱手。

華堂中珠圍翠繞。彩雲邊瑞靄香飄。萬壽龜獻玉牒。千歲鶴啣丹詔。祝南山星斗彌高。濟濟簪纓立滿朝。絶勝似蓬萊仙島。

挹瑶池金漿玉醴。探蓬萊火棗交梨。列千年雪藕鮮。陳萬祺冰桃細。玳筵前滿座安期。青紫紛紛戲彩衣。真閬苑群仙一起。

災　荒

兵之困九邊若此。民之疲四海不支。文共武無二心。家與國同一視。更何憂風雨不時。天理人心仔細思。不關情豈爲臣子。

松柏後凋

耐歲寒千林有幾。戰風霜萬木無敵。潔今古操莫更。貫四時心不易。志參天月卧雲棲。鶴友琴朋青史題。惶恐殺濃桃繁李。

秀才貪酒

一醉酒天寬地窄。一醉酒惹禍招災。一醉酒學問疏。一醉酒聰明壞。把文章送入陽臺。不念青春不再來。及回頭黄金怎買。

章臺自警

俺也曾眠花卧柳。俺也曾燕侶鶯儔。俺也曾月下約。俺也曾神前呪。撞東牆不肯回頭。少翅無毛一旦休。到而今高飛遠走。俺也曾投壺打馬。俺也曾折柳攀花。俺也曾剪共燒。俺也曾哭和嫁。撞東牆不肯歸家，典盡田園用盡茶。到而今纔知是假。俺也曾銀箏象板。俺也曾歌舞吹彈。俺也曾暗使錢。俺也曾明發訕。撞東牆不肯回還。水盡鵝飛雲雨殘。到而今心隳意懶。俺也曾狐朋狗友。俺也曾謝館秦樓。俺也曾爲酒傷。俺也曾因花瘦。撞東牆不肯回舟。水洗精光返故丘。到而今搖頭擺手。

相思

這相思越添越有。這相思無了無休。這相思有鬼纏。這相思無人救。這相思曉夜纏頭。一點赤心不自由。要丟開不能罷手。這相思非干爲我。這相思總是因他。這相思眼内磨。這相思心頭坐。這相思萬種還多。一片心腸萬縷割。有西天不能去躲。這相思不疼不痒。這相思不短不長。這相思無處藏。這相思無遮擋。這相思不比尋常。攪海翻江惱斷腸。不思量全然是謊。

這相思殘生未保。這相思性命難逃。這相思藥莫投。這相思醫不效。這相思夢斷魂勞。業障合該今日消。報一聲寃家就好。

金蓮小

印芳塵纖纖樣淺。履蒼苔步步難前。挽花枝懶守行。卧素榻身常倦。怯東風怕見鞦韆。纔向池邊照翠鈿。忙托定雕欄氣喘。

妓美

如花貌天香異種。可人情甘雨和風。但行行百媚生。微咲咲千金重。信嫦娥飛下寒宫。路柳牆花千萬叢。説起來教人惶恐。

露湘裙金蓮最小。舞腰肢嫩柳還嬌。托雙眸暗送情。對一面微含咲。包藏着萬種妖嬈。一過樽前半語嘲。有情人魂先喪了。

撥銀箏雙籠玉笋。啓朱唇響遏行雲。唱的是離恨詞。彈的是淒涼韻。帶一曲白雪陽春。體態應欺楊太真。又何曾調脂傅粉。

細端詳風流俊雅。真個是美玉無瑕。軟共温華怎描。嬌和態應難畫。説甚麽閉月羞花。洞府瑶天落碧霞。活菩薩誰云是假。

閨　怨

守空幃鸞孤鳳寡。盼佳期海角天涯。夜燒殘玉獸香。日卜盡金錢卦。多應是浪酒閑茶。十里紅樓總是花。知何處垂楊繫馬。

望征鴻音疏信杳。盼行雲日遠天高。平攤了雲雨臺。隔斷了長安道。怎支撑無限寂寥。却恠王孫不自度。貪戀着閑花野草。

展花箋川毫未寫。滿香腮兩淚不竭。書不盡夙世緣。話不盡今生業。悔只悔容易離別。九轉柔腸千萬折。不傷心除非是鐵。

一天恨眉頭暗鎖。萬斛愁心上折磨。惡思量有萬千。好夢兒無一箇。眼皮兒常是睃。十二時辰我念他。他何曾一時念我。

困綿綿愁身怕起。悶懨懨癡病難醫。他雖然到處狂。俺未免心頭繫。説甚麽舉案齊眉。夢見雖多相見稀。斷腸時皆因爲你。

鴛鴦浦天南地北。鳳鸞巢火滅煙飛。撥不開心上愁。拭不盡腮邊淚。太行山胸次横堆。薄倖天涯甚日歸。自無聊終朝懊悔。

非是俺心腸窄小。多因他色膽天包。他那裡樂事多。俺這裡愁盈抱。再休提司馬題橋。寶篆香消魂夢勞。寂寞殺蘭堂畫閣。

盼不來魚沉雁杳。全不在水遠山遙。糊塗了錦繡心。埋沒了聰明竅。管甚麼苦李甜桃。自嘆佳人多命薄。把青春因他誤了。

對菱花無顏落色。倚幃帡感嘆傷懷。鎖重門愁自來。開畫堂人不在。把琴瑟盡被塵埋。數遍雕欄畫損釵。奔別離忽忽半載。

對黄昏一簾月影。聽殘更幾派秋聲。助淒涼萬種愁。添寂寞一腔病。一椿椿總是關情。可恨多才不志誠。讀書人全不三省。

滿池中清波滾滾。遶庭堦紅葉紛紛。洗不開五内愁。寄不去千般恨。總不如静掩重門。用盡心思暗損神。抱香膝時時是盹。

兩三番魂托杜宇。千百遍夢覓鱗魚。寄一篇離恨詞。帶一筆相思句。寫不盡短嘆長吁。紙短情長恨有餘。醒來時全無半語。

妓　怨

論風流潘安出色。較文章宋玉般才。賣的是奪命丹。放的是相思債。慣坑人就力活埋。説哄恩情筭甚乖。閃殺人不爲喝采。實指望天長地久。誰知他皮裏陽秋。説來的山海盟。結下的鴛鴦扣。都做了水上浮漚。一片癡心不自由。還爲他提心在口。模樣兒雖然典雅。心性兒到底難拿。會温存會閃人。提的起丢的下。再不曾見這冤家。讓了甜桃覓苦瓜。哄殺人只作戲耍。他那裡歡娱戲耍。俺這裡愁悶嗟呀。要開交不得開。口説罷心不罷。小油滑異樣情雜。往日温存送那家。我跟前偏都是假。恨只恨冤家性野。悔只悔自己心邪。也非干今世差。多因是前生業。少欠他豈是癡呆。暗損柔腸千萬折。下不得將他棄捨。往常時他來敬我。到而今我去求他。把一顆掌上珠。翻做了賠錢貨。暗虧心只念彌陀。風月場中負義哥。天生定王魁一夥。在誰行如魚似水。我跟前假意徘徊。請着你不肯歸。問着你佯粧醉。眼看着意改心迷。暮暮朝朝任你爲。到其間不須後悔。輕信你糖舌蜜口。哄得俺意肯心留。磣磕磕月下盟。血淋淋神前呪。到而今一旦都丢。不死不活不得休。悶懨懨長如病酒。

往日情全然盡改。近時心畢竟難猜。眼面前假意親。背地裡將人賣。閃殺人不得明白。棄舊迎新薄倖才。風月中冤家最歹。

說不想心中又想。不思量又待思量。咬咬牙扯斷腸。皺皺眉來心上。閣不住眼淚汪汪。薄倖冤家到處狂。更不念從前已往。

在誰家貪花戀酒。我跟前露尾藏頭。不思量舊日情。別有了着疼肉。暗喫虧多少閑愁。姊妹行中自惹羞。狠一狠丟開罷手。

實指望姻緣永久。到而今恩愛成仇。他覷我土地泥。我看他心肝肉。每日家忍恥包羞。此處無魚別下鈎。到省的出乖露醜。

非是俺癡心懵懂。只因他剔透玲瓏。想起來意兒邪。提起來心兒慟。怎割捨恩愛重重。慣會坑人又會籠。五百年冤家業種。

倚着他伶牙俐齒。到處裏者也乎之。說的是山海盟。幹的是虛頭事。引的人夢想眠思。一片心腸鐵共磁。哄殺人還來吊死。

倚着他糖舌蜜口。憑着他軟欵温柔。哄的人雲雨合。騙的人姻緣就。轉回頭別處閑遊。又把風流作釣鈎。粘着的休說放手。

想當初鶯儔燕侶。實指望駟馬高車。說來的枕畔言。都做了風中絮。只落的短嘆長吁。負義辜恩罪有餘。海神廟無人做主。入門來説虛調謊。轉回頭信馬遊韁。趁東風柳絮溪。逐逝水桃花浪。逞輕薄雲雨忙忙。暮暮朝朝處處雙。那顧的前思後想。想當時情膠意漆。到而今恩變心離。看的他忒恁親。捨的俺忒容易。土和泥也有高低。天運循環有轉移。你負人人必負你。幾番家千思萬忖。無來由枉費殷勤。薄倖的總是多。不似他薄情甚。坑的人喪魄忘魂。外面春風啜賺人。看衷腸全不要緊。他既然隨風舵倒。俺須索水漲船高。且消磨自己愁。免惹的他人笑。都做了無福難消。誰負誰心誰厚薄。俺只是憑天罷了。

花酒生涯

看了他營營狗狗。怎似俺蕩蕩悠悠。兩眉峰得自然。一身外都將就。更何妨謝館秦樓。花酒生涯了日頭。受用些從他掩口。看了他名韁利鎖。怎似俺對酒高謌。避煙塵少是非。甘澹薄無災禍。算百年光景無多。花酒生涯且快活。受用些無人恠我。

看了他一身貴顯。怎似俺兩字安然。也不願萬户侯。也不願封八縣。愛只愛月地花天。花酒生涯自在仙。受用些從他褒貶。

看了他煩煩惱惱。怎似俺樂樂醄醄。日三竿一覺眠。干五斗一聲咲。每日家擺擺摇摇。花酒生涯自在饒。受用些從他罷了。

看了他眠遲起早。怎似俺月夕花朝。也不欲銅虎符。也不欲皇宣詔。卧東山不市不朝。花酒生涯有故交。受用些風流醉飽。

看了他争南戰北。怎似俺無是無非。嬌滴滴折幾枝。香馥馥喫一醉。倩兒童慢慢扶歸。花酒生涯不皺眉。受用些何須後悔。

看了他官高禄美。怎似俺無福無危。脱離了錦繡班。混鬧入風流隊。倚紅粧兩謊三枚。花酒生涯日日隨。受用些從他譽毁。

看了他高車駟馬。怎似俺風月雲霞。恰離了酒肆中。又來到花陰下。可心人便是渾家。花酒生涯莫道差。受用些誰説是假。

詠大棋

他那裡雙關拒堵。俺這裡十面埋伏。這壁廂逐去踪。那壁廂截歸路。一箇箇用盡機謀。陷阱重重尤恐疏。燭人情千今萬古。

【南仙吕桂枝香】

清興

茆屋不漏。閑身不瘦。興來澤畔吟詩。悶去溪頭問酒。把有限光陰。閑中消受。憑詩遣病。仗酒驅愁。偷得浮生趣。不干名利鈎。及時行樂。從吾所好。碧桃花下開樽。緑柳堤邊垂釣。任脱巾露膝。胡歌野嗷。魚不厭小。酒不厭薄。富貴由他去。清閑是我豪。柴扉日静。青山相暎。逍遥范蠡一舟。自在陶潛三逕。做江湖散人。隨時遣興。自歌自飲。無醉無醒。識得一生夢。纔知萬事輕。功名不事。經綸無志。喜看道籙黄經。最厭秦書漢史。駕一隻小舟。山村野寺。三杯薄酒。一首歪詩。受用一百歲。清閑十二時。

四不如

進不如退。醒不如醉。忙不如袖手高閑。會不如全然不會。知足的早歸。歸而有味。

柬之遭難。李斯唧悲。馬蹶收繮晚。舡沉補漏遲。知足的早歸。事無長盛。動不如静。慧不如命。賢不如一就庸愚。才不如天生實行。晁錯東市。陸機華亭。無奈生前苦。何勞身後名。知足的早歸。無災無禍。强不如懦。勤不如惰。巧不如自守其拙。進不如退而補過。未央韓信。下獄蕭何。論甚非何是。君王不認錯。知足的早歸。無窮造化。功不如罷。名不如下。富不如無是無非。貴不如無驚無怕。屈原湘水。賈誼長沙。脱得咸陽市。青門好種瓜。

隱　意

朱顔非舊。宦情如臭。看來蓬户柴扉。勝似金門玉漏。喜歸來故園。山明水秀。陶潛五柳。范蠡一舟。悠悠夢遠磻溪釣。念念心隨渭水流。嘆公卿大夫。何如田舍。大烏衣王謝。青山吴越。功名敗了還成。富貴興而復滅。唐十宰。炎漢三傑。可憐轉眼時乎去。拾待回頭日已斜。嘆赤松未央。智愚可見。封浮生虚幻。雲合霧散。韓侯滅楚興劉。張子爲韓歸漢。侯拜相。伏鉞登壇。何如張翰秋風起。怎似袁安卧雪寒。

一身如寄。萬般如戲。孰如龐德知機。那似張良能棄。咲人生太癡。干名射利。樂羊食子。吴起殺妻。浮名快得一時意。青史寧辭萬世譏。

樂閑

乾坤度量。江湖情況。消磨兩字清閑。勾抹一生夙障。任紅塵亂飛。不來心上。酒杯詩卷。曲水流觴。要名博利非吾事。釣月耕雲是我長。心怡情暢。眉舒懷放。消閑事業非俗。懶散工夫别樣。看浮雲去來。山頭月上。人生百歲。蝶夢一場。行吟坐賞朝朝醉。痛飲高歌日日狂。無憂無思。不朝不市。光風霽月襟懷。海闊天空胸次。愛雲林漫遊。山村野寺。杖頭挑酒。驢背吟詩。閑悲蘇子從前事。細看陶潛歸去辭。不欺不昧。無慚無愧。吸呼天地一朝。俯仰乾坤百歲。笑吾生澹泊。澹而多味。清風日有。明月常隨。琴中最喜無絃調。夢裏寧辭有限盃。

四時新

春光碧碧。和風細細。翩翩紫燕呢喃。對對黄鶯嘹嚦。看野馬飛騰。盈盈天際。嬌花嫩草。萬錦千機。相遺杜甫作詩料。送與王維作畫題。錦重重畫圖。朱明偏盛。良辰美景。酒釃花濃。興來笑舞高歌飲。醉去脱巾露髮行。助幽人興賒。自斟還又。三暑消亭晝。凉生衿袖。牕前玉露横秋。門外白衣送酒。能消陋巷一瓢飲。熬盡朱門萬户侯。養一心太和。偏奪造化。風分菊逕。五畝田疇。藏頭無價。四時不暑不寒。百歲無驚無怕。不到吾家。偎爐那用將軍妓。掃雪能烹學士茶。

榴花滿逕。芰荷相暎。池邊遠遠垂楊。牆外翩翩紅杏。

埋名茆厦。

霜雖有。

仕　途

乾坤溷溷。風雲陣陣。向陽花木先春。失水蛟龍長困。説甚麽原泉。盈科後進。不聞聖道。只論錢神。可憐義膽忠肝士。盡是忘魂喪魄人。存一念忠赤。孤危誰助。薰宦情仕路。千門萬户。謾云邪正生嫉。更苦妍媸相妬。妨賢病國千般有。天理人心半點無。一體自分吴越。把忠言逆耳。翻成冤業。以蕕同器。冰炭同爐。趨炎就熱。同舟無限參商。狐城鼠社。非作是。指正爲邪。多多少少不明事。古古今今無辨别。

明投暗購。龍争虎鬬。致身那用文章。進步全憑銅臭。頭尖的上天。老實靠後。清濁混混。誰與别流。紅纓白馬争先去。赤手空拳在後頭。

忠　將

一身不愛。一心無懈。須知臣節如山。每念君恩似海。能忘家爲國。功成十大。一腔赤血。六尺形骸。貪生莫佩臨戎劍。怕死休登拜將臺。

智　將

計而後用。利而後動。須知八戰八克。更想七擒七縱。看他每智術。百發百中。多謀韓信。有勇重瞳。可憐舉鼎拔山勢。却被縛鷄餓殍傾。

勇　將

雄威一奮。天摇地震。揮戈百萬成泥。躍馬三軍如粉。聞霹靂弓聲。電馳雷迅。虎踏羊壘。鶻蕩鴉羣。摧鋒陷陣稱絶技。撾鼓搴旗更有神。

儒將

書生襟度。儒服雅素。上馬嘗事擊賊。下馬能作露布。看臨戎魯肅。軍中羊祜。從容致勝。不在馳逐。手不釋卷擬三策。緩帶輕裘雄萬夫。

宿將自悲

風高絃勁。力衰心硬。腰間寶劍長鳴。那遇豐城賢令。看當時戰□。血腥未淨。自憐非病。欲嘆無聲。不羞榆塞□□首。猶恨燕然未勒銘。

志不屈降。懷不舒放。空勞義膽忠肝。妄想封侯拜將。咲終軍請纓。臨吾頭上。時不我待。髮短□長。始知雀老方悲海。正是鷹衰却念霜。

腥羶未淨。心常耿耿。誰憐百戰無成。自嘆一生有命。大丈夫立名。豈圖僥倖。雕弓日敝。玉羽凋零。一身報國何惜死。兩鬢逢人不再青。

匈奴未滅。壯懷激烈。空勞宵旰憂賢。那見虜庭蹀血。任胡塵亂飛。污辱郊社。堂堂中國。誰是豪傑。蕭蕭白髮長扼腕。滾滾青衫弄巧舌。

慳吝

錙銖毫末。一針不挫。雖有些夾細名聲。却無那奢華罪過。説一聲客來。魂驚膽破。一身無主。兩脚如梭。慌忙躲入積錢囤。説與渾家蓋飯鍋。聽説破費。抽筋拔髓。常則是數米調湯。那裡有腥葷滋味。幹家人肚腸。錢財補胃。牙積口儹。屋潤身肥。三親六眷都休講。他是何人我是誰。舌尖留唾。針尖下銼。一文錢便是財神。兩個客天來大禍。算今年運低。分毫不挫。虚慌掏火。假意刷鍋。家親去了忙加額。外祟出門就念佛。創家非易。全憑算計。雖然是米麥盈倉。幾曾敢多食一粒。嘆自己肚皮。十腸九細。開齋日子。除是逢席。低頭盡力喫一飽。强似回家又忍飢。

懼内

赤繩紅葉。前生冤業。終朝受罪無窮。那有皇宣一赦。罵一聲外喪。魂飛膽裂。棒棰趕杖。見打不睬。身子不敢彎腰跪。頭頂燈臺不許斜。終朝魔障。殘生必喪。等閑帝遠天高。何處興詞告狀。再不肯可憐。輕饒善放。一雙棘手。賽過生薑。明白不見青和腫。就裡行常暗帶傷。昔稱員外。今呼元帥。夫妻做了冤家。恩愛翻成禍害。無打算煎熬。舡裝車載。眼前刑具。濕棍乾柴。葡萄架下渾身戰。皂角稍頭莿滿懷。朝朝炒鬧。時時懊惱。這般不死不活。莫若爲僧爲道。喫一口清齋。無憂無樂。超昇地獄。飛上青霄。出家簿上題名姓。櫂内册子開了逃。

鹽商小夥

江湖名望。鹽商最上。論清閑廊廟不如。說富貴金谷何讓。有幾個小郎。其實不像。討些資本。做件衣裳。拜別財主蟬脱殼。離了鹽場換了腔。粧模作樣。不肥學胖。騎一匹白馬青鬃。坐一副雕花鞍仗。穿幾件衣裳。新興時樣。結官交吏。送酒牽羊。學成諂詐輕薄態。做就虛頭無事忙。改爻換象。撇白調謊。姨夫是吏部尚書。母舅是當朝宰相。討幾封假書。挾官索帳。分明私債。勝似追贜。虛誇聲勢平康巷。卧柳眠花入醉鄉。東嫖西蕩。淺斟低唱。踢弄的兩手精光。只落得一篇虛帳。拿幾件衣裳。沿門質當。封門閉户。虛鎖空箱。花錢酒債都誆遍。謊鬼瞞神紙半張。

俗語

兩頭白面。你識我見。雖然説見景生情。也須是隨機而變。看誰人打羅。誰人吃麪。

隨風倒舵。順水推舡。機兒不快梭兒快。鏇的不圓砍的圓。

隔壁告狀。無風起浪。儘着你誑口嚼舌。全不怕青天在上。會皮裏陽秋。粧模做樣。

狼心狗肺。鼠肚鷄腸。大風刮倒梧桐樹。自有傍人話短長。

争名奪利。千方百計。用不盡久慣勞成。賣不了精細伶俐。能昧己瞞心。神張鬼智。

因風吹火。趁水和泥。馬到臨崖收韁晚。船至江心補漏遲。

誇强賭勝。欺軟怕硬。雖然是弄假成真。也須索斯擡斯敬。過了河拆橋。忘恩失行。

迎門掘井。路見不平。爲人不做虧心事。半夜敲門心不驚。

別懷

長亭歧路。垂楊無數。馬頭前行色一鞭。陽關外愁雲滿目。聽柳外鶯聲。哀哀如訴。

心酸腸斷。天翻地覆。愁眉一鎖三魂去。淚眼頻瞻萬象枯。

一身如醉。一心如碎。把那些柳徑桃溪。都做了啼血紅淚。看流水畫橋。如失似墜。

山迷雲暗。天愁地悲。牽腸割肚情千縷。盡付別離酒一杯。淚淋衿袖。愁盈宇宙。望不盡地遠天長。抵多少恩深意厚。眼面前摧殘。風急雨驟。撮來懊惱。都上眉頭。快刀不斷東流水。長纜無能繫去舟。桃花人面。兩情繾綣。叮嚀後還再叮嚀。留戀處又重留戀。手擎着玉漿。其實慵嚥。含情羞吐。有恨難言。此時此際別不盡。須向今宵夢裡圓。

夙障

前因夙障。難脱難講。生來苦海無邊。更有慾河漂浪。嘆今古英雄。北邙山上。從頭曲指。多少興亡。打不破黄粱夢。推不開傀儡塲。千般色相[五]。一生虚妄。貧有貧者飢寒。富有富之魔障。嘆人生世間。隨萍逐浪。爲兒爲女。多少悲傷。還不足冤家債。填不滿皮臭囊。有官有禄。有錢有物。雖然富貴一朝。惹下塵緣無數。怕狹路相逢。極難回護。冥冥天網。暗暗人謀。眼看着豪傑士。跳不出名利途。身無營幹。心無憂患。一生不到風波。兩脚不踏危岸。看功名紙薄。浮生虚幻。繁華不惹。富貴不干。銷除了紅塵帳。落得個夢寐安。

時不遇

一聲長嘆。氣衝霄漢。誰憐兩鬢成斑。自笑一生虛幻。把壯志消磨。誰識小范。丹心自許。寶劍空寒。頓轡留榆塞。無能渡玉關。文章豪放。襟懷倜儻。經天緯地規模。倒海拔山氣象。時不遇奈何。不逢蕭相。朝奔吴楚。暮渡瀟湘。壯志三尺短。一心萬里長。文韜武略。壯懷滿抱。等閑氣吐龍蛇。一怒平吞虎豹。嘆麒驥鹽車。那尋伯樂。忠肝義膽。日遠天高。自恨輕投筆。無能答聖朝。天涯走盡。功名未振。區區羊犬縱横。抖抖英雄長困。嘆惡少紛紛。誰識韓信。遭逢楚漢。際會風雲。百尺崇壇上。當時未遇人。

贈寒生

寒儒氣象。焉能稱量。謾云韋布書生。佇看白衣卿相。且發奮忘食。寸陰莫放。青燈黄卷。雪案螢牕。十年困守簞瓢巷。一日榮登鼎鼐堂。

嘲貪圖

谿壑之欲。青蚨之具。朝朝東走西奔。夜夜千思萬慮。恨財源水流。有來無去。崑崙採玉。渤海求珠。平生業眼何曾閉。臨死愁眉尚未舒。

嘲酒色

黄黄肌瘦。腔腔咳嗽。做嫖頭夜夜扶頭。好飲酒朝朝病酒。兩件兒纏綿。無新無舊。恰離酒肆。又上花樓。閻羅請下風流客。玉帝封成酒色侯。

嘲賭博

不名不利。不耕不藝。三三兩兩游飛。暮暮朝朝博奕。把近市高樓。負廓田地。投鹽落水。火滅烟飛。東飄西蕩風中絮。爽背縮肩雨内鷄。

嘲客商

東沽西賣。天涯雲外。一身萬里不辭。兩脚經年偏快。走徧了江湖。家鄉何在。朱顔非舊。鬢髮斑白。妻驚荒面忙迴避。兒問客從何處來。

嘲老儒

風雨空戰。魚龍未變。最難爲白髮青衫。困守着毛錐鐵硯。嘆儒冠誤人。吾頭戀戀。

躭閣一世。壓損雙肩。休言十二甘羅相。快趕八旬梁狀元。

嘲假儒

徒知儒貴。不識書味。虚張三月不歸。那念一生爲累。咲馬牛襟裾。古今何謂。酒

囊飰袋。羊質虎皮。面前自愧牆一堵。背後人稱没字碑。

嘲長妓

長身大肚。濃眉朗目。巨無霸一個爹娘。顯道神同牀夫婦。行車的大街。不足一步。

休言手短。果是腰麄。從他雲雨千般有。一見情懷半點無。

嘲矬妓

描眉鋪鬢。半截肉囤。近看着矮矮行行。遠看着團團滚滚。若不是面熟。其實難認。

晏嬰三尺。還短八分。往來送酒樽前過。只見鬆髻不見人。

嘲作媒

誓不保債。爲媒偏快。全憑柯斧生涯。慣做作伐買賣。說甚麽鹽梅。調和鼎鼐。一生口體。盡在荆釵。醉托紅葉題中得。飽自冰人水上來。

嘲面交

一貴一賤。交情乃見。古之獸面人心。今者獸心人面。笑時人太薄。利窮心變。金石滚滚。意氣翩翩。今朝時勢今朝事。明日陰晴明日天。

嘲希之嫖

明珠出蚌。烏龍入洞。朝朝柳陣花營。夜夜雲來霧送。錦重重繡牀。華燭不用。鷄鳴便起。何曾日紅。枕邊明月羞着雨。頂上懸燈怕見風。

嘲酒徒

狂癆病酒。石堅鐵硬。狂癆大藥難醫。酒病靈丹不應。兩般兒送人。危身係命。黄湯壯膽。青州敗名。昨朝無愧今朝愧。醉後不驚醒後驚。

嘲説謊

一團虛氣。全無信義。瞞天計真是包天。就地謊誠然掠地。總然是自欺。其何能立。
小車無軏。大車無輗。可惜舌上笙簧巧。莫若胸中方寸實。

嘲尼姑

身託三昧。性通萬慧。多應是半路出家。誰説道一生無配。見一個後生。波羅波密。
與人方便。都是慈悲。菩提樹下鸞凰就。舍利臺前雲雨飛。

嘲妓蹴圓

六合一氣。滿腹春意。並頭蓮足下生風。鴛鴦拐裙邊疊翠。錯認犯更奇。最難隄備。
雙肩聳月。左右騰膝。遲疾緊慢能施巧。操縱擒拏慣用機。

嘲瘦人

神如鶴秀。形如竹瘦。雖然是體健身輕。最可厭觔孚皮皺。看面貌如削。其實孤陋。

割之無肉。煎也無油。生前行動衣不勝。死後拖出狗見愁。

嘲胖人

天成地就。堆山塊肉。坌啜啜形似春牛。睡齁齁聲如雷吼。喘咄咄怕人。多痰多嗽。
飯囊酒袋。壓馬沉舟。肥肥胖胖何所有。脹脹膨膨一肚油。

嘲大脚妓

蒼苔步月。金蓮尺躡。湘裙下掩掩遮遮。杏臉上一紅一熱。九寸九繡鞋。强扭强捏。
麄如木棒。硬似釘鐝。早知被他一生累。何不當時去半截。

琵琶

一身靈竅。千般腔調。常則是心上温存。不離了懷中摟抱。聽一曲清音。千金一笑。
蛾眉淡掃。玉品清標。從來多少知音客。只爲胸中聲價高。

戲筆

功名可咲。文章酷好。題一首泣鬼驚神。寫半篇連真帶草。天地間野人。豪吟狂傲。

一身貧澹。兩字逍遥。詩書禮樂爲朋友。緑水青山作故交。

重九

重陽時候。白衣送酒。且喜籬茂菊黄。最苦殘荷敗柳。眺危樓把杯。凉生襟袖。丹楓滿目。白露横洲。木落青山瘦。天空碧水流。

寒江獨釣

江頭舟上。漁竿獨傍。也不是渭水嚴陵。也不是磻溪吕望。本烟波釣徒。逃名遠障。緑簑青箬。傲雪凌霜。浮生日月光陰短。寄志烟霞情興長。

曲名

武陵春晝。賞花時候。喜遷鶯聲裡如絃。青杏子枝頭如豆。上小樓漫遊。後庭花繡。小桃紅日。春滿皇州。頻沽美酒情偏暢。沉醉東風興未休。

蚊

形微口利。凌人得計。喜的是半夜黄昏。怕的是青天白日。侵羅幃枕席。慣能乘隙。

食人膏血。殘人肉皮。趨炎就熱圖温飽。露冷霜寒何所依。

塞　雪

乾坤混混。瓊瑶滚滚。高低碎剪鵝毛。遠近渾鋪蝶粉。看野地胡天。迷漫如畫。華夷不辨。宇宙難分。雲逐柳絮屯榆塞。風捲冰花擁玉門。

嫖老自悟

花坑柳塹。意懶心厭。自慚雪鬢霜髯。怎配桃腮杏臉。覺從前已非。洗痕濯玷。山妻何愧。稚子何嫌。家常布被依然暖。貧賤糟糠照舊甜。

惜　花

牡丹亭内。海棠春醉。昨宵半夜移燈。今日鷄鳴不寐。非是俺惜花。春光有味。春來花放。花落春歸。花開花謝年年有。人老何曾春又回。

愛　月

銀蟾如繡。金波如畫。喜逢盛世乾坤。幸際昇平時候。約明月前行。清風隨後。獨樽獨酌。自勸自酬。三杯薄酒和萬事。一點靈淵照九州。

自白

無聲無臭。無官無守。凌雲志火滅烟消。經綸手高抄深袖。學老杜風流。消磨宇宙。詩壇酒社。瓦鉢磁甌。蕭蕭玉聳雙肩瘦。皎皎胸涵萬里秋。

贈草書

墨池一瀉。龍蛇飛越。顔真卿不辨高低。王右軍難分優劣。非草聖誰及。退宜三舍。六書六體。八法八訣。偏枯背向無一筆。偃卧陰陽真妙絶。

詠檜

凌霜正氣。挺然獨立。青鬱鬱柏葉松姿。香馥馥芝馨木味。看凛凛歲寒。重陰疊翠。三槐不齒。五柳休提。丰標不假丹青繪。直幹應勞翰墨題。

道情

功成名遂。急流勇退。跳出石火風燈。看破浮雲逝水。遣六欲七情。一心無累。玄門静悟。丹竈長隨。嬰兒姹女無中有。坎位離宫妙理微。

猜　拳

樽前席上。三枚兩謊。這一箇飽諳孫吴。那一箇深達吕望。慣批抗擣虚。擒拿縱放。將無作有。鬭智争强。神奸鬼詐偏能勝。本分無欺早納降。

暮　歸

浮名薄宦。電馳星散。有心難挽金烏。舉目徒瞻銀漢。急煎煎路賒。遠天歸雁。鵶啼暮鼓。日落寒山。一輪明月隨人住。幾片白雲送鳥還。

傍　觀

是非休判。賢愚莫管。龍虎一任縱横。牛馬憑他呼唤。得藏頭且藏。由他胡亂。箝舌閉口。袖手傍觀。紛紛傀儡場中鬧。自覺一壺天地寬。

中　秋

冰輪長駕。銀河斜掛。散清輝萬户千門。含玉宇高樓廣厦。助幽人興豪。酒濃杯大。

琴書作舃。筆硯爲槎。未攀丹桂題金榜。先請嫦娥到我家。

三韓道中

風沙蕩蕩。兵戈攘攘。黃雲白草連天。漢塞胡塵接壤。顧遐荒目中。胡營虜帳。烽烟滚滚。碧海茫茫。萬里爲君使。窮途一劍長。

枯　塚

秦宮楚墓。巢狐棲兔。時人自比高低。枯骨不分貧富。嘆古往今來。英雄無數。千般計較。一様葫蘆。土掩張良計。塵埋韓信謀。

山　寺

畫梁飛棟。雲屏翠擁。數聲啼鳥襲人。幾片殘霞出洞。看山僧往來。猿迎鶴送。巉岩曲澗。水遶山横。明月光千嶂。清風鼓萬松。

【南仙吕入雙調朝元歌】

四時行樂

花天柳天。冉冉春光遠。桃園杏園。片片殘紅捲。席地松陰。酒杯詩卷。對知音相酬相勸。花下池邊。醺醺倚欄一醉眠。人世散神仙。何妨學少年。花枝咲撚。老自老精神不倦。

吴溪楚溪。鷺在青荷裡。隋堤漢堤。人在垂楊底。村釀匏樽。浮瓜沉李。喜吾儕同聲同氣。對景留題。光陰迅速真可惜。打破夢消息。何妨醉似泥。逃名一起。樂醄醄無天無地。

山明水明。白露横江冷。風清月清。黄葉摇秋影。酒煖銀瓶。樽開金井。任疏狂猜枚行令。無醉無醒。詩豪酒豪獨擅名。把酒欲詩成。詩成酒未醒。銀河耿耿。展不盡詩懷酒興。

梅花雪花。不辨真和假。漁家酒家。不認張和賈。烟鎖柴扉。銀粧玉瓦。看遊人天然如畫。沽酒尋蝦。山村那知豪興賒。風雪困天涯。天涯便是家。何勞車馬。孟浩然毛驢無價。

宦　警

巖廊廟廊。偏偏麒麟網。金璫玉璫。日日干戈響。鼎鼐梅鹽。噤喉噎顙。説甚麼封侯拜相。紫綬金章。從來寵辱不甚長。六月感飛霜。九重悲未央。竭忠進讜。總不如風魔爲上。豐功偉功。且喜君恩寵。麟龍鳳龍。最怕天威猛。翠蓋朱軿。前遮後擁。送了些擎天梁棟。報國精忠。勳名可憐一旦傾。鳥盡罷良弓。兔烹狗亦烹。咲人懵懂。全不想僞遊雲夢。文韜武韜。成就功名早。官高位高。斷送年華老。馬足車輪。多多少少。參不破邯鄲圈套。束帶于朝。中流幾人拿舵牢。湘水恨難消。長沙夢枉勞。達人先覺。總不如收綸罷釣。彈冠正冠。最怕時光短。投冠掛冠。莫待聲名滿。踏犯消息。天公不管。那其間龍爭虎亂。説甚朝端。森森網羅天樣寬。宦海若驚湍。功名如弄丸。危如纍卵。總不如赤松能斷。

林泉

烟村樹村。烟樹都遮盡。山門水門。山水都相近。坐賞行吟。身安夢穩。受用些花營柳陣。黍社鷄豚。詩朋酒朋日日親。歲月暗消魂。春秋搬弄人。光陰最狠。過一朝一朝無分。

雲茫水茫。坐聽漁樵講。花香草香。佇看蜂蝶攘。滌盡煩襟。消除塵想。受用些雲屏翠帳。曲水流觴。詩朋酒朋日日狂。日月若人忙。光陰不甚長。寒來暑往。過一朝一朝無望。

桃溪柳溪。摇影澄波底。漁磯釣磯。垂餌清流裡。塵世茫茫。知機有幾。受用些花天月地。茅舍竹籬。詩朋酒朋日日携。花影坐間移。松陰不戀席。韶華如寄。過一朝一朝去隙。

山頭水頭。多樹陶潛柳。槽頭瓮頭。多造劉伶酒。量有百杯。才無八斗。受用些山明水秀。酒肆花樓。詩朋酒朋日日遊。好景趁時收。光陰不暫留。烏飛兔走。過一朝一朝難又。

忍事

藏頭爽頭。緊閉談天口。包羞忍羞。深袖拿雲手。數卷殘書。一樽薄酒。一任他龍爭虎鬭。喚馬呼牛。無能但知自寡尤。造化賴天庥。榮辱當自修。甘爲人後。可已時都該將就。

龍鬬鳳鬬。遠避朝中客。狐穴鼠穴。自掃門前雪。今日鷄約。明朝牛社。一任他圖王霸業。打草驚蛇。鳩巢自來好養拙。緊閉兩眉睫。隄防三寸舌。兢兢業業。再休提趨炎就熱。

能文善文。莫若多謙謹。摇唇鼓唇。畢竟多招損。性耐一時。舌緘三寸。一任他龍蛇相紊。兔走狐奔。山居早些深閉門。恬澹了吾身。詩書啓後人。粧愚作蠢。逞甚麽英雄豪俊。

身端行端。須用言辭煖。舌端筆端。切忌聲名滿。勿恃己長。莫談彼短。一任他秦争楚亂。虎踞龍蟠。一心泰和天様寬。世事最難摶。達人當自觀。是非休管。好共歹從天分斷。

嘆世

博哉厚哉。天地長交泰。傷哉慟哉。今古人何在。舉鼎胸襟。拔山氣概。都付與荒郊野外。水遶山懷。清風高節土盡埋。箇箇到輪臺。人人不自裁。英雄豪邁。幾曾見逃出天外。

秦宮漢宮。盡是丘園壠。狐踪兔踪。總是英雄塚。弔古癡呆。嘆今懵懂。跳不出黄粱一夢。鳳網麟籠。說空怕空還蹈空。開口咲愚蒙。對心一樣同。前催後擁。辨不出誰輕誰重。

天休地休。天地同悠久。人稠物稠。人物不常有。白髮悲新。青山依舊。送了些着疼骨肉。慷慨風流。蕭蕭幾堆荒土坵。千載漢唐洲。一朝王謝樓。茫茫宇宙。大夢中幾人參透。

天爐地爐。造化誰能悟。名途利途。斷送人無數。氣死周郎。忙殺梁父。都自把春秋虚度。巧計曲謀。而今北邙骨盡枯。誰道俺糊塗。糊塗乃丈夫。朝朝暮暮。受用些花紅柳緑。

山居

山巢野巢。懶上長安道。名逃利逃。怕惹徵賢詔。懶散疏慵。眷成一套。留這些桑榆懷抱。笑裡支銷。詩豪酒豪任意邀。醉裡世緣消。杯中情興饒。東歪西倒。這乾坤幾人知道。

山村水村。雪月風花近。柴門草門。筆硯琴書潤。斗室壺天。無憂無悶。且喜得山妻克順。稚子能文。無榮無辱豈算貧。有酒日生春。無官何愧人。自安夢穩。有甚麼市塵相紊。

山莊水莊。日看桑麻長。書香墨香。時聽兒孫講。魚躍鳶飛。蜂喧蝶嚷。抵多少閑情閑況。疏散風光。浮沉幾人知善藏。朝市任人忙。山村讓我狂。詩朋酒黨。説甚麼廟廊宰相。

山光水光。好把愚懷放。花香酒香。且把衰顔壯。散髮披襟。胡歌野唱。做一箇莊家模樣。田舍行藏。山丘改作陶令莊。柳茂五株芳。菊開三逕黃。隨心樂賞。説甚麼封侯拜將。

直道難行

離俗弊俗。世態良非古。危途宦途。直道多艱阻。積毀銷金。叢讒鏤骨。動不動妍媸相妬。禍隱機伏。公平正直早見疏。冰炭豈同爐。薰蕕不並櫝。冤家當路。喫緊處處極難迴護。

違時抗時。直漢村中莿。趨時附時。諛諂朝堂士。口吻雌黄。舌邊朱紫。管甚麽凌雲豪志。正直無私。三人虎成何所之。千古斷腸詩。一篇歸去辭。知其所止。細參詳陶潛還是。

言隨禍隨。誰道無萋菲。心違口違。誰道無譽毀。邪正相形。瑕瑜相對。論甚麽誰醒誰醉。誰是誰非。曲者常榮直者摧。達者見幾微。胡不掩口歸。從他興廢。得一覺安然好睡。

忠言讜言。忠讜常遭貶。諛言諂言。諛諂常榮顯。白璧青蠅。何瑕何玷。急溜處無人分辨。論甚愚賢。森森未央別是天。直道義如弦。英雄死道邊。天高地遠。笑葫蘆大家方便。

遣窮

貧兮富兮。貧富原一理。否兮泰兮。否泰皆一體。造化週迴。何憂何喜。大丈夫包羅天地。斗轉星移。眉衡舉時華岳低。陳蔡事何疑。簞瓢樂自期。榮枯定理。俺怎肯窮斯濫矣。

遣愁

朝愁暮愁。朝暮空白首。驅愁掃愁。驅掃除非酒。識破機關。大家拍手。大丈夫充塞宇宙。何慮何憂。窮途幾人知率由。萬事付東流。一心得日休。三杯卯酉。萬斛愁置之腦後。

遣懷

名懷利懷。怕惹紅塵債。仁懷義懷。更比乾坤大。心上眉頭。一毫無礙。大丈夫山河襟帶。湛湛靈臺。不知惱從何處來。造化任安排。窮通不在懷。愛河慾海。盡付之浮生身外。

遣悶

頑些兒耍些兒。莫把閑愁惹。說些兒笑些兒。好把眉頭解。歌賦詩詞。之乎者也。大丈夫轟轟烈烈。纔是豪傑。從來悶懷不會結。有酒也須賒。有花也用折。韶華如謝。管甚麼朝朝夜夜。

明心

天恢地恢。恢與吾心對。道微理微。微與吾心會。大則無涯。小則無內。瞬息間風揚雲沸。火起炎飛。人心道心一旦虧。六欲暗相催。七情且自媒。澄心止水。幾曾見虛靈不昧。

見性

情偏欲偏。最怕習相遠。物炫色炫。最怕流相染。命本天成。性從人願。怎禁得六塵賊善。萬變千端。生來本然一旦遷。天理滅無烟。人情水更寒。靈臺閃閃。善不善誰能底見。

塞上有懷

秦關漢關。極目鄉關赧。天山雪山。回首西山晚。破釜沉舟。天涯不返。對西風氣凌霄漢。寶劍空彈。燕然勒石總是閑。雙鬢已成斑。一心尚未寒。凡眉肉眼。亂紛紛誰別韓范。

不遇

秦文漢文。不用書生論。家貧業貧。那討將軍印。霧鎖燕臺。雲埋酒郡。亂紛紛龍蛇相紊。狐鼠成群。英雄有懷空自辛。有意釣磻濱。光陰不待人。糊塗時運。寂寞殺淮陰韓信。

梁材棟材。皓首無人買。雲臺將臺。素手無人采。美玉無光。真金失色。總不如青蚨人愛。不得塵埋。英雄有懷空自哀。日月本明白。風雲不見開。青萍有待。俺怎肯因貧輕賣。

寸陰

花朝月朝。花月能多少。詩豪酒豪。詩酒時間老。無奈光陰。何妨潦倒。管甚麽年高年少。誰厚誰薄。三枚兩空萬事消。耍笑最爲高。奔波枉自勞。尺璧非寶。切莫把寸陰忽略。

戒交

澮兮水兮。久矣成知己。濃兮醴兮。輒爾忘膠漆。最是難知。人心無底。唇吻邊一團仁義。肝膽相期。一毫莫投情盡移。意氣變仇敵。金石成禍基。干戈既起。悔自悔悔之何益。

自慨

心豪氣豪。欲把胡塵掃。天高日高。空把英雄老。氣吐黄雲。心結白草。對誰剖鞠躬懷抱。虎略龍韜。征袍可憐風雨瀟。有志入不毛。無能達聖朝。王庭渺渺。等閑間單于不到。

感時

人情世情。大夢提不醒。沽名釣名。大藥醫不省。百歲一朝。無多光景。一箇箇尚名求勝。暗裡交兵。一言異同荆棘生。機穽口舌成。干戈談笑興。再生包拯。斷不開誰邪誰正。

人定勝天

禍兮福兮。禍福相依倚。亨兮困兮。亨困相憂喜。否泰一輙。天人同理。端在一拳心地。兩字無欺。人能勝天切莫疑。戰戰若驚惕。兢兢無縱逸。如斯而已。真可以挽回天地。

種　德

惡因善因。天地無私隱。福根禍根。造化無私泯。積德冥冥。陰功有準。常自燭靈臺方寸。成物成人。慈悲本然一念真。恩義莫私親。周給須繼貧。恒存惻隱。休忘了扶危濟困。

鹽　商

花鄉酒鄉。處處隨心賞。蘭堂畫堂。夜夜笙歌響。五鼎不談。三公不講。受用些芙蓉錦帳。粉黛紅粧。江湖那知廊廟忙。舞女弄霓裳。金樽飲玉漿。三枚兩謊。真個是人間天上。

遠塵累

名脱利脱。脱去眉尖鎖。情磨性磨。磨滅心頭火。醒醉由他。浮沉在我。傀儡場機關打破。罷了干戈。回頭纔知往事錯。兩脚出風波。一身即泰和。無災無禍。又何必東山高卧。

遠是非

名場利場。多少蛇蝎黨。花鄉酒鄉。多少蜂蝶攘。處處干戈。家家羅網。平地裡風波千丈。禍起蕭牆。清白正直總是殃。閉口若括囊。箝舌似探湯。是非雖廣。飛不到達人頭上。

遠干涉

名途利途。怕歷千山苦。陰謀巧謀。愧見三公府。婢膝奴顏。未形先憮。俺怎肯求榮旦暮。喪盡廉隅。生平頗知思慎獨。無忝聖賢書。不辱孔孟徒。堂堂正路。大丈夫安爲妾婦。

笑時人

名微利微。用盡千般計。官極位極。倚盡十分勢。物理循環。朝崇暮替。那有長棚傀儡。不散筵席。消息有盈必有虧。世事一般棋。從來長勝稀。博名逐利。都做了一場閑氣。

譏忙人

心勞力勞。碌碌何時了。魂勞夢勞。寐寐何時覺。人事難窮。光陰易老。拽不盡馬牛圈套。暮暮朝朝。天不勞人人自勞。萬里未爲遥。百年誰可逃。金山銀島。不滿高人一笑。

勉學

勤學力學。不在衣衫好。才高志高。不在書齋小。居無求安。食無求飽。最喜致身廊廟。平步青霄。英雄五百争巨鰲。雪案舊題橋。螢牕思嫩窑。尺璧非寶。須記的寸陰當較。

自警

求安覓安。豈是吾心懶。偷閑愛閑。豈是吾身散。荆棘交渠。干戈滿眼。再休提三秦兩漢。義膽忠肝。說來教人心自寒。寧可抱漁竿。不登拜將壇。魂清夢坦。喫幾碗應時茶飯。

觀史

王師帝師。默默千年史。匡時救時。滿滿一張紙。褒貶清濁。椎鑿朱紫。最可憐忠臣義士。飲恨含辭。淵淵九泉何所之。千古亦如斯。何須嘆此時。痛心切齒。不覺頓塞胸次。

花酒自娱

詩豪酒豪。日日常潦倒。花妖柳妖。夜夜無昏曉。天地一朝。吾身未老。說甚麽宫花壓帽。玉帶垂腰。秦樓且作鸞鳳巢。明月任相招。白雲不用邀。閑花野草。更何惜千金一笑。

幻境

英傑俊傑。相繼花開謝。豪奢富奢。相比燈明滅。富貴功名。春花秋月。都只爲百年形舍。一枕蝴蝶。汲汲忙忙死莫歇。使碎太平車。難填無底穴。貪心似鐵。有爐錘錘他不裂。

無官身輕

勳隆業隆。富貴三生夢。官榮禄榮。罪惡千鈞重。玉帶腰酸。烏紗頭痛。六尺軀千般踢弄。暮鼓晨鐘。人生那知萬事空。日日虎狼叢。朝朝麟鳳籠。前簇後擁。總不如澆園抱瓮。

止足

朝歡暮歡。百歲猶爲短。心湍性湍。一世猶難滿。富貴春冰。功名壘卵。誇甚麼家貲萬貫。事業千般。時不利兮總禍端。天道最不寬。達人當大觀。口充體滿。一身外不須多算。

贈妓

樽前酒前。笑帶春風面。衾邊枕邊。喜襯桃花片。體態輕盈。香温玉軟。説甚麽太真飛燕。玉女天仙。風流果然壓萬千。玉筍弄冰弦。朱唇啓玳筵。丹青妙染。畫不出許多嬌艷。

花芬柳芬。花柳一般嫩。璞温玉温。璞玉一般潤。占盡青樓。超絶紅粉。更可羨金蓮三寸。半扎香塵。一曲陽春聲斷雲。宜喜更宜顰。着人又愛人。相親相近。共一宵千金何吝。

送别

啣杯把杯。未飲先如醉。含悲帶悲。未語先垂淚。五内如割。寸心欲碎。眼看着一天憔悴。盡鎖雙眉。車兒馬兒不住催。無翅共君飛。揮涕還自歸。天南地北。生拆散鴛鴦一對。

妓情

愁懷悶懷。真是因他害。説來不來。多是將咱賣。薄倖冤家。初心頓改。全不念從前恩愛。一旦丢開。風流閃人算甚乖。明知是喬才。思量不下懷。前緣夙債。少不得權時寧耐。

貪他戀他。受盡虔婆駡。思他想他。卜盡龜兒卦。誓海山盟。燃香剪髮。都做了一場閑話。知在誰家。讓了甜桃覓苦瓜。可恨小油滑。心兒不好拿。不真不假。哄的人終朝牽掛。

着人愛人。真比雙生俊。坑人閃人。更比王魁甚。皮裏陽秋。心腸走滚。哄的人情真意順。别去温存。席前枕邊何處親。薄倖小强人。全不怕海神。喫虧暗忍。悔只悔當時錯認。

雲情雨情。雲雨都成病。山盟海盟。山海都不應。蜜口糖舌。憑誰作證。哄殺人不來償命。久慣牢成。人不爲仇天最靈。你會暗掘坑。誰不照樣行。精細休逞。負心的必無昌盛。

妓嘆

多情少情。不怨君薄倖。傷情慟情。但恨咱薄命。常念常思。多愁多病。捨不的温柔情性。俊俏聰明。提起名兒心上疼。本意愛惺惺。惺惺不志誠。烟花光景。説起來名頭不正。

銀箏玉箏。字字相思令。鶯聲燕聲。句句相思病。知熱知疼。斯擡斯敬。難道煙花薄倖。風月無情。天平地平心也平。薄命戀多情。多情無信行。楊花心性。知他在誰家歡慶。

愚人鹵人。他肯咱不肯。騷人趣人。咱肯他不肯。月下無憑。星前不準。枉費了人前親近。背後温存。恩深愛深怨亦深。着意用殷勤。殷勤不動人。千思萬忖。不氣長花營柳陣。

鶯儔燕儔。指望人長守。心投意投。指望情長久。誰想冤家。撇人腦後。到處裡迎新棄舊。謝館秦樓。説來話兒一筆勾。怎肯擅干休。定然作對頭。揚名于後。也是俺烟花從厚。

妓　盟

雲情雨情。恩愛何曾定。山盟海盟。生死何曾應。枕畔衾邊。有誰作證。止不過迷人情性。引入花營。牙痛咒兒有甚靈。活計賴娉婷。牢籠托誓盟。烟花本等。説甚麽王魁薄倖。

憶　歸

連宵幾宵。不住燈花爆。昨朝此朝。來往蜘蛛鬧。業眼難合。梭梭常跳。喜雀兒簷前頻噪。總是蹊蹺。披衣起來纔待瞧。門外笑聲高。堂前喜氣饒。梅香忙報。真箇是多情來到。

章臺回首

花迷柳迷。囊盡災星退。心灰意灰。賊去財門閉。兩手精光。一身狼狽。眼看着人離家廢。水盡鵝飛。他是何人我是誰。往事已難追。將來或可爲。四十不惑。把從前只作一醉。

山盟海盟。一字都不應。雲情雨情。一筆都勾凈。舉手花營。絶迹柳逕。把那些多愁多病。知熱知疼。説來耳邊不待聽。所志在青燈。争如博浪名。日存三省。不負了希賢希聖。

花鄉柳鄉。隔斷平康巷。紅粧粉粧。畢罷烟花帳。跳出天羅。擺脱地網。把那些風流惆悵。盡付東洋。章臺路兒扯斷腸。雲雨楚天茫。文章翰苑香。掛名金榜。抵多少東飄西蕩。

年包月包。枉費馮魁鈔。明燒暗燒。空惹王魁笑。大海填沙。陷坑垂釣。俺而今聰明歸竅。晦氣纔消。風流擔兒不去挑。脱網鳳翎翛。傷兮鳥翅高。收心但早。有甚麼鵬程不到。

别情

因春感春。春信人不信。傷春病春。春盡愁不盡。柳展黄金。杏飄紅粉。看韶華彌漫遠近。總是關心。王孫幾時歸故津。無語暗銷魂。誰憐長嘆人。雙眉壓損。怎持撐許多憂悶。

形孤影孤。但把歸期數。音疏信疏。暗把金錢卜。蟬鬢慵梳。蛾眉空蹙。盼不到傳來尺素。望損雙眸。知他此時念我不。含泪自長吁。高聲不敢哭。心中自苦。眼看着朱顔非故。

粧前鏡前。憔悴芙蓉面。衾邊枕邊。零落胭脂片。腸轉千迴。情牽一念。提起來心驚肉顫。敢對誰言。昏昏沉沉空淚漣。飲恨卜金錢。含悲寫素箋。天遥人遠。盼殺人雲鴻不見。

恩饒愛饒。恩愛成煩惱。魂勞夢勞。魂夢多顛倒。如病如癡。無昏無曉。滿懷愁有誰知道。盡鎖眉稍。山遥水遥人更遥。何處鳳鸞交。空遺翡翠巢。魚沉雁杳。無定準歸期怎料。

及時行樂

紅樓翠樓。多少章臺柳。秦樓謝樓。無限蓬萊酒。艷曲低謳。玉人輕摟。盡今生鸞交鳳友。燕侶鶯儔。花朝月夕雲雨酬。趂早不風流。空教白了頭。一身一口。那裡有千年長壽。

花樓酒樓。花酒般般有。鶯儔燕儔。鶯燕家家偶。年少多羞。老來出醜。做一箇烟花領袖。風月班頭。章臺改作鸞鳳丘。倚翠度春秋。偎紅了日頭。無昏無晝。無福的也難消受。

待　時

賢人聖人。身困心不困。達人上人。人悶他不悶。否泰從天。窮通安分。定不肯虚生豪俊。一世沉淪。風雲際時屈自伸。把釣漢淮陰。賣柴朱買臣。一朝發奮。樹動名天摇地震。

身脩行脩。深褪乾坤手。包羞忍羞。緊閉經綸口。氣捲江淮。胸懷星斗。時不至也須將就。露尾藏頭。風雲際時志自酬。大樹早安劉。非熊老入周。掀揭宇宙。各自有各人時候。

縮頭爽頭。且待龍蛇走。凝眸拭眸。且看英雄抖。否泰循環。屈伸常有。大丈夫豈爲牛後。且自包羞。風雲際時不待求。投筆覓封侯。沉舟樹壯猷。垂名不朽。也不論誰先誰後。

訏謨廟謨。滄海一般富。王圖霸圖。山斗一般固。文邁歐蘇。詩追李杜。運不通也須留步。自有亨途。風雲際時起壯圖。三敗管夷吾。一匡成鮑叔。今今古古。那一箇能違天數。

悟道

山遥水遥。隔斷紅塵道。粗袍㡀袍。袖褪長生藥。日月肩挑。乾坤懷抱。常自把烟霞嘯傲。天地逍遥。龍降虎伏道自高。紫霧護新巢。白雲作故交。長生不好。端只在壺中一覺。

仕路難

名難利難。世態實難看。時難勢難。宦海尤難泛。口素難言。眉低難盼。平頂的其實難幹。袖短難攀。千難萬難空手難。腰挺最爲難。頭尖不甚難。難睁兩眼。怕的是風波難犯。

遇美

嬌娃俊娃。掩映湖山下。瞧咱避咱。轉過荼蘼架。半露半遮。欲羞欲怕。笑撚着鮫綃羅帕。假意折花。裙兒底邊不耐滑。比玉玉無瑕。擬花花更嘉。難描難畫。臨去把香塵丢下。

心灰志灰。老大名不遂。天恢網恢。俯仰心無愧。語默云爲。虛靈不昧。舉一念神明可對。天地無欺。生平肯將名行虧。人笑我無爲。無爲少是非。風波如沸。自古來幾人恬退。

甘　澹

茆菴草菴。割斷功名纜。竹籃菜籃。整頓漁樵擔。絶念榮華。甘心恬淡。迴避了巾車雲檻。虎窟龍潭。一琴一鶴不用驂。狂欒可除貪。衰顏常帶酣。無軻無輡。安樂窩不摇不撼。

里　居

才薄命薄。早納烏紗帽。田饒地饒。還入莊家套。南畝躬耕。東皋舒嘯。展放開雲林懷抱。悶去愁消。無榮無辱地步高。村裏覓村醪。舊山尋舊交。酣歌野嗷。幾人識予心之樂。

投冠掛冠。事事無羈絆。尋歡覓歡。日日閑遊玩。小可杯盤。尋常烟爨。酒盡時典衣可換。那論薄酸。無拘無束地步寬。少夢到金鑾。無心作熱官。腰纏幾貫。且把那東山買斷。門矬户矬。不見高軒過。頭縮臂縮。不惹蕭牆禍。性本疏慵。才非王佐。守林丘清閑高卧。處儉甘薄。誰知無官受用多。霜鬢已成皤。隨時且快活。愚人一夥。這夢兒吾先瞧破。

世　味

忠肝義肝。顛倒生憂患。神奸巨奸。到處多稱讚。並處賢愚。同爐冰炭。一脚把消息踏犯。地覆天翻。活活殺人賣死棺。諂佞妬心安。清白骨肉寒。青天無眼。做甚麽英雄好漢。

公心正心。鱗鳳恒遭譖。機深妬深。狐鼠常操任。世態團蜂。人情懷鴆。幾曾見非熊應讖。暮夜却金。機心禍心針對針。涇渭漫相尋。清濁空自吟。心酸牙磣。説起來教人口噤。

才高志高。箇箇説不妙。情薄行薄。處處人夸俏。善的又欺。貧的又咲。眼睜睜無條好道。難躲難逃。薰蕕玉石斯混淆。世事紙般薄。人心弓樣喬。顛顛倒倒。説起來教人憔燥。

奴膝婢膝。軟軟扶不起。羊皮虎皮。默默深無底。暗帶參商。明托膠漆。外貌兒一團和氣。就裡生嫉。清風高節反見疑。世道近澆漓。人情懷自欺。小人一起。有君子其何能立。

美人彈箏

花嬈柳嬈。紅粉佳人好。聲嬌語嬌。玉宇雕梁繞。雁柱頻移。鶯簧弄巧。彈一曲陽春高調。響遏雲霄。分明寫心玉笋稍。雲雨綻櫻桃。相思鳴翠條。一身素縞。撫不盡其中佳妙。

美人吹笙

霜�緑筠。繼續宮商韻。長身短身。形影參差俊。鳳舞龍吟。金聲玉振。對佳人櫻桃相趁。玉笋生春。一曲鳴凰吹斷雲。有意吐清音。無心戀故人。衷腸悶損。空辜負多情子晉。

美人吹簫

鸞竹鳳竹。如怨還如慕。湘竹雨竹。如泣還如訴。萬縷相思。一腔愁苦。空自把青春虛度。信杳音疏。一身如柴五内枯。弄玉鳳臺孤。誰憐蕭史夫。猿吟蛟舞。幾曾見白鶴相顧。

美人吹笛

嬌容玉容。一點櫻桃重。殘鐘晚鐘。三弄梅花動。聲捲波濤。音餘梁棟。對朱唇恣情驕横。遊遍春風。穿窗渡籬情意通。纔轉畫樓東。飛來衾枕中。聞之心慟。偏會把斷腸人送。

托飲陸沉

摇頭擺頭。萬事都將就。磁甌瓦甌。一醉甘消受。豈是貪杯。非干好酒。喫了他無昏無晝。無慮無憂。糊糊塗塗一日休。三百六十休。一休一醉遊。天長地久。止分得百年時候。

【南仙吕傍粧臺】

自述

思悠悠。功名事業志難酬。半世如飄瓦。四海若虛舟。匣中空有三尺劍。命裏應無萬里侯。雄心退。豪氣收。歸來不覺鏡中秋。

鏡中秋。行藏還是老儒流。鷄口寧爲喜。牛後有何羞。忠肝掛在將軍樹。義膽空懸五鳳樓。萬言策。一筆勾。桑榆還可卧林丘。

卧林丘。也無煩惱也無憂。風弄蒼髯短。雨灑老懷幽。清閑頗曉開三逕。飽煖應知樂四休。浮生事。水上漚。一身之外更何求。

更何求。絶無塵纍罣心頭。瘦是因窮瘦。愁是爲詩愁。樽中緑蟻溶溶滿。筆下龍蛇滚滚流。莊周夢。王粲樓。得優遊處且優遊。

且優遊。從來無夢到揚州。鶴背原無分。銅臭更多羞。安身但得一椽可。濯足應尋萬里流。金蘭友。詩酒儔。得藏頭處且藏頭。

且藏頭。山林也有醉鄉侯。信口占白雪。發興仗青州。清風自許夷齊匹。高節應追李杜流。無粱斗。不繫舟。得歌謳處且歌謳。
且歌謳。春山之下有良疇。典衣沽醉酒。賣劍買耕牛。名韁利鎖無羈絆。子孝妻賢
有甚愁。營書塹。理釣鈎。得藏脩處且藏脩。
且藏脩。一巢新構勝拙鳩。小小堪遮體。僅僅可埋頭。躡溪不入非熊夢。渭水應尋
嚴子游。三不遇。五不留。將來都付水東流。
水東流。滔滔那管古今愁。一逝不復返。百歲頃刻休。從頭暗把干支數。屈指明春
甲子週。六十後。四十秋。餘生還可樂天遊。
樂天遊。而今掛起敝貂裘。有限光陰短。無數古今愁。浮生須向塵中覺。至理還從
物外求。閑身靜。草堂幽。靈臺一點是滄州。

春夏秋冬

錦千機。郊園花草鬪芳菲。桃杏紅馥馥。楊柳緑依依。王孫寶馬歌金縷。士女鞦韆
墜玉姬。鶯兒語。燕子呢。無邊春色怎留題。
正陽天。子規啼處雨如烟。紫燕穿芳逕。白鷺弄青錢。風隨竹簟涼還暖。露壓花枝
碎又圓。槐陰下。草亭前。狂時歌舞醉時眠。

火西流。商風一陣小亭幽。蟬噪消殘暑。雁過送清秋。梧桐一葉凋金井。菡萏千莖映玉樓。歌聲細。酒味柔。更無塵事到心頭。雪飄飄。寒威到處冷瀟瀟。小院鋪蝶粉。玉宇灑瓊瑶。羊羔美酒金觴泛。暖閣紅爐獸炭燒。梅花帳。楊柳腰。果然無福也難消。

寒食

佳節正清明。柳烟榆火滿山城。荒郊外花事少。途路裡夢魂驚。一天雲霧浮還散。千古山川白又青。半風半雨。半陰半晴。可憐人物總關情。人物總關情。家家户户掃先塋。山前面穴未掩。嶺背後塚新成。紙灰片片蝴蝶舞。啼血紛紛杜宇聲。春容寂寞。白骨凋零。幾番回首默傷情。回首默傷情。北邙山下漫憑陵。多一半無人掃。少一半有人耕。將軍廢塚狐猻壘。宰相荒丘牛馬行。淮陰韓信。渭水子陵。遺風千古草青青。千古草青青。賢愚何用浪傳名。三生夢一片紙。十大功萬年坑。區區盡歷生前苦。碌碌徒勞死後榮。今今古古。杳杳冥冥。九泉誰去辨濁清。

道情

世緣消。虚名薄利兩絶交。鶴鹿堪作友。草木可爲巢。撑腸楦肚青精飯。傲雪欺霜白布袍。一芒履。一椰瓢。無拘無繫任逍遥。

世緣脱。出家路上好蹉跎。願入清虚教。不戀是非窩。鬧中富貴光陰少。静裡乾坤日月多。心未死。火先磨。七情六欲總南柯。

世緣輕。清幽菴觀可延生。一任興和廢。那管利和名。談玄不講陰晴事。採藥何憂風雨驚。心常静。眼常明。清風明月伴前程。

世緣還。不飢不飽也不寒。一鉢千家飯。九轉萬年丹。昨宵但把葫蘆倒。一夜吸呼天地翻。繫白日。駐朱顔。蓬萊方丈有玄關。

勸世

探天機。人生十有九不齊。有一件無一件。多南北少東西。與其角者去其齒。既有翎毛不用蹄。長和短。高共低。饒君能算莫能移。

察消息。人生有命勿多疑。興廢十年運。成敗一盤棋。一貧如洗兒孫廣。富貴雙全子嗣稀。窮通理。造化奇。看來無處用心機。
細評論。老天造物豈不均。善文不善武。能武不能文。摳牙唆指偏多富。仗義疏財
却受貧。今生分。前世因。總然由命不由人。
細思量。心强只恐命不强。驛馬無寧日。倉鼠有餘糧。聰明伶俐錐無地。蠢坌愚濁
玉滿箱。徒妄想。枉奔張。不如安命過時光。

清興

何處覓行藏。雲林高步我先嘗。醉東籬陶元亮。乞鑑湖賀知章。光風霽月襟懷闊。
緑水青山興味長。行吟坐賞。朝歌暮狂。無端名利兩相忘。
名利兩相忘。六塵盡付水雲鄉。七里灘别光武。磻溪岸遠文王。一心欲上崑崙頂。
兩脚不踏傀儡場。清風盈抱。明月滿堂。眼前松檜鬱蒼蒼。
松檜鬱蒼蒼。悠悠山水任徜徉。張良劍切瓜菜。范蠡舟載壺觴。風花雪月作詩料。
筆硯琴書做賦囊。湖光山色。茅厦蓬窗。這般清味幾人嘗。
清味幾人嘗。山翁何故愛朝廊。嘆莊周神如夢。咲晁錯智爲囊。安身最喜一椽厦。
養性只消四堵牆。不飢不飽。不熱不涼。蜉蝣天地百年長。

應世

人海起波濤。等閑風浪與天高。有志也應難泛。無命也最難消。人情翻餅多嫉妬。世事如棋總禍苗。攔頭當早。把舵欲牢。得抛錨處且抛錨。

切莫逞英豪。鋒芒露處禍先招。有幾個真君子。盡都是小兒曹。藏頭露尾腹中劍。吐語開言咲裡刀。是非明辯。干戈暗交。藏舌閉口最爲高。

世故莫輕看。陽溝常事把舡翻。小可裡乾坤變。等閑間骨肉殘。一分和氣三冬暖。半句毒言六月寒。能謙善忍。神怡夢安。括囊尤甚幾重關。

說甚棟梁材。不達時務便招災。誇甚麽心公正。道甚麽行清白。順情好話成知己。逆耳忠言轉禍胎。春風滿面。和氣滿懷。彗星出去福星來。

老懷

老景愛疏狂。東山高處泛霞觴。詩興也偏瀟洒。酒量也頗汪洋。鳶飛魚躍襟懷闊。山色湖光意味長。朝遊樂地。暮入醉鄉。百年三萬六千場。

老景入花叢。風流不與市俗同。嬌滴滴將軍妓。香馥馥狀元紅。衰顔暮暮胭脂染。

老體朝朝鬢髮鬖。天空海闊。花艷酒濃。無拘無繫任縱橫。老景好蹉跎。凌雲豪志盡消磨。也不怪鴟鴞壘。也不羡鳳凰窩。竹籬茆舍隨心欲。坐賞行吟信口歌。魚不嫌少。酒不厭多。眼前不見有風波。老景喜山林。閑來倚杖聽松琴。一聲聲如天籟。一句句似猿音。漫斟濁酒憑石飲。獨把新詩傍水吟。清風盈抱。明月滿襟。澗邊深樹有幽禽。

勇　退

喜歸來。布衣出去錦衣迴。畢罷功名事。打點老形骸。蓬窻虛過百年隙。茅舍空荒五畝宅。牛旋買。樹重栽。山林活計任安排。喜歸山。更無魂夢到長安。不戀黃金印。不愛紫羅襴。一心願入白蓮社。兩脚不踏玉筍班。鹽梅苦。鼎鼐寒。不如歸去抱漁竿。喜歸家。東皐西畝盡桑麻。把酒觀蟻陣。帶醉看蜂衙。求官怎似辭官好。今日纔知往日差。甘恬澹。厭紛華。東門且種邵平瓜。喜歸田。深耕淺種但憑天。泉底堪濯足。林下好息肩。一年勞頓一年老。一日清閑一日仙。安愚分。守薄緣。得安然處且安然。

喜歸廬。輕裘緩帶謝金魚。有意隨鷄社。何事戀牛車。鳳凰池上情無限。鸚鵡洲邊樂有餘。盃中物。架上書。清幽事業自非俗。

喜歸農。村家無事不從容。但得三春雨。何畏五更風。身榮豈若心榮好。君禄争如天禄豐。瑚璉器。麟鳳籠。不如無用免匆匆。

喜歸鄉。從來晝錦有風光。舡敝先塞漏。馬劣早收韁。有謀無算韓元帥。見景生情張子房。赤松遁。未央亡。于今千古兩茫茫。

喜歸耕。田園將蕪憶淵明。庭下菊藹藹。門外柳青青。醉翁那解山翁意。鋭鳥焉知倦鳥情。朝無寵。暮無驚。且作田舍漫經營。

相思

掩重門。可憐獨自鎖黄昏。滴盡腮邊淚。不見枕邊人。並頭蓮上鴛鴦散。連理枝前鸞鳳分。巫山夢。楚天雲。幾番無語暗傷神。

暗傷神。顛顛倒倒睡昏昏。愁也愁不見。夢也夢不真。快刀不斷相思恨。大藥難除業障根。腰枝瘦。眉黛顰。含情枕畔拭啼痕。

拭啼痕。新啼痕緒舊啼痕。分袂經三月。屈指整一春。夜來無夢常如夢。白日三魂少二魂。忘食寢。費殷勤。滿腔心事與誰論。與誰論。千愁萬恨寄無因。憔悴芙蓉面。寂寞海棠春。畫眉人做天涯客。傅粉郎作陌路人。風颯颯。雨紛紛。都來欺負斷腸人。斷腸人。自憐自嘆自温存。怕見燈前影。羞覩鏡中人。同心羅帶憑誰繫。雙股金釵怕待簪。思公子。憶王孫。停針無語自生嗔。自生嗔。蛾眉無事蹙三分。脂粉慵施面。茶飯懶粘唇。相思有藥難醫治。煩惱憑誰寄與君。伶仃影。愁病身。六分似鬼四分人。四分人。那堪日日損精神。但見形骸瘦。不見病源根。憂心悄悄三江水。魂夢悠悠萬里雲。王孫草。妬婦津。天涯何處覓良人。覓良人。魚沉雁杳總無聞。藍水因誰漲。祅廟爲誰焚。重門不掩相思恨。幽室誰憐長嘆人。捱白日。遣黄昏。一年三百六十輪。

嘲黑妓

竈王姬。煤窑梳洗炭窑棲。烏木雕成面。油漆畫成眉。人説墨染鍾馗婦。我道烟薰太歲妻。欺烏玉。賽烏鷄。葡萄架下幾聲啼。

妓逢雙俊

覰花容。包藏多少巧牢籠。兩目湘江水。一咲海棠風。事齊事楚眉尖上。擒趙擒燕眼角中。紗窗外。粉牆東。低縛高吊鬧叮叮。

妓者蹴踘

平地逐星流。佳人才子並肩遊。一擔月輕翹足。錯認犯巧凝眸。胸中和氣偏知重。皮裡陽秋慣用柔。鴛鴦拐。左右鈎。投着機會豈干休。

傷　春

怕傷春。春來畢竟困愁人。春事同誰賞。春恨與誰論。春心時刻隨君體。春病何曾脱我身。思春雁。盼春雲。一春幾度暗銷魂。

嘲謊人

謊哥哥。他家諸物比人多。龍尾接牛桿。鳳翼補漁簑。珊瑚常事作梁柱。瑪瑙將來做碾砣。黄金瓦。白玉鍋。舌長口大賽江河。

貪人

苦奔波。百年算計萬年多。拳大心不滿。天樣眼難合。先將白玉築成室。後把黄金壘做窩。朝營運。暮忖度。何曾算到死來魔。

敗子

咲前人。傷天害理趲金銀。罪惡塞天地。業障與兒孫。雲來霧去幽明照。火滅烟消果報真。蕩家子。討債人。一針不挫半毫分。

清節

論賢豪。清白千古抗雲霄。富貴節不易。貧賤志不摇。一粟不入伯夷口。五斗難折陶令腰。清風遠。地步遥。勳名争似雅名高。

好飲

煖溶溶。興來到處是新豐。德量其實小。酒量委實洪。三杯狂藥乾坤小。一醉風魔宇宙空。邀明月。友清風。劉伶何畏范丹窮。

閨　情

倚南牕。北堂燕子遶雕梁。不斷呢喃語。不住往來忙。一高一下翩翩舞。一轉一迴兩兩忙。飛也偶。棲也雙。如何遊子少思量。傍粧臺。菱花滿面被塵埋。鏡裡人不見。雲外雁不來。一春花信空寂寞。兩字相思無刮劃。情無限。淚滿腮。風流何處不歸來。緑窗深。暮雲空鎖半餘衾。幾樹花零落。幾處葉成林。東風斷送春無主。紅雨摧殘淚滿襟。魚無信。雁無音。停針不語暗傷心。墮殘紅。胭脂滿地緑枝空。不怨三春雨。錯恨五更風。一年花事東流水。幾度黄昏送晚鐘。愁縷縷。恨匆匆。傷心却自減芳容。

中　秋

良夜正中秋。一圓銀鏡照中州。露華清星河現。風力爽彩雲收。咲同紅粉歌金縷。坐對嫦娥飲玉甌。口談風月。目視斗牛。萬花臺上且優遊。

儍　人

儍哥哥。枉生人世待如何。天地何曾覺。混沌幾曾脱。不聾不啞癡呆漢。不死不活木伴哥。病不病。魔不魔。拿着銀碗换砂鍋。

行　踪

苦匆匆。浮名何用走英雄。歷盡千溪澗。躡遍萬山峰。紛紛世事如春夢。擾擾人生類轉蓬。悲鴒鷚。笑鵾鵬。蜉蝣天地幾從容。

世　情

爲時哀。炎涼世態眼難開。見兔鷹纔放。隔夜樹不栽。貧居鬧市親不采。富住深山疏也來。休誇義。只論財。英雄須自守時乖。

咲時人。趨炎附勢滿乾坤。骨肉貧相遠。陌路富相親。簞瓢陋巷蛛結網。白馬紅纓春滿門。鵾鵬志。鷄鶩群。等閑誰肯認蘇秦。

謾量度。人情更比紙還薄。有患思知己。遭難念彌陀。雪中送炭親朋少。錦上添花車馬多。春富貴。賽江河。幾曾杓水濟人活。嘆時俗。交情先自審榮枯。冷暖觀門第。禮貌看衣服。趨時附勢千般有。愛老憐貧半箇無。薄者厚。親者疏。原來只是敬青蚨。

林　下

掛冠歸。從前好景逝難追。五十知天命。四十九年非。十年燈火一身顯。百歲光陰半世灰。烏紗重。皂蓋危。急流博得錦衣迴。錦衣迴。優遊林下任徘徊。去國忽三策。歸里縱雙眉。光前冠冕爲身累。善後雲山與世違。多瀟洒。少是非。閑來獨坐看雲飛。看雲飛。忘情魚鳥兩相隨。鷄鶩從他亂。鷸蚌任相持。市塵不到黄精圃。國是希聞白板扉。鶯花隊。錦繡堆。得追陪處也追陪。也追陪。逢場作戲願相隨。頑也頑一會。咲也咲一迴。少年隊裡粧小夥。長者樽前入妓圍。昨朝是。今日非。下坡車馬最堪悲。

玉 簪 花

滿庭堦。誰家碧玉碾成釵。斷送秋容淡。勾引月華來。亭亭氣焰欺白雪。陣陣香風散緑苔。欄干外。太湖側。不言不語爲誰開。

鷄冠花

氣昂昂。凌風抖抖欲飛揚。華蓋臙脂透。繡羽錦雲粧。雄心似鬬驕鶡雉。猩面如嘻侮鳳凰。朝迎日。晚帶霜。誰憐節概置叢廊。

蘭

露華清。含芳無語抱幽情。節操聞夫子。素質佩屈生。孤根焉肯同蕭艾。清味應須到謝庭。羞桃蕋。慕菊英。紫莖香散緑青青。

木芙蓉

萬山黄。錦城江上舞霓裳。不競三春艷。獨佔九秋芳。朝隨翰墨聯詩社。暮伴騷人入醉鄉。咲斜日。拒曉霜。仙姿風度豈尋常。

燒煉

終日覓長生。良田百頃火中耕。丹不就心不死。汞不乾意不寧。千金事業爐中炭。

九轉工夫風裡燈。囊已盡。事不成。貪心到底欠分明。

塞上行

悶悶遶池塘。衰顏波底自蒼蒼。兩鬢渾如雪。一劍凛如霜。照人不照忠臣膽。搖影難搖義士腸。憂家國。報君王。憑欄無奈把壺觴。

悶悶眺危樓。滿山楓樹替人愁。故國情無限。烟水自涵秋。有心欲作鷦鷯賦。無翼焉能汗漫遊。學干禄。覓封侯。等閑白了少年頭。

悶悶數歸鴉。疏林點點渡殘霞。幾樹禽爲壘。萬里客無家。傷心但把詩來解。釋抱還將酒去賒。拚一醉。夢一榻。醒來依舊在天涯。

悶悶撚吟髭。其中多少斷腸詩。埋没英雄志。空過少年時。六韜盡付湘江水。三略通斟濁酒巵。一百歲。十二時。得乎之處且乎之。

送　別

漫擎盃。無能插翅與君飛。一盼情如醉。兩眼淚偷垂。傷心不覺三魂去。回首纔知五内摧。悲歧路。看落暉。萬般無計挽君回。

池塘小飲

把酒對池塘。熏風微送碧蓮香。自嘆風塵老。還笑燕鶯忙。今朝有酒今朝醉。明日憂愁明日當。由他醒。任我狂。百年三萬六千場。

小窻夜飲

把酒對窻紗。清香冷淡是詩家。喜得驚人語。羞向衆人誇。獨斟獨酌無些事。自醉自醒有甚差。瓶之罄。量也乏。一輪明月照梅花。

草堂獨飲

把酒對茅廬。萬山堆裏卜新居。蓬户開蓬舍。新酒對新魚。秦書漢史愁無限。瓦鉢磁甌樂有餘。塵不到。事無拘。淵明所以賦歸歟。

賞菊獨飲

把酒對菊芳。半邊紅紫半邊黃。不顧三春雨。頗奈九秋霜。三盃可破三生夢。一醉能除一世忙。榮華淡。草木香。劉伶不減太白狂。

對樵獨飲

把酒對樵人。山頭一斧破雲根。營運勞雙臂。辛苦爲一身。歸山當憶龐居士。入相還思朱買臣。歌白日。醉黄昏。春風和氣滿乾坤。

對漁獨飲

把酒對滄波。漁人偏會唱漁歌。破岸舟不纜。微雨棹不蓑。漫斟緑蟻襟懷闊。活剖金鱗滋味多。愁不到。病不魔。終朝咲舞醉顔酡。

小園獨飲

把酒對花神。牡丹亭下好開樽。花映千山麗。酒泛滿園春。不名不利逍遥客。無慮無憂自在人。胭脂落。紅雨紛。小橋流水遮清芬。

對棋小飲

把酒對敲棋。眼前樽俎變爲敵。一个三疊陣。一箇六出奇。七擒七縱甘成敗。八戰八克冒險危。張良智。韓信機。不如元亮醉東籬。

村夫飲

三五聚成群。未曾把盞醉醺醺。不問酸薄淡。那管瓦瓢樽。不分年少不分長。不論主人不論賓。纏西舍。駡東鄰。披頭散髮走出門。

秋懷

暑纔收。梧桐一葉報新秋。書也難消悶。劍也莫當愁。龍韜虎略甘埋没。義膽忠肝付水流。憑誰剖。爲誰憂。班生何事覓封侯。

無目

白日是幽冥。聖人所以用其矜。一對活瑪瑙。兩塊死貓睛。驢冲馬撞隨身倒。犬鳴鷄鳴側耳聽。防溝塹。怕水坑。頭先過步杖先行。

誡喫齋

莫疑猜。一生善惡在靈臺。日月無私照。造化有安排。天心不在人心外。因果還從善果來。休□□。莫□□。多行方便廣施財。

【南仙吕入雙調步步嬌】

述懷

三十年捲破長江浪。身老才何壯。四海一空囊。而今可謂羲皇上。不得柱石臣。且做詩壇將。

三十年馳騁驚榆塞。那得身名泰。一動故鄉懷。翻然跳出風塵外。躡足遠春冰。側耳聞天籟。

三十年塵土遮雲漢。投筆翻成歎。踏碎賀蘭山。不如歸釣留雙骭。車馬謝席門。詩酒吟澤畔。

三十年百戰仍百鍊。誰謂當一面。有志滅狼烟。等閑青海無傳箭。看破此功名。何往不貧賤。

春閨

香閨寂寞春無主。那有閒情緒。獨厭枕衾餘。淚眼汪汪閣不住。一捻小心兒。無個安排處。
香閨寂寞鱗鴻渺。幽恨知多少。空自夢魂勞。鎮日接愁愁不了。誰家妬婦津。隔斷王孫棹。
香閨寂寞春幾許。惹起愁千縷。風過雨無餘。惟有相思吹不去。懷雁雁不來。問花花無語。
香閨寂寞春將盡。没箇傳來信。紅雨自紛紛。蝶往鶯來憑誰問。多少枕邊情。都在心頭悶。
香閨寂寞春偏困。添上別離恨。終日睡昏昏。一枕蝴蝶不成陣。羞見燕一雙。惱斷腸千寸。
香閨寂寞無人共。獨把黄昏送。無奈恨重重。怨雨愁風成一弄。誰家鳳鸞簫。吹破鴛鴦夢。
香閨寂寞渾如醉。顛倒不成寐。簾下自徘徊。燕子雙雙蝴蝶對。回想別離情。怎抵相思味。
香閨寂寞無心緒。輾轉無憑據。錯恠雁和魚。總是伊行忌歸慮。新恨擁將來。舊恨推不去。

香閨寂寞重門閉。滴盡相思淚。越想越添悲。五内如割情如醉。腰下帶圍寬。臉上胭脂退。

香閨寂寞春將暮。好景空辜負。人去鏡鸞孤。舊恨新愁應無數。欲待不思量。喫緊難回護。

夏閨

香閨寂寞朱明曉。隔斷鶯花老。一夜峭寒消。時序催人人不覺。默默兩眉稍。多少閑愁擾。

香閨寂寞薰風少。寒暑渾不覺。燕子卜新巢。對對雙雙雕梁遶。逐物默傷情。好處成煩惱。

香閨寂寞不知暑。悄悄無人語。午夢破須臾。榴火心頭添幾許。目斷楚天雲。隔住巫山雨。

香閨寂寞無情趣。牕外摇新緑。庭下步徐徐。遶遍雕欄無着處。可恨水浮萍。還恠風中絮。

香閨寂寞無情况。多少閒惆悵。無奈晝偏長。幾度停針眉不放。欲待不思量。不住心頭撞。

香閨寂寞眉常皺。無計捱長晝。月上柳梢頭。又是離人愁時候。曉夜恨悠悠。接緒無新舊。

香閨寂寞渾無語。曉夜愁不足。幽恨付長吁。九轉柔腸千千縷。心去望夫山。淚洒濯枝雨。

香閨寂寞人南北。別後翻成悔。展轉自傷悲。一念相思三江水。永日悶無聊。短夜眠不得。

香閨寂寞簾長捲。最是愁難遣。强立晚風前。想象伊行天涯遠。何處繫韡騮。頓爾忽黄犬。

香閨寂寞愁難躲。鎮日雙眉鎖。水閣待如何。玉簟冰壺不消渴。懊惱起炎雲。血淚滴榴火。

秋　閨

香閨寂寞人獨自。不覺新秋至。玉露泣高枝。上有鳴蟬傳心事。離恨有千言。好話無一字。

香閨寂寞人憔悴。金井梧桐墜。征雁向南飛。獨有一隻不成對。哀哀怨怨情。點點滴滴淚。

香閨寂寞人憔瘦。會把凄涼措。愁上更添愁。便是鐵石難消受。此恨幾時休。必待歸時候。

香閨寂寞人孤另。無病真如病。寒蛩帶露鳴。絮絮叨叨無人應。陣陣斷腸聲。處處相思令。

香閨寂寞人無語。不待聞砧杵。可恨鴈和魚。何故不來閑庭宇。夢斷楚宮雲。愁困巫山女。

香閨寂寞人獨卧。卧起還獨坐。兩眼淚如梭。忽聽征鴻翛翛過。望斷暮雲邊。書信無一箇。

香閨寂寞人千里。陣陣西風起。窻外雨霏霏。點點滴滴離人淚。把淚對湘江。心上愁難洗。

香閨寂寞人無寢。梧葉驚秋枕。玉露泣寒砧。好事不來愁偏稔。聲斷鳳鸞簫。淚洒鴛鴦錦。

香閨寂寞人何處。片月排闥入。欺負枕衾餘。桂影參差來還去。舉目是凄涼。多少閑情緒。

香閨寂寞人何在。展轉情無奈。墮葉滿庭堦。舉目淒淒愁一派。妾在冷幃中。君在天涯外。

冬　閨

香閨寂寞蛾眉皺。連理成邂逅。獨自擁衾裯。無奈朔風重幃透。心比水晶寒。面對梅花瘦。

香閨寂寞門常扣。容易捱白晝。最苦夜添愁。枕冷衾寒無人救。風送暮雲歸。日落黄昏又。

香閨寂寞憑誰語。心事結成緒。孤枕怯寒餘。雪月晴迴明如許。不管畫眉人。偏照紅顔女。

香閨寂寞憑誰解。珠淚空啼血。無語自傷嗟。美滿佳期成抛捨。捱過九秋霜。又是三冬雪。

香閨寂寞如年夜。半枕穿牕月。隻影自横斜。無奈霜風生寒冽。遍體冷如冰。一點心兒熱。

香閨寂寞更偏永。幽室如冰井。風弄紙窗鳴。欲夢不成愁還醒。半枕半衾虛。一夜一人冷。

香閨寂寞眠不得。夜月涼如水。清冷送清輝。寒到離人心與髓。夢裡嘆東西。覺後悲南北。

香閨寂寞眠不穩。窗外風凜凜。梅影弄冰魂。暗把朱顏愁中損。常使妾身寒。最是君心狠。

香閨寂寞朔風蕩。展轉添悒怏。亂隙射飛霜。寒夜鷄鳴天不亮。撥盡獸爐灰。冷落梅花帳。

香閨寂寞空長嘆。怨氣結雲漢。衾枕自生寒。燈盡更殘無餘炭。徹夜柳花飛。遍體飢粟綻。

美　人

冰肌玉骨天生下。溫潤應無價。何處覓菩薩。仔細端詳真不亞。體態好形容。香味難描畫。

萬花堆裡人年少。所事天然俏。越看越添嬌。樊素小蠻何足道。但把兩眉封。不賣千金笑。花嬌玉媚天生秀。月貌非凡陋。無語似含羞。一轉秋波成邂逅。畫也畫不出。描也描不就。樽前一遇香風散。一顧春無限。特故整雲鬟。悄悄偷睛將人看。蹙蹙海棠合。笑笑芙蓉綻。翩翩羅袖籠雙笋。歌舞微含哂。一曲斷行雲。可愛朱唇宮商穩。裙底印芳塵。臉上飄紅粉。香香馥馥櫻桃口。嫩嫩葱枝手。呼呼巧鶯喉。年紀不過十八九。欲喜雨摧花。緩步風吹柳。杏花深處柴門掩。有箇人閃閃。嫩笋捲竹簾。軟玉温香無粧點。蹙斷遠山眉。笑破芙蓉臉。嘲風弄月一團喜。嬌態應無比。淺淡素羅衣。半扎金蓮湘裙底。默送燕鶯期。臨去秋波裡。風流縹緲渾無主。雲送巫山女。舉止信非俗。知重知輕知音吕。情意付琵琶。心事托眉宇。

玉容淺淡粧梳縞。美貌天然好。奪盡萬花嬌。帶露含香春風遶。歌舞弄霓裳。飛燕爭多少。

畫上美人

海棠春困眠不足。乍起身無主。庭下步徐徐。玉腕沉沉伸不去。細看有千嬌。相問無一語。

星　約

佳期約在湖山下。那顧躭驚怕。喫緊露苔滑。掩掩遮遮荼蘼架。一點小心兒。到此天來大。

佳期約在黄昏後。月上紗窗透。緩步過西樓。有個人兒輕輕扣。恰待問一聲。忽聽梅香嗽。

佳期約在人初静。躡足潛踪聽。宿鳥亂飛騰。戰戰兢兢心不定。只爲俏多才。無奈强踏掙。

佳期約在重門左。那怕千層鎖。等到二更過。夜静風寒無藏躲。遍體冷如冰。一念心如火。

寄書

手拂花箋情如醉。和淚研成墨。越想越添悲。寫到傷心心先碎。句句繫柔腸。字字出肝肺。

自從别後無一字。未審情何似。把筆自沉思。書中不必别傳示。一半枕邊情。一半心間事。

相思萬縷腸千寸。豈是平安信。書上淚成痕。玉腕沉沉雙毫頓。人遠恨偏長。紙短情難盡。

容顔憔瘦扶不起。湯藥難調理。無奈報君知。歸早歸遲全憑你。筆下淚千行。心上人千里。

春遊芳草

春來無處無芳草。爛漫金谷曉。绿柳射妖桃。萬紫千紅知多少。行樂欲及時。莫待鶯花老。

夏賞緑荷

新荷亭上人無寐。池畔鴛鴦睡。玉露泛金杯。沉李浮瓜偏多味。醉酒翠盤斜。雨洒珍珠碎。

秋飲黃花

一天秋色寒幽舍。砧杵驚殘葉。白露曉窗結。滿地黃花不曾謝。沽得酒一壺。且把衰顏熱。

冬吟白雪

同雲密佈籠庭宇。埋没雙鶴羽。遍地是瓊琚。白雪陽春吟不足。莫慮老江關。且喜驚人語。

天　理

世事如棋多成敗。富貴誰不愛。造物最明白。算來都是冤家債。一廢對一興。一利還一害。

世事如丸多走滚。那箇長安穩。巧富轉拙貧。天理循環十分準。一苦對一甜。一益還一損。

世事如燈多明滅。富貴如花謝。伶俐轉癡呆。造化週迴毫不借。今世受折磨。都是前生業。

世事如環多週轉。盛滿誰長遠。物理自推遷。蹇者常亨亨常蹇。否泰是前緣。何用生褒貶。

長亭柳

傷情最是長亭柳。折盡離人手。誰肯念嬌柔。怨雨愁風朝朝有。常伴斷腸人。幾醉別離酒。

梨花院

瓊樓高處飄白雪。飛入幽人舍。素質淡粧别。一點清香生良夜。落盡滿天星。斷送長空月。

相思病

相思不覺從何受。暗把腰肢瘦。食寢盡爲仇。鬼病懨懨無人救。不見錦箋來。枉把青囊購。

相思不覺從何至。暗把愁腸刺。憔悴淡胭脂。只爲心頭難言事。不見漢相如。害死卓文氏。

相思不覺從何害。真是多奇恠。不癢不疼災。一陣昏迷無些脉。恩愛反爲仇。鬼病翻成瘵。

相思不覺從何入。先據膏肓處。大藥怎能除。萬恨千愁心頭聚。薄倖但歸來。此病連根去。

惜春

百年富貴如飛絮。喫緊留不住。乘興借須臾。明月清風一相聚。花送好春歸。酒帶閑愁去。

鶯啼花落應無數。處處悲春暮。景物暗相逐。芳草萋萋夕陽路。萬事酒一壺。百歲人一度。

落花飛絮年年有。可怪不長久。天地老蜉蝤。一瞬一息人白首。無計可留春。有物須沽酒。

昨朝猶道韶光早。今日鶯花老。歲月不相饒。過去未來知多少。眼底暮春歸。天外朱□□。

老　嘆

人生百歲七十少。大夢誰先覺。把鏡自量度。我也不知吾將老。萬事轉頭空。受用多些好。

歸　意

茫茫宇宙誰參透。世事難窮究。天地自悠悠。六尺形骸將焉就。鳥倦亦知還。雲懶不出岫。

早　起

可嘆世人無滋味。無個囫圇睡。名利火急催。汲汲張張忘形纍。危幕燕爲巢。沸鼎魚求寐。

雪　行

同雲四塞乾坤罩。迤邐楊花鬧。隱隱酒旗搖。滿地瓊瑤不識道。冷落遠山樵。寂寞寒江釣。

聖水遊

清流一抱湍湍轉。脉脉由來遠。勝概幾千年。一派溶溶無深淺。聞道是桃源。何故迷劉阮。

旅　况

一身萬里天涯遠。最是難消遣。人被利名牽。羞見江東頭不轉。百煉志不磨。只爲親不顯。

勸　酒

誰醒誰醉誰先覺。醒醉一般老。須信酒功高。打破愁城除煩惱。身外利名危。醉裡乾坤好。

安命

勸君休把雙眉皺。可已都將就。分外豈能求。一飲一啄難消受。身安莫怨貧。無病休嫌瘦。

屈必伸

大丈夫困斂鵾鵬翼。鷄鶩由他戲。有日吐虹霓。一舉成名驚天地。三策獻重瞳。六尺惟忠義。
大丈夫困守顏回巷。壯志不屈降。有日用鷹揚。氣捲江淮千層浪。一念在君王。肯把丹心喪。
大丈夫困守一簞食。且待風雲至。有日報明時。治國安邦晉吾事。眼底小兒曹。那識鴻鵠志。
大丈夫困守毛錐硯。且待魚龍變。有日浄烽烟。三箭天山君王眷。百煉志不磨。耿耿心一片。

安　愚

吾醒吾醉從吾也。愛憎由他也。生死聽天爺。喚馬呼牛憑人也。無是也無非。無禍無災也。

不見機

皂蓋烏紗多榮耀。盡都是功名套。不肯早開膠。只待雪擁藍關道。不見范蠡羞。枉惹張良笑。

玉路金堦人争目。全不想君王怒。請入悶葫蘆。十大功勞成虚度。風雪滿乾坤。眼看無歸路。

紫袍象簡誰不愛。探就裏風波大。名利把人埋。幾人參破時不再。韓信爲誰亡。晁錯因誰賣。

前呼後擁衣冠美。盡都是勤王國。不肯慮己危。踏犯消息纔知悔。千載嘆長沙。萬世悲湘水。

勉　讀

螢牕苦志勤習講。莫待青春長。星斗煥文章。二月春雷一聲響。平步上雲梯。名姓魁金榜。

進　善

持身全在心一片。五性當知變。湍水賦於天。可以爲善爲不善。伯玉道知非。子夏明心戰。

【南仙吕入雙調玉抱肚】

烟波釣徒

山隣水近。覓玄真烟波舊津。青箬笠傲雪欺霜。緑蓑衣臥雨棲雲。直鈎不餌漫垂綸。坐向沙頭洗幻塵。

幻塵滌去。湛靈臺冷然太虚。陋三公數尺漁竿。了一身一葉鳧車。灘頭破岸結蝸廬。只釣滄浪不釣魚。

釣魚何羨。探吾真一心泰然。看幾個鷗鷺忘情。對一輪明月常懸。清風吹我蓼花邊。
白日無居夜有舡。
有舡不漏。任悠悠石朋水儔。怪李膺不早登仙。咲范蠡枉自湖遊。吾今小可泛洪流。
流到滄洲是盡頭。

無不可

無牽無掛。老先生其實哈嗒。共知音對句聯詩。伴騷人覓柳尋花。逢場作戲是生涯。
費甚周折磨甚牙。
無成無敗。老先生其實快哉。管甚麽誰是誰非。論甚麽誰正誰歪。從他喁喁辨黑白。
咬定牙關不要開。
無災無禍。老先生其實快活。飽時節肚兒勤揉。醉時節眼兒常合。從他千丈起風波。
任我隨心信口歌。
無名無利。老先生葫蘆胡題。把那些者也之乎。都付與詩酒琴棋。從他閑是與閒非。
擺首摇頭不要題。
無偏無倚。老先生有些見幾。迴避了玉路金堦。受用些茅舍竹籬。但能一覺倣希夷。

何必三公銘鼎彝。
無憂無慮。老先生賞花釣魚。樂時節一曲瑶琴。悶時節數卷殘書。胸中塵味了無餘。世上功名總是虛。
無拘無繫。老先生朝東暮西。料閑身無甚榮辱。樂餘生有甚高低。百年大夢幾人知。有興何妨醉似泥。
無驚無怕。老先生隨緣度華。想當時氣吐虹霓。到而今高卧雲霞。東隣唤我種桑麻。西舍邀吾賞杏花。
無聲無臭。老先生枕石漱流。存兩字無諂無驕。盡一心不忮不求。忠言逆耳反成仇。今後逢人只點頭。
無優無劣。老先生偏能養拙。誰不欲逐世峥嶸。怕的是與命周折。虛名薄利怕干涉。淡飯粗衣將就些。
無災無障。老先生半疏半狂。愛的是静裡乾坤。怕的是閑處風光。尋幽先要遠蕭牆。結社還須君子鄉。
無譽無毁。老先生明危鑑微。看破了士俗難醫。説甚麽人瘦能肥。閒來拭目看雄飛。羞向人前傚詭隨。

無剛無欲。老先生寧貧肯屈。也不敢以詐作奸。也不善以智爲愚。光風霽月老俗儒。一點靈臺對太虛。

無愁無悶。老先生山村水村。白日裏對酒敲棋。到晚來釣月耕雲。乾坤散誕一閑人。那有風波來到門。

無昏無晝。老先生花樓酒樓。喜的是詩酒常懽。愁的是日月難留。得風流處且風流。何苦忙忙兩鬢秋。

無明無夜。老先生頑些耍些。尋一會酒肆詩壇。串一會柳陌花街。桑榆自警下坡車。纔待縱横日已斜。

物我重輕

誰將誰賣。咲官人全不自猜。一邊是兩字功名。一邊是六尺形骸。功名畢竟送形骸。算是癡呆算是乖。

陰晴難料。咲官人全不自度。一邊是貫頂烏紗。一邊是蓋世人豪。烏紗畢竟送人豪。算是低兮算是高。

一衰一勝。咲官人全不自驚。一邊是塵土衣冠。一邊是磊落英雄。衣冠畢竟送英雄。

算是糊涂算是明。
一憂一懼。咲官人全不自恤。一邊是君主恩榮。一邊是父母身軀。恩榮畢竟送身軀。
算是聰明算是愚。

止謗

物來順受。是和非何必苦求。雖然是積毀爍金。也須記好辯招尤。禦寒莫若整重裘。
止謗須知進自脩。

樂閑

浮生虛幻。嘆一身悠悠夢間。看了他百歲奔忙。怎抵俺一日清閑。功名無纍祿不干。
行也心寬坐也安。
無營無幹。睡一覺神安夢安。愛清閑名利無求。怕繁華富貴不攀。一身不去賀蘭山。
兩脚不踏拜將壇。
閑身閑過。守吾拙一心泰和。迴避了忙處峥嶸。受用些静裡蹉跎。等閑不見有干戈。
一日三飡且快活。

悠悠自在。樂逍遥其實快哉。是和非不上眉頭。利和名那在襟懷。身如野馬寄塵埃。心似閑雲任去來。

善　忍

蒙塵含垢。大丈夫能謙善柔。漢淮陰胯下屈人。婁師德面唾包羞。一朝能忍百無憂。揭地掀天事業稠。

能　恕

能容乃大。探人情莫不有差。學聖人德量寬洪。用夫子忠恕浹洽。非非是是但憑他。何必區區較廣狹。

數　奇

數奇非偶。嘆英雄空懷杞憂。六韜書緯地經天。三尺劍射斗冲牛。風雲未遂志難酬。一點丹心兩鬢秋。

不知止

晁錯多智。進忠言全不見幾。好開交不肯開交。要别離怎得别離。豈獨范蠡笑人痴。越顯張良有見識。

幽懷

神仙無分。且藏身烟村水村。看白鷗撞破殘霞。靠青山界斷紅塵。清風明月共三人。去住悠悠一片雲。

娶妓

牆花路柳。美妖嬈街頭陌頭。花朵兒咲咲嘻嘻。柳條兒軟軟柔柔。連根移向草堂幽。只恐出牆興未休。

道院

仙家滋味。一茆菴青山四圍。松陰下坐待鶴來。石頭上卧看雲飛。黄經道籙漫相隨。

清淨堂前誦幾迴。

湖　遊

鑑湖佳趣。小乾坤襟懷自舒。受用些新酒活魚。說甚麼漢史秦書。圍棋小可對須臾。千古興亡只半局。

省　悟

機關打破。總不如風魔酒魔。前面有千古興亡。後頭有萬載干戈。多多少少磣風波。一箇人兒挣幾何。

官　悟

才稱王佐。總不如清閑快活。一邊是富貴榮華。一邊是地網天羅。忠臣義士待如何。自古君王不認錯。

一朝參破。比無官愁腸更多。思一會天道陰晴。慮一會人世風波。天時人事兩相合。理數盈虛最怕過。

官家成敗。古和今誰能預猜。麒麟閣博得功名。未央宫不論黑白。多多少少棟梁材。幾個淵明歸去來。功名榮耀。等閑間翻成禍苗。該回頭不早回頭。要開膠不得開膠。總然韓信有機謀。那似張良識見高。

言懷

無慚無愧。更何憂天恢網恢。心不干薄利虚名。身不惹閑是閑非。光風霽月縱雙眉。不對人言不敢爲。

鄉思

一官不大。把鷄肋咂之又咂。走玉門一事無成。對青銅兩鬢生華。五更歸夢在天涯。一片鄉心先到家。機關識破。叩天門丹心盡磨。爲功名不短不長。賺英雄不死不活。五十纔覺四十錯。一片鄉心老去多。封侯滋味。到而今千膫萬膫。想金闕日遠天高。望燕臺霧鎖雲迷。幾番提起夢魂飛。

一片鄉心夜夜歸。

兩眉不放。望白雲幾迴斷腸。白日裡身在胡天。到晚來夢遶高堂。半生壯志自堪傷。

一片鄉心萬里長。

龍争虎鬭。鬧垓垓風塵滿頭。把那些戰北征南。都做了飄瓦虛舟。雲山渺渺思悠悠。

一片鄉心逐水流。

瞻前顧後。人都會藏頭爽頭。俺如何不醉不醒。爲甚麽無了無休。鶯花點點鬢邊稠。

一片鄉心不暫留。

不成不就。命中無何必苦求。看了那威鎮三關。總不如高卧一丘。行囊點檢按吴鈎。

一片鄉心火上油。

壯懷

壯懷難破。嘆英雄其實命薄。誰不待愛國忠君。誰不待暴虎馮河。彈鋏有意向誰歌。

投筆無門奈我何。

壯懷難遇。有誰識鴻儒漢儒。誰不待踏碎天驕。誰不待生繫單于。終朝砥礪守廉隅。

何日軍聲動九區。

壯懷激烈。把丹心乾坤照徹。誰不待掃滅狼烟。誰不待蕩盡胡穴。燕臺多少水山隔。說起叫人氣欲咽。壯懷難剖。恨悠悠氣冲斗牛。誰不待爲國忘家。誰不待與世除憂。明珠不敢暗相投。空笑馮驩歌蒯緱。

歷世

磨光刮垢。也須要包羞忍羞。想當時偏好出尖。到而今學會縮頭。三千豪氣付東流。百煉剛成繞指柔。

塞月

蟾光如練。是誰家長空鏡懸。散清輝酒肆花樓。下寒波虜地胡天。東昇西墜任週旋。那管征人困馬韉。晴空飛鏡。照山城森森柳營。聽胡兒畫角聲殘。看將軍寶劍霜凝。玉輪踏碎滿天星。皎皎垂波獨自明。金波燦燦。轉冰輪雲寒水寒。送佳人驀柳穿花。伴征夫渡海登山。清光分得滿雕鞍。

步步隨人夜過關。玉盤如鏇。任縱横山啣水眠。逐離鴻白草黄沙。送征人雲外天邊。殘砧破杵晚風前。皎皎團團獨自圓。

名　利

虚名薄利。引的人心迷性迷。做官的掙下名聲。愛錢的趲下東西。齊賢跖盗任留題。説起傷生一樣悲。

憶歸期

憑欄獨立。聽花間鶯啼燕啼。鶯嘹嚦如訴凄凉。燕呢喃總是别離。教人曲指算歸期。憔悴形容減玉肌。芰荷亭上。見鴛鴦三行五行。一對兒交頸蒲邊。一對兒並卧蓮傍。教人無語細端詳。不見歸期惱斷腸。凄凉時候。聽征鴻倏倏過樓。映疏簾明月冷冷。走空堦落葉颼颼。教人腸斷淚交流。曲指歸期又半秋。

牀寒被冷。暗傷情肝腸碎疼。含着淚織錦迴文。昧着心拜月瞻星。教人曲指算歸程。一夜常思三四更。

老却風流

追懽買笑。老先生看看二毛。迷魂陣千戰千輸。琉璃井一步一交。紅裙白髮暗相嘲。心帶羞慚面帶囂。

花營柳寨。老先生終朝弄乖。鴛衾內枯木逢春。錦帳裏老體如柴。厖眉皓髮搵香腮。一朵蓮花藕上開。

蜂嫌蝶怨。老先生全不自憐。貪戀着假意虛情。没死活詭混胡纏。燈前枉費杖頭錢。不解嫦娥愛少年。

花街柳巷。老先生鶯忙燕忙。昧着心抹鬢塗鬚。忝着臉發誓盟香。貼皮粘骨雨雪鄉。不到無常不散場。

詩酒忘懷

乾坤浩蕩。展襟懷山長水長。酒灌的懵懂癡呆。詩魔的豪放疏狂。悶來一醉到高陽。

不數知機張子房。

人心

人情可嘆。做天公其實也難。身閑時常恨無官。有官時又愛清閑。朝求榮貴暮求安。多少天公着眼看。

戒氣

休生閑氣。也不須争高競低。用柔的善保身家。好剛的撞破頭皮。饒人過後得便宜。忍恥包羞豈是癡。

烟花

烟花圈套。説甚麽鸞交鳳交。陷人坑擺定排塲。浮萍草結下窩巢。殘雲剩雨弄鮫綃。不是皮焦是肉焦。

烟花光景。説甚麽無情有情。無情的走入財鄉。有情的犯了災星。迷魂陣裡賣聰明。銅斗家貲火上冰。

烟花腔調。説甚麽甜桃苦桃。嗚珂巷暮雨朝雲。悲田院破礶殘瓢。蓮花落裏雪瀟瀟。那箇風流有下稍。

烟花滋味。説甚麽薄誰厚誰。只弄的財散人離。纔信道水盡鵝飛。終朝買俏共徘徊。不到精光不算迷。

烟花情況。説甚麽張郎李郎。愛的是大塊金銀。用不着滿腹文章。終朝有鈔口如糖。一日無錢面帶霜。

烟花最狠。説甚麽情真意真。枕兒邊陪伴新郎。心兒裡另是别人。人人都要討真心。一箇真心幾處分。

烟花腔範。説甚麽盟山誓山。把那些剪髮燃香。止不過賣俏營奸。迎新棄舊最難看。説起教人心上寒。

烟花風浪。説甚麽長江大江。雖不是赤壁鏖兵。等閑閒氣死周郎。眼前不見有刀鎗。暗送無常柳陌鄉。

相　思

少魂失智。這些時拿東忘西。茶飯上懶待粘唇。睡夢裡怕待着席。不疼不癢病難醫。

不是相思是甚的。
無音無信。怎支持愁身病身。害的俺廢寢忘餐。只爲他可意着人。行思坐想悶昏昏。
夢裡相逢醒後親。
前生少欠。想的人魂顛夢顛。只爲他伶俐惺惺。害的俺鬼病懨懨。心兒常念口常掂。
不是愁添是悶添。
舌尖念破。心兒裡自折自磨。只因他知熱知疼。想的俺不死不活。柔腸輾轉似刀割。
只爲冤家恩愛多。

雜　情

心腸走滚。慣油滑坑人閃人。散的是兩字相思。使的是一樣温存。不真不假最難分。
到處逢人到處親。
精細休逞。全不怕山盟海盟。在誰行送煖投寒。我跟前假熱虚疼。藏頭露尾賣惺惺。
打聽真實了不成。
心腸使碎。暗傷情燈前淚垂。想當時我咲人癡。到而今人笑咱迷。東墻撞倒自不回。
愛好貪他敢怨誰。

如癡似醉。果然是當局者迷。誓和盟畢竟無憑。恩和愛一旦成非。分明看破暗喫虧。欲待丢開心又回。

君心忒狠。爲新人丢開舊人。舊人兒何罪何疏。新人兒何厚何親。一朝另有更新人。今日新人是舊人。

誰非誰是。巧舌頭胡支亂支。在誰家賣俏追懽。我跟前者也乎之。迎新棄舊快一時。負義辜恩何所辭。

神奸鬼詐。見人來不曾見他。弄風流真箇風流。説情雜異樣情雜。前生前世是冤家。對了冤家不算差。

絶情太甚。全不念恩深意深。弄輕狂柳絮楊花。頓忘了天理人心。五魁隊裡覓知音。自悔當初錯認針。

虔　婆

口甜心硬。説甚麽新情舊情。手兒裡不見青蚨。臉兒上刮下冰凌。入門無底陷人坑。車載舡裝不見平。

擒拏縱放。歹風光不説虎狼。傻憑魁帶骨連皮。鄭元和一掃精光。鐃君伶俐走的忙。

有翅無毛也帶傷。
虚心冷氣。包藏着坑人見識。富家郎似漆如膠。窮姐夫財散人離。有錢終日是夫妻。
手内消乏不要提。
心殘性忍。假慈悲瞞人哄人。巧舌頭用盡機關。苦差伐趲下金銀。一朝業滿見閻君。
遊遍陰曹地獄門。

良遇

佳期良遇。乍相逢情同水魚。一箇是卓氏文君。一箇是司馬相如。提壺賣酒兩情舒。
他自雙乘駟馬車。
佳期有幸。志誠的尋着志誠。情和意魚水相投。恩和愛鸞鳳和鳴。同心羅帶結同盟。
夙世姻緣今世成。
佳期非偶。天配成鸞儔鳳儔。愛聰明偏遇聰明。賣風流正撞風流。佳人才子兩相投。
不是冤家不到頭。
佳期有定。那在乎花營柳營。這一箇軟欵温柔。那一箇俊俏聰明。惺惺自是愛惺惺。
何用星前説誓盟。

林石逸興序

余聿秦藩，脱政歸里，理紛接物，深患塵嬰。且旁覷雕俗，日偷日弊，而太古之風無復見矣！可勝晝乎？意藉吟詠，以少洩萬一第。異代殊尚，聲教降衰，白雪寂聞，下里稀遘，似無可晤歌者，嗚呼！是豈亘古迄今，樂府詩流絶無可以寄於聲乎？不然。情有所不能通，人有所不能到耳。其如里巷歌謡，豔聲嬌響，尤不足以置喙。余方獨思沈想，若將有爲，不圖吾邑蓮溪薛君走一介持一帙，曰「林石逸興」，凡十卷千首，從塞上以貽余。余閲數行，不覺心目寥朗，頓足而起舞，抗音而高歌，甚至把卷忘飡，遑無寧處。何哉？蓋深有默契乎衷矣。夫樂由音著，音自心生，實有本乎自然者也。不歌則已，歌必使之聲入心，通情無留滯，斯可矣。孔子曰：「興於詩，成於樂」。厥三百篇紀事詠物，莫不出乎自然，亦莫不蕩滌邪穢，流通精神，養中和之德，而救氣質之偏者矣。相維世道，孰云小補。然旨趣玄遠，義理邃奥，豈惟匹夫匹婦無以識悟，即騷人墨士難可詳悉。繇是近代以來，非治業經生，則置而不講矣。吁示瞽以文章，責聾於鐘鼓，是强其所不能也。若君所輯，託物寓興，質古擬今，語邪穢則默奪潛消，語精神則飛華揚彩，語中和則包涵天地，語氣質則變化性靈。發之以七情，寄之以六義。縱横反覆，若出一言。意深而詞淺，理微而義著，俾匹夫匹婦，如見黑白；騷人墨士，若數一二。準之以聲律，被之以管絃。聞之者心闓意悟，識太古於謳歌，化時俗於譚笑，苟偷風少挽厥功，豈亦小補云哉。嗟呼！以君不世出之才，而不顯於其世，得非數之奇耶？抑天之屬意於老成耶？造物者蒼蒼，余固不得而知也。然君之才之德，生於桑梓，習於嬰孩，知之既稔，寧非已言。君生而穎異，八歲屬文，視青紫若囊耳。奈何上天弗弔，未冠遭孤，負數弟於繈褓，自以爲大不幸，遂輟經治生，手足之外無他念。逮數弟撫育如林，矢心一炊，竟名恭友。里中有鬩於牆者，輒以君義相規。既而君以文武才，假異途樹勳疆埸，侯萬户。旋以忌免。君復振鱗刷羽，激水揚鬐。或犯門斬關以獻俘馘，或濬渠通漕以備軍實，或治堤障水以活萬姓。君之奇績偉烈，赫赫奕奕，非口指所能悉也。於是稍復其官以需大用，而君之是述，蓋亦鳥倦知還，故有東山之意耳。雖然方今西北多事，正聖天子拊髀之秋，君藏數萬於胸中曾不一展，豈能逸於林石已乎！因其述而述之，用傳不朽云。萬曆庚寅秋望，定興龍川居士胡汝欽撰。

林石逸興引

詩出於離騷、楚辭，蓋風雅之變也。如今之歌曲，樂府尚矣，能道詞者，或闇於齊量度數之法，樂可易知乎哉！明興二百餘年，文命覃敷，制度大備，獨音律闕然不講，師失其官，即新聲小令，亦鮮名家！正、嘉以前，學士大夫，歆慕詩餘，時一點綴，超軼宋元，然於管絃無當也。輓近傳奇間出，要皆綺羅香澤之態，綢繆宛轉之度，非旅思閨愁，即麗情宮怨，亦無取焉。吾友薛談德氏，博綜六藝，淹貫百家，浮沈紘綱之内，睥睨玄虚之表。嘗扼腕而歎：「制禮作樂，國家大典，奈何當吾世，使音律不追古昔，不明于天下，後世無傳焉？士人之耻也！」顧清廟虞庭之音，則有司存，尚需他日。聊以緒餘，發爲逸興，積日得詞十卷，卷百首，成一家言。大而五常百行，見性明心。其次比事屬詞，引伸觸類。所謂曲者，曲盡人情者也。其智圓，故其音節以舒；其識曠，故其詞邕以達。昔山谷老人稱晏叔原樂府爲狹邪，大雅豪士鼓吹，彼固花間陽春之豔耳。孰如切時務，合人情，關世道，通物理，士君子詠之，颺然冲瀜；而庸夫聽之，憮然蕩滌也。斯足以傳矣！乃若審度齊衡，諧聲協律，世有賞識之者，其自序詳之，不具論。萬曆戊子夏日新安吴京書

林石逸興序

粤漢之武宣，樂府興而聲律盛，其來邈矣。事細迹微，而代不絶音者，以其歌頌國家遺美，未可以闕之也。千百年來，體製音調，大不古侔。弗失於律，則離於體；弗過於文，則傷於俗。夫失乎律則音乖，離乎體則本謬，過乎文則言晦，傷乎俗則語陋。之數者，殆非所以盡聲律之微，而發歌詠之妙也。迨我聖朝人文極盛，政化是務，而聲律渺矣！儒者陋而莫爲，庸者爲而莫恥，是以清歌雅調，煙滅灰飛，俚語淫聲，塞衢盈耳。休明盛世，而聲教墜之若此，寧無惜乎！余少讀章句，時趨庭履市，過則掩鼻，深不欲污吾之耳。既而學以病

廢，竟墮武流。自分樗散，無堪世用。乃遊心樂圃，用情詞苑，頗得音律之微，歌詠之趣。或感慨於夙昔，或遊覩於心目，輒敢忘其譾陋。晝詠宵興，措得千曲凡十種，一種百首，每百首析爲一卷，共得十卷，名曰：「林石逸興」。其所製作，或忠於君，或孝於親，或憂勤於禮法之中，或放浪於形骸之外，皆可以上鳴國家治平之盛，而亦可以發林壑遊覽之情。求無聲律之弊，或庶幾焉，曰工則未也。攄懷寄志，縱興長歌，而性情卷舒，其不在是乎。同聲君子，幸無以狂僭罪諸。萬曆戊子孟夏上浣日薛論道自述

跋林石逸興

余請纓之塞上，躑躅有日矣。環矚燕臺，茫茫無入手處。嘗鼓鋏興歌，放情吟詠，以故得翻閱詞林，檢拾樂府，音律之曲度，意味之醇醨，微有得其概矣。且有慨於中矣，何哉？珪璧烜目，一時翰墨傳心，千載述作，豈易言歟。會撫侯譚德薛君，偃革辭軒，出雜曲凡千首，析十卷，題曰：「林石逸興」，脱稿以示余。沈吟嚼啰，心醉神怡。諷采安歌，雲飛雪起。其於古今之成敗，物理之變遷，習俗之雕弊，世道之靡薄，囊括殆盡矣！用備省察，足可以垂鑑戒，藉益心身，或可以揭幻嬰。是編一輯，賤者安，貧者樂，鋭者折，矜者摧，化今警後，弗溺於物慾者，而君之遺範，豈淺鮮哉！異日提鼓揮桴，陳師鞠旅，回視逸興，特藝苑之游戲耳！俾後世想望風采，誠男兒不朽事。用侈其傳，不亦宜乎。歲戊子，索不

類操觚付梓，余味兹興多，髫鬌啞鍾之説，遂搦管以就其業云。萬曆庚寅中秋日永興俞鍾識於古檀青萍館

按：關於薛論道的生卒年，吴曉鈴先生「讀飲虹簃散曲叢刻」一文有詳細考證，約生於嘉靖十年（一五三一），約卒於萬曆二十八年（一六〇〇）。兹從吴説。

〔一〕「惺惺」，原作「猩猩」。
〔二〕「嫖」，原作「瞟」，兹改。下同，不另注。
〔三〕「否」，原作「掔」。
〔四〕「潤」，原作「閏」。
〔五〕「色相」，原作「色象」。

沈一貫

沈一貫，字肩吾，號龍江，别署蛟門，浙江鄞縣（今寧波）人。隆慶二年（一五六九）進士，授檢討。萬曆間晉太子少保户部尚書，武英殿大學士預機務。著有喙鳴詩文集、吴越游稿、莊子通、經史宏辭等。生於嘉靖十年（一五三一），卒於萬曆四十三年（一六一五），年八十四。

套 數

南北中吕合套

西湖佳景

【粉蝶兒北】小扇輕羅。却便有真蓬萊也賽他不過。怎比着百二山河。嵌平堤。連緑野。端的有亭臺百座。自羽化了東坡。逋仙詩有誰來賡和。

【泣顔回南】謾説鳳凰坡。怎比繁華江左。無窮風景。端的是勝跡極多。烟籠霧鎖。

遶六橋翠嶂如螺座。清藹藹山抹柔藍。碧澄澄水泛金波。

【石榴花北】俺只見採蓮人唱采蓮歌。端的是景物勝其他。俺只見遠峰倒影蘸着清波。晴嵐似翠鎖。怪石似嵯峨。俺只見忒𢬵𢬵沙鷗兒點得湖光破。咿啞啞櫓聲經過。見幾個女妖嬈。女妖嬈閒憑着雕欄坐。一似寶鏡對嫦娥。一似寶鏡對嫦娥。

【泣顔回換頭南】〔二〕緣何。樂事賞心多。詩朋酒侶曾費吟哦。花穠酒釀。破除萬事無過。追遊玩賞。對清風明月安閒坐。任他是春夏秋冬。適興四時皆可。

【鬭鵪鶉北】鬧嚷嚷急管繁絃。鬧嚷嚷急管繁絃。齊臻臻蘭橈畫舸。嬌的的粉態相連。嬌的的粉態相連。顫巍巍翠雲半朶。這的是洗古磨今錦繡窩。你可不信試觀他。綠依依楊柳千株。紅拂拂芙蕖萬朶。

【撲燈蛾南】静陰陰溝平蓮蕋香。明皎皎月穿岫雲破。清湛湛水光浮藍碧。響潺潺曉鐘兒敲破。嗚咽咽猿啼古嶺。見對對鴛鴦戲清波。高聳聳雷峰蘸影。碧澄澄水中魚戲動新荷。

【上小樓北】密稠稠那一搭。疏辣辣這幾窩。俺只見映着青天。俺只見映着青天。倚着青山。蘸着清波。俺只見微雨初收。俺只見微雨初收。微烟初散。微風初度。再休題淡粧一似濃抹。

【撲燈蛾南】疊疊層樓峻閣。簇簇奇花異果。軟軟的芳草茵。茸茸的緑艸鋪。趷的趷蹬馬蹄兒踏破。隱隱見長橋跨波。隱隱見長橋跨波。裊裊似緑柳金拖。裊裊似緑柳金拖。飄飄颺颺[三]漁舟釣艇。點點見滿船雨笠共烟蓑。

【尾聲】陰晴昏晝堪行樂。古往今來題咏多。雪月風花皆是可。（樂府先春）

按：盛世新聲、盛世詞林、樂府争奇無題，雍熙樂府、新編南九宫詞題作「西湖十景」，昔昔鹽題作「西湖佳景」，紘索辨訛題作「咏西湖」，俱不注撰人。樂府先春無題，注沈蛟門作。詞林摘艷題作「錢塘湖景」，注貫石屏撰。南北詞廣韵選題作「西湖」，注元人。詞林白雪無題，北宫詞紀題作「西湖遊賞」，署名貫酸齋。詞林逸響、古今奏雅題作「詠西湖景」，怡春錦題作「詠景」，皆屬李日華。珊珊集題作「湖景」，注唐伯虎撰。未知孰是，惟録鬼簿云：「以南北調合腔，自和甫始。」以此合套屬時代先於沈和之貫雲石，似無可能。兹姑以之屬沈蛟門，題從昔昔鹽。

〔一〕曲牌〔泣顔回換頭南〕原作〔料峭東風南〕。

〔二〕「颺颺」，原作「洋洋」。

于慎思

于慎思，字無妄，號航隱，山東東阿人。諸生。有龐眉生集。生於嘉靖十年辛卯（一五三一），卒於萬曆十六年戊子（一五八八），年五十八。

小令

【北雙調折桂令】

題　情四首

恰相逢景物新秋。畫閣風生。玉宇螢流。霧濕雲鬟。香消寶鼎。月上妝樓。惱殺人誤情事酕醄病酒。想殺人訴衷腸的歷含羞。春筍雙搊。羅襪一鈎。牽纏着沈約閑身。斷折㈠出宋玉閑愁。（龐眉生集）

俏多情忒也撒乖。意惹情牽。眼去眉來。見了他性格温柔。心腸疼熱。笑語和諧。勸酒呵促雁柱春風調改。動情時卸鴛幃夜合花開。好夢須猜。好句難裁。話青樽幸

遇知音。到良宵休負多才。（龐眉生集）

倩紅卿鎮日凝眸。一遇嬋娟。便結綢繆。他有盼盼聲名。瓊瓊體態。小小風流。游冶來御橋畔行行垂手。供奉時春殿前嚦嚦歌喉。幾度閑愁〔三〕。委實難丢。子今日撥銀箏醉倒蘭房。不枉了拍雕鞍走遍紅樓。（龐眉生集）

俊周郎胸次非凡。惆悵千秋。潦倒十年。掉臂紅樓。焦心黄卷。過眼青錢。暫來到沂水畔鶯花翠館。怎忘卻魯壁中魚豕殘編。誤入桃源。幸結盟緣。叵耐咱多病多愁。禁當他相愛相憐。（龐眉生集）

套數

自慰

【北南吕一枝花】甚疎狂舊姓名。但瀟灑閑風度。解千金腰下劍。藏八陣袖中圖。萬事模糊。辨白黑休開眼。混龍蛇且任俗。閒來時錦繡場特地招邀。悶了呵歌吹海喧天笑語。

【梁州】秀人豪胸襟忒煞。謊書生膽力空粗。終軍不遇封侯數。忽刺八青春歸去。眼睁睁绿鬢蕭踈。不飲呵桃花笑您。趁心時明月隨吾。利名場懶去追趨。翠紅鄉索自支吾。抛撇下蝸角蠅頭。成就此鷺儔雁侣。温存些燕子鶯雛。狂歌。醉舞。那裡是章台誤了青雲路。對韶華怎辜負。子俺這三尺青萍數卷書。老盡了多少頭顱。

【罵玉郎】雲英掌上纔歌舞。恰又早對春風醉玉奴。蓬壺深處無窮趣。粉牆畔绿楊煙。畫欄前紅杏雨。重門外白萍渡。

【感皇恩】醉瓊花杜牧江都。泛清流坡老西湖。也只是劣胸懷。等今古。爲朝暮。這丰韵誰人比數。醉來時天地吾廬。正秋風月兔圓。又春來梁燕語。忽衰草寒鴉没。

【採茶歌】麟閣畫待何如。黄粱夢總成虚。休要把潑形骸浪自苦利名途。一任他珠勒踏殘芳草路。俺子待金樽沉醉碧紗櫥。

【尾聲】他本是輕裘駿馬諸年少。白眼青天舊酒徒。他有蓋世文章志不遇。落魄江湖。不混塵俗。敢子是傲睨乾坤千萬古。（龐眉生集）

遣　興

【北雙調新水令】多情偏惱玉堂仙。業相思那生少欠。殷紅濕錦翠。細粉醉嬋娟。春色堪憐。這歡會怎消遣。

【駐馬聽】何處情緣。十里紅樓御路邊。許多幽怨。兩行清淚落花前。筆鋒愁蘸碧雲天。琴心肯負白頭願。多留戀。□才情風月宜春苑。

【沉醉東風】他有時節教鸚鵡晚妝庭院。有時節抱琵琶午夢亭軒。愁懷凝新月眉。醉態入春風面。謊書生打俏偷憐。一覺青樓十許年。把一個薄倖的名兒傳遍。

【折桂令】俊周郎豪氣翩翩。下筆淩雲。揮麈談天。萬里貂裘。千金寶劍。書卷殘編。也曾跨駿馬嫖姚塞上。也曾聽春雞涵谷前。錦繡蟬聯。簫鼓喧闐。則今日困守螢窗。待何時浄掃狼煙。

【雁兒落】再不請終軍繫越纓。再不彈介子平胡劍。再不望淮陰拜將臺。再不讀定遠封侯傳。

【得勝令】因此上費盡買花錢。可又早時值豔陽天。招邀些明月樓中客。簇擁着天台洞裡仙。舞翠袖雲鬟。倚東窗羅袂軟腰肢倦。貼玉面花鈿。殢東君粉容嬌春印淺。

【沽美酒】逞風流醉綺筵。寫離恨滿雲箋。只是當時已惘然。則這花明柳妍。休負了鶯聲喚。

【太平令】蘸秋水芙蓉小院。弄春晴楊柳輕煙。揉染就花嬌月豔。醖釀出蜂愁蝶怨。俺呵燈前。酒邊。任狂呼醉眠。似這等風情無限。

【離亭宴歇指煞】杯浮緑蟻流霞灩。詩成玉管春雲絢。不是咱自侃。比風景似西湖。論胸襟同北海。説標格勝東山。花時醉玉樓。月下陪仙眷。更相看黯然。怕朝雨渭城秋怯。夕陽南浦暗。恨芳草天涯遠。追歡在少年。行樂開華宴。再休學守寒窗續斷簡那窮酸。假若是錦標場名利苦相招。你則道傲元龍功名意兒懶。（龐眉生集）

〔一〕「折」，原作「這」。
〔二〕「愁」，原作「籌」。

吴復菴

吴復菴，生平不詳，只知萬曆間與沈一貫同爲朝臣。

小令

【南中吕駐雲飛】

歲考生童

志氣軒昂。忽聽呼名直上堂。行走真舒暢。答應偏清亮。嗏。花朵白銀粧。紅綾飄颺。鼓樂喧天。皂隸都稱獎。童僕跟隨也有光。一等（堅瓠九集）

心下躊躇。名姓纔呼意稍舒。如插雙飛翅。也有三分趣。嗏。領賞向前趨。絨花齊樹。鼓吹低聲。送出儀門去。比上不足下有餘。二等（堅瓠九集）

焦躁憂疑。兩腳高擡望眼迷。叫的無陽氣。應的無佳味。嗏。高下總休提。過庭而已。鼓樂無聲。空把絲絲繫。無辱無榮寂寞歸。三等（堅瓠九集）

真箇蹊蹺。新進高年各討饒。文字原顛倒。疾病應昏耄。嗏。自古法難逃。用撲作教。雖不傷臀。示辱還堪惱。掩耳吞聲忍這遭。四等（堅瓠九集）

到此難提。失志消魂落水雞。求打聲如沸。免打甘如醴。嗏。那肯聽憑伊。從無此例。卸下衣巾。烏帽青衫已。半在黌宫半社裏。五等（堅瓠九集）

短歎長吁。今日頭巾是了期。戴你曾歡喜。別你何容易。嗏。老大總傷悲。原無意味。增廪多年。落得添雙翅。出學歸田任所之。六等（堅瓠九集）

據狀申文。勉納銀錢出學門。冠帶無風韻。名色無憑準。嗏。贏得好傳神。烏紗白鬢。頭角峥嶸。孫子應難認。問道尊官是恁人。援例〔二〕（堅瓠九集）

年老家貧。志氣難伸命又屯。要中〔三〕身難進。要退心難忍。嗏。仔細自評論。這條路穩。完節全名。免得親朋哂。也不生員也不民。告衣巾〔三〕（堅瓠九集）

新進儒童。文字粗知運偶〔四〕通。彩帳街前擁。盤盒門前送。嗏。氣象忒英雄。價高聲重。且請從容。休得齊喧哄。多少窮酸没此中。新進〔五〕（堅瓠九集）

到底成空。枉郤鑽謀囑托功。貴的書争送。富的銀争用。嗏。兩考興匆匆。一場春夢。説嘴揮拳。前日何其勇。今日裏抑尾垂頭不見踪。童生〔六〕（堅瓠九集）

〔一〕增訂解人頤廣集「援例」作「納儒官生員」。

〔二〕增訂解人頤廣集「中」作「進」。

〔三〕增訂解人頤廣集「告衣巾」作「告衣巾生員」。

〔四〕增訂解人頤廣集「偶」作「偶」。

〔五〕增訂解人頤廣集「新進」作「入學童生」。

〔六〕增訂解人頤廣集「童生」作「不入學儒童」。

倪民悦

倪民悦，字公甫，號少江，南直隸秣陵（今江蘇南京）人。官縣尹。有江上稿。

套數

合懽〔一〕

【北雙調新水令】綵樓銀燭照花燈。正值着上元佳令。月明歌扇小。風細舞衣輕。燕燕鶯鶯。又感起少年興。

【駐馬聽】藹藹春生。金谷依然前度景。沉沉天静。瑶琴還是舊來聲。緑窗掩映兩星明。朱闌隱約雙鴛並。重記省。風流人比當年勝。

【雁兒落】想當日曾牽刺史情。曾惹相如病。曾吹秦女簫。曾託温郎鏡。

【得勝令】到而今一笑惑陽城。千里遇郵亭。不負題紅葉。還教繫赤繩。多情。能幾個臨川令。芳名。有誰如蘇小卿。

【甜水令】一個詠月嘲風。一個攜雲握雨。都一般行徑。見放着雲淺絳河平。一個似鳳求凰。一個如魚得水。指三生爲證。可又早花醉玉山傾。

【川撥棹】假若是福緣輕。險〔二〕些兒成畫餅。比及你十載飄零。一旦招承。今夜分明。打熬出衾寒枕冷。把絲絃還再整。

【梅花酒】早陽春和已成。畢罷了閒情。整頓下前程。受用足今生。説姻緣偏輳着。論才情不多争。喜懽娱如蔗境。正月榭風亭。恰霧障雲屏。按象板鸞笙。賽錦陣花營。

【收江南】近新來牡丹亭畔少人行。荼蘼〔三〕香裏夢魂驚。海棠簾外曉寒輕。把良辰美景。倩騷人細寫入丹青。（北宮詞紀）

按：曲牌【甜水令】原誤作【叨叨令】，據譜正。

〔一〕此曲彩筆情辭亦録，注倪公甫撰。

〔二〕「險」，原作「顯」。

〔三〕「蘼」，原作「蘪」。

史槃

史槃，字叔考，浙江會稽（今紹興）人。擅書畫，工詞曲，並能登場演出。與王驥德同爲徐渭門生。著有童羖齋集；所撰雜劇三種：三卜真狀元、清涼扇餘、蘇臺奇遘，及散曲集齒雪餘香，惜皆未傳。又有傳奇冬青記、合紗記、吐紅記（後改名唾絨記）、朱履記、青蟬記、忠孝記、夢磊記、梵書記、檀扇記、雙丸記、雙串記、雙鴛記、瓊花記、櫻桃記、鶼釵記、孿甌記等；今存吐紅記、櫻桃記、鶼釵記三種。合紗記怡春錦内有殘曲；夢磊記南詞新譜有殘存佚文，馮夢龍另有重編本。約生於嘉靖十二年（一五三三），卒於天啓三年（一六二三），年九十三。

小令

【南仙吕醉羅歌】

題情三闋[一]

難道難道丟開罷。提起提起淚如麻。欲訴相思抱琵琶。手軟彈不下。一腔恩愛秋潮

捲沙。百年夫婦春風翦花。耳邊廂枉説盡了從良話。他書難信。我見已差。虎狼狠不過這冤家。（南宫詞紀）

月上月上梧桐樹。風透風透碧紗廚。一番恩愛水和魚。今向何方去。淚痕一綫羅裙綉裾。相思兩字魚牋雁書。此情渾似風中絮。鴛幃冷。鸞鏡虚。文君何日嫁相如。（南宫詞紀）

相見相見情難吐。眼上眼上下工夫。誰知道目成心許事模糊。走遍章臺路。雲深霧杳花驚柳逋。風狂雨驟鶯嬌燕雛。這桃源慣把漁郎誤。心魂斷。氣力無。黄金空買魯秋胡。（南宫詞紀）

【南南吕六犯清音】

宫　怨

翠梧風墮。紅蕉霜冷。又是新秋佳景。雙蛾頻蹙。臨堦無限幽情。玉檢茱萸嫩。金泥蘇合清。雕闌曲。畫檻平。穿池叠石學蓬瀛。元來是龍舟下瞰鮫人室。錯認做羽節高臨鳳女笙。桂花烟鎖。芙蓉露凝。空餘香徑人稀幸。捲簾憑。金飈斜度。便覺

綉襦輕。（南宫詞紀）

【南商調黄鶯兒】

詠病鶴

絮氅怯飛鳴。步跰躚影更清。捧心西子嬌難稱。朱軒怎乘。焦山可銘。浮丘相爾今方應。瘦伶仃。倦游玄圃。何處訪盧生。（南宫詞紀）

【南仙吕九迴腸】

贈李姬湘蘭〔三〕

〔解三醒〕爲一點香生九畹。儘春風幾度盤桓。調琴弄瑟拈銀管。文與翰曉般般。那揚州縱有蕃釐觀。怎比我江南花柳冠。誰輕唤。〔三學士〕更一種温柔人自喜。洞房深怕少乘鸞。你偷香自比人如賈。我竊玉真慚客姓韓。〔急三鎗〕試看那芙蓉上。梧桐畔。冰輪皎。助我罄交歡。（吴騷合編）

【南南吕六犯清音】

咏簾櫳[三]

琅玕細截。鰕鬚初剪。淚滴湘娥痕淺。朱門深處。偏遮金屋嬋娟。明月隨螢入。東風送蝶穿。銀鈎控。繡帶翩。幾多遊冶恨無緣。怎能勾爲西山暮雨呼童捲。怎能勾爲東閣梅花對雪懸。相思何處。凄涼那邊。此情只好問雕梁燕。待春旋。落紅千片。應有個到堂前。（太霞新奏）

【南商調黄鶯兒】

答僧惠茶

芽自虎丘生。沁詩脾幾片冰。封涵縠雨旗槍整。雲房水清。松牕月明。鐺香消盡相思病。感高僧。旋看蠏眼。與慧眼一般青。（南宫詞紀）

【北雙調沉醉東風】

題坐隱贈昌朝詞盟

景好處尋花問柳。春深時乳燕鳴鳩。放杯石室棋。遣興蘭陵酒。小曲兒信口閑謳。蘿月晴驕渌水洲。沉醉了昌湖釣叟。（坐隱先生集）

【南中吕駐馬聽】

贈坐隱先生

文采翩翩。照映松風水竹間。羡你俠而不露介。且能容玄更逃禪。一龕趺坐道應全。倘來軒冕心無染。奕可忘年。更喜湖頭山色青於靛。（坐隱先生集）

套　數

詠紅葉〔四〕

【南正宫白練序】金風巧。把一片霜楓綉綺羅。關情處最是緑窗青瑣。蹉跎。戀舊柯。看飄落吴江冷奈何。愁鴉過。却疑寒燒。驟飛鷩墮。

【醉太平】鷩墮。長門月冷。正書空無紙。唤起宫娥。臨風嫋娜。閑相傍露柳霜荷。吟哦。謾誇好景在春多。這秋色撩人儘可。醉眠酣坐。落霞孤鶩。漢水湘波。

【白練序換頭】商歌。奏已和。飄飖浪過。深閨裏惟伴得金剪銀梭。青娥。鬢欲皤。猶檢胭脂落茜坡。風難大。尚留殘樹。夜砧催我。

【醉太平】婆娑。相隨畫舸。更巡簷掃徑。銀燈吹破。綉幃閑卧。攪相思夢魂空做。由他。殘陽紅處鳥争窠。還映到晚江漁火。似絳梨秋果。多情錯認做。杏腮櫻顆。

【尾聲】鏡中莫妒黄花朵。看咫尺青陽在左。愁殺秦川寶髻鬌。（南宫詞紀）

旅思[五]

【南仙吕小措大】敲冰進舫。正瑶天忽漫飛雪。兩岸荻蘆。風打稍折。見漁火乍明滅。在江心也。萬頃波濤平貼。暗敲篷時聽風敗葉。寒已冽。香到梅花船未歇。欲向那酒家沽酒。指尖兒瓶冷難挈。

【不是路】遠岫重疊。半入彤雲半受雪。人離别。那堪對景漫傷嗟。淚如血。酒盃兒空向爐頭熱。化不得我愁腸一寸結。歸心切。兼程日夜無休歇。不憚路途跋涉。路途跋涉。

【長拍】鳥道嶙峋。鳥道嶙峋。猿聲哽咽。跨雕鞍却把帆摺。關河迢遞路崎嶇。一似蜀道褒斜。聽罷曉鐘徹。見樓臺古寺。在樹杪山缺。回首杳然迷出處。馬頭上濕雲遮。溪澗水聲傾瀉。帶層冰白。灣灣曲了兩三折。

【短拍】枕冷鴛儔。枕冷鴛儔。衾閑鳳侶。夢迷離空有蝴蝶。好事枉徒説。若得個苦盡甘來時節。再休提萬千般勞苦。便韁繩兒斷了不堪接。

【尾聲】歸期準在春三月。怕人面桃花去也。把這擔相思教我何處歇。（南宫詞紀）

泊舟連河懷清源胡姬〔六〕

【南中吕錦纏道】滿帆風。吹不動離人小船。愁重滯江邊。盼相思盈盈一水春天。我想他別時言送時情行時淚眼。怎教人不恨迷離意馬心猿。説甚好姻緣。這破題兒是柳愁花怨。江關信杳然。何日覩桃花面。怕夢魂依舊在清源。

【普天樂】記銀燈思金釧。鳳鸞交蜂蝶戀。青樓上青樓上錦帳瓊筵。今翻做怨鶴啼鵑。是當初偶然。再休題把琵琶。醉我花前。

【古輪臺】艷陽天。隔牆裙底弄鞦韆。全不管羈棲客在孤篷底。他兀自笑歌聲淺。教我對此春光。翻惹出一段熬煎。燕解離愁。鶯知別怨。一雙雙宛轉話江烟。又恍似傳消遞息。把佳期約在明年。怕只怕一灣流水。半牕殘月。幾村漁火。寂寞對愁眠。難消遣。一瓶香煑惠山泉。

【尾聲】彩雲望斷春波遠。空囑江魚把尺素傳。只落得心在章臺淚滿船。（南宮詞紀）

閨　怨[七]

【南中吕瓦盆兒】西陵渡口。西風吹不到木蘭舟。憔悴一雙眸。俺這裡淚珠和雨滴江流。他那裡背前盟。別上了青樓。青樓上那人兒。若兩意投。畢竟做戀新忘舊。非是我到今朝。逆料你胡行走。也因你伶俐忒風流。

【榴花泣】碧紗窻下鬙冷鳳凰頭。花與月總成愁。香憔玉悴幾時休。當年恩愛都向夢中求。言不應口。這相思何事多僝僽。近新來飯廢茶荒。盡都是恨惹情兜。

【喜漁燈】幾回耐着心兒守。歸期難候。消和息真個是藏鬮。况魚鴈又沉浮。同心兩字俱差謬。再休提花老鶯愁。休休。相思盡勾。只恨我明珠暗投。

【攤破地錦花】謾追求。扯碎了鴛鴦扣。苦不自由。驀忽地上了心頭。夢斷高唐。蝶冷莊周。恨悠悠。雲雨暗鳳凰樓。

【麻婆子】怪你怪你忒薄倖。金釵當酒籌。笑我笑我忒情重。香囊緊護收。你一般恩愛兩般留。我黄花何日逢重九。寂寞躭憔瘦。做織女盼牽牛。

【尾聲】風風雨雨敲牕牖。珠淚難量升斗。只落得花自凋零人自愁。（昔昔鹽）

為陳姬雪箏賦〔八〕

【南南吕宜春令】燕臺駿。何處求。任春風長安浪遊。利名難就。黄金白璧人徒有。奈朱門客散平原。更寥落穆生醴酒。堪愁。囊琴匣劍。薊門空走。

【太師引】聽西秦。金鼓喧何驟。更遼陽輪蹄亂投。雖不是蕭牆禍起。甚難禁烽火城頭。萬言羞澁懸河口。誰便肯璽符輕授。鴻鵠志。蹉跎蒯緱。滿皇州更没一箇曹丘。

【瑣窗寒】怕浮生虚度春秋。打疊淒涼上翠樓。見平康佳麗。瀟洒温柔。未通姓字。先抛情竇。容易折章臺楊柳。嬌羞。燈前欲語更低頭。似仙姝乍謫瀛洲。

【三段子】催花酒籌。醉葡萄銀瓶玉甌。濃香錦兜。美前程鸞交鳳儔。長安風露閒刁斗。景陽鐘鼓催更漏。月落燈殘。鴛鴦竝頭。

【東甌令】雲和雨。片時收。寶瑟摇冰翡翠柔。紅漿粉汗微微透。似覺難禁受。起來紅日照梳頭。花夢隔羅浮。

【三換頭】銀河女牛。相思還又。怪狂蜂浪蝶。把奇花暗偷。姻緣差謬。這些時只得把竝頭蓮暫時分首。夙債難消受。歡娛一筆勾。這段風流。只落得鳳去臺空人自愁。

【劉潑帽】滿前花鳥都僝僽。更何心別詠雎鳩。西風吹徹黃花瘦。訴無繇。帶累着眉兒皺。

【大勝樂】這姻緣到底難酬。誓和盟空自有。敢只爲腰纏跨鶴人兒厚。因此上下揚州。你原道天長地久相廝守。今做了又抱琵琶過別舟。此情細剖。畢竟是波中印月。水面浮鷗。

【解三醒】怎能勾對籠雙袖。怎能勾煮雪吟謳。怎能勾挑燈共剪春園韮。怎能勾看舞伊州。怎能勾燈前再解文犀扣。怎能勾月下相看醉裏眸。閒窮究。須不是區區割捨。你把人丟。

【節節高】佳期風馬牛。謾追求。同心方勝空裁就。情何謬。恩變讐。心非口。相思弄得人憔瘦。只恐新人似舊人。別離依舊輕咳嗽。

【三學士】江關夜冷層冰厚。教人難覓歸舟。恩情自分花和柳。別恨空牽春復秋。眼見參商來卯酉。腸斷處續無繇。

【大迓鼓】仳傔。似楚囚。傷情到處。淚冷貂裘。端端有日思張祜。何時盼盼謝江州。難道傳言是胡謅亂謅。

【撲燈蛾】桃花又一週。人面還依舊。不肯做野鴛鴦。只説使君有婦也。把姻緣拖逗。那其間誰與策良謀。華堂中無分左右。思前後。洞房雙枕話綢繆。

【尾聲】花營錦陣空馳驟。好馬豈思外廐。覆水難教潑地收。（吴騷合編）

閨情〔九〕

【南正宫普天樂】武陵花春難放。壽陽梅粧不上。冷落了傅粉何郎。再休題畫眉張敞。章臺楊柳。一任風飄蕩。那折柳人兒空望想。寄相思紙短情長。夢相思蜂喧蝶嚷。訴相思拜月燒香。

【鴈過聲】淒涼。銀燈翠幌。雲雨隔巫山楚襄。朱明一紙音書謊。今端午過又重陽。總金錢教我難打行藏。多情。心太爽。那堪時序臨霜降。只恐愁與秋潮連夜長。

【傾盃序】閑想。歡娱事。誰主張。何處告相思狀。把鸞鳳釵謀。鴛鴦帶證。翡翠衾商。玳瑁簪講。又不覺腦中留意。怨中垂淚。恨裡思量。這冤家虀人肺腑刺人腸。

【芙蓉燈】愁邊信渺茫。夢裡人來往。怎能做一個不醒黄粱。和他睡足芙蓉帳。把隻鳳孤鸞化蝴蝶雙。參商。春風洞房。何日得明珠在掌。

【小桃紅】撇不下真魔障。憔悴了嬌模樣。朱絃玉管無情況。花朝月夕和誰賞。登樓倚户空凝望。寸心兒惟有萬種悲傷。

【尾聲】春愁緒眉尖上。何處能消半晌。且燒燭堦前看海棠。（昔昔鹽）

按：【小桃紅】原誤作【山桃花】。據南北詞簡譜云，正宮小桃紅「則用在普天樂套内，大抵列入尾聲之前」。明人散曲往往將正宮小桃紅誤作越調山桃紅或寫作山桃花。

懷晉陵王姬秀真〔一〇〕

【南南吕石竹花】相思最苦好事偏魔。生平衹爲熱腸多。又惹下風流禍。薄情怎麽。戀别館去日如梭。恁甘心歡娱幾何。閒愁染倒。忍丢開我。料應是弄巧藏乖。閃得人一病沈痾。

【前腔】想當日怕你遭羅。幾朝特地尋思破。稍蹉跎。翻教受折磨。方纔得比交頸鴛鴦雙卧。數日裏恩情較可。羡他們百歲如何。扁舟已駕毘陵舵。聽讒言反把我責過。怎知道淚眼愁眉。别後也甚時安妥。

【漁家傲犯】莫不是藍橋滚浪波。莫不是巫岫雲鎖。莫不是婚姻數未和。莫不是牆外桃花命犯他。我爲你似醉如癡被親朋笑唾。我爲你瘦骨崚嶒渾身似火。我爲你盡日昏昏坐。我爲你短嘆長呵。

【前腔】愛殺你新詩賡和。愛殺你怯文權蹙定雙蛾。愛殺你相將月下歌。愛殺你貼香腮悄喚親哥。這深情耐何割捨。兩下擔摧挫。從前悔錯輕分手。如今枉淚滿春羅那麽。憂愁是你我經過。設山盟已訛。計離程許多。任彼温存。想也應難似我。

【尾聲】哀腸寫訴玉娥。若是姻緣終坎坷。我也寧相儷入愛河。（彩筆情辭）

複出

套數

擬冬閨怨

【南正宫傾杯賞芙蓉】隔牆新月上梅花。

吳騷合編題作「擬冬閨怨」，注史叔考撰。樂府先春、萬錦清音、吳騷集、吳歈萃雅、南音三籟、珊珊集、古今奏雅俱注楊升庵作。兹已輯於楊慎卷中，此不重出。

旅　怨

【南仙吕桂枝香】青燈殘夜。

南宫詞紀題作「旅怨」，注史叔考作。吴騷合編屬屠長卿。兹已輯於屠隆卷中，不重録。

春　閨

【南南吕針綫箱】萬斛愁等閒堆垜。

吴騷合編題作「春閨」，署名史叔考著。太霞新奏、宛轉歌俱注馮夢龍作。兹已輯於馮氏卷中，此不重録。

〔一〕彩筆情辭録第三首，題作「緣慳」，注史叔考撰。
〔二〕彩筆情辭題作「贈李湘蘭」，注史叔考撰。
〔三〕南宫詞紀無題，注史叔考撰。
〔四〕太霞新奏題同，注史叔考撰。
〔五〕吴騷合編、太霞新奏題同，俱注史叔考撰。
〔六〕彩筆情辭題作「懷胡姬」，吴騷合編、太霞新奏題同詞紀，俱注史叔考撰。樂府先春、吴騷集無題，珊珊集題作「離愁」，南音三籟題作「泊舟懷妓」，俱屬沈仕。未知孰是，兹姑依詞紀，以之歸史氏。

〔七〕南宮詞紀題作「閨怨」，注史叔考撰。吴騷合編題作「閨情」，署名楊德芳作。昔昔鹽題同詞紀，不注撰人。未知孰是，兹姑以之屬史氏。

〔八〕彩筆情辭題作「爲陳姬賦」，注史叔考著。

〔九〕昔昔鹽不注撰人，南宮詞紀、古今奏雅注史叔考撰，皆題作「閨情」。樂府先春、吴騷集、珊珊集無題，萬錦清音題作「閨思」，南音三籟題作「怨别」，俱署作陸包山。未知孰是，兹互見叔考、包山兩家曲中。

〔一〇〕彩筆情辭注史叔考改刻。

張守中

張守中，字叔原，號裕齋，南直隸高郵州（今江蘇高郵）人。綎子，王磐婿。嘉靖四十一年（一五六二）進士。授工部主事，改虞衡司郎中分署遵化鐵冶，陞浙江按察司副使飭温台兵，調官貴州丹平，多善政。有中憲裕齋張公文集一卷、詩集五卷、詞集遺編一卷、散曲一卷，以及明農録等。

小令

【南商調黄鶯兒】

十六日往南湖少莊舟中見月皎甚命酒獨酌口占二闋

皓魄映丹花。趁金風看月華。銀河不斷初長夜。光流紫霞。影透碧紗[一]。良宵三五真無亞。更清嘉。支磯萬里。海上泛仙槎。紫霞杯名

携手上瑶臺。正榆花馥郁開。倚欄獨愛輕明態。杳杳瓊堦。盈盈玉盃。祥雲燦爛遠

生彩。更奇哉。水晶宫裏。咫尺近蓬萊。

月下泛舟二闋

彩鷁接金天。得清光水底先。龍宫一朵白蓮現。醉來暫眠。静來坐禪。銀蟬玉兔嘗相伴。愛嬋娟。六千三萬。能得幾多元。

良夜每相過。笑牛郎欲渡河。清光一照閒愁破。窈窕素娥。輕盈碧波。細飄玉露寒生座。夜如何。東山高卧。興比謝公多。

每句用歡字

楊升菴作此調每句用愁字故余作歡字以寬之

紅杏鬧春懽。放懽眉看玉闌。蜂懽蝶喜花心暖。舊懽幾般。新懽幾般。懽筵開處春光滿。帶懽鸞。懽情懽意。懽動海天寬。

君子無入不自得，可愁愁哉。屈賈二公，何憂人忘己耶？忠臣義士志可悲哉！余故表而慰之，知言君子以爲何如。

【南仙吕羅袍歌】〔三〕

鄉居十二月詞曲以代山歌

正月陽和初動。喜春盤獻歲。樂事方濃。桃符新貼日曈曨。椒觴柏盞相迎送。金花羅勝。雲髻曉同。銀花火樹。星橋夜通。鰲山彩結蓬萊洞。珠簾月。綺陌風。少年金轡躍青驄。池水泮。院雪融。樓臺幾處淡烟中。

二月花朝節屆。見青垂柳眼。紅破桃腮。東風淡蕩染蒼苔。遠山近水都生態。餘寒庭院。梨花半開。微風簾幙。燕子乍來。遊春人滿芳郊外。鏘珠珮。耀寶釵。紅羅新繡踏青鞋。香車隘。翠蓋催。欣逢朝雨浥輕埃。

三月韶光堪玩。正清明上巳。佳節相連。綵繩畫架戲鞦韆。流觴曲水開懽宴。夭桃艷杏。家家管絃。啼鶯語燕。處處閙喧。單衣初試輕羅扇。和風細。麗日妍。四時無賽暮春天。花飛錦。柳散綿。千金難買是芳年。

四月清和天氣。愛緑陰幽草。轉勝花時。遊絲嫋嫋日遲遲。佳人倦把闌干倚。樹團翠幄。竹摇鳳尾。櫻桃上市。新荷出水。畫堂晝静爐烟細。門深閉。箔半垂。香風滿院放薔薇。蛙喧吹。水疊漪。熟梅時候雨如絲。
五月榴花開放。見紛紛兒女。喜至端陽。釵符艾虎鬭新妝。花前笑語閒來往。高堂解粽。菖蒲泛觴。芳原鬬草。藥苗正香。三時雨慰農家望。芭蕉緑。杏子黄。數竿新竹過鄰牆。人聲寂。晝漏長。一雙幽鳥噪斜陽。
六月炎天如火。愛蟬聲幽咽。樹影婆娑。疎簾籠日映湘波。南窗時有清風過。涼亭水閣。浮瓜浸果。竹牀藤簟。輕摇扇羅。鳴禽蹴踏簷花墮。池邊飲。柳下歌。紅蓮緑水泛銀鵞。傾香蟻。吸翠荷。瑶箏檀板勸青娥。
七月秋天又到。喜新涼入座。暑氣初消。天河烏鵲渡成橋。穿針樓上人懽笑。芙蓉水殿。銀盤翠翹。盂蘭盆會。花幡寶罩。牆陰忽聽寒蛩叫。金風拂。玉露飄。月明吹徹鳳凰簫。初長夜。漸冷宵。幽閨夢斷漏迢迢。
八月風生西灝。聽數行新鴈。雲外嘹嘹。長天江水共迢繞。紅霞碧樹明殘照。秋光黯淡。夜氣泬寥〔三〕。高樓賞月。酣歌至曉。清商暗入冰絃調。荷花歇。桂子凋。蒹葭涼雨暮瀟瀟。垂羅幙。掩綺寮。畫梁寂寞燕辭巢。
九月天高氣朗。正功成萬寶。禾黍收倉。一年佳節又重陽。重高暢飲茱萸釀。庭榴剖實。籬菊吐香。柳枝減翠。梧葉墜黄。多情宋玉添悲况。寒潭潔。晚岫蒼。砧聲催動客思鄉。蟲坯户。天雨霜。凄風凄雨斷人腸。

十月玄冥當令。喜小春天氣。梅綻銀英。蜂兒鼓翅集簷楹。田家賽飲開新醖。寒風起驟。落葉滿庭。銅爐試火。玉壺結冰。羅衾陡覺霜威勁。陰雲布。白晝冥。江天日暮雪花零。斟羔酒。品鳳笙。錦屏圍暖唱新聲。

十一月葭灰吹動。正一陽來復。律應黄鍾。五紋刺繡線添功。履長亞歲從來重。雲臺望迥。豆粥味濃。巖松挺翠。山茶耀紅。麗樵凍咽單于弄。清吟苦。白戰工。騷人詠雪鬬才雄。臨瓊閣。對玉峰。看他鸞鶴舞遥空。

十二月星迴天表。見賓鴻北嚮。靈鵲營巢。藏鉤射覆各分曹。窮冬更覺人情好。磔鷄禳惡。陳羅酒肴。土牛送臘。喧闐鼓簫。看春士女雲填道。籸盆火。至處燒。轟雷爆竹徹層霄。鴻鈞轉。鳳曆交。年年歲歲樂陶陶。

〔一〕「碧紗」，原作「碧沙」。
〔二〕曲牌原作〔皂羅袍帶甘州歌〕，按律，所帶曲乃〔排歌〕，兹改。
〔三〕「沉寥」，原作「沉漻」。

丁綵

丁綵，號前溪，山東諸城人。丁惟恕之父。少任俠，「倜儻風流，詼諧調度，又絶有東方生滑稽氣味」。以布衣終其身。雅好詞曲，有小令一卷。約生於嘉靖十年（一五三一）前後，卒年不詳，其曲作有「俺如今六十八九只怕也當的二十二三」之句。

小令

【南商調集賢賓】

山居

清溪一曲抱�流。傍沙堤柳密花稠。稚子山妻三四口。聽一會鳥語鶯喉。學一會釣叟。小茆棚儘可藏頭。腥魚濁酒。掩柴門無慮無憂。

【南仙呂傍粧臺】

哀　怨

淚難收。不知何處是源頭。點點心間事。紛紛眼底憂。雨滴芭蕉聲聲瘦。霜落梧桐葉葉愁。新秋難度。舊恨怎休。淚痕滴盡血痕流。

【北雙調折桂令】

苦合甜盡在心間。思也徒然。盼也徒然。念當初一點真情[二]。千行珠淚。百世良緣。巧手兒撥不開愁攢眉眼。妙藥兒醫不的病染心肝。有話難言。有信難傳。空教人對着箇瘦影的青銅。叫了些没眼的黄天。

【南雙調鎖南枝半插羅江怨】

歌懷感世

黄金盡。志不衰。還把眉毛挽起來。虎瘦了尚有雄心在。經過了幾個十年。更換了多少樓臺。誰家否了誰家泰。誰喫了不死的金丹。誰掛着無事的招牌。勸君少把精神賣。天理上果有循環。冥冥中自有安排。幾年來見不的誰成敗。由他做。儘他行。設計鋪謀不肯停。兵家那有常常勝。任人家喚雨呼風。任人家捉虎擒龍。任人家撼的乾坤動。閉着門瞧也休瞧。塞着耳聽也休聽。黄天自有輕和重。從今後把惡孽消除。出上箇心地乾净。隨他中用不中用。休生氣。莫惹嫌。須信人生若夢然。勸君少結兒孫怨。讓人些兒便宜。自家退一步眼界纔寬。存心自有青天監。細數數遠近英雄。有幾個福壽雙全。幾年來不見了一多半。但願的無難無災。多和少捱幾個殘年。南無佛日日時時念。

【南商調山坡羊】

客氈秋砧

搗衣聲頻頻不住。敲亂俺愁人心緒。是誰家深閨砧杵。料那人多情趣。一聲高一聲低。一陣緊一陣遲。好一似病懨懨心慵意懶。又一似想人一會恨人一會。搗衣人他只怕也無心也。多是我心邪了百樣兒猜疑。聽知。爲誰的寒衣惹的我淚垂。聽知。

肯赴陽臺和你結個相識。

【北南吕乾荷葉】

對黄昏無語心撩亂。聽砧聲耳邊頭過幾番。一聲聲敲的我柔腸斷。埋怨無情子。搗衣爲誰穿。因甚麽把凄涼送給俺。

【南商調山坡羊】

代搗衣人復語

搗寒衣尋思不定。天涯遠憑誰寄送。行敲砧行揩淚眼。不覺的敲成相思令。是誰家油花隔壁兒聞風。又不曾有半面相逢。想必是也有箇人兒負他。他愁人偏猜着俺愁人病。他説我砧聲兒敲斷他的柔腸也。還是他先斷了柔腸怕聽我的砧聲。傷情。他爲誰淚零。我爲誰淚零。傷情。病兒一般人兒不同。

【北南吕乾荷葉】

狠起來提着他名兒罵。秋將盡因甚麽不來家。爲寒衣曉夜丢不下。砧聲連夜響。誰家狗油花。埋怨我把凄涼送給他。

【南商調金絡索】〔三〕

離恨

心愁無計除。意中寃孽知何處。鎮日苦熬煎。這離情誰肯傳一句。恨雲鴻個個高飛。爲你怕待理琴書。爲你百事無心緒。只落的短嘆長吁。□□□□□□□盟。有眼不識荆山玉。俺不是風狂不是儍。不算精細。大睁着兩眼跳黄河。强支着弱體捱白日。可罷了實是着迷。好情兒换出你歹心來。假意兒引了我真魂去。明知是哄只當實。癡心腸淚點留不住。

新秋有感

陽關草色紅。疏林葉落隨風弄。舉目好凄涼。鴈聲嘹嚦增人痛。一天愁撮上眉峰。多嬌何處覔新情。抛咱枉害悲秋病。更不念附耳低聲。屈指别來半月多。愁擔兒添上千觔重。人人説你使機關。將俺牢籠。千則萬則〔三〕你有心機。十遭九遭我没耳性。

悔殺人枉受虛名。爲你哭的眼睛花。坑人不似你心腸硬。罷罷罷拍拍胸。鮮紅血吐盡了不中用。

【北雙調楚江秋】

與吴柳溪閑中道故

故人漸漸稀。今年又少了。誰傷心怕數旁州例。路旁無數土孤堆。草木叢棲。其中好少英雄輩。勸君早見機。喞盃莫待遲。冷漿水土底下無滋味。

按：「好少」，疑爲「多少」。

【北雙調清江引】

寄　興

乍燃乍滅心頭火。孽帳天來大。忙裡且偷閑。苦中該作樂。等真閑等真樂乾等老了我。

【北雙調折桂令】

有感自嘲

出胎胞就愛奢華。剛會叭叭。硬待踏踏。俺雖是淡淡薄薄。舒舒坦坦。嘻嘻哈哈。俺也要學着人縈鶯走馬。俺也要學着人着錦穿紗。任他嗏嗏。儘他嗏嗏。咲殺人家。氣殺人家。

【南商調黃鶯兒】

自慰

凡事不如人。不如人不掛心。如人的百樣心無盡。有財的傲人。有勢的害人。無財無勢纔安分。掩柴門。蹬妻抱子。如人的不如咱。

【南商調山坡羊】

將針寓意和外孫王文樓作

好剛强眼空天地。愛精潔挺身自立。紅爐中經了些胡敲亂打。下了水才吐英雄氣。禀來的性兒直。生成的心裡實。保世界的征袍戰甲。我不穿成何濟。越挫辱越見精神也。但得個引頭纔是鑽疾。聽知。我要穿錦繡衣。聽知。我要穿虎豹皮。

寓貶辭

油光水滑天生的尖細。丁嘴鐵舌專尋孔隙。青瞪着大眼常借別人力。穿破的誰家衣。刺傷了誰的皮。禁不的着實一把。指尖兒輕輕遞。渾身是鐵有甚麽分量也。鑽鑽這裡挑挑那裡。聽知。欺的是軟的怕的是硬的。聽知。隄防着促了尖再不用你。

【南雙調鎖南枝半插羅江怨】

寓東萊有膠西張孝廉過訪命用山坡羊意改此

純剛性。精潔身。曾過明爐驗假真。水火中經過了千千陣。受過了多少磨難。折挫的萬古千辛。渾身氣色才明潤。步金門朱履朝服。我先穿才與別人。宫娥才女長親近。堆積下錦繡綾羅。不着俺難得成文。休看做俺是没用的精光棍。

客金陵寓意

新來病。藥不投。瘦減容光對鏡羞。料應他和我一般瘦。人説他比我還瘦三分。似信不信悶在我心頭。夢兒裡去看看他瘦不瘦。他瘦了我又心疼。他不瘦是把我輕丢。惱他不瘦又疼他瘦。留戀殺我了你捨了我罷麽。寬着些心兒。省着些憂愁。寧可你不瘦我自家瘦。佳音寄。淚難收。捎書的人兒牢記在心頭。你説我模樣還如舊。你説我瘦了添上他愁。煩你説我不瘦是不爲他憂。休説我不瘦休説我瘦。他若再跟詢我動定何如。你說我有時節歡喜有時節憂愁。歡喜少似愁時候。我的夢魂兒常躲着他夢魂。只怕他夢見我瘦了苦恨無休。那時節他疼我瘦我又疼他瘦。

【南南吕懶畫眉】

客歷下聽提琴有感

誰家隔壁操提琴。餘韻飛來偏動心。離愁孤館那堪聞。匆匆一調聲哀怨。不是思人是恨人。

驚　秋

園林露滴雨初收。忽聽新蟬報早秋。依然犯起舊時愁。秋未到時愁先到。只怕秋去愁還不肯休。

【南商調黄鶯兒】

訪王九峰于山莊得周聯峰首句續之

匿跡在茅簷。採黄精與薜蘭。閑來獨步山頭翫。聽提壺語繁。催布穀聲喧。緑楊樹裡黄鸝唤。聽花間。分明説道。但看着棋仙。提壺、布穀、着棊仙，俱鳥也。

【南商調集賢賓】

情　思

別來日久無信息。想的我没是處的。眼看着諸般怕待理。儍相思有藥難醫。閙掙不起。我心腸比鐵還實。從你從你。休當做露水夫妻。

萬轉千迴難棄捨。百精細一日癡呆。生爲冤家把心繫扯。那一日不偷眼趄趄。愁懷鬱結。總不如遠遠相別。有時休歇。相思病害也差些。

截斷柔腸誰會接。會接的怎接惹些。那日不截千萬節。才待接却又截折。新截舊接。禁不的接了又截。没處會接。這條腸何日寧貼。

【南商調山坡羊】

嘲愁字

甚麼人做下這箇愁字。畫閣歡娛請他不至。只在那離人眉尖上打攪。推着不動心窩裡管事。好題的離恨詩。愛寫的斷腸詞。生生的憔悴殺潘郎沈約。活活的惆悵殺王嬙西施。在陽關慣鎖那多情的眉頭也。不等人團圓不給人鑰匙。愁字。飛在人臉上改了人樣子。愁字。着甚麼來由瘦人家腰肢。

【南雙調鎖南枝半插羅江怨】

代妓嘲客

閃了俺罷。不强求。遠處續上個新人我不羞。眼前裡就把新人厚。俺舊人兒曾做新人。爲新人和俺成了冤讐。俺也不是天生舊。新人兒且莫歡喜。舊人的路兒你也要經由。舊上來把你也丢開後。俺是新人臨了的樣子。新人兒是俺起首的來頭。新合舊都是乾生受。

【南商調金衣公子】

憤　怨

蹭蹬度流年。不遂心有萬千。使力氣推磨也不轉。買鰾來不黏。買蜜來不甜。買的鹽來精哩淡。叫蒼天。實米實麵。做酒來列牙酸。

新得山莊拉相知過飲

山水遶周圍。水流聲山鳥啼。開門舉目無邊趣。透花香竹籬。穿月色柴扉。弄花邀月終朝醉。問山妻。新釀這酒。比那醴味何如。

【南商調山坡羊】

借蟬寓意

羨新蟬聲音嘹亮。占高枝肯將誰讓。弄精神無拘無束。逞豪氣三千丈。遇的是好時光。乘的是大陰涼。率性兒粗喉嚨大嗓。不覺人聽不上。有時節西風緊梧葉彫零也。

我替你煩惱我替你淒涼。慘傷。饒你不死也不這等旺相。休忙。你早尋下個窠巢準備着落葉嚴霜。

【北南吕乾荷葉】

你如今見在高枝上。又會飛又會走又好聲響。引的人不免擡頭望。退了這層皮。忘了舊腌臢。你那裡生來那裡長。

【南雙調鎖南枝半插羅江怨】

落莫春閨

春將盡。花漸殘。無計留春空淚漣。天涯遊子何時見。空閑着樂地家園。荒涼了竹徑松軒。落紅飛滿琴書案。聽黃鸝高囀垂陽。粉蝶兒對對翩翻。傷心怕見雙飛燕。燕飛忙時去時來。人呵你如何隔歲經年。教人怎不把柔腸斷。桃腮綻。柳眼開。畫閣簾懸燕子來。看看春老人何在。天涯人托燕傳書。燕子來了信杳音乖。想那人更在天涯外。聽呢喃巧語梁間。似依人故意徘徊。尋舊壘不捨年時愛。不由人覩物傷心。人而不如鳥有情懷。拋奴儍把相思害。

【北南吕乾荷葉】

怕春歸却又早清明至。影伶仃最苦是日長時。眼睁睁誰與我傳心事。落紅飄淚血。飛絮撒相思。看看這等光景離人不如死。

【南商調山坡羊】

秋怨

秋將盡黄花漸瘦。人不來雙眉頻皺。你撇下淒涼萬種。教我待如何受。見人羞背不的羞。怕待愁免不的愁。我是前生販相思的折了本錢的苦鬼。少欠下孽帳還不勾。宋玉愁枉躭了個虚名也。俺一日的愁勝似他三秋。風流。爲風流止不住淚流。淚流。拍瘇了心頭絶不的念頭。

【南商調金衣公子】

從侯給事山行

山徑遇佳人。一擔挑兩束薪。上埃下着腰兒趁。腰曳着布裙。口咬着下唇。鬢邊汗濕香腮潤。問佳人。相思柴擔。那擔重沉沉。

借燈寓意

燦爛畫堂中。照人明不自明。看來閃灼形無定。從來怕風。而今傲風。吹噓教你難鬧挣。短長檠。搖紅弄影。眼下落場空。

【南商調集賢賓】

强歌舒怨

高歌一曲訴伶仃。倩東風寄與多情。未知多情聽不聽。拜東風囑付丁寧。尋窗覔孔。是怕的吹在他耳中。驚他醒。休負我含淚揚聲。

【南商調山坡羊】

秋恨

怕秋來秋來的好快。盼音書音書何在。幾行行空閑鴈足。嘹嚦嚦雲霄外。菊花殘菊花開。草色紅草色白。你看看我怎支吾眼前光景。百撮淒涼攢成一派秋呵。秋呵你是散相思的凶神也。比較的離人憔瘦了形骸。傷懷。孽身軀怎樣安排。傷懷。薄倖人怎麽不捎個信來。

【劈破玉】

秋風清。白露冷。黄花瘦。負心人在那裡戀紅樓。提起來割去了心頭肉。苦捱中秋節。淚珠尚未收。又愁難捱九月九。

【南商調山坡羊】

假恨秋蛩

促織促織天生您何用。助人愁添人疾病。徹夜的無休無歇。嚷的人難成夢。又不是思食又不是思情。又不是念佛又不是念經。爲甚麽叫的口乾舌澁。逞甚麽能誇甚麽勝。你本是三姓家奴也。又叫做蟋蟀又叫做寒蛩。傷情。宿了我眼了我認我蹭蹬。傷情。只是聽不上絮聒巴不到天明。

【北南吕乾荷葉】

促織兒因甚麽不教我睡。才合眼你打夥子鬧成堆。不由人睡不着空流淚。要做個團圓夢。吃不盡您的虧。恨將起來一個個扭折腿。

【南商調山坡羊】

代促織答話

告東君你休嗔俺叫。俺蟲蛩兒各有個時道。天生下俺迎秋促織。那管你煩惱那管你歡樂。俺生成的緒緒叨叨。又不是因你愁才叫了這一遭。你本是悲秋病胡思亂想。數歸期盼歸期誤了你睡覺。若等的那人兒同宿在羅幃也。我就咬了你耳朵你也不心焦。聽着。你肚子裡没病怕甚麽冷糕。聽着。你害相思拿着俺遮嘵。

【北南吕乾荷葉】

昧着心將俺胡埋怨。您睡不着本與俺不相干。俺渾身是口難分辯。等你那人到。聽着俺叫唤。您若睡着了俺就啨了您那臉。

【南商調金絡索】

鄰鷄驚夢

寒鷄夜半鳴。啼破團圓夢。不知他是何心。拆散鴛鴦頸。嚷的人好夢難成。昨宵哭到二三更。傷心埋怨人薄倖。强合眼朧朧朦朦。明明白白見芳卿。相偎相倚聲相應。窗外鷄那等無情。一聲未了却又一聲。驚了人去不回來。教人無奈增悲痛。只落的枕剩衾空。寃家魂夢在那廂游。滿天霜雪迷歸徑。寧可的休來夢。免的我心疼。省我添上憂心病。

【劈破玉】

窗外鷄那等無情分。俺做一個團圓夢。沙裡澄金。你逞高聲鳴。你的音和韻。驚了人兒去。教我没處尋。撏了你那毛衣。煮你一百滾。

【南商調黄鶯兒】

有感

才智透天機。論豪俠誰與齊。低頭常有千條計。勢也難及。力也難敵。百般無不遂心意。漫歡喜。快心事過。熱是冷消息。

【南雙調鎖南枝半插羅江怨】

代妓小玉作

靈丹藥。疾不瘳。病體懨懨何日休。負心郎不管前和後。别人家的相思是正經的相思。你留下的相思怪樣症候。七八般病來撮輳。皮困眼澁腸斷心酸。又悔又恨又疼又羞。那般兒教我容易受。得個信來勝似靈丹。十分病治個回頭。寃家早把我殘生救。

【南商調集賢賓】

苦恨

咬着牙來瞪着眼。捱不過長夜如年。誰害相思愁似俺。害的我倒四顛三。千回萬轉。這相思無底無邊。没處展。安排着命染黄泉。

代友人寄所私

捎來信兒知你苦。埋怨我是你胡塗。只該認咱命裡孤。費盡了百計千謀。偏有間阻。哭的我血淚乾枯。空算數。相思債何日還敷。

代人轉語

説我胡塗是你狠。自離别直到而今。何曾睡了半覺穩。屈捱勾多少黄昏。生生哭損。體伶仃不勝餘衾。閑半枕。淚痕兒重舊重新。

【南商調山坡羊】

借風匣寓意

扳樣東西實難調治。篙起氣來七粗八細。忽拉的風聲不小。全仗的是别人羽翼。外邊看一層皮。内裡虛總不實。摀一把撒一把只因餬口。推了去拉回來圖口好氣。但有些破綻你就洩氣撒風也。撇了正路就往邪路上走去。聽知。每日家掛打只在竈料理坐的。聽知。看的見你也擔不的財貝成不的把糧食。

有感引分

儍獃子休咲俺不濟。俺八字裡生來蹇滯。不如意十常八九。快心的事百無一二。俺如今年過了五十。方才知往事多非。悔只悔回頭不早。縱到七十能有幾日。從今後退一步逞甚麼嘍囉也。是便是無能也是俺精細。聽知。天有安排那用你猜疑。聽知。過到那裡就是那裡。

【北雙調折桂令】

寓遼陽答友人趙海石

悶無聊忽報佳音。喜氣凝眸。倍長精神。人在千山。書傳萬里。義重十分。拆封時鼻竅酸還能强忍。看書呵心頭疼委得難禁。句句堪欽。字字關心。問歸期且避酷寒。要相逢只待陽春。

寄老友周聯峰

屈指數别後經年。兩鬢霜催。愁損蒼顔。百樣徬徨。百樣徬徨。一懷苦緒。萬里關山。有時節憶相知空流淚點。有時節恨權豪暗咬牙關。魚入深淵。鴈伏寒煙。念破舌尖。不見雲箋。

【南商調山坡羊】古調

遼陽孤憤

魂縮不來迢迢道路。推不倒重重山阜。一天秋色助我愁無數。萬里途西南望帝都。顧勞夢遶夜夜還鄉故。醒後增悲也。在他方破草廬。躊躕。少青驄千里駒。還須。皇恩一札書。

【南商調金衣公子】

家音寄內人

關心寫字不成行。强揮毫痛怎當。淚珠滴滿雲箋上。這方那方。千椿萬椿。攮不斷[四]帳。寄糟糠。一封空柬。斑點是衷腸。

一磨墨數十番。欲假書無奈煩。霜毫未舉腸先斷。纔待寫這般。又想起那般。寫了一半忘一半。不成篇。把筆管摔破。扯碎碧雲箋。

寄　兄

風急鴈分飛。隔天涯道路迷。浮雲薄霧沾雙翼。一個在這壁。一個在那壁。清明自有頡頏日。暫遲遲。日昇風定。騰翅與天齊。

【南商調山坡羊】

代友人趙北椿作

想殺人異常風味。盼殺人偷彈珠淚。他又不曾濃粧豔抹。也不是千嬌百媚。慘淡粧風韻奇。芝蘭體縞素衣。半俗半雅内有千金貴。惱只惱晚會了冤家也。十年前在那裡。相識。你厚我實不實。相識。我疼你知不知。

【劈破玉】

世上有幾個人知趣。都只愛眼前花嬌滴滴。那知道清淡中的風流味。石中藏美玉。緝縭裡裹珍珠。二十年才撞着識貨主。

【南雙調鎖南枝半插羅江怨】

挾妓遊琅邪見兩僧在内作以嘲之

數十秋賴桃源路。楚雲迷。兩事從來不認實。今朝果有天然會。煉凡心削髮歸山。一陣陣骨軟魂飛殺求食。那聞的蘭麝馨香味。乍見了歌舞嬌羞。南無佛念勾千回。魂欲飛没處飛飛。口兒裡没心念般若波羅蜜。四下裡海遶山圍。去。

春恨

見殘紅成紅將瘦。緑漸肥。我欲留春春欲歸。奈何無計留春住。聽啼鶯飛去飛回。準備着花殘陣成堆。兩般兒攛斷的我芳心碎。眼看看過了春光。薄倖人信杳音稀。花片兒多不過相思鶯老人憔悴。聽一聲鶯啼截一斷柔腸。見一片花飛滴一點淚珠。淚。

【南仙吕桂枝香】

冬杪客江南夜成

客窗獨卧。寒空雪落。凄凉中增上凄凉。寂寞中重添寂寞。戰欽欽奈何。戰欽欽奈何。捱他不過。寸心千里。織如梭。怕數長更漏。難眠冷被窩。

【南商調金衣公子】

自嘲

休笑俺胡謅。俺胡謅不害羞。箇中滋味誰參透。該愁處不愁。得謳處且謳。天來大事丢開後。笑凝眸。人情世故。盡在我心頭。

【南商調山坡羊】

深秋走都下途中有感

路兒長走的我馬乏人倦。日子多念的我口乾舌斷。宿了些蕭條旅舘。茶不茶飯不飯。

蹙眉頭受了多少熬煎。合殺眼就到你面前。生爲你把我的夢魂走的瘦了。千里途程一夜幾遍。你在那繡緯中那知道南北東西也。你的夢魂兒來不到我這邊。聽言。寧可你不來我心裡倒安。聽言。只怕途路崎嶇你跋涉艱難。

【南商調集賢賓】

代族兄□□吊妓

自從別後空望想。信不來只怨衡湘。誰料寃家命不長。鬼魂兒遊蕩何方。教我難尋難訪。撇的我終日恓惶。憑誰講。紙錢兒空化千張。

【劈破玉】

旅館夜聽琵琶

强合眼欲赴高唐夢。隔壁兒是誰家琵琶聲。幾回欵撥相思令。合眼難合眼。不聽只是聽。好睡的陳摶教他撥弄醒。

【南雙調鎖南枝半插羅江怨】

和聯峰周孝廉狂語

開懷抱。信口謅。野調山歌不害羞。疏狂興發三盃後。拉相知忘分忘年。過花叢醉眼瞅瞅。借花容展我眉兒皺。悔從前錯用了鋪排。躭閣了年少風流。而今要耍不能勾。轉回頭日已平西。纔識了回頭留不住日頭。數到了一刻誰能救。

夢回長嘯

夢見易。相見難。那一夜不夢你三兩番。冤家却夢見我夢不見。夢見你覆雨翻雲。夢見你喜地歡天。冤家却夢見我夢不見。我爲你愁鎖了眉頭。我爲你改變了朱顏。冤家夢見我夢不見。倒下頭賃到了陽臺。合殺眼買定了巫山。冤家夢見我夢不見。

【南商調山坡羊】

可意人有甚麼仙丹妙藥。鎖住我心猿不得東移西錯。守着你親了又親無休無歇。離了你想了又想一時也難過。眼皮兒跳的我低修多唆。身軀兒瘦的我提流拖落。我的心在你身上已是定了。可憐見你鬆鬆手把方法破破。我縱會駕霧騰雲。也禁不的赤繩兒把我心繫兒扯着。嬌娥。口裡無言暗叫了有多少。嬌娥。懸掛在心頭當一件正經生活。

驚歲周自嘲

怨先王有才無幹。起制下歲月將人攛斷。總不如混混沌沌無知無覺。也無煩惱也無籌算。你弄的俺湛湛眼是一年。回回頭另一番。歲月如流來我身上壘了又壘。沉顛顛的年紀重似千斤擔。從今後俺要改了你那告示也。年月日時都要加添。聽言。你那三年俺只當一年。聽言。俺如今六十八九只怕也當的二十二三。

【南仙吕桂枝香】

別妓於姑蘇城外

回頭顧盼。情思撩亂。勒[五]驊騮急轉身軀。寸柔腸截成千斷。望雲山翠連。望雲山翠連。倚鞍長嘆。埋松怨柳。遮阻良緣。從來不解別離苦。誰知今日唱陽關。

【南商調山坡羊】

代馬妓送别趙若泉回家

咱兩箇相交從來情順。實指望是前生修成的緣分。事到了中間由不的你我。教我進不是退不是遭磨困。一歡喜一淚淋。一尋思一斷魂。只怕是赤繩兒原没繫足。撇的我孽身軀將誰奔。願明君重築起長城也。到陽關隔住我的人。沉吟。除了我冤家誰見我親。傷心。怕只怕恩多成怨深。

【北南吕乾荷葉】

離　恨

做一夢又一夢連一夢。哭一聲恨一聲嘆一聲。神不應卦不應叫不應。身寄天涯遠。情牽肺腹中。想我的冤家擎着淚兒等。

風一陣雨一陣凄凉一陣。愁幾分病幾分憔悴幾分。魚無信鴈無信青鸞無信。人傻誰似我傻。你心不似我心。縱見人狠不似冤家狠。

【南雙調鎖南枝半插羅江怨】

嘲邨婦二首

口説罷。心不甘。翻貼了門神左右難。經記打了牙自家噍。空費了多少慇勤。枉受了無數的熬煎。長老了没見這個邨不慣。手提着磨棒去打麒麟。若見了鳳凰決折了翅關。有滾鍋也就煮鸚歌蛋。人歡喜他偏恓惶。説出句話來撞倒南山。敍風情只説他家不辨。

罷罷罷。不必言。一片癡心總枉然。不如丢却相思擔。實只望知趣着人。誰知你做勢拿般。那些兒可奇希人見。俺從來不喫生摘的瓜兒。紐麻糖俺喫着嫌酸。撒纒的驢兒俺騎不慣。癩蝦蟆穿不的紗羅。賽狗羊上不的臺盤。班裡班別尋個營生幹。

【南商調山坡羊】

代老友吴柳溪自嘲

風和月幾年無分。雲和雨多時曾〔六〕鈍。三十年風流孽種。少欠下業帳還不盡。人還是那個人。心還是那個心。禁不的入羅幃腰酸骨軟。憑甚麽相親近。發了狠要和他做到是處也。甚麽大似個罷軟無爲懶入公門。知音。引的俺親殺人急殺人。傷心。只憑着口温存手温存。

代周聯峰嘲妓

眵糊着眼了將你迷戀。氣瞞了心了全没箇果斷。酒醉了三年不醒。今夜裡才把你真情見。你説你合良人不傍邊。哄教俺這愁頭不致難。我説道我悄悄的聽聽您枕邊的光景。看你那從前的話兒驗不驗。纔到了窗前只聽的您一似遇火遭兵也。又一相倭子上〔七〕岸蠻子翻船。聽言。俺見了您那陣長諕的俺膽戰心寒。黄天。我怎麽去飯店裡回葱厮打處奪拳。

深秋有感

年年説秋來就是俺愁人一限。今年説秋來俺試不拿着當秋看。草色紅俺只當纔黄的緑柳。促織聲俺只當穿花的鶯燕。秋風清權且做輕暖輕寒。秋露冷權且做芳草生烟。看着那東籬殘菊也。且當花飛上苑。却只是哄不過一件傷心也。數歸期偏記的是九月天。熬煎。强了嘴强不的心上悽慘。悽慘。秋還是秋俺這愁還似去年。

【南雙調鎖南枝半插羅江怨】

會老妓于青州邸中話及迎别故人不減十年舊事乃代作

害傷了的病。纏怕了的情。説了聲相思做夢也驚。遇着他害起來没輕重。待説道比往時重些。往日的相思我也記不分明。不成變了我的心和性。待説道比往時輕些。依般的腸斷心疼。没見減了甚麽病。我把前後事一一顛度。這相思也没重没輕。犯了都是一樣難鬧挣。

【南商調集賢賓】

怨秋蛩

四壁寒蛩聲亂聒。把愁山擁入心窩。教我没處藏來没處躲。且停聲俺把眼合。合和他夢魂相約。可憐見别處那那。將就我。夢回來儘你吱歌。

【南商調山坡羊】

坐客閑譚齋公害人

心地好不在你喫齋把素。行事公也不消修橋補路。你喫齋斷不了普天下的宰割。你修橋只當了行人眼目。濟人心半點無。害人方百樣熟。惡心腸毒如蛇蝎。暗傷人無其數。廟宇裡掛搭上幾領絲袍也。寺院裡供養上些蜜果糖酥。胡塗。神有鑒察你枉費了工夫。胡塗。我就没見有凍殺的泥神餓殺的銅佛。

走燕市途成

鴈南飛多聲多氣。水東流無情無意。鴈不與我傳書寄柬。水無紅葉空流去。沙堤上衰柳淒淒。滄浪裡數聲漁笛。把離人淒涼逗起。奔前途有心無力。空教人倚雕鞍腸斷心酸也。着甚來由身寄在天涯。聽知。回首東南馬蹄兒向西。聽知。直到皇都才完歸期。

【北南吕乾荷葉】

鴈南飛水東流原無罪。還是俺心上惱撒刮劃。天長日久空流淚。水知流潳地。鴈向煖處飛。我做的人兒不如鴈和水。

【南商調山坡羊】

深秋客金山寺夜聽蘆笛

疎林葉風踅滿地。籬邊菊黄金堆砌。怕黄昏風清月朗。無聊賴難存濟。恨蛩聲叫的疾。恠青鸞來的稀。秋未來我的舊病兒已是犯了。這些時一日難捱似一日。白日裡怕待見景色蕭條也。夜又愁聽不上更點兒遲遲。聽知。巴明不明埋怨鄰鷄。聽知。罵魚舟吹甚麽蘆笛。

【劈破玉】

一聲笛吹下我千行淚。斷腸人喫不盡你的虧。聒吱吱那管人憔悴。瘦損伶仃體。怎禁夜夜吹。前世裡讐人就是你。

【南雙調鎖南枝半插羅江怨】

驚秋有懷

重陽近。草木零。盼斷歸期恨轉增。天涯何事迷歸徑。不指望你爲我憂愁。你也該知道對景傷情。離人誰不因秋病。想是你那裡没有西風。想是你那裡没有寒蛩。想是你没聽的寒鴈聲孤另。想是你不會凄涼。想是你不覺伶仃。想是你没做相思夢。

【南商調金衣公子】

情人寄語

含淚謝冰人。話叮嚀須記真。見他先報平安信。休説我病沉。且着他放心。兩情濃到底姻緣順。他若再跟詢。你説自從别後。直哭到于今。

【南商調集賢賓】

憤　世

您使機關實是巧。俺恨不能也要學學。原賦的資質不大高。學些兒只待忘了。年紀不小。學到老不會到老。多顛倒。喫不了一箇甜棗。

【南雙調鎖南枝半插羅江怨】

代知友趙若泉寄所私

心中事。意中人。眼中淚落濕透羅襟。淚珠滴盡情無盡。倚東風默默沉吟。空教人撫景銷魂。平白裡敢托誰捎信。你那裡盼斷歸期。我這裡掐指循紋。冤家休説我無情分。我心頭刻畫着你的形容。你身邊拐帶着我的真魂。萬千休閃的我没投奔。

【劈破玉】

閨怨

這兩日知不到是甚麽病。悶懨懨又不癢又不疼。二三日輕來一日重。話兒怕見説。眼兒懶待睁。迷迷癢癢睡着叫不醒。

自離別一刻丢不下。又不知你使的甚麽方法。死來到頭直上也不怕。一半埋怨你。一半恨自家。没主張的心腸喫了你的假。

【南商調山坡羊】

秋懷

鴈初來偏他好叫。月初明偏他好照。没趣的芭蕉窗前弄影。不通情的促織在牀頭鬧。這淒涼可罷了我了。夜又長待怎麽去熬。怎能勾合合淚眼。夢兒裡開開懷抱。没事人還要悲秋也。我一肚子相思怎麽不心焦。寂寥。復復翻翻捱不到明朝。心焦。淚珠滴盡濕透鮫綃。

【北南吕乾荷葉】

淚珠兒枕上痕如線。血重疊新的濕舊的乾。擦模糊新舊難分辨。留與薄情種。他來仔細看。看看我的淚痕再看看我的眼。

【北雙調清江引】

嘆 世

世上大人能有幾。俺笑你全不濟。有財的會使財。有勢的全倚勢。事到頭來只顧了你。

【南商調山坡羊】

閨 怨

冤家冤家我爲你。哭的我千人眼裡下淚。我爲你害的我行盹立睡。悔殺我了當初不該見你。惱殺我了怎麽着酒兒就醉。恨殺我喫不盡你的虧性。昏殺我了大睁着兩眼就着鬼迷。口説道咬咬牙丢開罷手。猛上心來把我柔腸扯碎。哭一聲知疼着熱的冤家也。除了我冤家疼我的是誰。傷悲。胡塗殺我了是心風那九百。傷悲。行説着話兒兩淚扒推。

【北南吕乾荷葉】

秋　恨

我爲你諸般的怕見做。揩淚珠揩的我眼皮兒烏。恨不的你走一步我跟一步。愁我無緣分。又怕你命孤。黄蘗（一）兒雕成一對人兒苦。

落梅時約定在桃花放。到而今中秋過又數重陽。梧桐葉舞空堦上。菊綻金錢蕋。雁排人字行。我怎麽不淒涼怎麽不想。

【南商調山坡羊】

有所待于歷下

相交了一場俺没敢辜恩負義。閃怕了我了俺至今有心無力。爲着誰來做了個天涯浪子。誤工夫也算不的三朝兩日。實指望是一個長遠相識。誰知道是露水頭夫妻。也有人勸我來道他既薄情你就該照樣兒負他。我倒說您抱的是不哭的孩兒有甚麽情趣。俺也捱的無奈何了只得促馬東歸也。不害羞的臉片哭聲兒向西。聽知。背不的了逢着人就告訴的是你。寃屈。想殺我了到幾時是再見的日期。

【南雙調鎖南枝半插羅江怨】

送　別

人別後。日已西。雲樹茫茫去路迷。凄涼此日難存濟。怎割捨的平地分開。生可可你東我西。可憐答易抛人去。哭陽關振地悲聲。問黃天知也不知。那法兒出口寃屈氣。你的心我認就了十分。怕只怕後會難期。倚仗的全是神前誓。

【南商調山坡羊】

代妓于愛愛復所私

傳話的人兒聽我囑付。傳給那薄情的底物。再不消說他那朝思暮想。也不要說他那牽腸掛肚。我不信他没有半個工夫。從去了脚影全無。他也打聽打聽我可是薄他厚他。他拍拍他那胸膛該把我辜負。罷罷罷你也傳不盡我萬恨千愁也。你只説我囑付你來教他想想當初。寃屈。苦殺人了我對誰去告訴。寃屈。出氣的方法只憑着一口子長吁。

【北南吕乾荷葉】[九]

小丫環跪牀前苦苦的哀告。叫了聲老爺爺把俺[一〇]饒上一饒。您又七八十俺才十七八。夜晚來怎麽着合你同睡覺。渾身蛇退皮。四肢都乾了。嗳呀呀受不的指頭摳搜嘴兒咬。

【南黄鍾啄木兒】

只爲親軍老。妻又嬌。萬里關山音信杳。他那裡舉目凄凄。俺這裡回首迢迢。他那裡望得眼穿兒不到。俺這裡哭得淚乾親難保。悶殺人一封丹鳳詔。

邀幾個知心友。尋一座迦静山。琴彈流水共高山。閒敲棋一盤。悶解詩幾聯。斗酒憑我醉。逍遥即是仙[一一]。

按：此曲首句「邀幾個知心友」原直接前曲末句尾，句式與【啄木兒】不合，疑失牌調。

【南商調黄鶯兒】

詠風花雪月

飄緲去復還。空聞聲欲會難。若來時不令人瞧見。飄幾陣麝蘭。響[一二]幾聲珮環。過園林蕩漾花香散。揭疎簾。偷翻書卷。暗裡響冰[一三]絃。

奇麗樹芳晨。總無情也動人。不施朱粉顔色嫩。嬌滴滴可[一四]親。香馥馥可聞。玉闌杆阻隔人親近。暗消魂。偎紅倚緑。占得半時春。

體態似瓊瑶。舞鸞鶴下碧霄。隨風婉轉梨花貌。冰肌太嬌。玉[一五]容難描。透春信暗託梅香報。任輕飄。南樓月暗。窗兒外悄聲敲。[一六]

素白駐瑶臺。約黄昏下玉堦。叫人倚定西廂待。雲影漸開。花影漫篩。良宵三五從今再。小書齋。忽生光彩。姮娥過短牆來。[一七]

無 牌 名[一八]

月上花梢約定他。半掩窗紗。半開窗紗。亂挽起鬢[一九]雲把粉淡搽[二〇]。剪銀蠟鋪下繡榻。煮下新茶。煙内燃香薰繡被。等我的冤家。候我的冤家。早聽[二一]譙樓二[二二]鼓撾。再不想他。再不念他[二三]。生生的爲他把我就氣煞[二四]。險些兒爲他把我就害殺。又[二五]聽譙樓三[二六]鼓敲。獨坐無聊。悶坐無聊。作怪的冤家他又來[二七]了。又是喜。又是惱。佯推睡着。當不的冤家口兒軟。再不敢了。跪在牀前絮叨叨。暫且饒這一遭。聽[二八]他那話兒心腸軟了。又[二九]聽他那像生嗤[三〇]的聲笑[三一]了。忍着笑兒轉迴身罵了聲負心。[三二]又哄着人等到你夜兒深。細搜尋冷了人的心。既不愛來就不[三三]來罷。稀罕你温存。又知道你的手段了。會哄癡人。[三四]收起[三五]你的舌頭去哄别人。

急的冤家嘆一聲。眼泡通紅。手扶着肩膀細細告誦。打三更纔得空出離中庭。恨不得一[三六]步就到了。怕有人行。偏有人行。這邊去看看。又上那邊去看看。戰兢兢。冷清清。你若不疼我還有誰疼。我若不疼你喲待把誰疼。笑[三七]吟吟的解羅衫。春滿巫山。雲滿巫山。可意的冤家摟抱着俺。口兒親。腰兒貼。鳳倒顛鸞。魂靈不知那去了。天上的神仙説不出口來。滋味好甜。緊一番。慢一番。輕着些罷。麼喲我的心肝。快着些罷。麼喲我的心肝。

套數

南北雙調合套

【步步嬌南】世上無雙風流事。引的人魂不至。從天降下時。形如天仙。貌比西施。難捨俊嬌姿。見他一遭不如死。

【集賢賓南】見他一遭不如死。尋思的没處尋思。連夢顛倒無定止。好情兒這等參差。埋怨殺蜂媒蝶使。害的我氣若遊絲。空屈指。再相逢知待何時。

【折桂令北】再相逢知待何時。念破舌尖。費盡心思。一曲離歌。一曲離歌。兩聲長嘆。幾首新詩。眼巴巴盼不到天邊雁子。怨沖沖聽不上窗外鶯兒。恨與山齊。恨與天齊。空教人倚遍欄干。折損梅枝。

【江兒水南】訴不盡千般苦。揩不乾兩淚拋。誰知病重如山倒。怎禁當殘燈獨對離人照。鄰杵聲來枕上敲。把一寸柔腸生敲碎了。跺地成坑。不停聲直哭到曉。

【雁兒落帶過得勝令北】莫不是漲水没藍橋。莫不是怨火燒祆廟。莫不是銀河阻女牛。莫不是鳳臺斷玉簫。呀。他那裡有信倩誰捎。我這裡無音空自惱。誰家。會合相思藥。那個。能磨削恨刀。

【叨叨令北】罵一聲多嬌疼的我心窩跳。哭一聲多嬌閃的我魂夢飄。五載逢一面。半夜夢三遭。剛才有意鴛鴦會。又被無情鐵馬敲。醒後重加恨心頭添上焦。多因前世無緣分。也是今生命苦招。

【尾聲南】相思兩地無消耗。紅葉無憑誰是保。只落的一縷青絲收拾到老。

按：［叨叨令］曲牌疑誤。又：本套從【江兒水】曲起由支思韻轉爲了蕭豪韻，抑或曲文有互竄之嫌。

序

予鄉〔三八〕丁君，號前溪者，先公之執友也。其子姪皆群遊邑庠，鬱爲偉器。予兄弟蒙挹拍而締姻戚，蓋兩世通家云。予以故〔三九〕侍外君最久，得其行誼最詳。君少年，仗義負氣重然諾，而輕千金，有古豪俠卜式之風。其俶儻風流，詼諧調度，又絶有東方生滑稽氣味。至于憤世疾俗，悲深思苦，雖人不類而事不同，亦彷彿屈賈之流乎。君才具如此，而不伸其志，不顯其跡者，祇以早孤不竞所學，一丘一壑，匹夫終身，良可惋惜。古人云：不于其身于其後。意者有在于斯耶！君自弱冠以及垂老，雅好爲詞曲，其感時觸物，一言一曲，往往中肯窾而達關竅，有意在言外者，中或有俚語俗呼，大都樂府小令，用之不嫌。噫嘻。君以布衣老人，學未登閫奧，耳不聞今古，師心率已輒成一家。真可謂：秉靈山岳，自然天真者矣。予既高其爲人，復歆其爲詞，屢求生平以作，令彙爲一帙以志不朽。蓋乞力者數四，而君再三辭謝曰：老夫鄙人，少未嘗學問，信口狂歌，聊以寄興。用以奉清覽，猶恐目之污也，安敢災木以流傳人間乎！予乃詢之麓田公。麓田，君之長公子也。公復諱若其翁，且謂其翁之作，率從口頭嘻笑，旋即散落，統無遺稾。雖稍有傳誦，皆好事者耳拾其十之一二耳。况家君既已不欲獻醜，今焉能以相愛之誼而拂家君之願耶？於是成刻之念遂寢。一夕，區中瞽人高智者過予，業彈唱，頗解人頤，會遠人在室，乃命之盡其技，以慰佳客。終席所歌，皆君之小令。坐客無不艷羡，無不一一筆記之。予乃囑以密求，務得千百數始已也。匝歲，僅得百首，餘曲大半出自閭里少年，或從王孫公子之口授者，求之君家父子毫無所得也。用以付剞劂氏，使觀者得以想見其爲人。固知言因人廢者，不但失言，且失人耳。更以所得之先後爲次第。以未能全收，異日者，將不妨于續補也。癸卯秋八月少林丘雲嵲書。

〔一〕此處原衍「真情」二字。

〔二〕「金絡索」，原作「金落瑣」。下同。

〔三〕「則」，原作「剶」。

〔四〕「斷」字原奪。

〔五〕「勒」，原作「動」。

〔六〕「曾」，原作「曹」。

〔七〕「上」，原作「山」。

〔八〕「蘖」，原作「櫱」。

〔九〕此首原無曲牌，緊接前曲「山坡羊」後。今據律補。

〔一〇〕「俺」字原奪。

〔一一〕「仙」字原奪。

〔一二〕「響」字原奪。

〔一三〕「冰」字原奪。

〔一四〕「可」字原奪。

〔一五〕「玉」字原奪。

〔一六〕「詠風花雪月」原置本書丘雲嵻序後，僅三曲。

〔一七〕此曲原置鍾羽正序後，無題，亦無曲牌。今據文義及曲律推斷，疑即黄鶯兒之第四隻「詠月」，兹姑置此。鍾羽正序見本書丁惟恕卷。

〔一八〕原緊接「乾荷葉小丫環跪牀前苦苦的哀告」後。

〔一九〕「鬢」字原奪。
〔二〇〕「粉」字原奪。「搽」，原作「查」。
〔二一〕「聽」字原奪。
〔二二〕「二」，原作「三」。
〔二三〕「他」字原奪。
〔二四〕原衍「氣煞」二字。
〔二五〕「又」字原奪。
〔二六〕「三」，原作「二」。
〔二七〕「來」字原奪。
〔二八〕「聽」字原奪。
〔二九〕「又」字原奪。
〔三〇〕「生嗤」二字原奪。
〔三一〕「笑」字原奪。
〔三二〕此句奪「笑、聲、負」三字。
〔三三〕「不」字原奪。
〔三四〕以下四字漫漶不清，無法辨認。
〔三五〕「收起」二字原奪。

〔三六〕「一」字原奪。
〔三七〕「笑」字原奪。
〔三八〕「鄉」，原作「所」。
〔三九〕「故」，原作「改」。

王錫爵

王錫爵，字元馭，號荆石，南直隸（今江蘇）太倉人。嘉靖四十一年（一五六二）舉會試第一，廷試第二，授編修。累官禮部尚書，兼文淵閣大學士。首請禁諂諛，抑奔競。以擬三王並封旨，爲言官所攻。自劾乞罷，不許，改吏部尚書。著有文肅集五十二卷，及疏草等。生於嘉靖十三年（一五三四），卒於萬曆三十八年（一六一〇），年七十七。

小令

【北雙調對玉環帶清江引】

和唐六如歎世詞十二首

樂處酣歌。時光容易過。苦處奔波。早晚偏難度。世界號娑婆。苦樂平分破。佩玉鳴珂。生辰不似他。戴笠披簑。安閒不羨他。別人騎馬我騎驢。更有徒行個。日月疾如梭。天地旋如磨。也非過意相摧挫。（珊瑚網）

美竹幽花。便是清涼界。淡飯麤茶。且共消閒話。白日若喧譁。有約來良夜。網得魚蝦。壺傾問酒家。筆底走龍蛇。詩成付會家。世間禍福亂如麻。我也難禁架。休言鵲與鴉。任作牛和馬。只教方寸長瀟灑。（珊瑚網）

覆轍翻舟。那個曾回首。大劍長矛。那個曾丟手。無數世間愁。憑著人承受。拜將封侯。是英雄釣鈎。按簿持籌。是愚夫枷杻。休題能向死前休。便算千年後。步步使機關。也要天公湊。行年五十曾參透。（珊瑚網）

皂帽絲縧。一第猶難料。紫綬緋袍。一品猶嫌小。量盡海波濤。人心難忖着。翠養翎毛。爲誰頭上好。豕養脂膏。爲誰腸内飽。千尋鳥道上雲霄。何必都經到。平地好逍遥。高處多顛倒。人世只是回頭少。（珊瑚網）

畫棟雕梁。推收紙半張。緑鬢紅粧。消除淚幾行。此事本尋常。漫説多魔障。百草芬芳。須防秋降霜。萬木萎黄。須逢春再陽。假如傀儡一登場。多少悲欣狀。旁人費忖量。兀自生惆悵。不知刊定傳奇上。（珊瑚網）

百甕黄虀。須了今生事。一縷紅絲。須是前生繫。人事有推移。總是天安置。智似靈黿。何嘗脱死期。巧似蛛蜘。何嘗不忍飢。命通若在四更時。夜半猶憔悴。千年薦神碑。九日滕王記。勸君且等時辰至。（珊瑚網）

鐵鎖銅關。財寶終須散。玉液金丹。遲速難遺限。但放此心寬。萬事從天斷。不坐蒲團。西方棹臂還。不戴蓮冠。南華合眼看。人間苦海黑漫漫。送盡聰明漢。飢來粥與饘。睡要牀和簟。此外不須多繾綣。（珊瑚網）

麋鹿山邊。終日防弓箭。鸚鵡簷前。終歲愁猫犬。身在畏途間。頃刻憂機變。恩愛纏綿。名成仇恨緣。涕淚流連。多因勸善緣。白駒過隙難流轉。何苦又加鞭。靈臺一寸間。簇起和冰炭。任教世事如電閃。（珊瑚網）

愁多病多。早已鬢毛皤。恩多寵多。轉入是非窩。洗耳聽漁歌。一一多嘲我。漫天羅網。方被浮名誤。三載沈疴。兒被阿爺誤。只今九表向天呼。誓不上長安路。黄昏夢已徂。破衲還堪補。聊就人間小結果。（珊瑚網）

一粒芝蔴。救飢也是他。一片黄瓜。解渴也是他。其餘萬事賒。到了成虛話。纔説西家。殺牛與宰馬。又説東家。鑽龜與打瓦。他家圖甚王和霸。一任的閒搭掛。待乘博望槎。看過天河界。那時碌碌纔干罷。（珊瑚網）

南陌東疇。是兒孫馬牛。趙舞秦謳。是歡喜冤仇。萬事總悠悠。勞生何所求。一簇眉頭。算前又算後。三寸舌頭。説强又説醜。饒君一日千秋空。落得多僝僽。青山夢裏遊。玄牝空中守。羲皇一夢君知否。（珊瑚網）

你會使乖。別人也不呆。你要錢財。前生須帶來。我命非我排。自有天公在。時該運該。人來還你債。時衰運衰。你被他人賣。常言作法可消災。怕没福難擔戴。有酒且開懷。見怪何須怪。一任桑田變滄海。（珊瑚網）

複　出

套　數

【南中吕泣顔回】萬卉花王。

樂府先春無題，署王荆石撰。詞林逸響、古今奏雅題「詠花」，俱注陳大聲作。兹已輯於陳鐸卷中，不重録。

王穉登

王穉登，字伯穀，一作百穀，别號玉遮山人、吴中情奴。南直隸（今江蘇）武進人，移居蘇州。十歲能詩，名滿吴會。吴中自文徵明後，伯穀遥接其風，擅詞翰之席者三十餘年。嘗傾身援救王世貞仲子士驌於獄，風義尤著。詩文以外，兼擅書法詞曲。有王伯穀全集、吴郡丹青志、奕史、吴社編，及雜劇相思譜，傳奇全德記、彩袍記等。編有散曲選集吴騷集。嘉靖十四年（一五三五）生，萬曆四十年（一六一二）卒，年七十八。

小令

【南仙吕月雲高】

題　情(一)

别情無限。新愁怎消遣。没奈何分恩愛。忍教人輕拆散。一寸柔腸。兩下裏相縈絆。去則終須去。見也還須見。只怕燈下佳期難上難。枕上相思山外山。（吴騷合編）

套數

歡會[三]

【南仙呂桂枝香】今宵何夕。月痕初照。等閒間一見尤難。平白地兩邊湊巧。向燈前見他。向燈前見他。似夢中來到。何曾心料。怕人瞧。驚臉兒紅還白。熱心兒火樣燒。

【不是路】緣分難消。欲笑含羞分外嬌。低低道。道忍教虛度可憐宵。夜迢遥。陽臺分得春多少。剩雨殘雲别樣嬌。怕燈兒照。枕邊力怯鶯聲俏。半推半要。半推半要。

【長拍】點檢風流。點檢風流。綢繆懷抱。霎時間粉褪香消。雙眉鎖黛。瘦東風一捻纖腰。慵整翠雲翹。怕分離寸寸柔腸如絞。有約明朝窗外月。休洩漏這根苗。守盟言心上牢牢。柰情翻意覆。生出波濤。

【短拍】珮綰雙鸞。珮綰雙鸞。情同匹鳥。願青青柳色常嬌。珍護最長條。怕攀折添人煩惱。怎效連枝竝蒂。竟生生世世莫相抛。

【尾聲】暗中天地焚香告。切莫犯參商酉卯。羡煞雙吹碧玉簫。（吴騷合編）

相逢懼別〔三〕

【南仙呂醉扶歸】相思欲見渾難見。果然是別時容易見時難。見時又怕起波瀾。待教不見情難拚。見和不見兩頭擔。只索向枕邊夢裡尋方便。

【步步嬌】急煎煎夢破陽臺遠。雲雨誰收管。屏山煙樹前。天上人間。物移星換。盼不到羅袖藉香肩。只消受得疏楞月透清光淺。

【江兒水】陌上朝來遇。匆匆欲語難。隔簾彷彿梨花面。行人回首魂俱斷。東西岐路成長嘆。似月被雲來遮掩。縱有藍橋。渡不得眼前天塹。

【園林好】嘆一刻千金果然。盼一紙萬金難換。何事衡陽無鴈。自隔斷玉門關。再不到大羅天。

【五供養】夜涼冰簟。欹枕無眠。意惹情牽。舊愁流水逝。新恨海潮添。轆轤展轉。柰金井碧梧人遠。不教懽會少。只怕別離難。撚指光陰又經時變。

【僥僥令】玉簫期跨鳳。寶瑟托啼鵑。勝事春心渾拋閃。抵多少一尋思一惘然。

【尾聲】月明冰上酬心願。雨殢雲尤不羨仙。將一段衷情對面傳。（樂府先春）

按：曲牌【僥僥令】原誤作【叨叨令】，兹正。

【南南呂梁州新郎】低垂繡幕。高張羅綺。一派笙歌滿耳。簾鈎懶上。爐燻風細煙微。但見臺燒銀蠟。酒泛金巵。餚簇珍奇異。人生快樂也是便宜。莫惜纏頭舞柘枝。〔合〕當此際。非容易。何期邂逅相逢遇。休負却。好良時。

【前腔】□□初試。雲鬢重理。蓮步輕移裙底。丁香扣結。麝蘭遍□□衣。自愧蒲姿柳質。醜貌衰容。恥向東風立。兩頤紅褪也欲行遲。翠袖慇懃捧玉杯。〔合前〕

【前腔換頭】舞霓裳一捻腰肢。調歌喉幾般音律。聽歡聲哈哈。笑語嘻嘻。總是洞天福地。閬苑蓬萊。自料應難比。猛拚沉醉也待何如。斜傍銀箏覷阿姬。〔合前〕

【前腔】戲嬌娃鬢亂釵欹。顧不得拋珠落翠。正相宜酬勸。弄盞傳杯。但聽銅龍聲滴。銀箭頻催。燭盡香消矣。推窻觀看也斗星移。花影重重過檻西。〔合前〕

【節節高】詩魔逸興餘。最堪宜。嘲風弄月無窮趣。低低詠。款款題。頻頻記。往來醉墨縱横處。都將寫入詩囊内。假若春宵去復來。吾儕不惜千金易。

【前腔】清宵思欲迷。赴佳期。裴航有約藍橋會。同遊戲。素手攜。香肩倚。雙雙共入羅幃裡。猶如交頸鴛鴦對。假若春宵去復來。吾儕不惜千金易。

【餘文】□呼侍婢相傳語。囑咐鷄聲且慢啼。你且秉燭歸房莫□遲。（樂府先春）

冬日閨情王百穀改〔四〕

【南商調金梧桐】漫漫瑞雪鋪。密密彤雲布。兩兩漁簑。粧點江天暮。慚無謝女才。空想梁園賦。學弄梅粧。又恐天孫妬。無言半晌深扃户。

【東甌令】思前事。想當初。有個人兒對擁爐。雲屏霧障重重護。却易把流年度。如今人去影兒孤。教我怎支吾。

【劉潑帽】見白鷳皓鶴失鮮素。雲靉靉雪蚤模糊。攔截遊子歸來路。折柳亭埋。緊凍合停橈渡。

【奈子花】金凫冷水漬冰壺。空閒却錦繡氍毹。闌珊鞢鋏零落流蘇。愁糊突夢中難遇。吞吐。問前盟半點虚無。

【浣溪沙】風月招。姻緣簿。到如今一筆消磨。癡心倩女成躭誤。薄倖相如下狠毒。心正苦。恠兩個寒禽兒向梅梢。頻頻廝唤相呼。

【金錢花】拈來彩筆生疎。寫就雪蕉畫圖。把病容愁臉細臨摹。寄與君怕君難覩。崔家女不是舊規模。

【尾聲】晚來時添淒楚。嘶馬橋邊雪滿湖。正是夫戍蕭關妾在吳。（吳騷合編）

冬閨之曲，詞林最乏善調。而秋碧作者凡幾，牢騷淒切，俱屬可傳。韻選無劉潑帽、柰子花、金錢花三曲，今照舊稿增入。即一二句法未合，亦不足爲全瑜之玷也。騷隱。

複 出

小 令

【南仙吕月雲高】

題 情

吞聲寧耐。

樂府先春無題，吳騷合編題作「題情」，俱注王百穀撰。洪東樂府、南宮詞紀皆署康對山作。兹已輯於康海卷中，不重出。

套數

【南仙吕入雙調步步嬌】暗想當年羅帕上把新詩寫。

樂府先春、吴騷集無題，注王百穀撰。鄭若庸詞餘、詞林逸響、古今奏雅題作「阻歡」，南宫詞紀題「大揭帖」，俱注鄭虚舟作。群音類選一題（「閨情」）兩曲（一爲步步嬌，一爲珍珠馬），皆署李愛山。未知孰是，姑以南套屬愛山，南北合套歸若庸。詳見本書李、鄭兩家卷中，不重録。

【南南吕宜春令】青陽候烟雨淋。

樂府先春、吴騷集無題，注王百穀撰。詞林白雪屬湯海若。兹已輯於湯氏卷中，不重出。

〔一〕吴騷集、樂府先春無題，吴騷合編題作「題情」，俱注王百穀撰。樂府争奇無題，南音三籟題爲「閨怨」，皆不署作者。

〔二〕此曲吴騷二集、張竹坡評金瓶梅均録。

〔三〕三徑閒題無題，群音類選題作「秋思」，吴歈萃雅、詞林逸響、南音三籟、珊珊集、古今奏雅、萬錦清音題作「怨別」，彩筆情辭題作「秋懷」，吴騷合編題作「題情」，俱屬張伯起。昔昔鹽題作

「相逢懼別」，樂府争奇無題，皆不注撰人。樂府先春、吴騷集無題，俱署王伯穀，兹據以輯之。題從昔昔鹽。

〔四〕可雪齋稿題作「冬景題情」，秋碧樂府、詞林白雪、南詞韻選無題，北宫詞紀題作「冬日題情」，俱注陳大聲撰。新編南九宫詞題爲「情」，僅録南曲，注樂府。雍熙樂府題作「雪景」，不注作者。吴騷合編題作「冬日閨情」，亦僅有南曲，注王百穀改已刻。兹互見陳、王兩家曲中。

沈祩宏

沈祩宏，字佛慧，别號蓮池，浙江仁和（今杭州）人。年十七爲諸生，三十二歲辭家祝髮，人稱雲棲大師，又稱蓮池大師。生於嘉靖十四年（一五三五），卒於萬曆四十三年（一六一五），年八十一。

小令

【南中吕駐雲飛】

出家七首

恩重山丘。五鼎三牲未足酬。親得離塵垢。子道方完就。嗏。出世大因由。凡情怎剖。孝子慈孫。好向真空究。因此把五色封章一筆勾。（群音類選）

身似瘡疣。又爲兒孫作遠憂。聞説燕山竇。今日還存否。嗏。畢竟有時休。摠歸無後。誰識當人。萬古常如舊。因此把桂子蘭孫一筆勾。（群音類選）

鳳友鸞儔。恩愛牽纏何日休。活鬼喬相守。緣盡還分手。嗏。爲你兩綢繆。披枷帶杻。覷破冤家。自去尋門走。因此把魚水夫妻一筆勾。（群音類選）

富比王侯。你道歡時我道憂。得者多生受。失者憂傾覆。嗏。淡飯是珍羞。衲衣如繡。天地吾廬。大厦何須搆。因此把家舍田園一筆勾。（群音類選）

獨佔鰲頭。漫道男兒得意秋。金印空如斗。聲勢非常久。嗏。多少枉馳求。童顏白首。夢覺黄粱。一咲無何有。因此把富貴功名一筆勾。（群音類選）

學海長流。文陣光芒射斗牛。百藝叢中走。斗酒詩千首。嗏。錦綉滿胸頭。何須誇口。生死跟前。半字不相救。因此把蓋世文章一筆勾。（群音類選）

夏賞春遊。歌舞叢中樂事稠。心性迷花柳。棋酒娱親友。嗏。眼底逞風流。苦歸身後。可惜光陰。懡㦬空回首。因此把風月襟懷一筆勾。（群音類選）

胡文焕

胡文焕，字德甫，一作德父，號全菴、全道人，别署抱琴居士、西湖醉漁，浙江錢塘（今杭州）人。深通音律，善鼓琴，以刻書爲事。所刊格致叢書數百餘種，並編有曲集群音類選四十六卷，中多秘籍珍本，有功於文化匪淺。有文會堂詞韻、琴譜、詩學彙選，以及雜劇桂花風，傳奇三晉記、奇貨記、犀珮記、餘慶記等。生卒年不詳。約明神宗萬曆中在世。

小令

【南仙吕桂枝香】

嘆世八首

炎涼世態。不先門外。妻子因貴樂勤勞。弟兄爲貧疎友愛。看將來可哀。看將來可哀。古方何在。大綱日敗。欲安排。把覆雨飜雲手。做光風霽月懷。（群音類選）

衣衫可敬。家聲不問。雪中送炭誰甘。錦上添花獨盛。想貴人賤時。想貴人賤時。

願資窮困。及登高峻。便忘情。自有王侯侶。何曾念故人。（群音類選）

纔高一步。輕狂無數。搖頭擺尾堪憐。作態粧腔不顧。將故人頓疎。將故人頓疎。那些個寬容矩度。只落得傍人笑惡。這等薄情徒。料想難凝福。空將遠到圖。（群音類選）

得新忘舊。到前丟後。妄想處一味驕矜。滿意時十分馳驟。循環否泰。循環否泰。你今日也是當年遺漏。我後日焉知不比你今時榮茂。好追求。性分難加損。何須效淺流。（群音類選）

主衰奴横。人衰鬼弄。林稀鳥去巢栖。官滿吏疎承奉。况冰山仗他。况冰山仗他。勢難久永。何須賣寵。論窮通。命各生成在。誰言才不同。（群音類選）

門無客到。坐多歡笑。一貧一富何如。不棄不趨方妙。看誰能久要。看誰能久要。義如金寶。利如蒿草。任逍遥。識破浮雲態。簞瓢且絶交。（群音類選）

才高倖短。忘情轉眼。尊俎中暗伏干戈。唇舌間濫加褒貶。起風波等閒。起風波等閒。春生咲臉。中懷陰險。最堪嫌。對面情難測。同心話未然。（群音類選）

樂時趨首。難時避後。打外拐反吠神堯。趨下流專幫惡紂。慣將恩變仇。慣將恩變仇。不居差謬。好粧誆誘。假風流。手段將天拆。行藏使鬼愁。（群音類選）

【南中呂駐雲飛】

秋江 六首

燕子磯頭。恍似當年赤壁遊。葉落山容瘦。風起江聲吼。秋。景色自清幽。月光依舊。欲覓蓴鱸。故國空回首。且對江山豁醉眸。（群音類選）

獨上江樓。要識青蓮即我儔。劒氣冲牛斗。文思憑尊酒。秋。楓葉冷颼颼。鴻飛尋偶。此際應憐。獨在深閨守。莫漫臨風學楚囚。（群音類選）

泛泛輕舟。何處琵琶似訴愁。淚濕青衫袖。霜點潘郎首。秋。水色接天浮。微茫楚岫。宋玉空悲。沈約無端瘦。不若陶潛歸去休。（群音類選）

廊廟先憂。難比忘機水上鷗。試把簫聲奏。莫遣砧聲輳。秋。高枕聽江流。魚龍馳驟。覓得支機。世有君平否。會看明珠象罔收。（群音類選）

送別優游。紅葉題詩漫自謳。風雨來何驟。正是銷魂候。秋。紈扇篋中投。寄書何有。願得扶搖。人挹江山秀。邀取嫦娥轉故丘。（群音類選）

爲憶杭州。湖上芙蕖開正稠。老我漂零久。寄語當年友。秋。好景且須收。共開笑

口。自信江湖。滋味都嘗勾[二]。風月衿懷足浪遊。（群音類選）

秋　思四首[三]

玉露金風。一枕淒涼半夜鐘。難就陽臺夢。徒望秦樓鳳。嗏。空壁叫寒蛩。將人斷送。起剪銀缸。試把琴三弄。只有知音井上桐。那得知心江上逢。（群音類選）

書寄歸鴻。楚水吴山幾萬重。已做悲秋宋。難效彈冠貢。嗏。白髮滿青銅。可勝帶重。風雨瀟瀟。料得情相共。紅葉無緣得再通。鐵馬無端不住攻。（群音類選）

誰剪丹楓。争與寒鴉舞碧空。鱸興真堪動。菊計無由種。嗏。湖海嘆飄蓬。琵琶聲送。淚濕青衫。腸斷成何用。依舊萍踪西復東。無柰鄉心散復叢。（群音類選）

聚散匆匆。記得桃花逐水紅。忽又吴霜重。未許紅爐共。嗏。雲樹隔重重。粲樓目縱。便有金尊。難繼新豐踵。此際應將客味窮。此際誰知歸興濃。（群音類選）

自　嘆

病裏愁中。凛凛何當遇朔風。對雪無花共。止酒憐杯空。嗏。無褐度窮冬。塵勞冗冗。老景蕨蕤。往事渾如夢。試看陽春不日逢。（群音類選）

【南越調浪淘沙】

道情十二首

因病攬年華。願學仙家。從今戒却酒和花。遇着人來無禮度。髻挽雙丫。（群音類選）

拂子手中拿。世事由他。閒來唱箇浪淘沙。識破從前無遠見。萬事都差。（群音類選）

談笑作生涯。趣味偏賒。披條鶴氅飽胡蔴。誰是榮來誰是賤。總是虚花。（群音類選）

静裡傲烟霞。心更無邪。客來唯有一盃茶。紫陌紅塵都是夢。溺者堪嗟。（群音類選）

飲食莫增加。氣要清些。園中學種邵平瓜。開得花來結得子。老大堪誇。（群音類選）

寵辱不須嗟。光景如車。莫將性命等蒹葭。須要脱離生死道。快活無涯。（群音類選）

終日苦巴巴。我也憐他。分明是個井中蛙。何日肯隨人指點。養就靈砂。（群音類選）

月裡捉蝦蟇。枉自磨牙。不如且自泛仙槎。落得飄飄無罣礙。着處爲家。（群音類選）

正是一奇葩。莫誤韶華。工夫當自早圖些。誰道春天常朗霽。也有雲遮。（群音類選）

名利最堪誇。誰不波查。何如友鹿侶魚蝦。明月清風供我用。腹長嬰孩音娃。（群音類選）

睡起讀南華。鶴遶窻紗。又聞龍女撥琵琶。爲問蓬萊差幾許。咫尺無差。（群音類選）

甲子自難查。春識桃花。夏來蓮萼色偏嘉。秋到籬邊黄菊綻。冬有山茶。（群音類選）

【南商調黄鶯兒】

風花雪月四首

聲勢遍天涯。冷颼颼度碧紗。歐陽夜讀驚簷馬。消停遠槎。消磨好花。泠然御去疑仙化。慣飛砂。枝頭少女。何處去尋他。（群音類選）

日涉趣如何。襲香風鬭綺羅。春心一點狂蜂破。洛陽品多。河陽興多。醉來常傍闌干卧。稱陽和。解將人咲。燒燭再高歌。（群音類選）

一夜朔風愁。看青山盡白頭。瓊瑶世界誰粧就。剡溪泛舟。寒江釣鈎。梅花尋得偏宜酒。最清幽。杜門高卧。懶向灞橋遊。（群音類選）

涼夜把窻開。被嫦娥闖進來。舉杯邀飲真堪愛。我借你懷。你惜我才。天香插處多豪邁。洗塵埃。長生有藥。同與上瑶臺。（群音類選）

芭蕉夜雨 四首

葉上幾聲敲。過黃昏倍寂寥。陽臺路遠人難到。銀燈慢挑。名香慢燒。隔窻流淚天知道。好心焦。孤衾轉展。對鏡怯來朝。（群音類選）

敗葉戰秋霖。客鄉愁故國心。可憐滴破無人問。青鸞信沉。青衫淚零。一時事憶當年盡。瘦伶仃。重陽將到。何處可登臨。（群音類選）

一點一聲愁。自空堦到枕頭。寒蛩助嘆吟還鬬。同心怎求。焦心懶抽。風流落了他人後。慣悲秋。家鄉何處。明日欲登樓。（群音類選）

風急淚痕多。似聲聲打敗荷。窻前好個恓惶我。雲遮素娥。波翻絳河。一宵不寐真無那。慢消磨。樓頭鼓溢。知是幾更過。（群音類選）

【南南呂紅衲襖】

自　嘆 二首

我也是鐵錚錚一丈夫。我怎肯没來由做個酒色徒。我待要把機關都打破。我待要把

塵氛盡掃無。你莫咲龍游涸沼多艱苦。你莫笑鳳侶鴟梟少助扶。終有日苦盡甘來也。試看收成勝厥初。（群音類選）

你休得遑炎涼在畏途。你休得翻雲雨故賤吾。我也曾輕財重義把綱常補。我也曾仗勇驅奸把世道扶。我不是流連一去無回顧。我是個砥柱中流有琢磨。看從來海水難量也。任你紛紛白眼多。（群音類選）

【南商調山坡羊】

寫　恨

悶得我不尷不尬。悶得我無聊無賴。悶得我夢遶陽臺。悶得我魂飛在天外。你怎該。前言一旦灰。轉轉思量。般般堪怪。哀哉。把鴛鴦竟打開。哀哉。把連枝生拆開。（群音類選）

憶　美〔三〕

夜迢迢月明人靜。冷颼颼枕閒衾剩。夢悠悠陽臺路迷。病懨懨逆旅誰相同。事不成。飄飄度此生。無端許我許我諧秦晉。悶得今朝翻成畫餅。傷情。半思卿半恨卿。吞

聲。過三更捱四更。（群音類選）

【南大石調催拍】

落　第四首

對秋風鎩羽難飛。做春夢點頭怎期。時不利兮。時不利兮。三戰徒勞。半世羈遲。一事無成。兩鬢如絲。何日裡桂折高枝。門第顯姓名馳。（群音類選）

嘆囊裡黄金已微。看牀頭寶劍失輝。季子空歸。季子空歸。人世炎凉。足跡依稀。刺股須勤。射策堪支。終有日身上雲梯。榮晝錦吐虹霓。（群音類選）

問嫦娥情須概施。料孫陽目能識之。風雲有時。風雲有時。調鼎爲霖。補衮格非。富貴難淫。貧賤難移。大丈夫志氣如斯。君莫咲我狂爲。（群音類選）

想他每鹿鳴咏詩。也都是當年見遺。努力休違。努力休違。否泰循環。可卜其機。一任仇讐。陷穽相欺。仰天笑懷抱怡怡。頻命酒更論題。（群音類選）

【北仙吕一半兒】

風　情四首

琵琶久向別船調。把酒殷勤約此宵。梅影寒窻風亂□。□相邀。一半兒訕來一半兒好。（群音類選）

枕邊冉冉口脂馨。攪我蒙頭睡不寧。故問阿婆壽幾齡。笑休形。一半兒粧酣一半兒醒。（群音類選）

筵前小鼓慢催花。城上頻頻起暮笳。酒力原教睡更佳。卸裙紗。一半兒爲伊一半兒咱。（群音類選）

爲從翠館過紅樓。見我無端似寇讐。強着温存苦苦留。擁衾裯。一半兒推辭一半兒就。（群音類選）

【北雙調清江引】

警　悟十二首

鐘送黄昏鷄報曉。世事何時了。春來艸再生。萬古人空老。好笑他忙處多閑處少。

（群音類選）

春花秋月何時了。往事知多少。東風依舊來。只是容顏老。試看他有幾人愁盡掃。

（群音類選）

茫然世事如春夢。計較成何用。陰晴未可知。歡笑還堪共。莫被他利和名空斷送。

（群音類選）

人生南北如岐路。世事同飛絮。覆去又翻來。造化難憑據。想着他楚漢争今何處。

（群音類選）

古來世事皆前定。强弱都休論。機關打破他。風月堪供興。誰似我未老時閑相趁。

（群音類選）

天涯海角君休問。捷足空教進。閑來退步時。自是生餘慶。幸得我免了些灾和釁。

（群音類選）

蠅頭蝸角虚名利。總被天公戲。算來着甚忙。不若渾教醉。一任我逞疎狂過百歲。

（群音類選）

嗟來咄去真堪怪。識却前番債。從今尚可追。一洗塵囂態。輸與我每日間無罣礙。

（群音類選）

道人未老心先懶。脩竹栽教滿。客來隨分留。醉了先合眼。身外呵不關心天自管。

（群音類選）

誰是高來誰是下。命到都須罷。商周亦久常。秦漢何强大。豈料呵到如今成笑話。

（群音類選）

古今得失榮兼辱。待足何時足。誰貪萬里侯。不愛千鍾粟。最喜呵醞的酒今朝熟。

（群音類選）

我即他來他即我。忘却何不可。世情局内碁。光景石中火。大家呵警悟些休瑣瑣。

（群音類選）

套數

警悟

【南中吕石榴花】世情參破直欲老漁簑。消歲月任風波。得高歌處且高歌。再休論荆棘銅駝。我如今樂多。鬢蓬鬆卧起還閒坐。最喜他鷗鷺相忘。那管你蠻觸如何。

【前腔】時從樵子同向白雲窩。天密邇路嵯峨。回頭塵世隔烟蘿。遇仙翁把棋局消磨。時間爛柯。咲當年空把南柯做。到如今兩袖清風。争似他萬頃田禾。

【泣顔回】耕處傍平坡。咲幾番豐歉如梭。何如牧子。跨牛背緑野經過。他何愁網羅。便讀書也自多拘鎖。揔輸與遺世飄飄。那能勾終日呵呵。

【前腔】酒債與詩魔。儘臨流濯足吟哦。悠然天趣。又何必文思懸河。你休誇甲科。免不得同向邙山卧。看烏兔何等驅馳。收猿馬忍使蹉跎。

【尾聲】扁舟西塞山前過。道我分明張志和。爲避人間路坎坷。（群音類選）

春江

【南中吕石榴花】晴光淑氣游賞揔相宜。因載酒共論詩。東風幾度拂羅衣。見桃紅柳緑參差。把片帆疾馳。到江頭更望山如翠。羡杜甫對景開懷。笑淑真空自攢眉。

【前腔】天時人意贏得兩般齊。今不醉欲何爲。王孫芳草路誰迷。肯千金一刻空追。且留連故知。想蓬蒿應是非吾輩。共仰天長笑收春。看春光肺腑皆歸。

【泣顔回】佳麗水邊嬉。似黄鶯紫燕交飛。心情不禁。論豪邁勝却當時。嘆年華已非。難老我萬里風雲志。遥想着西子湖頭。端的是風景依稀。

【前腔】舞劒吐虹霓。信江湖廊廟當思。人生蓬轉。何須要怨却仳離。但賞心莫違。况此身幸際承平世。插好花須用盈頭。開笑口更要忘機。

【尾聲】勝遊如此真當紀。光景無邊入品題。明歲和君再共期。（群音類選）

旅思

【南南吕懶畫眉】碧山紅樹忽驚秋。蓴菜鱸魚興最稠。時同王粲一登樓。遥聽江上琵琶奏。不覺青衫淚暗流。

【不是路】沽酒銷愁。酒醒愁回無了休。空消受。一宵風雨滿牀頭。冷颼颼。無衣無褐誰相授。魚鳥依稀魂夢幽。情非舊。吴霜點鬢腰肢瘦。未能榮晝。未能榮晝。

【掉角兒】〔四〕嘆淹留空悲楚囚。賦歸歟全輸五柳。不能彀萱草忘憂。空指望桂花簪首。最怕是杵聲敲。簫聲咽。雁聲哀。蛩聲鬬。越添眉皺。佳期未偶。章臺懶遊。只落得此時此際。斷送風流。

【尾聲】客鄉滋味君知否。宋玉悲情庾亮愁。何日開懷豁醉眸。（群音類選）

南北雙調合套

綉鞋

【新水令北】一雙隨襪洛川來。向邯鄲十分摇擺。掌中頻借看。肩上慢輕擡。浴罷身歪。噴香風侍兒將待。

【步步嬌南】携手行行多嬌態。燕子飛輕快。香痕度翠苔。褪了跟兒。扶住增人愛。花襯浄無埃。西窻漫趁晴光晒。

【折桂令北】珮環聲來往瑶堦。三寸飄然。一捻奇哉。暗將人勾引情懷。試倩恁走馬章臺。再和伊踏青郊外。忍着他裙底沉埋。席上行盃。恁便是量窄情疎。也都甘急引盈釃。

【江兒水南】頻把尖兒點。能將律吕諧。偷歸惹訕須寧耐。吞喉再醒真奇怪。拆分重合因歡愛。遊倦倩人摩揣。悄踢傳情。微露鳳頭紋彩。

【雁兒落帶得勝令北】想着恁戲鞦韆星點催。想着恁爭蹴踘風情賣。想着恁罷舞處金蓮滿地排。想着恁踏月時一鈎真可賽。想着恁綺羅筵幫宫黛。想着恁銷金帳换軟胎。想着恁初纏束曾把紂妃恨。想着恁自綉時先將蜀錦裁。猜。掛神前酬願債。又渾如小也麽孩。不然時那有這身材。

【僥僥令南】芳徑殘紅掃不開。偏趁您去還來。倦立閑兜弓兒窄。我欲拾遺珠買事諧。

【收江南北】呀。您看他雙趺困怠呵私自把綫兒開。高高粉底那些歪。尖尖花瓣不曾埋。漫臨風漢臺。只怕恁飄然吹去向蓬萊。

【園林好南】念當日遊踪興乖。到今日芳塵一涯。猛把雙鴛跌壞。封裏了寄將來。封裏了寄將來。

【沽美酒帶太平令北】〔五〕想村婦飾可哀。想窖婦跣還捱。誰似恁無聲暗走來。真個是絮爲胎。真個是金難買。便菩薩也須喝采。便石人怎生禁耐。我呵見了些嬌材粉腮。都輸與輕排。淺裁。呀。捧着他時甘跪拜。

【清江引南】盈盈香玉風中踹。一團嬌春氣藹。待看上樓時。故把裙兒洒。俏冤家空引人心忒歹。（群音類選）

中秋

【南商調黄鶯兒】陰晦一時開。喜姮娥出闕來。山河百二生光彩。夜宴且排。金尊慢催。何妨鷄唱書窻外。試開懷。吹簫相引。携手共登臺。

【前腔】萬里絶塵埃。會嫦娥自有階。廣寒仙桂真吾愛。明秋折來。今宵漫猜。翩翩衣染香風在。試開懷。吹簫相引。携手再登臺。

【簇御林】詩千首。酒百盃。憶當年李白才。良辰不飲真堪怪。忍看那魏鵲吴牛態。

試開懷。霓裳再舞。身世恍瑶臺。

【前腔】歌聲滿。咲語該。願年年樂事諧。管長生有藥飛仙界。任清寒如水也方稱快。試開懷。霓裳再舞。身世即瑶臺。

【琥珀猫兒墜】尋常三五。已是醉秦淮。何况今宵景更魁。天街不夜任徘徊。開懷。休論取人多離别。月有沉埋。

【前腔】南樓高處。常是照金罍。况得金釵夜夜陪。勸君休學阮途哀。開懷。笑殺他砧聲亂擊。杵韵頻催。

【尾聲】姮娥暫别青天外。有約黄昏重待。拚得開懷懷再開。（群音類選）

重陽

【南商調黄鶯兒】佳節又重陽。喜東籬菊已黄。開尊且醉陶元亮。風來不妨。雨來不忙。人生幾度能歡賞。細思量。天空海闊。隨處即家鄉。

【前腔】醉後興偏狂。向龍山更舉觴。多情破帽依頭上。由他降霜。任他送凉。茱萸細看空惆悵。慢思量。古今興廢。何用感衷腸。

【前腔】戲馬久成荒。且優游駕小航。落霞孤鶩渾無恙。堪羞宋郎。堪嗟沈郎。一悲一瘦無情况。再思量。詩魔酒債。落得度時光。

【前腔】歸去擁紅粧。儘盈頭花戴香。頻開笑口還低唱。喜殺楚娘。愛殺洛娘。從今永保無災障。莫思量。良宵美景。不樂計非長。

【琥珀貓兒墜】登高佳約。明歲莫相忘。鷄黍當年羨范張。忍教三徑久成荒。思量。要知是少壯襟懷。須放徜徉。

【前腔】橙黄橘緑。新稻已登場。明日還堪漉濁漿。忍教蜂蝶把花戕。思量。况又值月白風清。宜弄絲簧。

【前腔】深秋夜半。天氣倍凄涼。生怕黄花改瘦龐。與君燒燭且相防。思量。便劇飲醉倒花前。也是風光。

【前腔】塵機俗務。何用苦忙忙。一任時人笑語傷。到頭都是屬黄粱。思量。但只願年年此日。携手相將。

【尾聲】客中興味誰攔擋。况秋景目前堪賞。肯使蕭條鬢點霜。（群音類選）

秋旅和韻

【南商調黄鶯兒】摇落怎生熬。月明時雁字遥。孤衾轉展天難曉。精神枉勞。風流頓消。夢中陳迹何須道。〔合〕好心焦。嫦娥一見。空度可憐宵。

【前腔】疎雨打芭蕉。更狂風聲怒號。牀頭囊底都虚耗。花情懶豪。酒興欠高。葳蕤惹得傍人笑。〔合前〕

【琥珀貓兒墜】何方砧杵。偏向枕邊敲。争柰歸心折大刀。暗將珠淚隔窻拋。〔合〕無聊。斷送人一生憔悴。潘鬢蕭蕭。

【前腔】披衣起坐。獨自把燈挑。鼓澁更殘遠麗譙。煢煢孤影共誰交。〔合前〕

【尾聲】别離滋味都嘗到。何日裡得開懷抱。却把歡娱换寂寥。（群音類選）

恬　退

【南商調黄鶯兒】題起一番愁。利名心付水流。不如窻下酣盃酒。看朱顔白頭。看青雲玉樓。電光石火難長久。漫夷猶。蠅頭蝸角。會見有時休。

【前腔】買棹五湖遊。慣忘機羨狎鷗。人生如夢空窮究。把紅塵遠眸。把閒心早酬。白雲滿榻風生袖。最清幽。無非無是。贏得傲王侯。

【琥珀貓兒墜】一聲長嘯。不覺海天秋。浩蕩衿懷春已收。倘來富貴視雲浮。參透。好咲他崖前走馬。風裡行舟。

【前腔】羲皇上世。無識亦無謀。叔季人情愈下流。高飛遠舉怕回頭。知否。已是嘆泥途出晚。尚肯淹留。

【尾聲】任他塵世還奔走。聽我飄飄做箇高士儔。懶爲兒孫作馬牛。（群音類選）

警　悟

【南商調黄鶯兒】事業付漁樵。手中將語鼓敲。見人惟有呵呵笑。烏江氣豪。赤壁事豪。到頭陳迹空悲悼。索清高。虚名虚利。相視等鴻毛。

【前腔】造化小兒曹。慣迷人没下梢。南來北去何時了。精神枉勞。容顔暗消。可憐填不滿塵心竅。漫推敲。時光迅速。着甚在蓬蒿。

【琥珀貓兒墜】蓬萊海外。飛去路何遥。曾見東方三竊桃。再聽弄玉夜吹簫。飄飄。一任他北邙墳墓。日日培高。

【前腔】桑田滄海。更變也難饒。何况區區一市朝。蜉蝣生世不終朝。飄飄。問誰能棄瓢洗耳。學得由巢。

【尾聲】白雲滿地無人掃。姓字年華都忘了。那管你鐘送黄昏鷄報曉。（群音類選）

南北雙調合套

自嘆

【新水令北】自憐愁病度春秋。倒做了苗而不秀。看看霜點鬢。漸漸霧遮眸。蝸角蠅頭。半生來一無成就。

【步步嬌南】北去南來空奔走。總被天公誘。英雄志未休。進退雖艱。肯落他人後。漫咲不帆收。從來打破塵機彀。

【折桂令北】想前生未及焚脩。以致今生。命蹇誰尤。說甚麽圖望圖謀。才圖望反惹災仇。略圖謀便多差謬。只落得樂事成愁。好事成羞。更落得是是非非。斷送人唧唧啾啾。

【江兒水南】把劍心徒壯。焚舟勝可求。看花林春到終榮茂。看驊騮時得終馳驟。看瓊瑶主遇終沽售。豈可便加輕陋。白眼相看。誰把世情參透。

【雁兒落帶得勝令北】俺怎肯涕漣漣學楚囚。俺怎肯身碌碌稱銅臭。俺怎肯曳朱履甘去謁王侯。俺怎肯忘素好不與共輕裘。俺待要挽頹風民歸厚。俺待要扶名教道共由。

俺待要斬佞臣博個名難朽。俺待要拯顛連做個俠士儔。休。枉思量不能勾。且把這牖户綢也麼繆。恐無端陰雨颼颼。

【僥僥令南】故屈應知大任投。何必要嘆淹留。不見蘇秦印懸肘。也都是在當年且忍羞。

【收江南北】呀。到今便峙迍莫遘呵向後日更何求。合窮安命且遨遊。夢中醉裏慢夷猶。倒不如狎鷗。倒不如狎鷗。你看他忘機波上任沉浮。

【園林好南】仰天嘯氣冲斗牛。向天問生吾有由。難道半塗株守。辜負了我心頭。辜負了我心頭。

【沽美酒帶太平令北】嘆風波頻覆舟。論人心暗下鈎。那惜詞源可倒流。得意處儘相投。失足處誰相救。不問恁家聲清舊。只要恁滿身文繡。我呵要恢復祖基父讐。要教訓子成。孫就。呀。也堪做老來消受。

【清江引南】昂昂樞要徒誇鬬。天道難偏久。丈夫豈獨伊。我亦文王友。試看那性分中能增減否。（群音類選）

贈 妓

【南仙呂桂枝香】廣寒謫下。明河託化。一捻腰栩栩能飛。兩道眉灣灣如畫。更榴爲齒牙。更榴爲齒牙。歌噴蘭麝。咲添嬌冶。摠堪誇。不啻生香玉。分明解語花。

【前腔】秋波欲瀉。春情不夜。軟款間宛若游龍。流麗處偏宜飛斝。正亭亭十三。正亭亭十三。聰明俊雅。斯文瀟洒。大方家。已是芳名播。還輕狀首加。

【香柳娘】只卿卿一人。只卿卿一人。把三千盡壓。化工何事心偏着。捫肌膚膩滑。捫肌膚膩滑。胸際現鷄頭。洞門吐花萼。我憐他愛他。我憐他愛他。不覺魂飛。常交夢惹。

【前腔】想性兒更佳。想性兒更佳。情兒不假。興兒種種何能捨。問脚兒似怎麽。問脚兒似怎麽。步步襯金蓮。行行怯羅襪。我思他念他。我思他念他。淚濕青衫。鏡添白髮。

【琥珀貓兒墜】幾般滋味。教我難描寫。記得窻前把鸚鵡打。行肩步摟同歡耍。怎捨。明月下另撥琵琶。終風處强污綃帕。

【前腔】淡粧濃抹。腮臉玉無瑕。咲殺人間脂粉搽。可人心意那些差。休訝。便千金何妨揮盡。縱一死也是光華。

【意不盡】誰將金屋先裝架。莫把春光收一涯。媿我老去何消古押衙。（群音類選）

男相思

【南仙吕桂枝香】香車送罷。時時牽罣。記當初咲語花前。到如今淒涼月下。試脩書寄他。試脩書寄他。他無書回咱。他應情寡。他説恨冤家。有約如何負。書來待怎麽。

【前腔】非干變卦。空勞閑話。只爲着蝸角虛名。暫收却心猿意馬。倘能扳桂花。倘能扳桂花。與你鳳鸞同跨。强似萍踪浪打。爲我寄冤家。耐着心兒等。休教路走差。

【香柳娘】望銀河路賒。望銀河路賒。支機空把。秋風八月天瀟洒。我更欲泛槎。我更欲泛槎。莫遣雨雲遮。夢魂阻巫峽。你不須嘆嗟。你不須嘆嗟。待月定逢圓。看花豈終謝。

【前腔】但難爲是此時。但難爲是此時。醉迷堪訝。恐教食餠翻成畫。把恩情負却。把恩情負却。何處抱琵琶。誰憐白司馬。倒不如絶他。倒不如絶他。無柰上心頭。幾番抛不下。

【琥珀貓兒墜】相思滋味。未必恁嘗些。我何苦風流惹病加。盈盈一水隔天涯。冤家。斷送我一生憔悴。書卷慵拿。

【前腔】人來見說。情義十分佳。勸我窻前工勉加。好將勤苦博榮華。冤家。我爲你温香軟玉。還逞糖牙。

【意不盡】相如渴病渾難痊。得暫見文君勝飲茶。總不如當日無緣不遇着。（群音類選）

爽約

【南南吕懶畫眉】佳期久約在中秋。及到中秋竟罷休。空辜屈指與凝眸。嫦娥爲我傷情竇。月閉雲深淚雨流。

【不是路】理合相酬。我也將伊一筆勾。應還有。春光别處總堪收。一番羞。被他閃得難消受。不道風流有盡頭。從今後。薄情始信非良偶。是吾差走。是吾差走。

【掉角兒】戀新人渾忘故儔。看新人豈能長久。咲恁箇覆雨翻雲。全不把心來應口。明欺我囊中盡。勢頭孤。鬢毛斑。腰肢瘦。打教落後。逢花遇酒。風流頓休。只落得被人談笑。偏逞風流。

【尾聲】從來終始難成就。嘆尾生空勞株守。未必他人似此失信儔。（群音類選）

釋爽約

【南南吕懶畫眉】勸君且把火兒消。何苦花街又跳槽。新交怎比舊時交。温存未必如他好。待復爐時轉欠高。

【不是路】我也難拋。誰教他們没下稍。真堪笑。空勞喜鵲夜填橋。悶無聊。琵琶已向他船抱。我强把金尊將月邀。試語嫦娥道。緣何不把圓光照。越添煩惱。越添煩惱。

【掉角兒】他雖視山盟草蒿。我將他涵容方妙。我爲甚不敢先支。應是我有些欠到。但不識或假意。或真心。没柰何。粧圈套。也難分曉。魚沉雁杳。相待幾遭。少不得雪消春煖。重續鸞膠。

【尾聲】天長地久期非小。肯把工夫一旦拋。争得你似我心兒終始交。（群音類選）

惡　遇

【南南吕懶畫眉】惡姻緣斷送一宵難。勉强支撑意懶寬。教人渾似坐鍼苫。誰知媒妁無青眼。惹得冤家浪咲談。

【前腔】强如寂寞且休言。曾把佳人見萬千。難將冷眼一般看。身邊自有嬌和豔。不比殺炭渾漿可等閒。

【不是路】惡煖憎寒。覆去翻來病幾般。風流汗。可憐變做淚潸潸。舊姻緣。不由此際頻追念。急起披衣燈欲殘。挑燈看。香囊空在人難見。你在何方歡戀。何方歡戀。

【掉角兒】往常時怕漏催銀箭。獨今宵捱却如年。方知道對面難逢。也須是三生緣淺。倒不如梅花帳。竹方牀。夢遊仙。枕琴劍。一番清淡。坐而待旦。蘭湯快燃。

【尾聲】呼童忙把車兒趕。我不是瞎倉官糧收過濫。分付伊家休再纏。（群音類選）

南北雙調合套

贈馬湘蘭逃禪

【新水令北】一身飛入梵王宮。往還間乘鸞驂鳳。數聲清磬響。五蘊盡皆空。回首塵中。想當年恍然春夢。

【步步嬌南】謫下塵寰塵緣共。贏得芳名重。羣空冀北驄。根託湘江。筆底多豪縱。慢擬薛濤同。曾經壓倒三千衆。

【折桂令北】等閒閒秋月春風。冉冉光陰。落落樊籠。甚來由卷白題紅。没緊要賣俏脩容。猛回頭已堪悲痛。到今日識破前踪。圖始圖終。既不許金屋藏嬌。肯甘教從事兒童。

【江兒水南】留髮心常浄。逃禪法可通。禮觀音頻把經來誦。似嫦娥搗就靈丹用。咲天公枉把人調弄。依舊蓬萊仙洞。浩浩飄飄。要與麻姑伯仲。

【雁兒落帶得勝令北】卸去了錦纏頭鬢任蓬。脱下了紅舞袖情休縱。喫一口淡菜飯倒勝味醲醲。蓋一牀粗布被强似錦重重。選幾個小丫鬟堪供用。種幾盆名花卉可遣悰。閑來時擊如意唱個道情曲。興到處爇名香倚着瘦竹筇。空。鬼門關人鮓甕。説甚麼從也麼容。怕無情愁病交攻。

【僥僥令南】滄海桑田景不同。何况是粉香叢。楚館秦樓虛歡哄。恁便是妒秋娘飾枉崇。

【收江南北】呀。好笑他金鈎還控呵免不得值途窮。阿姨死却弟軍從。琵琶江上恨飄篷。下場頭自逢。下場頭自從。輸與恁翻然出世樂融融。

【園林好南】高舉翼何須怯弓。先罷釣那愁遇風。静裡一機無動。空即色色皆空。空即色色皆空。

【沽美酒帶太平令北】歲寒時柏與松。歸宿處海和嵩。退步何勤進步慵。才舉目白雲籠。才舉足清風送。任今古滔滔倥傯。任是非紛紛交訟。我呵再休題塵中夢中。情濃。意濃。呀。已是把浮生斷送。

【清江引南】愛河般若忙搖動。轉眼寒冰凍。先登彼岸遊。不似陽臺夢。活觀音人願把香花供。（群音類選）

携妓長橋玩月

【北仙呂點絳唇】連夜團圓。雲無半片。真堪羡。漏盡忘眠。携玉手頻留戀。

【混江龍】金波清淺。跨虹飛酒欲登仙。謝嫦娥殷勤意美。照塵寰繾綣情專。光皎皎鍾山疑白晝。碧澄澄淮水映青天。似這等良宵美景。樂事芳年。拚的個狂醉也償心願。恁便是愁城俱破。那些兒錢杖堪憐。

【油葫蘆】才子佳人相繼轉。雅偏宜縞素穿。止聽得沸歌聲喧管籥雜絲絃。一個個折花枝頻把金尊勸。一處處放花燈還把梨園演。留連了令幾巡。成就了詩百篇。密挨挨忽時間小婢尋難見。不覺的人來往有萬千。

【天下樂】不覺的月下看來分外妍。是何處嬋娟。人前故笑喧。他將俺悄悄捱一肩。才識他舊日契交。才呼使傾刻話傳。更送個請字低低到耳邊。

【那吒令】襲香風遠遠。囬頭時意牽。引騷魂眷眷。望他時步遷。怕風流忒涎。拾他每業冤。慢誇同擲果車。怕蔽却桃花扇。何如是近倚香肩。

【鵲踏枝】俺和伊莫先旋。俺和恁且遷延。想俺在風月場中。花柳壇前。曾結下好姻緣。肯居人後面。須教他甘執絲鞭。

【寄生草】舞袖冷歌聲咽。行踪疎興轉堅。任樓頭玉漏催銀箭。倚闌干玉露沾衣綫。據梧桐玉塵驚鄰犬。俺這裡逢場肺腑儘收春。恁那裡相偎休遣精神倦。

【幺篇】看起來陰晴事難先料。看起來盈虧數未易研。真個是明年此日知誰健。空落得蠅頭蝸角遭他騙。着甚麽昨非今是於中戰。豈如俺月光常是照金尊。甘讓恁雞鳴便去朝金殿。

【六幺序】呀。夢兒中誰爲拙。影子裡誰是賢。到頭來怎出箍圈。及早呵遇酒狂顛。對美歡然。見月也拂去塵烟。試看他光景如飛電。那得個長繩鎖壽綿綿。落便宜田頭苦海尋懽忭。只這月呵幾番更變。况世間滄海桑田。怎不教江流石轉。

【幺篇換頭】呀。才黄昏。又曙天。問誰又肯恁留連。肯恁翩翩。都是個俗病難痊。都是些生鐵爐難鍊。我和他矛盾相懸。祇是要花天月地時消遣。一任恁翻來笑俺。儘教俺醉後逃禪。

【賺煞】但見月把鯨騎。但見月憑牛喘。俺自泛江湖釣船。怎敢將筲斗憂分廊廟權。但見月無不開筵。不開筵。携美橋邊。舉盃兒還請嫦娥下碧天。忍使雲雨暗了楚臺不在。衾枕夜來空薦。俺只待廣寒宮裡度餘年。（群音類選）

途思

【北雙調新水令】問人何事苦離家。被功名將人誆耍。揮鞭紅日晚。回首白雲遮。無限咨嗟。審今宵何方秣馬。

【駐馬聽】古木寒鴉。尚戀巢枝去不遐。碧山供畫。可知秋色遍天涯。風塵荏苒老年華。吳霜稠疊侵頭髮。記當年快樂。此時買笑傳盃斝。

【沉醉東風】到今日一似飄零柳花。好教我怕逢嘈切琵琶。這劍稜稜月光寒。那書冗冗玉顔假。挑半肩愁不住〔六〕蕭索。爲甚行囊又早重些。原來被淚珠兒彈洒。

【雁兒落】我本待對嫦娥分了桂花。却不道伴漁樵又來閒話。無柰愁多病亦多。争如事罷情難罷。

【得勝令】祇聞得征雁叫呀呀。山鵲兒叫喳喳。喜自何方到。書從今日賒。停車。葉落時迷荒野。乘槎。鶩飛時帶落霞。

【喬牌兒】你看那寒烟鎖遠沙。聽水國鳴殘角。馬周有酒難吞下。儘安排枕兒睡着。

【甜水令】睡也誰親。不到華胥。且遊巫峽。雲雨冷蒹葭。被咿喔雞聲。欸乃漁歌。將人驚覺。斷送得似醉如邪。

【折桂令】索勉强再靡靡前侣魚蝦。憶曾扳楊柳。忽寄梅花。嘆人生似蓬轉無差。嘆光陰似梭擲難拿。没緊要火雲中過了三夏。寒冰中度了殘臘。撇不下嬌娃。抛不下蝸角。兩椿事難全。兩下裡躭閣。

【錦上花】自别來知他。身兒肥弱。待歸來與他。了此期約。怕只怕三徑中。荒蕪非昨。不覺的休文。腰肢瘦削。

【幺换頭】歌殘行路難。磨穿手製襪。這裡既是思他。那裡應是念咱。一樣心懶加傖。病宜服藥。身外神飛。腮邊手托。

【碧玉簫】情緒如麻。寂寞共誰話。薄倖無些。疑怪任伊駡。懊恨殺。覓封侯不顧家。好景誤他。良辰枉却。山陰歸棹宜斟酌。

【鴛鴦煞】水程過了山程狹。短亭過了長亭罷。何日裡結煞。古今情。别離恨。偷看着。我若得春光收盡肺腑。岐路不致眼瞎。遍芳草也應不怕。只怕是鷓鴣聲催得人

歸興發。（群音類選）

〔一〕「勾」字原缺，兹補。

〔二〕南宮詞紀僅收第一首，注胡全菴撰。

〔三〕盛世詞林無題，不注著者。

〔四〕此調原作「調角兒」，兹正。下同不另注。

〔五〕此調原僅書「沽美酒」，兹補。下同，不另注。

〔六〕此字原僅剩右半邊，疑爲「住」，姑補之。

薛崗

薛崗，號歧峰，别號金山野人，山東益都人。萬曆元年（一五七三）以壁經魁本省，四上春官不第，遂棄舉子業。與同郡馮惟敏並稱，人謂「馮君騷雅，薛君莊麗」。著有金山雅調南北小令一卷及香山記傳奇等。約生於嘉靖十四年（一五三五），卒於萬曆二十三年（一五九五），年六十左右。

小令

【北雙調玉江引】

適　志四首

月滿良宵。纔圓又缺了。花弄春嬌。纔開又卸了。白髮不相饒。青春容易老。蓋世英豪。瀛洲舘在否。震主功勞。麒麟閣在否。紅塵誤了人多少。大夢誰知道。臨風浩浩歌。對月呵呵笑。醉裏乾坤猶恨小。

春種秋收。家常飯不愁。夏葛冬裘。隨時衣不憂。富貴等浮漚。榮華信不偶。志願將酬。何勞多費口。機會將投。何勞多措手。青山緑水真吾友。對景開軒牖。野花別樣香。村酒還依舊。花下直須一百斗。

畫閣簫笙。聽來不住聲。金屋娉婷。看來不轉睛。佳會有良朋。及時尋樂境。點起銀燈。歡呼夜到明。罄倒銀瓶。酕醄醉不醒。人生百歲如萍梗。何須勞奔競。風流阮嗣宗。散誕林和靖。便是神仙塵外景。

五夜朝班。風霜恐冒寒。萬里邊關。烟塵恐未閑。何處可偷安。茆堂暫疎散。日出三竿。起來不算懶。月照東山。要來不算晚。紛紛世態慵睜眼。俗冗誰經慣。紅裙座上排。緑蟻杯中泛。就裏風情真箇罕。

警　世四首

仕路蹊蹺。連雲棧一遭。人世浮薄。烏金紙一條。貧賤舊時交。幾人不忘了。談笑情高。機關百樣巧。禮貌虚囂。心腸百樣狡。無求到處人情好。識破時腔調。漫頭撒網羅。對面丢圈套。重義知心天下少。

闒閲相當。免他較短長。名位頡頏。省他比弱强。有麝自然香。當風何表揚。虎豹牛羊。都同皮一張。鴉雀鸞凰。都同翅一雙。傀儡場上閑來往。轉眼千般樣。纔爲韋秀才。便代張丞相。雲路泥途難預講。

氣力千鈞。存些防己身。精細十分。留些與子孫。禍福總無門。將心還自忖。倚勢欺人。當別疏與親。背義忘恩。當知鬼與神。勸君學取張公忍。天理時時認。權將牙爪收。暫把機心褪。眼見爭强多挫損。

志氣冲天。人人李謫仙。學問流泉。人人班孟堅。器識最爲先。斗筲何量褊。藐視前賢。嗤人才思淺。補綴殘編。誇他識見遠。饒君一舉登魁選。便上黄金殿。天關也撥不開。地軸也踏不轉。不過春花一度顯。

【北雙調仙桂引】

閨思呈海浮馮年伯四首

一番期約一番違。萬點心情萬點灰。千行書信千行淚。望天涯人未歸。狠心郎近日何爲。枕上空吁氣。粧前不展眉。減芳容鏡裏含悲。減芳容鏡裏含悲。形影相依。魂夢相隨。想着俺鶯燕綢繆。到如今鱗鴻間阻。止落得鸞鳳分飛。自春初恰記得燈花暢美。到秋來躭閣了月色重輝。懷抱因誰。恩愛難追。盼殺人寶馬香車。閃殺人錦帳羅幃。

一遭別去一遭憂。幾種相思幾種愁。十分弱質十分瘦。對菱花衹自羞。畫眉郎何處淹留。雨點芭蕉急。風催鐵馬悠。兩般兒悽慘心頭。兩般兒悽慘心頭。病也難療。藥也難投。赤緊的針線慵拈。粧梳少興。脂粉還休。夢兒裏恰和你同牀聚首。醒來時依然是殘燭侵眸。斜倚危樓。靜數更籌。到幾時捱到明朝。不覺的又是新秋。

一床衾枕一床冰。萬里關山萬里情。千般肴酒千般剩。割柔腸寸寸疼。看牽牛織女雙星。銀漢真難渡。鵲橋又早崩。兩下裏孤苦零仃。兩下裏孤苦零仃。坐也躊躇。卧也虛驚。曾約下日日歡娛。怎知您年年拆散。只教俺夜夜悲鳴。盼歸程悄立在孤桐月影。數佳期那聞的衰柳風聲。轉過圍屏。又對燈檠。淚珠兒揩了還流。業眼兒閉殺還睜。

一層雲樹一層遮。兩處光陰兩處別。三秋擔誤三秋夜。恨幽懷千萬結。想當年恩愛重疊。寶帳裏相迷戀。畫堂中親誓說。脚步兒不離些些。脚步兒不離些些。嫩臉相偎。素手相携。到今來甘苦誰知。寒温未敍。冷暖更迭。減冰肌頓覺的裙衫縐折。墜雲鬟那管他釵髻欹斜。間隔何賒。情思如呆。把一箇被底鴛鴦。都做了枕上蝴蝶。

【北雙調水仙子】

美　人四首

問風點嬌唇一顆赤瓊珠。睃媚眼一雙秋水浦。逞芳容一片連城玉。鬅輕蟬髮數縷。

規模。姿今古誰如。說不盡妖嬈態。畫不成俊雅軀。學不出俏麗規模。

羨奇放高歌陣陣繞梁聲。逞妙舞時時翻袖影。聽清彈曲曲宜春令。品鸞簫夜月明。

絕色藝兼稱。楚館內無雙女。章臺中第一名。占紅樓誰與爭衡。

掛春懷綉蹙湘裙八幅引魂旛。簪寶髻兩根鑽髓簳。佩香羅一股牽情襻。

山。履彎彎。撒風流把俺拘欄。剩不出烟花陣。跳不出雨雲壇。逃不出孽海迷山。

襻，普患切，扳去聲，衣繫曰襻。剩，初兩切，音愴，皮傷也。

想多巧粧梳自做約婚媒。低笑語真成追命鬼。乍綢繆又惹纏身祟。哄人精花月魁。

情日夜追隨。協鳳卜三生幸。結鸞儔百歲歸。司巾櫛侍列房幃。

【北中呂朝天子】

適志四首

得捱。且捱。禁不得光陰快。枯榮禍福命合該。愁苦應無奈。上苑花錢。高陽酒債。

笑傾囊不吝嗇。高懷。闊懷。超出在塵踪外。

得閑。且閑。俗冗事休羈絆。登臨不離水和山。頑耍爲公幹。暢飲逍遥。高歌散誕。

説奔忙心最懶。身安。意安。吃幾頓消停飯。

得滑。且滑。給一會疏慵假。蜂屯蟻陣亂如麻。獨俺無牽掛。冷避深冬。炎逃中夏。

趁春秋好戲耍。人佳。景佳。豪放也無拘怕。

得憨。且憨。些小利休圖賺。茆柴韋布一心甘。食飲隨濃淡。晚景桵疾。前程漆暗。

把名繮肯自攬。詩貪。酒貪。日日握風流擔。

【北正宫醉太平】

春色秋聲花香月影四首

抹丹青忒真。鋪錦繡停勻。天生一幅畫圖新。染鉛華萬品。緑依依兩岸垂楊嫩。紅紾紾夾道夭桃噴。翠巍巍匝地草苔痕。把遊人誘引。蛩啾唧遠聲。鴈嘹嚦南征。綠槐高柳晚蟬鳴。落梧桐金井。滴芭蕉點點愁霖靜。振林皋瑟瑟金風勁。湧江洲滚滚碧波驚。與寒砧共景。

散清芬撲鼻。吐濃馥侵肌。隔牆何處是春蹊。趁柔風送起。採芳華釀就蜂兒蜜。愛芳蕚簪向佳人髻。惜芳叢薰透粉郎衣。洛陽園近裏。

入松林黑濃。映竹圃玲瓏。參差花下幾重重。瀉清光夜永。透珠簾不索銀燈用。上粧臺敢與菱花共。射紗窻佇見早梅横。正嫦娥抱擁。

【北中吕紅繡鞋】

牡　丹四首

醉旭日初含艷質。散輕風似啓香囊。春華一本號花王。楊妃呈妙舞。西子换新粧。憑欄可玩賞。

張翠幃鶯猶未識。吐檀心蝶已先忙。誰家魏紫間姚黄。嬌顔誇異錦。膩體映紅裳。一枝人共賞。

環衆卉都堪北面。綻孤叢自嫁東皇。遥想開元事渺茫。酒酣宜國色。衣染透天香。

擎杯相慶賞。

遲媚景初開葳瓣。落春英始覺芬芳。欄前百寶價非常。無情猶惹興。解語即牽腸。

邀朋索醉賞。

【北雙調折桂令】

寄四山王僉憲眷丈四首

羨先生花柳偷閑。花氣芬芳。柳影翩翻。問柳尋花。心逐柳外。夢繞花間。柳絲長春回媚眼。花容嬌紅入春顔。花不停看。柳不停攀。怕的是柳困風催。鶯老花殘。

羨先生詩酒盤桓。詩興何高。酒量何寬。酌酒吟詩。未曾酒盡。又早詩完。酒斟來鍾鍾任滿。詩聯成字字奇觀。詩料千端。酒態千般。喜的是詩友尋盟。酒伴追歡。

羨先生山水流連。山對門庭。水遶田園。傍水依山。垂綸水上。睹墅山前。山色秀圍屏舒展。水聲清漱玉潺湲。山外重巔。水外重泉。愛的是山際白雲。水畔紅蓮。

羨先生風月獨擔。月上罘罳。風透衣衫。對月臨風。纔將月詠。又把風談。出塵俗清風不減。徹靈臺明月何慚。風味應甘。月色應貪。愁的是香散風消。月缺光涵。

禹城别王司訓窻文二首

剔寒燈良夜深沉。客也知心。主也知音。想着咱握手平生。違顔幾載。聚首而今。話高情移床對寢。遣離懷沽酒頻斟。月影初臨。風色斜侵。恰相逢羈邸蕭齋。忽叭遠水遥岑。

鬲津河十里别君。舉目凄凄。囬首頻頻。此際班荆。何時杖節。甚日囬輪。接螺杯心懷悶損。唱驪歌耳畔愁聞。身惹紅塵。夢繞青雲。博的箇衣錦還鄉。再與君把酒論文。

【北雙調清江引】

都門送王刺史眷丈二首

清清一樽燕市酒。笑語東風驟。皇都氣象新。喬木家聲舊。五馬初麾賢太守。

青青一枝河畔柳。折向宫袍袖。紅塵日夜忙。碧海雲霓候。願君早施經濟手。

【北中呂謁金門】

登　岱二首

白雲。彩雲。擁出山峰峻。縈[二]田曲道上天門。一覽長空盡。漢柏風生。秦松雨潤。

憶登封舊跡存。齊分。魯分。首五岳東方鎮。層霄。碧霄。半插蒼岩峭。烟籠古殿鼎香飄。靈跡千年照。日觀眸舒。雲關足躍。

覷乾坤真箇小。時遥。歲遥。風雨把秦碑罩。

【北中呂滿庭芳】

望　海二首

滔滔海洋。流通地脉。派出天潢。蒼波萬頃無遮障。納漢吞江。接日窟鰲頭殿廣。月湧處冰輪若轉。

泛星槎鯨口帆張。蓬萊上。神仙密訪。放蕩水雲鄉。

混混百川。尾閭既洩。精衛還填。參差蜃氣時時現。樓閣鮮妍。

浪翻來雪陣如掀。鮫宫現。洪濤勢遠。不久變桑田。

【北正宫塞鴻秋】

觀　蓮二首

近虛亭陣陣香風度。舞晴波點點荷錢緑。露滋來艷質迎初曙。錦粧成秀色奪清趣。西湖採取時。北渚遊觀處。羡輕盈幾瓣潘妃步。

占芳塘菡萏開還謝。簇遊魚青翠枝和葉。暢高懷歡賞濂溪舍。伴幽人約定彭澤社。風摇碧水灘。雨洒新秋夜。喜雙頭並蒂樽前列。

【北仙吕寄生草】

對　菊二首

重陽日寒英見。五柳家晚節標。黄華獨向金風笑。清香不被輕烟罩。秋容曾把嚴霜傲。鬪浮華羞列杏桃群。出芳叢敢與芝蘭較。

九月節憑誰摘。五色英甚可飡。盈簪喜得秋香燦。消災時見瓊盃泛。增齡盡把甘泉盼。映東籬含露顫新枝。擅名園洗雨粧輕瓣。

【南正宫玉芙蓉】

北上途中言志四首

清高碧玉堂。明潤黄金榜。看春來堂中。榜上名揚。鯤鯨奮激千層浪。桃杏遥噴萬里香。男兒輩。心强命强。俺只待雲龍風虎會明良。

鄉山海曙迷。帝闕煙雲裏。染征袍長途。滚滚塵飛。十年燈火勞鵬翼。千里功名寄馬蹄。男兒輩。文齊福齊。俺只待鹽梅舟楫佐雍熙。

文光射斗杓。壯志通天竅。望長安親操。彩筆題橋。禹門萬丈金鱗躍。雁塔千尋錦字標。男兒輩。才豪氣豪。俺只待輸忠報國繼夔皐。

七篇錦綉才。半紙經綸策。喜皇都春風。第一花開。宫袍横綰黄金帶。御酒高擎白玉階。男兒輩。時來運來。俺只待策□□□上雲臺。

漁樵耕牧四首

烟輕蓼穗灘。月滿蘆花岸。向秋江簑翁。整頓絲竿。横舟笑指白鷗泛。鼓棹携將錦鯉還。波深處。風寒水寒。只見他伴孤燈相對富春山。

岩頭曉日昇。谷口春風静。傍疏林閑觀。一局棋枰。求薪雪外穿斜徑。荷擔雲邊認舊程。危峰下。泉鳴鳥鳴。只聽的韻悠悠相趁斧斤聲。

東皇節序新。南畝農功奮。望平疇一犁。細雨紛紛。偏宜負來歸滕郡。未許停車問孔津。豐年慶。荒村遠村。只聽的布谷聲催破隴頭雲。

笛聲正諧和。牛背真安妥。近南阡無涯。野草平莎。披簑月下慵慵卧。扣角風前浩浩歌。斜陽外。雲合雨合。則見他仗歸鞭忙過緑楊坡。

【南仙吕二犯月兒高】

吹彈歌舞四首

畫閣環朱翠。綺筵集俊美。笑取鸞笙弄。嬌轉鶯簧嘴。仙籟低迴。一派歡聲沸。清笛急管急管相催迫。是何方疊换伊凉。悠悠不斷吹。吹。竹韻度羅幃。那更有一曲鸞簫。傍秦樓彩鳳飛。

夜永銀河燦。更深玉漏緩。欲向朱絃試。暫把紅綃挽。十指纖柔。鴈柱輕輕按。奇聲雅調雅調真箇罕。是誰家緑綺瑶琴。横來膝上彈。彈。流水並高山。那更有一曲琵琶。似明妃出漢關。

酒暖瓊杯落。燈明朱户鎖。謾逞芙蓉面。微綻櫻桃顆。宛轉清新。巧韻真難和。紅牙亂撒亂撒春葱削。只聽的金縷悠揚。是誰家扇底歌。歌。逸韻接韓娥。那更有一曲遏雲。度秋風别院過。

小院花陰護。華堂香氣覆。緩奏柘枝曲。妙轉蓮花步。楊柳纖腰。軟弱疑無骨。丁東環珮環珮摇金玉。只聞的一陣香風。正吴娃席上舞。舞。裙底翠盤熟。那更有一曲霓裳。亂婆娑弄影孤。

【南中吕駐雲飛】

園中四景 四首

小小亭臺。嫩柳新槐次第栽。鳥語軒窻外。花映罘罳界。嗏。幽静小蓬萊。紅塵斷隔。雲擁風生。四壁春常在。幾度華筵對景開。

矮矮松屏。秀色天然似畫成。影落盆魚競。陰鎖山石静。嗏。歲晚不凋零。清風高挺。正對幽軒。梅竹添佳興。細雨蒼鱗夜夜聲。淺淺池塘。數朵紅蓮出水香。風動晴波漾。日暖金鱗晃。嗏。緩步在橋梁。停杯觀賞。雲影天光。倒掛欄干上。兩鑑橫開一樣方。簇簇花蹊。夾道平分東復西。香馥含生意。錦繡增佳致。嗏。三月牡丹期。紅葵向日。菊綻蘭芳。又是深秋際。獨樂園中景最奇。

【南南呂懶畫眉】

花中四友四首

虛庭月色浸名花。手撚花稍玩月華。花朝月夕樂無涯。有花無月非真趣。對月看花興最佳。

新篘濁酒對嬌花。花想容顏酒當茶。扳花醉酒號通達。酒朋花友時相約。揀得花枝覓酒家。

兩行銀燭一叢花。花燭堂中映晚霞。花明燭燦夜歡洽。若教剪燭將花採。燭影花香俱可誇。

御溝新柳洛園花。花尚含英柳放芽。蝶穿花蘣柳鶯雜。傍花隨柳鶯蝶後。花柳爭春似戀咱。

【南仙吕桂枝香】

春　興四首

青陽節屆。東風涷解。麥波平緑野鋪雲。草色秀蒼山抹黛。更名花盛開。更名花盛開。錦城如在。尋芳載酒啟幽齋。人生百歲真同夢。爲惜雙輪且放懷。

雍和開泰。鉛華散綵。柳絲輕素練烟含。榆莢嫩金錢天賚。見紅桃弄色。見紅桃弄色。霞明仙界。良辰勝景醉裙釵。非學年少方行樂。只恐時光不再來。

三春可愛。千金難買。過芳園肥馬安車。臨曲水輕衫緩帶。聽花街柳街。聽花街柳街。笙歌一派。啣杯縱飲近陽臺。不關塵事非爲拙。偷得閑身亦是乖。

鶯鳴柳外。蝶穿花側。日冲融寒褪軒牕。風駘蕩暖回阡陌。點堦前翠苔。點堦前翠苔。紅爭紫賽。尋花問柳喚朋儕。且隨生計追歡笑。莫爲浮名枉乞哀。

【南南吕宜春令】

喜　雨四首

天方旱。禾欲枯。盼膏澤虔禱舞雩。幸蒼穹感應。油然四野濃雲布。轉眼中電火如噓。震耳處雷聲若鼓。霎時間。遍地是金。一場甘澍。

閭閻慶。草木蘇。亢暘時災祲早除。望山滿添翠。塵埃浄洗真奪目。接四郊水湧溝渠。救萬姓春回田畝。想吾曹。又遇歲豐。依然豪富。

花間潤。竹上疎。落庭堦輕敲碧梧。看東阡西陌。紛紛萬點迷歸路。可愛處洒葉侵株。最喜是生涼驅暑。享秋成。共荷上玄。笑傾醽醁。

荒村暗。野墅孤。急傾盆緩若滴珠。見農翁欣躍。披簑荷插歸來暮。播商霖惠出皇都。驅虐魃福歸東土。想當年。樂業更生。頓消愁慮。

【南仙吕入雙調玉抱肚】

中秋賞月四首

三秋分半。望晴霄高懸玉盤。映花枝窻外參差。浸池塘水面團圞。開筵醉景任盤桓。

減却愁懷幾萬端。冰輪飛攛。恰如鈎又早似丸。遍江湖萬里光輝。徹樓臺四海奇觀。衡門無夢到金鑾。坐擁嬋娟且笑讙。光陰頻換。嘆人生幾逢月圓。不能學獻策王通。肯甘心彈鋏馮驩。休遮素影動齊紈。對飲嫦娥酒量寬。清涼堪玩。更相宜零瀼露溥。倩新歌不論高低。倒金樽那管薄酸。浮雲莫把明月瞞。留與年年俺共歡。

【南中呂駐馬聽】

華堂賞雪四首

寒入簾櫳。氣轉嚴凝已暮冬。只見雲屯四野。日鎖層霄。雪滿長空。千山迷却兔狐踪。重堂罩定鴛鴦隴。報道年豐。報道年豐。俺只待流蘇帳裏把玉人偎擁。

萬柳飛絨。幾陣繽紛趁翔風。只見銀粧世界。絮裏山河。玉砌垣墉。松枝積素墜盤龍。竹林堆粉驚棲鳳。新酒初醲。新酒初醲。俺只待綺羅筵上把金甌淺送。

巧剪天工。六出奇花世少同。只見幾聯琪樹。萬頃瑶池。一望梅叢。人人真在水晶宫。家家誤入白雲洞。清景無窮。清景無窮。俺只待邀朋暖閣同聲歡詠。凍雨濛濛。鹽撒天邊占城中。只見欺凌月色。賽過霜威。壓損花容。金爐獸吐火初紅。玉鉤蝦捲簾方控。褥展芙蓉。褥展芙蓉。俺只待蘭房携手巫山分夢。

【南商調集賢賓】

旅感呈貞齋韓年丈五首

黄昏一更人静寂。憶長亭携手别離。直到而今無信息。這心懷更有誰知。青衫淚濕。盼西風鴻鴈南飛。傳報你。那其間早會佳期。

月華轉窻天二鼓。越尋思越覺糊塗。美滿恩情成間阻。哄殺人海角天衢。名牽利促。對孤燈强閉雙眸。驚睡速。這些時夢也生疎。

譙樓鼓聲三下響。隔天河牛女參商。美景良宵誰共賞。記當時枕畔衾傍。衷情素講。到如今件件都忘。心暗想。止依稀景味凄凉。

銅壺轉來方四點。更叮當鐵馬敲簾。悶把幽懷常自檢。近新來病體懨懨。爲誰拋閃。

待何時同擁香奩。相對臉。看天空比翼飛鶼。
更籌五傳天欲曉。念鄉山千里迢遥。啼破歸心鷄唱早。俺從别不似今遭。春將過了。
料華堂此際蕭㈢條。應恨惱。不由人腸斷魂消。

【南南吕一江風】

春　閨四首

摘金簪。梳洗重開鑑。自把芳容覽。細端詳。雲鬢如初。惟有眉兒淡。遊子滯天南。
遊子滯天南。雲山隔遠驂。空閨枉把人虚賺。
燕呢喃。來往花間探。景色三分减。惱人懷。三月春光。緑褪紅將暗。恩愛總休談。
恩愛總休談。風流枉自躭。弱軀怎勝相思擔。
自羞慚。孤影金盤蘸。冷落摧肝膽。憶從前。美滿恩情。今日全虧欠。空有淚盈衫。
空有淚盈衫。誰傳書一函。淒涼萬種偏屬俺。
病難堪。冤業曾推勘。懷抱增傷感。自别來。孤負佳期。無語憑欄檻。遠信鴈魚啣。
遠信鴈魚啣。經年無二三。倩誰爲把郎窺瞰。

【南仙吕傍粧臺】

秋　閨四首

病懨懨。茶湯强嚥不知甜。一天別恨堆心曲。愁緒鎖眉尖。慵將玉指拈針線。羞爲紅粧對鏡奩。天方肅。氣已嚴。呼鬟重把麝煤添。

問鶼鶼。時時比翼怎粘黏。偏俺左右獨無靠。南北遠相瞻。那知深愛翻成怨。却怪多情似有嫌。傷抛擲。恨久淹。幽閨無奈苦拘拑。

雨霢霢。夜來不住滴重簷。真如千縷愁腸結。萬點淚痕霑。經年寂寞容先瘁。鎮日沉吟口欲箝。銀毫筆。玉手拈。相思牒上姓名簽。

月纖纖。一鈎淡影入疏簾。教人回首傷單鳳。仰面對孤蟾。屢經鵲噪頻無驗。數見燈花未足占。心灰冷。慾火炎。悶山愁海一身兼。

【南黃鍾賞宮花】

秋日飲五弟草廬四首

中秋雨晴。趁西疇禾稼登。開筵邀客興。對酒話交情。莫把光陰虛度遣。且圖耍笑過今生。

涼生草庭。送西風滿座清。逢場稱盛會。遇友結深盟。要識人人皆寄旅。須教日日醉飛觥。

雙輪不停。恰中年兩鬢星。休徒嗟往事。不必問前程。但得偷閑延數歲。何妨縱飲到三更。

勞心苦形。嘆紅塵誰夢醒。賞花追靖節。把酒伴劉伶。幸此身心無絆鎖。儘咱晝夜放歌聲。

【南商調金絡索】

送黃生明宇赴舉二首

潛踪北海龍。斂翼丹山鳳。一舉冲天。直待風雲動。知君抱夙學。是豪雄。幸得皇家將士寵。開科大比真梁棟。似此佳期不易逢。長亭送。雲程萬里各西東。您索要鏖戰西風。早把捷書捧。

清奇冰雪姿。卓越雲霄志。筆陣文鋒。怎肯輕輕試。聞君自早年。擅文詞。欲博功名一片紙。縱横幾點龍蛇字。頭角峥嶸在此時。陽關次。慇勤酬奉舉金巵。俺這裏目盼心思。專候捷音至。

【南仙吕入雙調朝元歌】

花柳雲雨詞六首

花嬌柳嬌。景入青春曉。雲調雨調。夢破高唐早。國色殊絶。天香飄渺。不由俺展開懷抱。任意逍遥。人間冗俗一筆掃。鴛帳不停交。蛾眉取次描。逢場耍笑。昧着心且學年少。

花多柳多。難道春心鎖。雲合雨合。盡把相思抹。盟約如山。交情似火。想着俺青年錯過。百計騰那。是花折來誓不脱。名唤自在佛。身居安樂窩。憑人笑我。自覺得襟懷洒落。

花陰柳陰。罩定鴛鴦錦。雲深雨深。濕透珊瑚枕。玉惜香憐。低聲問您。今夜比昨宵尤甚。一刻千金。鸞鳳穩棲翠竹林。交結誓同心。和鳴不改音。顛狂未寢。也自把風流獨任。

花叢柳叢。彷彿桃源洞。雲踪雨踪。想像巫山夢。暖閣幽深。肉屏遮擁。羅帳裏春風擺動。膠漆情濃。衾牀等閑不教空。佳會幾宵逢。良緣一線通。求凰彩鳳。肯負了瑶琴一弄。

花枝柳枝。亂舞春風市。雲時雨時。恰到陽臺次。魚水相合。佳人才子。一任俺追歡適志。酒滿金卮。花前飲來不須辭。欵撥素琴絲。高歌古艷詩。功名半紙。看做了蝴蝶兩翅。

花飛柳飛。只恐韶光逝。雲迷雨迷。莫把恩情棄。畫閣藏春。翠紅相倚。試問俺偷閑活計。日夜筵席。琵琶一曲高復低。月暗酒巡稀。燈殘漏轉遲。邀朋挾妓。另覺得一般滋味。

〔一〕「縈」，原作「瀠」。
〔二〕「蕭」，原作「瀟」。

申時行

申時行，字汝默，號瑶泉，别號休休居士。南直隸長洲（蘇州）人。嘉靖壬戌（一五六二）進士第一，授編撰。萬曆中累官吏部尚書，繼張四維爲内閣首輔。謚文定。有賜閒堂集、申定公賜閑堂遺墨、申文定公集等。生於嘉靖十四年（一五三五），卒於萬曆四十二年（一六一四），年八十。

套數

【南正宫普天樂】對西風。愁清夜。燈兒影半壁明滅。擁寒衾怕聽吹笳。似訴我離人悲咽。嘆桃渡迷。恨藍橋絶。意嬌癡魂驚怯。怪佳期咫尺雲遮。倩誰傳我柔腸萬結。念多情枉勞魂夢飛越。

【雁過聲犯】堪嗟。月照窗斜。更簾兒外鐵擊叮噹隨風掣。數盡更籌那人來那些。冷繡被銷紅頰。望迢迢秦樓路賒。更寂寞簫[二]聲徹。從今後相思淚濕。都化做啼鵑血。

【傾盃序】輕别。忍下得義絶。空自想題紅葉。鴈字魚書。蟬鬢蛾眉。鳳侶鸞儔。盡已消歇。不想晝樓人静。小窗月滿。蕙帳低揭。乍相逢一時恩愛頓歡悦。

【小桃紅】〔二〕夢闌時愁重疊。憶盟言空相設。瘦損纖腰寬褪綉裙褶。誰道驩娱又已成磨滅。料兒郎不戀閒風月。多應是路阻巫峽。

【尾聲】拭啼痕心應折。這相思何時寧貼。做到死春蠶絲始絶。（樂府先春）〔三〕

〔一〕「簫」，原作「蕭」。
〔二〕【小桃紅】原誤作【山桃花犯】，據曲譜正之。
〔三〕此套吴騷集題「二酉山人」撰。兹據樂府先春署名並輯之。

朱載堉

朱載堉，字伯勤，號句曲山人。南直隸鳳陽（今安徽）人。明宗室鄭恭王朱厚烷之子。厚烷因上書規諫，終以謗訕獲罪削爵，錮之中都。載堉篤學有至性，痛父非罪見繫，築土室宫門外，席藁獨處者十九年，備嘗艱辛。隆慶元年（一五六七），新帝即位，烷復爵位，堉始返宫。萬曆十九年，父死，堉累疏懇辭，欲讓爵位於祐橏之孫載壐；詔許之，仍以世子禄終其身，封其子孫爲東垣王。載堉究心律吕及曆數，著有樂律全書，醒世詞等。生於嘉靖十五年（一五三六），約卒於萬曆三十八年（一六一〇），年七十四左右。

小令

【南商調黄鶯兒】

天報應

天心最平和。無私曲有定奪。在人頭上查勘過。善的也記着。惡的也記着。報應那個曾饒過。大張羅。古往今來。走脱是誰呵。天口最深藏。不明言説短長。悄然默坐人頭上。善也不表揚。惡也不毁傷。暗將禍福隨人降。要提防。牙關最緊。略錯怎禁當。天眼最光熒。照乾坤無遯形。朝朝萬古懸清鏡。你做得甚精。他看得甚清。機關枉費成何用。莫欺蒙。神目如電。暗室也偏明。天耳最虚靈。叫不應似癡聾。豈知就裏無遮映。説好的也聽。説歹的也聽。暗裡就把災祥定。不作聲。人間私語。聞得如雷鳴。

按：此四首原失曲牌，據譜補。

身貧

休笑俺身貧。俺身貧志不貧。古人亦有時不順。孔夫子困陳。周文王囚禁。太公八十纔交運。莫怨人。耐着心腸。等一個好時辰。

無錢

休笑俺無錢。俺無錢其實難。親戚朋友都輕賤。趙太祖遊關。柴世宗販傘。子胥吹篇遭磨難。這機關。存心忍耐。等一個好流年。

無　才

休笑俺無才。俺無才運未來。時運也有興和敗。呂蒙正趕齋。朱買臣賣柴。韓信乞食爲元帥。巧粧呆。加我數年。等一個好時來。

無　能

休笑俺無能。俺無能任五行。五行有些運未通。劉知遠瓜童。蘇季子貂蟲。妻不下機嫂不應。屈英雄。時來運轉。合家裏受榮封。

時　運　拙

明月被雲遮。好男兒命運拙。苦心勞力受磨折。蛟龍入在轍。虎豹陷在穴。蒼天九盡復還熱。那時節。男兒志氣。不可把名滅。

空　想　望

聽命過時光。少憂愁莫着忙。誰人不想爲卿相。八字兒主張。使不得剛強。老天造就休胡望。細思量。富貴功名。一旦夢黄粱。

最值錢

富貴總由天。把心懷且放寬。皺眉不算男子漢。少東也喜歡。没西也喜歡。得失存亡不相干。免熬煎。人生在世。安樂最值錢。

多栽樹

楊柳樹多栽。三五年長成材。楊葉柳絮椿頭菜。柳梢兒當柴。柳椽兒再栽。樹身解成大板賣。起屋宅。木植俱有。不用着錢買。

蓄養小利

池塘中養魚。小河内鴨無數。五畝之畜實有趣。牛犢耕犁。驢駒磨騎。羊羔還生羊羔利。養大肥豬娃賣錢。雞子待親戚。

無　題

忍讓最爲先。能忍讓過後安。面常帶笑無災難。打我手不前。罵我口不還。推粧一個癡呆漢。□□□。任他欺俺。頭上有青天。

戒得志

堪嘆世情疏。但得志氣兒粗。從前親友全不顧。穿一領好衣服。動不動赤着膊。開口講誰窮富。真臭物。坐井觀天。笑殺俺大丈夫。

求人難二首

儉用勝求人。再休提靠六親。仰鼻扭臉人難近。你求他一分。他占你十分。遠水不解英雄困。慢評論。俺窮無苗。他富也無根。

自己跌倒自己𨂿。指望人扶都是假。至親人說的是隔山話。虛情兒哄咱。假意兒待咱。還將冷眼觀時下。且休誇。十年富貴。再看在誰家。

按：「求人難」二首曲牌原誤作【搗練子】。

自勵

白髮似銀條。想人生容易老。有錢難買青春少。最宜開懷抱。休負時光好。逢酌美酒呵呵笑。免心焦。你看那争名奪利。都是枉徒勞。

白髮似銀霜。想人生空自忙。休要虛度過時光。蓋幾間草房。將身子躲藏。勸君且把眉頭放。莫心強。你看那争長競短。盡在土中藏。

白髮似銀絲。想人生七十稀。堆金積玉成何濟。穿幾件好衣。受用些好的。大限來時誰替你。落便宜。你看那忘懷故友。不覺眼前稀。

白髮似銀窩。想人生能幾何。光陰笑你頻頻過。是非許多。聽他怎麽。本分爲人終没禍。莫心多。你看那錢財有分。空自受奔波。

按：「自勵」四首曲牌原誤作【山坡羊】。

罵錢

孔聖人怒氣沖。罵錢財狗畜生。朝廷王法被你弄。綱常倫理被你壞。殺人仗你不償命。有理事兒你反覆。無理詞訟贏上風。俱是你錢財當軍令。吾門弟子受你壓伏。忠良賢才没你不用。財帛神當道任你們胡行。公道事兒你滅浄。思想起。把錢財刀剁。斧砍油煎籠蒸。

按：底本此曲牌作【黄鶯兒】，疑誤。

窮而乍富

無錢乍有錢。逞乖乖賣狼煙。人間你是把世現。穿一領絲綿。發幾句狂言。扭腰㧐胯人前站。幾文錢。窮而乍富。不説那幾年。

富家忙

堪笑富家忙。費千金蓋大房，雕樑畫棟花麗樣。遇不才令郎。緊水處下樁。賭博場内逞剛強。惱人腸。一時不順。輸個净打光。

不趁心

堪嘆富家勤。苦奔忙愛認真。田園千頃不趁心。儻兒孫命貧。比不得令尊。欠糧累債逃別郡。細忖問。堆金積玉。總是憨頭人。

鐵面皮

没廉恥恁厚顔。出着副鐵皮面。開口無倫惹人憪。也不怕呼長喝短。全不識高眉低眼。滿心只想遂他願。没羞臉。刁拐騙詐。終日胡評算。

按：曲牌原作【劈破玉】。

不長久

休笑俺無田莊。見有的不久長。看來都是虚名望。張道士打墻。李尼姑蓋房。轉眼賣與王和尚。少張狂。争名奪利。總是夢一場。

山舍八首

山舍肆優遊。秀孤松在嶺頭。東郭穿履人知否。緑蓑當裘。青藜當輈。沿溪踏雪尋梅嗅。笑回頭。數間茅屋。權作玉京樓。

山舍肆優遊。走天涯有盡頭。流沙弱水行難透。暗山雲愁。陽山浪憂。中原如掌囂塵厚。怎淹留。深屋静坐。一日勝三秋。

山舍肆優遊。餉遼陽苦建酋。時危祗合潛初九。山多可憂。田多可憂。盧仝破屋渾如舊。免征求。只怕浪大。無處可眠鷗。

山舍肆優遊。立高崗送遠眸。亭亭儀表誰堪偶。巢父牽牛。洗耳許由。逃名惱殺名先露。免追求。桃花春水。一葉釣魚舟。

山舍肆優遊。日臨池搨史籀。芭蕉柿葉皆舒秀。漢朝老翁。唐朝老嫗。胸中有鬼臨難就。莫明求。蘭亭碧落。一字是千秋。

山舍肆優遊。學修真急轉頭。谷神不死玄爲母。黄水逆流。丹田早收。稜稜仙骨何嫌瘦。住丹坵。他年鶴背。揮手謝神州。

山舍肆優遊。轉輪王弗去求。窮通壽夭憑他授。跳圈是猴。拉犁是牛。蝶尋香氣蛆鑽臭。摸心頭。不曾爲惡。何怕鬼來拘。

山舍肆優遊。弄虚頭没盡休。線牽傀儡難停手。這根用抽。那根用丢。悲歡離合般般有。枉風流。酒闌人散。收拾衆骷髏。

按：「山舍」八首曲牌原失，茲據律補。

【南商調山坡羊】

行方便

自知足夠了便罷。無義財貪他做嗄。人生在世不過是如此。八個字兒由天造下。貧困周濟患難須拔。善事當爲惡休做他。怕人知道的休幹。要人敬重的多加。遇世人行些方便。强勝是修寺建塔。聽咱。遠在兒孫近在自家。聽咱。天理循環報應不差。

休算卦

再休提講命算卦。吉凶事只問自家。什麽是財官印綬。什麽是羊刃七殺。什麽是生尅制化。行好的好路上安排。作惡的歹路上等着。八十歲富貴榮華。實是他存心正大。三十歲命染黄沙。想是他爲人奸詐。糞多力勤必然是得好庄稼。鐵硯磨穿一定要高車駟馬。謹慎節用必蓋下高樓大廈。喫喝嫖賭必定是赤身露胯。你説你會哄人哄自家。休説你不怕誰怕咱。陽世虧心還有陰司鑒察。神鬼報應管你是屬牛屬馬。只要你休壞天理。只要你守着王法。把那陰騭二字朝朝每日常在心頭掛。自然生貴子享榮華。足食豐衣壽命高大。再休提飛天禄馬招花甲。再休題躔度周易卦。聽咱。架乩扶鸞都是假。聽咱。莫拿黄金大錢聽瞎話。從今後只把那平生事兒晝夜思量須問自家。

按：此曲原缺曲牌，據曲譜補。

【南商調山坡羊】十首

嘆紅塵好教我心中冷淡。人生在世爲的是名利兩件。八字造下難強求。全然不由人半點。富貴貧賤非偶然。安閒自在前生定。爲人豈能強貪戀。世上多少癡迷漢。每日扒拮想銀錢。不顧性命胡圪彈。死生由命富貴在天。命裏若有不費艱難。銀錢本是破頭貨。人若強求受災難。糊將糊塗度餘年。得過時隨時且過。何必去論長論短。光陰似箭催人老。日落西山不回轉。悽惶淚哭的好傷慘。如常有碗粗茶淡飯。穿幾件粗棉布衣衫。就是人生極好緣。聽言。過了一日少一天。閻王造就三更死。誰能留你五更間。萬貫家財總枉然。聽言。今日脱了鞋未知明日穿不穿。縱有銀錢高北斗。大限來時誰替俺。只落得兩手攢空拳。

嘆人生枯榮難料。大限至那分老少。論苦楚苦不過無常到。黄葉兒尚在青葉兒偏凋。胡混一世如同做夢。仔細思不如蒿草。草枯了逢春又茂。人老了没見再少。趁青春且要笑。争名奪利枉徒勞。聽道。數人同庚七十稀少。聽道。逢花遇酒歡樂極高。孔夫子手打心仰天長嘆。嘆時勢交徵利唉聲不斷。吾弟子受過了寒窗之苦。實指望與國家除危定亂。誰知道全不然。考試官但要錢。有銀送他三百兩。也不管通不通名列榜前。没錢的文章雖好睁眼不看。傷慘。傷慘。這樣的不公教人怎堪。傷慘。傷慘。屈殺了英才何處伸冤。

有財神聞此言傳與前面。叫一聲孔夫子無用埋怨。當今日没了錢寸步難行。看起來世上事誰不要錢。且说這幾年進文武兩班。那一個他不是銀和錢買換。與夫文章兒可有吓相干。幹辦。屈了你的文章甚麼稀罕。幹辦。真正人命屈死了有萬千。

孔夫子聽此言心中焦躁。叫村夫休得胡道。這事兒令人可惱。说出來全不害羞。難道说卷子上寫着白銀幾兩官板錢幾弔。到底論文章才高。治國家平天下生成英豪。聽道。聽道。有名無實怕的是歲考。

有財神聽此言微微冷笑。叫一聲孔夫子不要焦躁。常言道天大事將錢泥補。有錢的財主怕什麼學道。如今人所敬者富豪。誰有錢誰的文章就高。憑着那金玉滿堂保前程如同蒿草。聽了。聽了。三百兩銀子只當老婆展腰。錢買的前程終不堅牢。聽了。聽了。使上半塊元寶歲考一遭。

人活到三十五六。方知道天高地厚。上憂着父母年老。下憂着子女未就。背地裡暗點頭。重擔兒幾時丢。憂只憂一日三餐米面煤柴鹽醋油。憂只憂人情來往百般事又且追究。憂愁。憂愁。不覺就愁白了少年頭。憂愁。憂愁。除非是黄土蓋面那時方休。

舊門神將新門神埋怨。只管你好了你全不憐念俺。一年四季俺受風吹雨打。新年節到竟把俺更换。恨東家主意偏。喜新厭舊實難言。想當初不是俺自來投你。原來你拿錢買俺。一苕幕掃的精光。粘上新人只圖好看。傷慘。舊人兒退後新人兒進前。傷慘。明年這會新人兒與俺一般。

说新年也不是深溝陡澗。過去了罷毋用胡慌亂。千家萬户不知多少。擱住了誰拉過來我看。有錢的財主日日是年。没錢的窮漢逢年不年。細思量大都是爲嘴解饞。花紅柳緑算來精淡。那一日不中吃穿。何必定到正月初間。實言。防備春二三月大憨長天。實言。巴至麥秋白饃饃是新年。

悽惶淚我哭的天高地厚。精細人怎不與伶俐人配就。人家男兒在街上知今道古。我家男兒真腳底板一塊死肉。站在人前我替他害羞。背地裡暗點頭。前世裏不曾修。今生遇着個圪囊的賊短壽。到夜晚祝告神明拿住他的頭。罵一聲賊囚。賊囚。一日不死耽擱奴十二時的風流。賊囚。莊家老不識風匣板。你是個出氣木頭。

戒　色

煙花寨風流無限。美色淫聲人人貪戀。初相交比沙糖更甜。參透機關比冷水還淡。求一日好使一日錢。賣一日俏填一日憨。片時歡娛惹下煩惱百端。争風奪翠落得多少仇嫌。休當做永遠渾家看。浪裏行船步步防閃。聽言。陷人坑填到底不滿。早早抽身尚可保全。聽言。苦海無邊回頭是岸。若不回頭與鄭元和一般。

按：曲牌原缺，兹據律補。

求人難

渡海難雖難猶易。求人難難到至處。親骨肉深藏遠躲。厚朋友絶交斷義。相見時項扭頭低。問着他色晦言遲。俺這裡未曾開口。他那裡百般迴避。錦上花争先添補。雪裏炭誰肯送去。聽知。自己跌倒自己起。聽知。指望人扶耽閃了自己。

按：曲牌原缺，又「指望人扶」前「聽知」一語原脱，據律補。

富不可交

勸世人休結交有錢富漢。結交他把你下眼來看。口裏挪肚裏償。與他送上禮物只當没見。手拉手往下席安。拱了拱手再不打個照面。富漢吃肉他说天生福量。窮漢吃肉他说從來没見。似這般冷淡人心。守本分切不可與他高攀。羞慚。滿席飛鍾轉不到俺跟前。羞慚。你總有銀錢俺不希罕。

交情可嘆

歎世情其實可笑。交朋友盡都是虚情假套。如今人那有劉備關張。也没有雷陳管鮑。假情懷肺腑相交。酒和肉常喫才好。有錢時今日與張三哥賀喜温居。明日與李四弟祝壽送號。怕只怕運蹇時乖。忘卻了小禧認不得少交。聽着。衣殘帽破正眼不瞧。聽着。與他作揖他便说不勞不勞佯常去了。

休望人

指望人家衣凍的我渾身打顫。指望人家食餓的我肝腸氣斷。指望人家耕牛荒壞了我的田園。指望人家財帛急的我腳手撩亂。如今人敬的是有錢憎的是窮漢。人有了錢鄧通说話也新鮮。聽言。但有銀錢白丁做官。聽言。只说時運哪说才幹。

錢是好漢

世間人睁眼觀見。論英雄錢是好漢。有了他諸般趁意。没了他寸步也難。拐子有錢走歪步合款。啞巴有錢打手勢好看。如今人敬的是有錢。蒯文通無錢也说不過潼關。

實言。人爲銅錢遊遍世間。實言。求人一文跟後側前。

親戚難靠

再休提親切至厚。再休提是親必顧。再休提兄弟情同胞共乳。再休提姊妹親一母一父。有錢的不相干來來往往。無錢的真骨肉如同陌路。有錢的每日裡肥驢廝啃。無錢的望親扶把好事兒耽誤。常言道泥裏推車要你自己把輻。聽吾。離了主屠誰肯連毛吃豬。聽吾。驢尾巴長只苦住驢屁股。

十二鬼

圪染鬼從天降下。陰司鬼來陽間作嚇。讒贈鬼未曾睡醒。混帳鬼不論上下。尖俏鬼到處磨牙。輕薄鬼溜溜拉拉。大頭鬼善會粧胖。没眼鬼支了些瞎架。蹺腳鬼動不動胡拏。油炸鬼支溜扒叉。聽着。天窮鬼無個板渣。聽着。狂張鬼叫喚的什麽。

按：題目「十二鬼」乃後人所加，底本原無。

大想頭

窮的我慌了把老天祝讚。你把中用物兒賜與我幾件。賜與我酒如東洋大海。賜與我肉普陀山恁大一片。賜與我銀太行山恁大兩點。賜與我錢南京到北京恁長幾串。賜與我妻賽過天仙。賜與我兒連中三元。賜與我官當朝一品。難爲我些也不抱怨。實言。再賜與我長壽靈丹。有這些東西。噥噥捏捏過上幾千年。噥噥捏捏過上幾千年。

做好夢

正三更我做個好夢兒。我夢見銀共錢無邊無岸。霎時間蓋高樓起大廈。喀咱我也方便。些須出幾股本錢。置地土買下莊院。捐監生成門鄉宦。衆親友齊來瞧看。我家下騾馬成群喜地歡天。我的銀錢。被我那不才的妻兒把我一足蹬散。我的銀錢。再想做這好夢難上又難。

笑齾子

齾子齾子你生的其實古怪。紅丢丢嘴兒少子一塊。好端端一縷髫髯分爲兩半。白生生牙兒丢在唇外。漱不得口來鼓不起腮。笑一笑三片齊開。怨只怨你母懷你把兔子肉喫了幾塊。愁只愁黑夜吹燈時喝哺喝哺氣不上來。材壞。吐了一口唾沫零碎出來。材壞。喫了一箸麵條在鼻尖上撲摁。

笑鄉老

鄉間老兒進城來閑遊閑戲。見馬鐙上拴了個緑毛蟲蟻。是誰家玩童使紅土將他嘴抹。渾身上下銅緑刷的是鴿鳩嘴兒不齊。是鷓鴣毛兒不離。口口聲聲説的貓兒來哥哥去打。他説的乖巧伶俐。忙閃過識貨老張。這樣東西我認他的。聽知。這是海東進來短腿公雞。趁肥不殺他。拴瘦了怎喫。

説大話

我平生好説實話。我養個雞兒賽過人家馬價。我家老鼠大似人家細狗。避鼠貓兒比猛虎還大。頭戴一個珍珠大似一個西瓜。貫頭簪兒長似一根象牙。我昨日在岳陽樓上飲酒。昭君娘娘與我彈了一曲琵琶。我家下還養了麒麟。十二個麒麟下了二十四匹戰馬。實話。手拿鳳凰與孔雀廝打。實話。喜歡我慌了跰一跰跰到天上摸了摸轟雷幾乎把我嚇殺。

【南仙吕入雙調朝元歌】五首

名高利高。富貴百年少。茶交酒交。人無千日好。世態炎涼。朝夕難保。躲離了人前鬧。怕講低高。但願心安腹内飽。且自樂滔滔。不貪無義寶。三分公道。望穹蒼天理彰昭。

養心修心。意馬牢拴緊。饒人讓人。只要含容忍。名利虚花。錢財有分。何必廣學多論。徒勞身心。萬事都是胡廝混。世無百年人。枉自受辛勤。埋頭粧蠢。爲甚麽人前顯俊。

今言古言。兩字由人揀。思後想前。誰替誰人僭。萬事皆空。時人見淺。到頭一聲長歎。參透機關。布衣遮體家常飯。平居度日年。安樂值萬千。閑事少管。且守我清貧薄淡。

人情世情。貧富分兩等。功名利名。兩字將人哄。白馬紅纓。寶鞍金鐙。幾般到處人欽敬。鍋冷竈冷。錦上添花偏熱烘。有錢七歲翁。無錢八十童。人生若夢。卻便是傀儡捉弄。

山村水村。唱會清江引。竹林柳林。打會黄粱盹。吕望六韜。孔明八陣。没來由争城奪郡。過慮傷神。徒勞英雄淚滿襟。攜琴訪故人。吟詩遇知音。誰家酒好。唤牧童從頭細問。

按：曲牌【朝元歌】原誤作【滿江紅】，兹改。

【南仙吕桂枝香】

忍字爲上。寬宏海量。事臨頭退一步便高。言急處忍片時最當。任他們逞強。任他們逞強。不如一讓。再一思想。是良方。量大福也大。人長天也長。

公平正大。良心無壞。做一個軟弱人兒。貪害心終身謹戒。切不要抓乖。切不要抓乖。孤貧憐愛。些微借貸。勝吃齋。有勢休使勢。有財莫仗財。

世人淺見。貪心無厭。爲錢財涉水登山。棄父母江頭海岸。在他鄉最難。在他鄉最難。音信隔斷。有病誰看。好心酸。高堂桑榆晚。妻兒望眼穿。

世人短幸。中藏奸佞。不良心日日常存。暗箭兒時時慣用。天理上難容。天理上難容。害人利己。終有報應。任他行。背地有神靈。幽冥法至公。

失　題

新酒初排。良友邀出門兒外。欲待開懷。事從天降來。並非干小人謀害。這場禍怎生布擺。雖不系閻王拘使。卻便是儒學公差。他説道太守今朝傳示明白。文宗指日到衛懷。聽説罷叫人不快。一霎時轉了腿筋脱了股拐。百忙裡屁股擰繩眼窩裏插柴。

按：此曲牌原作【桂枝香】，疑誤。

【南中呂駐雲飛】

不必張羅。自古來多去也多。貧富隨時過。莫作貪心貨。嗏。笑一聲傻哥。日月如梭。但得清閑。受用些兒個。皺着眉頭當甚麽。

不必熬煎。自古人無再少年。今日玩童面。不覺白頭漢。嗏。少把名利貪。量定家緣。布衣遮體。兩頓家常飯。就是人間快樂仙。

不必追求。自古人心無盡休。家業何時夠。只得胡將就。嗏。宰相與王侯。也不長久。一旦無常。那件能擎受。徒與兒孫作馬牛。

不必奔忙。自古心強命不強。富貴由天降。莫要胡想望。嗏。休負好時光。世情反掌。要笑三更。睡到東發亮。參透浮生夢一場。

【北中呂朝天子】

鷹眼火爪繫索。鷂捉獸被拏搦。鴿鶉好鬪頭先破。巧嘴能言數八哥。常在籠裏囚着。鵪鶉兒奔波。百鴿兒張羅。緑毛鸚鵡帶鐵鎖。只因他智多害多。語多禍多。到不如蠢鈍雞兒得餐臥。勢不可太過。財不可太多。兩般兒都不妥。月光纔滿又消磨。日晌午回頭錯。羊肥脂濃。犬大肉夥。近湯鍋難避躲。假若是單薄。再如是瘦弱。那有這場殺身禍。好忙的哥哥。愛清閑是我。光陰迅速不自覺。人生那有百歲活。枉置下十年貨。滿柜黄金。多箱銀錁。大限來時無處躲。眼巴巴看着。病懨懨守着。拿不得些兒個。

平生願

再休提無錢。再休提無權。一筆都鈎斷。自古人生七十難。苦心勞力憨頭漢。子陵垂釣。留侯歸山。他二人極高見。種幾畝薄田。棲茅屋半間。就是咱平生願。

老人尋樂詞二首

老頭兒已危。小夥兒休詭。一輩兒催一輩。白頭翁饒不過三公貴。月白風清。花香柳媚。且開懷飲數盃。看早晨晚夕。似落花流水。想人生有幾個去赴蟠桃會。

無人處自思。間常閒屈指。幾件心腹事。眼前人兒漸漸稀。尋不出個長生計。遇酒須歡。逢花堪戲。不可學看財奴成何濟。便當琴典衣。也須索喫之。不負在花花世。

自得詞

斜靠着老槐。穩坐着破鞋。草帽兒歪歪戴。勾頭盹睡手交懷。吼嘍連聲彎圓一塊。好一似西岳華山洞裡客。絶勝那五鼓趨朝步金階。半夜元戎登將台。任他宰相。王侯。怎及俺身安泰。

按：右三首曲牌原失，句式近似【朝天子】，姑補之。

【南南吕一剪梅】

多少英雄枉用心。今也曾聞。古也曾聞。争名奪利多少人。老也辛勤。少也辛勤。

不如守分樂清貧。福也無侵。禍也無侵。閑中落得笑頻頻。说與知音。訴與知音。

千斤重擔幾時丢。貧也憂愁。富也憂愁。光陰易過早白頭。老也貪求。少也貪求。

一旦無常萬事休。妻也難留。子也難留。不如歸山把身修。急早回頭。趁早回頭。

人生百歲世間稀。朝也奔馳。暮也奔馳。一時氣斷永不回。東也抛棄。西也抛棄。

荒郊仰面臥黄泥。這也休提。那也休提。魂靈一去滅踪跡。恨也無益。惱也無益。

何不静坐玩高松。山也常青。水也常青。茅菴小小量寬洪。冬也消停。夏也消停。

終朝明月伴清風。名與誰争。利與誰争。也無惱恨也無榮。饑也安寧。飽也安寧。
紅日三竿正好眠。蜂也翩翩。蝶也翩翩。人情世事不同前。何不牽連。原不牽連。
飽食煖衣度流年。不用閑錢。不攢閑錢。人人説我是神仙。不是神仙。也是神仙。
緑蔭深處結茅軒。有客悠然。無客悠然。荷花池畔草芊芊。堪羡清泉。垂釣清泉。
夕陽西下月中天。正好流連。且自流連。奚童報到榴花妍。攜酒南園。喚酒南園。
依山靠水房數間。行也安然。坐也安然。一具犁牛半頃田。收也憑天。荒也憑天。
日常蔬飯兩三餐。早也香甜。遲也香甜。夜共妻孥話燈前。今也言言。古也言言。
緬想人生在世間。不比金堅。不比石堅。方看青鬢忽成斑。誰是長年。誰能長年。
終朝每日兩眉攢。恁般憂煎。枉受憂煎。何如但放此心寬。得以閑閑。且圖閑閑。

【北雙調雁兒落帶得勝令】

俺再不餐龍腮虎口食。再不餂刀尖劍頭蜜。再不去駕小舟猛浪行。再不去撑掠網險岸立。呀。再不去一呼一喚一驚疑。再不去一問一答、是非。再不去鷹架上赴狐狸宴。再不去貓兒窩會鼷鼠席。受了些奴顔婢膝氣。經了些顛倒曲與直。參透了消也言息。悔從前都是癡。想要安也應逸。除非撤去公門利害批。

按：此曲原僅書【雁兒落】，據律正。然【得勝令】多出兩句，二字句也多襯字，不易辨別。

【北雙調清江引】

日月如梭催人老。世事真堪笑。遊蜂對對飛。蝴蝶雙雙鬧。鬧一會一個個都不見了。

逐日憂愁何時了。枉自費心焦。寒暑應有定。陰晴難預保。到不如放開懷寬着些好。

如何如何又如何。米麥無升合。空讀孔孟書。枉受夷齊餓。從今後首陽山又添了我。

半夜三更睡不着。惱得心焦躁。圪蹬響一聲。盡力嚇一跳。把一股脊樑筋窮透了。

【北中吕滿庭芳】

人笑我差。豈知道心忘富貴。志在煙霞。金章紫授躭驚怕。風裡殘花。躲是非架着海槎。棄功名休了官銜。因此上都丢罷。山間林下。詩酒作生涯。

人笑我癡。豈知道其中滋味。就裡消息。無端日月堪追至。往事休憶。争名利一張故紙。貪富貴幾着殘棋。因此上雄心退。今朝且醉。明日不須提。

人笑我呆。豈知道會如不會。拙如不拙。人生幾個登高節。往事堪嗟。蜂釀蜜何時罷歇。蠅頭利甚日完結。因此上心如鐵。之呼者也。枉自費唇舌。

人笑我狂。豈知道江湖肚量。風月行藏。人生百歲都虛謊。曉露朝霞。半世來自慌自忙。百年後誰弱誰強。因此上心惆悵。今來古往。多少户興亡。

【劈破玉】

人生無幾三首

嘆人生能有幾。苦奔忙爲甚的。躭驚受怕費心機。不過是圖名圖利。人無有百年壽。枉置下千年基。三寸氣斷肉化泥。那時節不顯高低。金銀拿不去。功名在那裡。到不如早睡遲起。

笑嘻嘻門兒外臥一隻看家狗。槽頭上拴一個拉磨驢。一口不少三餐飯。四季也有兩換衣。蓋幾間茅草屋。種幾畝沙薄地。趁時耕種應時犁。糧草賦税急早備。逍遥自在。快樂便宜。不貧不富不村不儒。

挨一年添一歲。過一天少一日。兒孫自有兒孫福。莫爲兒孫作馬驢。子孫耕讀。妻妾紡織。酒來燒高。雞兒餧肥。一片薄餅半碟蒜汁。只落得又醉又暖又不饑。足遂俺平生之志。

天理循環二首

循天理聽自然。財和寶不貪戀。但願人安我也安。也不圖萬貫腰纏。也不圖姓揚名顯。安居何用樓臺院。也不圖美色花顏。也不圖綾羅身穿。粗衣淡飯隨時便。做一個軟弱癡憨。存一點良善心田。由他笑俺無用漢。俺只願子孝妻賢。稱良家喜喜歡歡。無事常把彌陀念。

見了些好漢刁鑽。專一味弄巧行奸。狼心狗肺將人騙。也不顧性命家緣。也不怕唾罵人傳。損人利己只管幹。有一日天理循環。那其間果報昭然。抛妻撇子遭刑憲。若要是本分爲人怎能夠獲罪於天。善惡自有天照鑒。

須行樂二首

人生碌碌争短競長。卻不曉榮辱有數得失無常。看來何必苦奔忙。嘆秋風金谷夜月烏江。阿房宫冷孔雀臺荒。都做了邯鄲夢一場。令人淒愴。誰在誰亡誰弱誰強。將今比昔仔細思量。真正是榮華花間露。富貴草上霜。說甚麽龍争虎鬭。講甚麽利鎖名韁。到不如尋幾個知心契友野外溪傍。玩一會青山緑水。歌一調滄海茫茫。逢時遇酒拾翠尋香。觀花堆金砌。聽鳥說笙簧。或棋局適意或曲水流觴。或講些真修妙理或講些快樂良方。任他們人情反覆世態炎涼。只守我無諂無驕自在行藏。俺而今安排延歲月瀟灑過時光。

【北雙調河西六娘子】二十九首

有錢施些不落空。切不可重利輕生。貧賤富貴天造定。呀。百計苦經營。好似黑夜行。恐防前途有陷坑。

這家金銀似水潮。皮笊籬撈了又撈。漆投巾變成烏紗帽。呀。從空降下劍。劈頭砍一刀。人雖饒了天不饒。

這裡不樂那裡不樂。好似填不滿江河。金成垛來銀成垛。呀。犯了那病兒。你也休想活。船家燒紙卻爲何。

誰使金來誰使銀。沙窩井越淘越深。名利個個無窮盡。呀。餘糧無其數。騾馬俱成群。出水纔見打魚人。

千做是來萬做差。平白的戴上烏紗。咬文嚼字説官話。呀。將俺泥裏踏。敬他錦上花。熱竈火一把又一把。

人多爲利走世間。又涉水來又登山。有時恐遭風波難。呀。錢財皆有分。何必苦苦貪。雨淋先爛出頭椽。

誰受苦來誰受甜。誰是精心誰是憨。誰打鑼兒誰吃麵。呀。誰騎雙頭馬。誰跐兩家船。誰掇梯子誰上竿。

誰栽樹木誰乘涼。誰養孩子叫誰娘。誰的銀錢誰放賬。呀。誰人來撮短。誰人去弄長。誰惹禍兒誰頂缸。

山後頑冰不見消。抱着錢樹日日摇。貪財心看來誰人少。呀。這家使戥挑。那家用秤敲。大海擎不得杓子舀。

又吃肉來又嫌腥。又養漢來又撇清。茅廁石頭臭又硬。呀。坐如蝦螟樣。動如螃蟹形。一個個卻是没王蜂。

你是何人我是誰。認一認纔知虛實。一個個膽包天和地。呀。善惡終有報。來早與來遲。那時方知鍋是鐵打的。

秃男子頭上着棍敲。頂着磨扇當水泡。此情惟有天知曉。呀。水旱百畝田。園内置籠牢。養雞不謹餵不飽。

富貴窮通皆由天。王府債好揭難還。有日哥哥血脈斷。呀。一捶打了牙。只往肚裡咽。狗咬水泡空喜歡。

吃緊光陰不彀誕。且喜得無病來纏。淡泊寧静平生願。呀。不會做天强做天。世上多少不周全。何不將那不樂人兒來替俺。

一日一席莫厭多。想人生俱是南柯。受用些兒不爲過。呀。有喜又有樂。無事亦無活。不要不笑等甚麽。

龍遊淺水遭蝦戲。虎到平川被犬欺。鳳凰落在雞群裏。呀。不分好共歹。難顯高與低。自有旁人説是非。

一陣雨來一陣風。月裏鏡照得分明。强詞奪不得理正。呀。人無千日好。花無百日紅。一天陰對一天晴。

一天陰對一天晴。忘卻來生顧今生。久後兒孫不乾净。呀。把我的話兒。莫當耳旁風。大年初一正個正。

風不來樹不摇。針丢海内實難撈。蛇鑽窟窿蛇知道。呀。搬過皇家律。用心仔細瞧。犯了國法罪弗饒。

破棒搥一面光。常言道家賊難防。老天常在人頭上。呀。人短天也短。人長天也長。一塊肉腥了滿鍋湯。

想前容易悔後遲。積金不如積陰騭。現今放着旁州例。呀。斷了喉中氣。抛子又撇妻。大限來時誰顧誰。

白頭老公有幾人。没來由枉費辛勤。知足且自隨時混。呀。郫酒滿滿斟。野曲漫漫跟。一寸光陰一寸金。

誇甚聰明顯甚能。無錢寸步也難行。有了錢到處人敬。呀。説話拙也中聽。醜人兒似花生。錢是人間好令兄。

天不均來地不均。圓帽兒變成方巾。詩云子曰胡廝論。呀。生在馬桶前。滿口噦臭文。喫了蠅子惹噁心。

日子更比樹葉多。鐵打方棵慢慢磨。日正也有晌午錯。呀。怕你命兒薄。神靈來尋着。磨眼蝎子受折磨。

爲甚哥哥帶鐵繩。也是你惡滿禍生。老鼠倒把貓兒弄。呀。一口吃了鏡。只在你心明。纔知天理有報應。

不讀詩書不務農。又不會買賣經營。想富貴除非是南柯夢。呀。時運也要通。工夫也要精。懶惰人兒該受窮。這裡不樂那裡樂。怕只怕巨浪風波。這是從天降下禍。呀。輸了滿盤棋。只爲一着錯。種的多來打的多。

按：曲牌原僅書【六娘子】，據譜正。

自　謙

聖賢書理奥深。非是俺逞學問。謅個曲兒閑解悶。呀。也不是録舊抄新聞。見歌兒又悔心。幾句粗俗語俟高明再評論。

按：此曲曲牌原失，據律補。

【南雙調搗練子】

勸　孝十九首

兒多好。好的少。兒多内中出奸狡。一個奸狡衆人學。父母養膳耽擱了。

小倚大。大靠小。輪流父母沿門跑。這家飯遲那家早。誰知寒熱共饑飽。

冬衣缺。夏衣少。問兒應承向婦討。眉頻蹙眼斜瞭。口内不住絮絮叨。
説娘苦。苦勤勞。聽我從頭説根苗。十月懷胎躭驚怕。分娩腹内如刀攪。
一霎時。命難保。死裡逃生兒落草。煨乾就濕忍飢寒。乳哺三年身枯槁。
説父恩。恩不少。從小懷抱嬌又嬌。三般痘疹爲兒愁。求醫問卜神前禱。
愛惜兒。如珍寶。夏天衫子冬天襖。七歲送入小學堂。應時三餐問饑飽。
請媒人。拜月老。擇女賢良端正好。赤繩繫足六禮成。娶過門來惹煩惱。
兒不順。媳婦狡。父母仍舊苦勤勞。妯娌搬唆成吴越。欺凌手足分門跑。
閃二親。年衰老。定省晨昏有誰曉。思兒想女憂成病。愁眉淚眼將兒找。
到兒家。兒見了。開口只説遺業少。短嘆長吁没好氣。摔勺摯碗兒噪鬧。
乾鼓肚。空煩惱。有兒没兒差多少。父母在生如陌路。死後佯聲哭嚎啕。
衣斬衰。東麻條。香燭祭奠紙錢燒。靈前擺設般般有。何曾用你半分毫。
埋葬後。歡喜了。去卻二老省得攪。恁般忤逆厭父母。何不取古一比較。
黄香幼。萊子老。王祥臥冰閔損襖。四賢大孝古今傳。人子孝親留坊表。
你若孝。枉不了。後代兒孫托前稿。不信現有禽獸樣。跪乳羊羔反哺鳥。
你不孝。也罷了。你的兒孫也托稿。而今也有一種禽。梟鳥窩中出梟鳥。

爲人子。看此標。知過悔心奉二老。不惟鄉黨人稱羨。暗中更有神靈保。父康泰。母安樂。何須遠方把香燒。子孝妻賢兄弟好。兒孫昌盛天賜好。

戒酒色財氣八首

酒酒酒。極美口。喫用他時不可久。若要貪杯不留心。醉後發狂丟下醜。勸世人。少貪酒。不傷親鄰不慢友。少飲些兒以合歡。爲人何必苦貪酒。

色色色。人歡悅。重命君子有時節。眼前多少癡迷漢。苦口良言不聽説。勸世人。少貪色。留些精神養氣血。延年益壽保長生。爲人何必苦貪色。

財財財。誰不愛。或多或少任天排。命中有財不謀至。分外求財惹禍災。勸世人。少貪財。財多克己不自在。富貴遲早君須待。爲人何必苦貪財。

氣氣氣。難調治。不因酒色必因利。一言半語相犯起。陷了王法誰人替。勸世人。少生氣。生氣就把家緣廢。妻子老小顧不得。爲人何必苦生氣。

容不下

聽命罷。聽命罷。五行八字安排下。命中只該有驢騎。何必心高想馬跨。

悔心罷。莫問卦。美食吃多不消化。五升斗盛五升滿。多着一升容不下。

不害怕

由天罷。憑天罷。莫要欺心説大話。世人多笑我無能。我且做個膿包罷。
勸君家。莫望大。行些方便人不罵。爲人不做虧心事。半夜叫門不害怕。

必顯達

行善罷。積善罷。莫將刀劍心頭掛。人在難中要提拔。莫記前仇與舊話。
勸君家。存正大。好人不落是非下。廣積陰騭于冥中。後代兒孫必顯達。

無題二首

忍耐罷。忍耐罷。忍得一言半句話。曾聞古聖先賢語。任他往來門前馬。
勸君家。莫招架。樹倒自有旁人話。裝聾作啞毋理他。人惡人怕天不怕。

【北般涉調耍孩兒】

十　勸

一勸你莫胡行。仗你富笑人貧。損人利己成春夢。拿刀常去割人肉。人割你來一樣疼。勸君休把心錯用。但看那。收園結果。善惡簿記得分明。

二勸你用好心。積陰功與兒孫。不干己事休前進。可撒手時須撒手。得饒人處且饒人。當面舉手留情分。只要在。仁中取利。切莫傷天理良心。

三勸你若不依。到後來吃了虧。人犯王法難逃罪。不可撥草尋蛇打。只宜開籠放鳥飛。無常二字誰不懼。行善者。家門清吉。作惡者天網恢恢。

四勸你莫放刁。退一步最爲高。虧心休把狀來告。駿馬陣前多費力。勇猛好漢禍先招。不如撤腿方爲妙。有一等。誇他伶俐。全不怕犯了天條。

五勸你少閑事。弦斷了閃壞弓。臨崖走馬喪了命。但看大船沉海底。祇因使盡滿篷風。貪心只顧往前挣。人害人。千般巧計。到後來自有神明。

六勸你氣要消。存好心禍不招。切休動作少違道。有錢濟急行方便。轉世爲人福壽高。善惡二字終須報。你若是。行些好事。到後來自有神保。人行百事他記的。好心自然天不欺。勸着你。不肯學好。造下罪没人替你。

七勸你人毋欺。如今時天更低。騙人房屋佔人地。雖然老天不言語。時時刻刻查善

八勸你歹休作。天睜眼看得着。爲人只要行得過。你説空中没神靈。惡。行壞老天降下禍。有家緣。不得興旺。定叫你漸漸消磨。

九勸你莫行兇。謀害人中不中。殺人一命還一命。依着你心叫人死。未知老天從不從。爲人在世誰無病。狠毒心。將人害了。久以後天理難容。

十勸你早回頭。莫要去強中求。八個字兒安排就。别人種地偏能富。強着你種卻不收。知命君子把清貧守。休怨你。今生不富。前世裡不肯苦修。

勸工匠三首

做工匠卻也難。憑手度日年。喫飯不可生憎嫌。説話還要多委婉。樣出巧活做堅。自有主顧貪。

有等奸工懶饞。只知磨日算天。上工慢散舉手慣。好一似磨晌皮犍。活不殷勤食更奸。爲嘴頭徵色發言。

嫌好道歹憎酸惡甜。逢人便笑談。多少主人不敢粘。怕你嫌茶飯。卻落得日日清閑。愁一般轟轟烈烈。人挣錢。叫你一旁乾鑽攬。没人叫受饑寒。

酒色財氣

貪瓊漿有妨功。飲三杯亂七情。言顛語倒迷真性。每見吃酒多壞事。或緣過飲災禍生。愚人往往勞成病。不得已。一斟一酌。休爛醉免於遭兇。

美佳人割肉刀。削肌膚精暗消。夜夜相擁紅粉笑。常見争風遭横禍。旋聞縱淫犯法條。清心寡欲方爲妙。請看那。梳粧墮馬。盡都是喪命人妖。

歎錢財將人迷。每因他惹禍基。抛妻撇子把家緣棄。那曾見諸般趁意。也不盡百計成灰。勸君見利還思義。你若是。存心正道。保管你無是無非。

勸世人氣要消。逞剛強禍先招。王法罩方制性傲。謙恭處世是良策。忍字更比饒字高。古人唾面他猶笑。常言道。忍則無辱。你若是動氣空焦。

【南仙呂鷓鴣天】

酒色財氣

酒是人間非等閑。杜康造下與人傳。君子三盅失禮儀。小人兩盞發狂言。劉伶醉染黃泉。李白貪杯喪□。□□□飲過量酒。酒後敗德悔後難。

色是人間非等閑。禄山烽火係心猿。楊妃因色□□□。昭君娘娘和北番。鶯鶯□□張生貪。□郎晝夜□□□。□□□戀殘花柳。耗盡真精悔後難。

財是人間非等閑。堆金積玉徒枉然。烈女愛財失了節。官吏貪贓法不嚴。石崇富鄧通錢。南京有個沈萬山。勸君少貪無義寶。財多剋己悔後難。

氣是人間非等閑。孫臏龐涓結下冤。霸王賭氣烏江死。三氣周瑜殞九泉。慶忌勇死江邊。十羞李密喪深山。勸君休動無益火。氣重傷身悔後難。

無　題

閑來無事走鄉莊。見一婦人碾稻粱。玉腕杆頭托。金蓮步下忙。輕提掃漫簸揚。幾番停立整殘粧。汗流粉面花含露。塵染娥眉柳帶霜。

莫投親

勸人没錢休投親。若去投親賤了身。一般都是人情理。主人偏存兩樣心。年紀不論大與小。衣衫整齊便爲尊。恐君不信席前看。酒來先敬有錢人。

按：此曲原失牌名，據律補。

詠老頭三首

老頭兒年紀高大。肐腮縮二目昏花。當頂子明光光没頭髮。肚兒圪吸腰兒凹。立着圪顫走着圪叉。嘴唇的扯眼皮塌。向陽仡佬會説當年話。

老頭兒年紀高耄。到晚間上床歪靠。説過話又説。兒嫌絮絮叨叨。吃過飯又從再要。兩手打戰兩腿硬了。鼻涕如水眼粘如膠。翻不過身來把兒叫。

老頭兒年紀高倦。但着風冷淚不乾。吃物没牙不耐煩。囫圇半破胡嘶咽。滿臉圪皺雞皮般。肚兒只圪吸。腰兒又圪彎。把一個那行貨兒也縮的不見。

按：此三首曲牌原失，句式近似【鷓鴣天】，姑補之。

【南南吕懶針線】

抗着膊子鼓着腮。你看他丢腮摇擺。終日睃眼常粧獃。好親朋不留些人情在。眼大如海。惹惱天宫降下災。盼望親朋没人來。衆人稱快。這個説不虧。那個説該該。

【南南吕西江月】九首

君子失時不利。求人當求丈夫。窮而乍富財心毒。休想望他扶助。適纔丢了瓢棍。狗嘴難奪脆骨。勸君拭淚別處哭。天無絶人之路。

石崇夜夢落馬。醒來説與鄉親。抬酒牽羊不離門。都來壓驚釋悶。范丹實被虎咬。人説自不小心。時人敬富不憐貧。世事一言難盡。

一生榮辱有數。萬事得失休嗟。日光纔正又西斜。桃李隨開隨謝。有勢休得使盡。人情須要留些。光陰疾似下坡車。今日不知明夜。

記得春來遊賞。回首又看荷花。驀然黄菊綻東籬。不覺雪花滿地。無奈金烏似箭。怎當玉兔如飛。百年光景幾多時。着甚來由争氣。

立志順乎天理。前途管許久長。他非我是莫争强。忍耐些兒爲上。禮樂詩書應學。

酒色財氣休詳。閑中檢點日行藏。方顯男兒模樣。何須俯仰穹蒼。志如真金百煉。
積善乃遺後慶。作惡終有災殃。心存一念學忠良。何須俯仰穹蒼。志如真金百煉。
胸同皎日争光。眼前得失與存亡。天際白雲一樣。
軟弱立身之本。剛強惹禍招災。無争無競是賢才。虧我些兒何礙。鋭斧搥石易碎。
快刀劈水難開。□他欺我總粧呆。前程終久遠大。
抱着肚兒自在。任他八字安排。得開懷時且開懷。萬事有成有敗。快樂多曾受過。
貧窮也常經來。古今由命不由乖。好歹自家忍耐。
莫逞英雄好漢。休誇户大丁多。一時不忍起風波。惹下一場大禍。身體被官凌辱。
家財漸漸消磨。早知是非不得脱。何不當初忍過。

【南仙吕一封書】

高人嘆世

一更裏月在天。問今朝是何年。光陰世故多更變。肥馬輕裘人欽敬。破衣小帽冷眼看。河水海水分鹹淡。試看那貧居鬧市。在着眼富在深山。

二更裏月兒圓。論交情心膽寒。尋常笑裏藏刀劍。人心曲曲灣灣水。世事重重疊疊山。眼前都是坑和塹。總不如高行闊步。何苦在薄冰深淵。三更裏月兒明。擁孤衾對殘燈。翻來覆去睡不成。潑天波浪船遊走。滿地荆榛任人行。這幾年身間不定。怎得個深藏遠躲。暗過了似箭春風。四更裏月兒斜。種薄田是生涯。避秦就在桃源下。閑是閑非無去問。誰能誰巧任他誇。絶口不談世路話。願相遇前村野老。坐槐蔭講説桑麻。五更裏月兒沉。想從前算如今。惟有攻書是本分。不觀時事觀往事。懶對今人對古人。娼賭門中須切禁。明窗下良師益友。燈光下教訓兒孫。

按：曲牌原奪，據律補。

【北正宫醉太平】

□春來可玩。契友兒兩三。一日一百杖頭錢。向花邊柳邊。詩酒也新鮮。瓦甌慢轉論前賢。争名奪利在那間。不歡□□□□□。

□夏天可玩。攜手兒扳肩。卻是一夥快樂仙。向緑蔭水涯。頭蓬鬆足跣袒。涼酒斟來搶着餐。山歌野曲鬧聲喧。醉倒羲皇枕上眠。

逢秋日可樂。聽蛩聲四合。啾啾屢笑人空過。村酒勝金波。不痛飲卻爲何。野菜攢盤擺滿桌。投壺行令任意喝。看牛郎織女渡河。臨冬月亦樂。紅爐邊簇着。三枚兩馬大鍾喝。合夥兒快活。窮范丹也讓坐。醉來拍手笑哈哈。看那忙人苦張羅。現放旁州例不覺。

老看財

爲兒的心癡。爲女的獃。無兒無女嗄自在。有朝無常到。身在土裡埋。好銀錢替還了別人債。好莊田反留與旁人賣。爲名兒落一個老看財。可惜死了成家老薑薑。

夾榆頭

有錢的受窮。好似鬼偷生。不和親鄰少賓朋。起了些没要緊的瞎五更。看人時只在門兒縫。買豆腐另錠竿加三秤。鍋兒裏十年到有九年清。又不是吃齋入定。一塊羊油擦嘴一冬。對人說大費用朝朝不離腥。

【北雙調慶宣和】

自知足二首

納了糧草辦了差。閑來無事且消懷。一樽相對野花開。自在。自在。

穿有衣裳食有糧。兒孫和氣滿同堂。休説俺比人家強。不當。不當。

按：原失曲牌，據曲譜補。

【何滿子】

盡道小人奸狡。偏予獨笑他癡。日向利名尋死路。昏昏認作便宜。不得希賢希聖。自甘爲魅爲魑。

仗倆竿頭進步。機關雲裏埋屍。一旦奸雄都使盡。憑誰保骨留皮。回想從前富貴。可憐能幾何時。

【北雙調折桂令】

田野最樂詞四首

最樂哉野外農夫。問事不知。處事糊塗。詩有李杜。酒有陶劉。文章歐蘇。草堂側栽幾竿青青風竹。陋巷内養幾對嫩嫩鵮雛。也無榮辱。也無拘束。人道是散淡神仙。敢自稱瀟灑人物。

最樂哉野外山人。功名㪷屣。富貴浮雲。萬卷詩書。滿壁字畫。一張瑶琴。衆皆道閒説兒句句清新。俺弄的古風兒段段可人。合心契友。愛好佳賓。今日裡論盡英雄。到明朝重談古今。

最樂哉野外仙翁。不憂得失。不慮窮通。静裏藏頭。洞中養性。林下埋名。也不去争財利冒雨衝風。也不去逞英雄戴月披星。好好先生。推啞粧聾。厭塵世桃李形分。與人交松柏常青。

最樂哉野外莊家。藐視王侯。笑傲煙霞。一具耕牛。兩個夥契。百畝生涯。閑來時獨自個治圃修花。悶來時做莊周蝴蝶夢話。雛雞老鴨。薄酒清茶。坐柳蔭且作涼亭。

聽鳥語笙簧交加。

【誦子令】七首

命稟生初

石崇豪富范丹窮。運早甘羅晚太公。彭祖八百回命短。六人只在五行中。

不當

冬有暖衣食有糧。兒孫和氣滿一堂。不説俺比人家好。不當不當又不當。

誰能誰不能。能者問五行。五行若不能。能者也不能。

退一步自然安穩。讓三分何等清閒。忍幾句無憂無辱。耐片時快活神仙。

多言人怪少言癡。惡被人嫌善又欺。貧者人笑富者怨。不知那樣合人機。

驢兒樣

君子失時不失像。小人得志把肚脹。街前驢子學馬走。到底還是驢兒樣。

譏諂神

不孝漫燒千張紙。虧心枉爇萬爐香。神明本是正直做。豈受人間枉法贓。

【南雙調鎖南枝】

親莫認真

親是嘎。嘎是親。黄金與白銀。有了他非親説親。無了他雖親不親。細思量。親就是這。這就是親。世人何必恁認真。

按：曲牌原失，句式與【鎖南枝】近，姑補之。

【南仙吕入雙調玉抱肚】

草堂睡

百畝緊相連。半邊栽果半種田。黄酒白雞隨時便。渴來時手掬着清泉。微風吹面何須扇。草堂睡起紅日已三竿。

按：曲牌原失，句式與【玉抱肚】近，姑補之。

失牌名

仁孝寺對富春院奇妙幽佳詞 四首

景最奇。景最奇。花街柳巷對禪居。一股兒沉素香。一股兒胭脂氣。濃淡相宜。濃淡相宜。琥珀弦子敲木魚。念的是佛如來。哭的是寃家去。

景最妙。景最妙。禪林斜沖章臺道。北寺裏法鼓鳴。南院裏絲弦鬧。清音佛號。清音佛號。誦經纔罷曲一套。僧人叫上布施。花娘說留錢鈔。

景最幽。景最幽。梵刹緊緊映青樓。掌一聲彌陀佛。叫一聲心肝肉。清淨風流。清淨風流。綠鬢朱顏對光頭。這邊喜赤腳仙。那邊愛金蓮瘦。

景最佳。景最佳。梵王宮殿對煙花。一壁廂金磬響。一壁廂銀箏搊。鐘鼓琵琶。鐘鼓琵琶。訴罷離情念法華。一個想脫塵世。一個說從良嫁。

教學難詞 四首

教學難。教學難。好將道義惹仇嫌。出入有人管。饑寒自家憐。打他就說不讀罷。

不打又説師不嚴。父兄溺愛。子弟愚頑。生惱他。受熬煎。思量難挣這行錢。這行錢。看着雖有要着難。有的多慳吝。無的與不全。講到一串給八百。説成一兩少二錢。低潮頂捐。參攪皮錢。春推到麥。麥推到年。零零碎碎點對俺。點對俺。還有許多背毀言。道咱工夫少。又説人事繁。屈着指頭算日子。按着號兒打發錢。學生躲節令。大人佯裝憨。口不能講。肚裏難咽。臨走只落臉兒寒。臉兒寒。收拾筆墨轉家園。存亡皆在命。窮富總由天，不用苦苦教學纏。任尚寧能累代有。班超也未首陽山。薄田數畝。殘篇幾卷。樂守清貧。且度餘年。何必苦苦教學纏。

老莫心酸

處世飄零。老來不用心酸痛。覽鏡失驚。幽棲懶動。我欲待與朋友共。恐怕聚散浮萍。百歲光陰空有限。萬載古今事無窮。一番夜雨。一陣東風。一聲啼鳥。一片殘紅。這幾椿兒把韶光送。

活神仙

衣不愛添。屋不愛寬。人皆好做官。我偏好種田。税課先納了。自在得安然。家中無横禍。妻子永團圓。再飲三盃酒。就是活神仙。

失　題

一十歲近橋邊。見緑水心内歡。麥蠟蜻蜓都捉遍。也不管家緣。也不管莊田。人情那裡靠他辦。自在仙。少年光景樂清閑。

二十歲進橋頭。也無憂也無愁。一團耍笑精神湊。高歌低謳。楚館秦樓。交接朋友相攜手。飲美酒。良宵莫負任遨遊。

三十歲傍橋行。正當年逞英雄。肋骨壯健血氣勇。仔細定睛。忽然猛驚。光陰過了難再逢。回頭省。隨時不樂改形容。

四十歲纔上橋。這年華不相饒。容颜暗换誰知道。差糧辦菓。在□要好。世事繁冗多顛倒。細推敲。重擔何時丢得了。

五十歲至橋中。歎光陰似箭風。而今始曉由天命。趁風船行。莫胡逞能。世間總是黄粱夢。問陳平。張良舌巧説不過死和生。

六十歲將橋過。似秋天黄葉凋。人比花木不堅牢。花落重開。人没再少。世上無物比人老。免心焦。瞻前慮後竟把時光錯過了。

按：右六隻曲牌原作【山坡羊】，無題。

清福吟

窩窩頭當點心。乾茄皮賽香蕈。葱科兒更比竹笱嫩。稀米飯勝强那蜜裹芹。野鳥聲就是咱笙簧韻。草墊兒作綉枕。聽鳴泉似瑶琴。爐子偎棋。山妻幫襯。日未落頂門。日出時正寢。熬碎他黄金印。

萬事空

寂寞經綸志氣斷送。蓋世英雄如水流。光似轉蓬。日西月又東。歎人生何必苦匆匆。積金未必兒孫用。積書未必兒孫誦。人無百歲活。花無摘下紅。下場頭一枕莊周夢。纔知道萬事皆是空。

醉揚州

光陰暗度如水流。青春幾何變白頭。想人生何必苦把雙眉皺。總不如攜琴載酒訪故友。悶來一曲琴。愁動三杯酒。萬事皆休。說甚麽胸中壯氣沖斗牛。細思量。人生只可醉揚州。

糊塗過

少貪放憨。糊塗過幾年。莫憂愁。休盤算。人生空自苦熬煎。富貴從天使。夢醒黄粱。回頭精淡。歎蜉蝣世事短。積銀儹錢。買不出輪回限。

按：朱載堉卷失曲牌者二十余首，均曲味濃郁，寓意深刻，姑録之待考。

套數

南北雙調合套

【北雙調新水令北】暑往寒來春復秋。想人生如同水上浮漚。逢花插滿頭。遇酒飲幾甌。樂以忘憂。樂以忘憂。從今後把塵世事一筆勾。

【步步嬌南】閑時參得機關透。莫把眉頭皺。閉門度春秋。打破愁城。解卻拴腸扣。頓斷掛心鈎。從來量大乾坤瘦。

【折桂令北】〔二〕往常時努力強求。費盡心機。〔三〕空惹白頭。到不如樂滔滔。模模糊糊。〔三〕

蕩蕩悠悠。凍不着何須去東奔西走。餓不着又何用南營北求。〔四〕夏賞春遊。酒友詩儔。任盤桓入世神仙。展胸襟野外王侯。

【江兒水南】桃花開三月。菊花綻九秋。衆花木也各自等時候。范丹窮非是他不肯修。石崇富皆因他命裡有。都是先天造就。夜晚設下千條計。到明朝依然如舊。

【雁兒落帶得勝令北】誰不愛丹桂花插滿頭。誰不愛黄金印懸在肘。誰不愛身穿着錦繡衣。誰不愛耳聽着笙簧奏。呀。誰不愛高車駟馬近龍樓。誰不愛倚翠偎紅相勸酬。想人生皆是命。盼名利莫大陡。知休。世間人有多少不能夠。回首。從今把瞎安排丢過手。

【僥僥令南】寧會簞瓢思顔子。緼袍慕仲由。貧中自有貧中樂。何必區區分外求。

【收江南北】呀。似這等好筵席定散呵。何必去苦貪求。富貴榮華水上漚。愛甚麽鳳儔。羨甚麽龍樓。跳出波岸早回頭。

【園林好南】金烏催似箭。玉兔走如騮。人生七十古來稀。何必常懷百歲憂。你總與王謝齊名。也只落得一土坵。

【沽美酒帶太平令北】嘆光陰似水流。嘆光陰似水流。勸君家早趕舟。恐怕遲了難成就。世間人傀儡提吼。參透了一場戲收。速伴着赤松了遊。阿房宫已休。金谷園早丢。俺呵大夢覺須回首。呀。惟有那日月青天在上頭。

【啄木兒南】隨時過。何須愁。富貴功名莫強求。逢花時花插滿首。遇酒時酒醉方休。怕只怕大限臨頭。那管他宰相王侯。有錢難買無常路。且開懷。樂以忘憂。人生實少百年壽。

按：本套九隻曲原被誤作小令散落於醒世詞各頁，今據曲律重新彙集，惜尚缺尾聲一隻。

〔一〕【折桂令】原和【步步嬌】緊接，失曲牌，今正。

〔二〕「費盡心機」一作「使碎癡心」。

〔三〕「模模糊糊」一作「朝朝暮暮」。

〔四〕「何用南營北求」一作「焉用南算北謀」或「早計晚籌」。

吕 坤

吕坤，字叔簡，號新吾，寧陵（今屬河南）人。萬曆二年（一五七四）進士，歷官山西巡撫、刑部侍郎。有呻吟語、去僞齋文集等。生於嘉靖十五年丙申（一五三六），卒於萬曆四十六年戊午（一六一八），年八十三。

小 令

【北雙調折桂令】

述 懷

先君愛此詞，故余每每作之。

抱一腔萬古全愁。遠慕黄虞。近想商周。想那民育春臺。物生玉燭。世若瀛洲。豐衣食的黄童白叟。他話桑麻在南畝西疇。豺虎無求。雞犬無憂。三千年望斷三生。兩行淚揮損雙眸。（去僞齋文集）

書齋臥詠

是前身書鬼文仙。最喜緗帙。更愛牙籤。注疏十三。鑒綱百五。子集三千。一會家覽興亡觀治亂千年在眼。一會家闡身心探性命萬古同然。對聖陪賢。廢寢忘餐。願來生還與儒身。細讀徹萬卷千函。（去僞齋文集）

九月十日壽詞父生日也

粲東籬嬝嬝花開。笑插爹頭。跪遞娘懷。琥珀光濃。醍醐香嫩。滿滿斟來。喜蹁躚三兒舞彩。低調笑三婦添杯。骰子輪牌。枚馬争猜。但願這一日千年。再不換九棘三槐。（去僞齋文集）

十二月二十四壽詞母生日也

舞長空瑞雪繽紛。椒盤送臘。梅鼎生春。南海重來。西池住世。東岳前身。天理念不當何忍。陰隲心救苦憐貧。蛇蝎同仁。鵶鵲知恩。願從今永世千年。做人間救苦天尊。母逢享用過奢，或暴殄天物，輒曰不當見貧子乞兒；或傷人害物事，輒曰何忍此平生在口□也。（去僞齋文集）

襄垣祭祠母忌日也

倚西樓冉冉離魂。來也無知。去也無聞。雙淚淋漓。一言囑付。俱是何人。望眼書臨行不準。分身話欲寄誰因。承志留云。具慶餘塵。痛煞煞難共當初。冷淒淒易舍而今。（去僞齋文集）

【北大石調歸塞北】

示兒五首

是罷不是罷。掩口休題。你說你是誰認誰非。愚夫識淺昏人見迷。自家明白自家知。（去僞齋文集）

冤枉不冤枉。只休作聲。越辯越惱越認越輕。水搏浪起石擊火生。人心不明鬼神明。（去僞齋文集）

人善與人惡。只是休管。直言取恨心言不感。你正他非他許你短。禍福由他不怨俺。（去僞齋文集）

任他占便宜。我少何妨。身外之物都是餘長。讓得有味争取無光。萬般不似好人香。

（去僞齋文集）

大凡關係語。切莫開唇。你與他厚他豈無親。你叮嚀他他囑付人。翻來翻去到你身。（去僞齋文集）

【北大石調望江南】

示　兒五首

休信步。冰下萬尺潭。黑水淯溟不可測。饞龍蜿蜒怒其間。失腳望人難。（去僞齋文集）

休言語。笑裏有刀槍。本謂赤心置人腹。卻招白口惱君腸。瓶城要守防。（去僞齋文集）

休驕亢。人我一般同。便呼牛馬奚予損。即稱叔伯盡君榮。一美兩相成。（去僞齋文集）

渾厚妙。分曉最爲愚。所以知白只守黑。世間無紫不奪朱。温而理何如。（去僞齋文集）

貧賤易。富貴良獨難。一分有利一分害。半生不足半生安。留福與曾玄。（去僞齋文

集）

【北雙調清江引】

放　心

關了紅門上了鎖。入面風難過。看防盡有人勾引。没一個不知曉。猢猻多蚤晚離了我。（去僞齋文集）

〔一〕「歸」，原作「收」。

畢木

畢木，字子近，號舜石，别號黄髮翁，山東淄川人。有黄髮翁全集。生於嘉靖十六年丁酉（一五三七），卒於萬曆二十九年辛丑（一六〇一），年六十五。

套數

惜春

【北正宫端正好】賞時歡。别時怏。想時節苦苦縈懷。起初時俺也糊塗了韶光不知是歲改。只覺的和氣迎人滿面來。

【滚繡毬】和氣迎人滿面來。只見他紅者舒紅白者白。緑葉兒抽心靄靄。霎時間遍滿樓臺。花百様逞妖嬈。枝萬種争嬌媚。哄的個陶淵明量寬似海。賺的個杜子美踏破芒鞋。只爲他動人情意多般美。因此上逗惹心腸無剖劃。勾不了相思債。

【幺篇】怪殺你游蜂兒不住采。狂蝶兒來往飛。又添上薄情風兒擺。鶯和燕閙閙該該。弄的個花朶兒顔色衰。花片兒委蒼苔。花枝兒折損雕欄外。好光陰盡力相催。

無言揾拭東風淚。着意奔忙曉露階。春光呵去也堪哀。

【倘秀才】想從前桃開杏開梨開李開。他都偎着香肩併着腮。輕拭何郎面。新描張敞眉。無力氣。楊妃馬兒上扶殘醉。

【幺篇】不覺的時光漸改。禁不的日曬風吹。柳絲飛綿藤花張蓋。梅子丸來大。黄鳥喈喈性兒乖。他啼處緑葉藏埋。快活殺園丁畦客。午陰濃。慵臥在塵埃。

【耍孩兒】傷春最苦情無奈。縱有萬選青錢何處買。見的是出岫雲飛。那裡有春水滿四澤。蒼蠅揮去東坡扇。菡萏新紅茂叔臺。智仙亭上歐陽醉。玉川子烹茶解悶。曹孟德煮酒青梅。

【幺篇】劉伶一醉中。阮籍兩眼白。他都是荷插提壺客。浪飲不關生死慮。長嘯翻嫌天地窄。好一様輕狂態。他那管花開花落。春去春來。

【幺篇】只俺這窮酸丁老秀才。厭氈帽兒頭上戴。傷春詩寫無佳句。對酒尊閑不放懷。悶懨懨情思無聊賴。一任他面上皮皺。鬢角簪歪。

【幺篇】撲蝶呵蝶飛去。罵蜂呵蜂不采。打鶯鶯趕不上翅兒快。垂盆弱草青如黛。滿甕新蒲手自栽。園林問遍春何在。想殺人百花凋謝。春色沉埋。

【幺篇】好和歹過幾年。酸和澀飲幾杯。無奈何自傷還自解。春光去去從他去。夏日來來任他來。胸中不必多掛礙。看來時盈虛消長。造化中自有安排。

【幺篇】幸逢着元首唐虞聖。股肱稷契才。萬方寧謐時通泰。從前檢革多端敝。就裏調停輕省差。耕田鑿井堯天内。受用些雞豚狗彘。米面油柴。

【幺篇】將軍帽燒的焦。牛犢皮桌上排。碟兒件件園中菜。窮豆腐做就家常飯。酸漿水淘成過午齋。盛世頒白不負戴。尋朋友敲棋打馬。賭酒猜枚。

【尾】花開花落隨時改。春去春來有主宰。莫歎息眼下流光。快管取明年依舊來。（黄髮翁全集）

擬古歸來未晚和司雲壑

【北仙吕八聲甘州歌】歸來正好。看門外前程迢遞。分明是虎噬狼嗥。蠅頭利小。一個家體病神勞。抽身跳出樊籠外。擺手休言名利交。〔合〕春花笑。秋月高。面山流水結鳩巢。餐藜藿。伴漁樵。耕田鑿井付兒曹。

【幺篇】一個家虹蜺萬丈高。跨香車寶馬。紫綬金貂。山摇海振。氣昂昂直逼雲霄。讓你縱横滿朝市。俺則是削跡長安道。〔合〕低聲唤。匍匐逃。凝眸偷把世情瞧。扶竹杖。繫麻絛。遮身惟有舊青袍。

【幺篇】植百畝田禾穎好。開一方菜圃肥饒。栽花植柳多榮茂。這去處足逍遥。妻兒攜抱。散步閑行打一遭。坐方亭濁酒酬勞。〔合〕石堪玩。松可嘲。團圓百歲喜葡萄。仁義備。詐力操。興亡陳跡任歌謡。

【幺篇】繼書香兒童堪教。話家緣兄弟通宵。更有那詩朋酒友皆佳妙。盡可伴月夕花朝。太平世道。無慮無憂度二毛。又何必靦顔低首拜兒曹。〔合〕辦差役。避奸刁。紅塵滿眼任風飄。名韁斷。利鎖抛。閉門不許外人敲。

【尾】清閒滋味分明樂。虎戰龍争亦枉勞。把世態炎涼讓二豪。（黄髮翁全集）

廣瘡辭嘲友人作

【南雙調鎖南枝】老先生瘡疾何如？初初少。漸漸多。漸漸多來漸漸的發惡。有情人種下無情禍。也是你當時錯了。酒腸寬。色膽大。一霎兒快活。一夜兒風魔。

【前腔換頭】當時怎覺當時錯。疼也不疼？疼殺人畫堂中鬼判閻羅。清浄處坐的也好。鬧殺人繡幃裏蠅蚋蹉跎。悶懨懨顫欽欽終日床頭坐。令寵怎麽樣？御績紡的寃家冷笑呵呵。令正怎麽樣？厭糟糠的人兒變色勃勃。些兒不諒人之過。

【滚繡毬】瘡形怎麽樣？嘴角上黄面糕。眼眶裏楊梅果。渾身爛綻櫻桃顆。也走的動麽？

唉哽哽難動難挪。也睡的着麽？才合眼夢魂兒吉叮當天靈碎割。也翻的身麽？恰翻身綾被兒血模糊。膿水沾着。好懊惱人也。當時墮落迷魂陣。今日沉埋鬼病窩。怎麽救你？則索念幾聲救苦救難觀世音菩薩。南無阿彌陀佛。

【倘秀才】怎麽吃飯？紅筯兒另插下一雙。黑碗兒另洗下一個。粗白蝶另收下一羅。香茶美酒。遠遠的端盤兒托。我這裡蹙愁眉強磕。

【耍孩兒】瘡疾也是小病兒。受不得筋骨疼膁瘡多。混腦蟲都在顋門作惡。美香雲膿水粘合。形象怎麽樣？蓬頭赤足風魔漢。螺嵌金鑲古像佛。有虱子麽？餓虱子散亂眉前落。怎麽走？但行動柱着條大拐。腳跟疼不敢前挪。

【幺篇】身體不傷也還好。陽物上蝕三指多。外腎兒爛似蜂窩。這等怎麽處？恨起來欲將全身割。呀。淨了身做什麽？龍樓鳳閣爲常侍。玉帶牙牌有分拖。大太監時間也難得。且將羊尾兒換我儒巾破。這等到也是一程好處。又只怕選内侍的公公嫌我年老。到頭來錯中又錯。

【幺篇】朋友怎麽相處？再休提知心人握手話衷腸。再休提刎頸交併倚帷屏坐。再休提同袍兒借得衣衫着。老先生平日好擲骰子行令。再休提骰子巡巡遞小盆。老先生平日好飲大鍾。再休提飛鍾經我席前過。老先生平日好合樽簇坐頑耍。再休提打遭兒同享那珍果攢盒。衆人卻怎麽樣？　一個家掩鼻甎嘴。老先生另坐一陀。

【幺篇】藥點一點就好了。白矾阿味輕粉合乳香。孩茶共没藥。玉簪兒挑上珍珠顆。也見效麽？　當心點上才較可。轉眼看來發許多。好一個長十來個。你如今還悔當初麽？　想當時美死了親親。到如今疼殺了哥哥。

【幺篇】這等怎麽才好？　除非是傷寒疾病染沉疴。得病卻吃甚麽東西？　西瓜酥梨餐幾顆。也服些藥麽？　療肌解表柴胡藥。渾身發汗似湯潑。大雨翻盆濕被窩。骨髓臭氣飛騰過。那時節毒消病減。好瘡疤不將人着。

【幺篇】身體也還不乾浄。從南鄰借沐浴盆。向藥鋪買荆芥科。防風地榆同擂破。乾柴燒勾十餘束。熱水熬成一大鍋。渾身上下搜磨過。頭也刮一刮。九江篦頭髮細刮。臉也洗一洗。玉容丸頸面多搓。

【餘文】乾浄了怎麽修飾？　從新來細網攢牛尾方巾折。墨羅天青雲履裁絨襪。月白彭緞剪直衲。似這等如同古器重新了。好一似古藏香几明漆罩。久沉寶鏡水銀磨。人情也還依舊麽？　妻孥重整歡。朋友還同坐。依舊春風樂事多。老兄我長了這瘡。卻道有一件好處。老先生又有甚麽好處？　再遇着長天疱瘡的老婆。我也不怕他。（黄髮翁全集）

按：此套組曲方式奇特，首二曲爲南雙調，以下卻是北正宫和般涉調。另曲文中還插入對白語。

杜子華

杜子華，字圻山，號圻山山人，南直隸勾吳（今江蘇蘇州）人。嘗官太醫。能詩亦擅作曲，著有新刻三徑閒題二卷。約生於嘉靖十五年（一五三六），卒年不詳。

小令

【南商調黄鶯兒】

詠桃花

與李共無言。笑春光三月天。溪頭曾識漁郎面。玄都觀前。河陽縣前。怕只怕五更風起紅零亂。意留連。許多輕薄。都逐武陵源。（三徑閒題）

詠梨花

院落月溶溶。向朱欄倚玉容。一枝帶雨春愁重。冰肌半籠。香雲正濃。杜鵑啼醒不

共梅花夢。舞東風。長門閉也。見雪片滿簾櫳。（三徑閒題）

詠梅花

庾嶺看飛瓊。愛寒香撲酒樽。疎枝冷蕋先春信。香風繞村。佳人斷魂。月痕界破羅浮夢。問東君。曾遊東閣。詩興爲誰增。（三徑閒題）

詠蛺蝶花

翠壓草叢西。臥莊周夢裏飛。飄揚舞帶常拖地。風和晝遲。香銷碧襦。未能彀狂蜂隊裏穿花去。意躊躇。錦香深處。無計摘花鬟。（三徑閒題）

詠杏花

開遍曲江春。半臙脂半粉勻。林成董奉爭相問。春色到鄰。春霞滿巾。雙雙飛燕慣掠枝頭影。動遊情。怕紛紛細雨。狼籍過清明。（三徑閒題）

詠李花

玉樹與桃鄰。報山莊雪滿巾。相宜月下堆雲鬢。香如麝薰。顏如粉勻。直疑風起飄

泊珠簾影。碎雲屏。無言默默。寂寞渡江陵。（三徑閒題）

詠海棠花

花裏問神仙。蜀江頭已燦然。怕驚風雨鶯腸斷。明妃半酣。羅衣錦纏。曉來經露添得臙脂染。借燈燃。夜深移看。密帳錦爲天。（三徑閒題）

詠　楊　花

滿眼雪飄零。送春歸巧占晴。欲垂還起風流性。穿簾舞庭。隨波化萍。宮牆飛入無踪影。子規聲。待他落盡。啼送遠行人。（三徑閒題）

詠垂絲海棠花

香繫一鈎絲。對春風不自持。起來無力含情思。芳心未灰。嬌容半舒。輕輕着雨羞含淚。淡臙脂。許多柔媚。全在未開時。（三徑閒題）

詠棠棣花

麗日長柔枝。舞翩翻滴露滋。黄金買得春長住。香凝赭衣。風摇翠襦。總千紅萬紫

休相比。誦周詩。何須荆樹。兄弟也相宜。（三徑閒題）

詠蠟梅花

細細縷金棠。麝濃薰避粉粧。天宫戲剪黄姑様。勝南枝帶黄。溶蜂蜜貯香。來從蠟國不使何郎想。壓群芳。一叢金粉。雪裏愛新粧。（三徑閒題）

詠紅梅花

春思繞羅浮。趁微酣東閣遊。新粧冷淡臙脂瘦。東風吹酒。朱顔笑口。暗香浮動豈落在冰肌後。謾迎眸。狂蜂浪蝶。錯認在杏稍頭。（三徑閒題）

詠紫心白木香花

香氣襲銀屏。送春歸佩玉鈴。新粧婀娜冰肌潤。麝臍暗薰。粉容淡匀。東風零亂一似楊花性。訴衷情。芳心含紫。只恐鬢星星。（三徑閒題）

詠黄薔薇花

香氣送春歸。麝蘭薰蜜染衣。垂條一架生嬌媚。休言是西川錦機。休言是石家錦絲。

滿園細剪黄金縷。聽鶯兒。金衣相比。錯認鳥争枝。（三徑閒題）

詠金梅花

曾住草叢深。比江梅却是金。柔枝婀娜香成陣。西風滿林。清霜滿襟。休從蠟國却比南枝勝。看東鄰。金鈴滿徑。花落曉霜侵。（三徑閒題）

詠鳳仙花

花吐欲棲梧。看前身似鳳雛。慣舒翎翅飛名圃。蒼苔錦鋪。朱欄繡鋪。幾番狼籍又向新枝吐。盼庭柯。九苞顔色。休謂世間無。（三徑閒題）

詠薔薇花

裊裊送殘春。問西川織錦人。織成錦帳遮花影。春醒未醒。香露滿身。朝來疎雨臙脂冷。暗傷情。小窗風舞。滿架竟飄零。（三徑閒題）

詠 萱 花

堂壯值名葩。解忘憂翠帶遮。侵臨雪色堪描畫。宜男可誇。療愁可佳。心含丹粉高

插叢林下。囑伊家。倚門慈母。切莫殢天涯。（三徑閒題）

詠茉莉花

簾幙日初長。正花開玉有香。青青密葉摇朱幌。薰風送涼。殘雪滿牀。冰肌不減江梅樣。趁斜陽。素娥千隊。着粉出新粧。（三徑閒題）

詠鶯粟花

種種喚鶯兒。未開時似有所思。米囊堆積芳叢裏。清和晝遲。朱欄錦圍。只愁花老恰與鶯飛去。落香泥。細闐金粟。翠減不成衣。（三徑閒題）

詠瑞香花

結蕋正寒侵。未開時覺紫深。開時紫淺香成陣。濃薰水沉。春籠錦衾。碧團奕裏攢紅笋。瑞烟凝。葉邊金剪。枝弄美人針。（三徑閒題）

詠金鵲花

寒食雨紛紛。正開時喜報晴。雙雙飛翅黄金嫩。香凝竹屏。葉裁翠裀。山僧收拾供

茶茗。吐新英。口銜春露。花底寂無聲。（三徑閒題）

詠玫瑰花

庭院漸無春。報枝頭吐紫英。心含縷縷黃金嫩。麝蘭夜薰。臙脂露凝。錦絲帳裏香魂醒。看前身。枝頭荆棘。偏刺摘花人。（三徑閒題）

詠 菱 花

家傍白蘋洲。剪冰肌水上浮。隨風飄泊輕涼透。相遮白鷗。相隨素秋。慵臨青鏡照得人消瘦。楚江頭。黄昏燈火。知有採菱舟。（三徑閒題）

詠凌霄花

弱質附松蘿。裊長條百尺過。秋林點點懸燈火。天高幾何。涼侵露多。迢迢雲漢接種花無數。近銀河。似鞦韆架上。争看醉嫦娥。（三徑閒題）

詠夾竹桃花

枝上簇新紅。錦絲牽翠袖籠。葉摽翠竹休認是玄都種。流霞半籠。緑雲細叢。輕盈

不向春光弄。隔簾櫳。臙脂點點。依舊笑薰風。（三徑閒題）

詠剪春羅花

春色麗花叢。試羅衣待剪縫。剪成片片一似金錢弄。猩猩染紅。悠悠麝濃。一簾疎雨青衫重。任東風。夜來吹盡。孤負剪刀工。（三徑閒題）

詠茶花

曾繫一漁舟。淡紅粧古渡頭。差池無數船窗透。隱忘機鷺鷗。伴湘江素秋。菰蒲簇簇相爲友。水痕收。霜飛一夜。凋葉冷颼颼。（三徑閒題）

詠蘆花

一望楚江平。向西風起蕭瑟聲。欲尋月下摇落無踪影。鷗眠遠汀。雪飛遠村。幾叢高起江湖興。動離情。雁銜飛過。不礙小舟横。（三徑閒題）

詠菜花

春色過横塘。踏青歸見滿路黄。時桃未盡蜂蝶争來往。繞田家數行。間花村幾行。

麥秋風起翻金浪。問村莊。和根煑熟。滋味自悠長。（三徑閒題）

詠千葉白桃花

洞口吐新枝。厭紅粧喜縞素姿。風摇粉片河陽裏。春雪滿衣。春月滿枝。玄都風起誤認是章臺絮。惹香泥。不隨紅雨。只與素娥知。（三徑閒題）

詠决明花

婀娜倚堦前。綴柔枝顔色鮮。天工巧鑄黄金碗。秋光瑩照。清香滿園。每將籬荳並向東林畔。碧雲天。曉凝玉露。點點滴花鈿。（三徑閒題）

詠長春花

開遍四時新。問名兒只占春。叢叢碎剪金爲勝。似籬間菊英。似堦前决明。細香撩亂慣與蜂勾引。計長生。雪中常見。誰管歲寒侵。（三徑閒題）

詠桂花

秋嶺散天香。翠團中有萬點黄。鎔金細剪惹得嫦娥想。愛玉堦夜凉。趁西風滿床。

休教蜂蝶争來往。袖餘芳。在廣寒宮裏。雲影護仙粧。（三徑閒題）

詠丹桂花

開向廣寒前。摘丹葩爲狀元。天香滿袖嫦娥戀。風林麝蘭。秋帷錦纏。丹砂墜裏蝴蝶休相亂。住燕山。五枝開遍。霞護上林眠。（三徑閒題）

詠百合花

獨倚晚庭涼。薦南薰夜有香。低頭垂淚空思想。一枝挺長。疎葉掩粧。合歡笑處多相賞。着輕黄。心含淺紫。碧月吐清光。（三徑閒題）

詠水仙花

羅襪步清波。玉爲容香粉多。銀臺金盞陳王賦。風前翠羅。月中素娥。珊珊珮解江心渡。冷蕭疎。寒枝朶朶。仙骨竟如何。（三徑閒題）

詠白牡丹花

片片玉爲樓。倚欄杆不殢酒。姿容傾國更喜冰肌透。明珠已投。香雪未收。雨深珠

箔多僝僽。住皇洲。玉盤承露。翠壓水晶毬。（三徑閒題）

詠紅牡丹花

千片簇流霞。是平章宅裏花。朱欄散錦春無價。香雲護紗。香風透紗。錦絲圍帳休相訝。果名葩。多開富貴。貧國莫栽他。（三徑閒題）

詠紫牡丹花

片片慶雲垂。魏家粧品自奇。果然國色多嬌媚。朱顏怎比。玉容怎如。春酲半醒香亭倚。麝薰臍。東風吹袖。若共紫鸞飛。（三徑閒題）

詠秋海棠花

秋色媚妖嬈。向空堦錦帶飄。芳容只恐隨烌老。輕盈細腰。輕籠赭袍。妖嬈不共春風笑。露凝梢。似楊妃含淚。愁恨未全消。（三徑閒題）

詠秋葵花

羅袖染鵞黄。比鵞兒却有香。凄凉八月慣向雕欄傍。侵衣曉霜。傾心太陽。晚粧收

拾多惆悵。露瀼瀼。一團金粉。明日又新粧。（三徑閒題）

詠錦葵花

蜀錦剪金錢。翠團團香亦淺。細研粉黛粧成片。薰風滿簾。輕霞映鈿。祇緣多種惹得人輕賤。蝶翩翩。亂飛叢裡。生怕夕陽天。（三徑閒題）

詠蜀葵花

種種蜀江來。願傾心向日開。得人輕處情無柰。爲人間易栽。爲斜陽易催。清和滿眼不共鶿兒態。向陽臺。錦盤承露。葉落後秋衰。（三徑閒題）

詠白蓮花

貪看水宮仙。露珠盛瀉玉盤。素羅亂剪香風遠。鸕鷀隱眠。霓裳舞翩。東林結社留詩卷。玉池邊。似嫦娥昨夜。失却玉簪還。（三徑閒題）

詠紅蓮花

錦剪納涼時。泛紅衣太液池。似楊妃未醒試浴温泉裡。清香沁肌。紅霞散綺。怕秋

霜半倒絲絲縷。隱魚兒。亭亭翠蓋。風韻處只與六郎知。（三徑閒題）

詠緑蓮花

菡萏發平池。似波心步緑珠。新粧不共臙脂麗。緑雲自圍。翠蓋自如。水宮誰與争羅綺。問仙姬。碧床高卧。正是納凉時。（三徑閒題）

詠並頭蓮花

波上瑞雲濃。一枝嬌雙帶紅。漢宮姊妹争新寵。情牽錦叢。香連粉容。輕浮緑水堪與鴛鴦共。欲相逢。嬪妃枕上。都夢入水晶宮。（三徑閒題）

詠酴醿花

架上玉流酥。露珠凝釀酒沽。翠條嫋娜風前舞。藤如附蘿。容如素娥。一番春去愁難鎖。冷冰膚。迎風偷舞。香雪半消疎。（三徑閒題）

詠木筆花

花發問辛夷。未開時似筆揮。春殘谷口聞鶯語。紫苞果奇。紅焰更奇。筆問欲寫留

春句。吐高枝。玉蘭若比。輸我染臙脂。（三徑閒題）

詠紫薇花

省裏一枝高。碧天霞照錦袍。省郎相對黄昏杳。絲輪靜悄。鐘鼓正敲。上林春色休與伊知道。一叢嬌。碧籠襯紫。膚薄不勝搔。（三徑閒題）

詠壽李花

萬萼累低枝。薄臙脂濃粉姿。一林風起香雲碎。名兒借李。花兒繫絲。開殘貪結青青子。剪羅襦。壽陽宮裡。綽約鬧蜂兒。（三徑閒題）

詠桐花

青玉愛亭亭。葉層層委緑雲。開時桃李都飛盡。移月夜明。裁琴夜吟。秋風一夜涼金井。染猩猩。似雄鷄斷尾。高簇紫霞英。（三徑閒題）

詠橘花

一樹洞庭秋。問花時梅雨候。冰肌香噴薰風透。清霜未有。玉屑正稠。待深秋結子

君懷否。兩山頭。自誇清白。蜂蝶也相求。（三徑閒題）

詠　橙　花

與橘若爲鄰。計開時已過春。玉鈿細剪瓊葩冷。黄黄子成。絲絲薦賓。薰風透骨香成陣。惜花神。忽經梅雨。一樹粉凋零。（三徑閒題）

詠　菊　花

秋色綻東籬。正淵明解印歸。滿城只恐多風雨。摘英薦巵。分香散畦。滿頭須插登高醉。晚香移。要酬佳節。須對傲霜枝。（三徑閒題）

詠　槐　花

夾道緑陰陰。撲晴空點點金。風來吹舞雙龍影。秋雲滿城。秋風滿襟。謾教舉子忙投奔。漢宮深。鳴蟬勾引。偏送夕陽聲。（三徑閒題）

詠　松　花

澗壑鬱菁葱。看枝頭金粉濃。風飄霧散無些重。蒼髯老龍。黄衣半籠。輕摇衹恐紅

塵擁。問花工。未描瓣蕋。陣陣透簾櫳。（三徑閒題）

詠洛陽花

種種出中都。綴柔枝似錦鋪。每經三月剪出春無數。白如素娥。紅如越羅。還將翠袖相遮護。暮春過。一番顔色。石菊較如何。（三徑閒題）

詠籬荳花

藤軟架高棚。正開時蟋蟀鳴。南山別種分與秋光領。誰傳紫英。誰傳素英。兩般結子同待西風信。到園林。陶潛歸種。興味爲誰增。（三徑閒題）

詠玉蘭花

一樹綴冰姿。正開時葉未舒。朱鈴退盡香無比。心含紫泥。風飄麝臍。瓊花不讓揚州住。蔫瑶巵。春剛二月。猶見雪成圍。（三徑閒題）

詠榴花

滿樹結紅巾。爲開遲不占春。偶臨池上似把珊瑚映。凉宵散星。端陽滿亭。雨深挹

破臙脂損。畫欄憑。見一叢千朶。燒却翠雲屏。（三徑閒題）

詠山茶花

寒臘染丹砂。到春來尚有花。傳來南國真無價。屏前可誇。雪中更嘉。長明燈下堪描畫。問山家。不經陽羨。別種散流霞。（三徑閒題）

詠楊妃山茶花

欲吐已先春。問花神從南國分。慣侵霜雪媚態無些損。明妃倚亭。山家半醺。寶珠休比甘自輕施粉。葉稜層。偶經疎雨。青壓幾重鱗。（三徑閒題）

詠梔子花

最喜雪封枝。玉京來香更奇。花分六出爲瓊樹。梅雨沁肌。輕黄點臍。久從毗舍園中住。粉淋漓。問伊開處。迎茉莉送荼蘼。（三徑閒題）

詠金錢花

花艷滿林金。恃風流不自貧。何須鵞眼能買三秋景。天工鑄成。日午滿盈。到黄昏

亂擲無些剩。可通神。若堪收貯。意欲濟貧人。（三徑閒題）

詠佛桑花

名種麗名園。自西方佛有緣。葉如桑柘柯柔軟。朝雲錦纏。流霞散天。薰風吹亂臙脂片。笑朱顏。朝來堪愛。零落夕陽間。（三徑閒題）

詠茶花

陽羨得春先。未逢春花已殘。每於雪裏香雲遍。煑葉避烟。攀枝破鈿。不經七碗也識盧仝面。試龍團。莫將玉蠱。傾倒白雲泉。（三徑閒題）

詠黄牡丹花

名種出姚家。是花王隔絳紗。鎔金細剪真無價。比鵞兒可嘉。似秋葵更佳。赭袍相映在香亭下。亂蜂衙。欲尋蜜蔕。着意摘天葩。（三徑閒題）

詠棠梨花

籬落粉爲姿。計春光已暮時。花殘貪結金櫻子。香生麝臍。雪飛舞衣。㦃㦃似着梨

花雨。過郊西。滿身香露。折盡野薔薇。（三徑閒題）

詠錦帶花

春色滿閑庭。愛嬌枝顔色新。腰圍寬褪多風韻。春生錦城。花含錦雲。翠籠葉底風摇粉。看花營。香羅裊舞。妬殺漢宫人。（三徑閒題）

詠青牡丹花

名共百花王。擁香雲卧碧床。飄揚翠袖留春賞。無些錦囊。無些玉粧。願教並倚香亭上。鬱天香。休言姚魏。青帝愛新粧。（三徑閒題）

詠虎刺花

翠剪壓低枝。細粘花薄粉施。層層翠蓋不改風霜裡。盆中獻奇。窻前頗宜。寒深亂點珊瑚子。謾休疑。些須荆棘。莫訝虎生威。（三徑閒題）

詠月季花

常占一枝春。逐年華休厭更。豈緣霜雪肯把臙脂損。流霞滿襟。麝蘭暗薰。一叢高

架堪與薔薇並。戀芳辰。四時相對。不斷賞花人。（三徑閒題）

詠鷄冠花

玉露泣中庭。亂叢中鷄有羣。雄冠昂聳臙脂冷。翠羽滿身。丹砂戴頂。莫將閒舞分却輸贏性。聽秋聲。只聞蟋蟀。誰聽得五更鳴。（三徑閒題）

詠杜鵑花

泣露剪紅綃。占春光一抹嬌。猩猩血染欄杆曉。鶴林錦饒。昭陽錦消。不聞啼處催花老。宴良宵。幾叢燈焰。高起照林臯。（三徑閒題）

詠虞美人花

閑蔓吐春畦。似藤梢延滿籬。每憐嬌媚深住鴻門裡。粧臺錦移。香魂夜飛。芳心寂寞愛把春留住。歛眉兒。徘徊原上。若聽楚歌時。（三徑閒題）

詠刺梅花

密葉翠成圍。比薔薇却姓梅。青青弱刺攢新蕋。清和晝遲。臙脂濕衣。莫將姑射仙

來比。麝薰臍。碧雲收盡。霞錦綴斜枝。（三徑閒題）

詠玉簪花

高挿粉痕濃。愛新粧問玉工。琢成宮樣争妍寵。粧臺粉容。慵臨鏡中。每將翠袖分雙鳳。髻鬟鬆。怕簾櫳風起。壓着鬢雲横。（三徑閒題）

詠紫荆花

一抹紫雲深。正花開葉未生。誰將疊疊春霞倩。殷紅滿襟。輕黄染心。縱狂風陣裡無些損。羡田真。相宜兄弟。手植在中庭。（三徑閒題）

詠　蘭　花

幽谷鬱幽香。紫芽生奕棄光。輕紅蔓引來書幌。紫莖占芳。緑葉舞揚。才華楚客曾寫離騷上。美人妝。清芬挹露。採去獻蜂王。（三徑閒題）

詠金燈花

涼氣襲中庭。一叢叢秋點燈。蘭膏爇處風摇影。疎林散錦。長條繫星。未裁羅帶先

把流霞裩。爲書生。芸窻種植。添得幾囊螢。（三徑閒題）

詠山丹花

春去已難尋。見丹花麗遠林。蜀江分植正遇清和景。香凝脂粉。蜂攢寶簪。金沙滿地山園錦。緑成陰。杜鵑啼罷。勾引鬧蜂群。（三徑閒題）

詠金莎花

風景正清和。一叢叢結蕋多。誰家姊妹争相妬。紅裁錦羅。粉消素娥。層層高架惹着薔薇露。莫蹉跎。緑陰成户。金盡柰花何。（三徑閒題）

詠牽牛花

剪就碧雲裳。渡天河玉露凉。見竹籬心喜願得長相傍。盈盈曉裝。懨懨晚妝。曼延高樹似卧在星橋上。意徜徉。若逢織女。莫説夜多霜。（三徑閒題）

詠山礬花

素質避朱顔。住深山雪片繁。幽香七里春風轉。何郎意懸。明珠碎拈。自憐韓壽冰

肌軟。素娥還。緑雲遮袂。步月玉爲鬟。（三徑閒題）

詠槿花

夾路東爲籬。愛花開錦作堆。嬌容無計留住在斜陽裡。藥欄護持。臙脂慣施。輕盈露浥顏如醉。意何如。山中習静。偏喜媚朝曦。（三徑閒題）

詠來禽花

春色麗園林。未相呼來野禽。方開紅染開後輕施粉。遊蜂採心。飛鳥慣尋。右軍知味曾向書中問。碧雲深。冬還結子。依舊鳥來侵。（三徑閒題）

詠疊雪梅花

天意正衝寒。看梢頭雪未乾。南枝纔放玉作千重片。麝濃未闌。粉添未殘。香雲堆積祇恐風撩亂。逋仙還。曾經姑射。逢疊嶂見重巒。（三徑閒題）

詠繡毬花

片片簇成團。似明珠月下懸。東風休把銀錢亂。堆雪未乾。臨鏡正圓。打毬回去銀

盤轉。玉纖纖。誰將針指。繡出水晶丸。（三徑閒題）

詠紫藤花

弱質裊松柯。亂延藤似薜蘿。深山樹杪曾相過。花栽紫羅。葉分翠羅。休疑他野蔓來纏我。柰春何。紫雲收盡。緑蔭掛青螺。（三徑閒題）

詠　蕙　花

香氣比幽蘭。與幽蘭族裡看。只緣他一莖八九花相間。孤根浸泉。清芬到軒。不同蓬艾惹得蜂撩亂。紫芽攢。美人若佩。楚客也生歡。（三徑閒題）

詠菖蒲花

葉吐似青萍。見花開藥有神。蘇公曾賞盆中景。黃黃似金。叢叢有靈。每從水上相並參差荇。識芳心。中懷九節。採得學長生。（三徑閒題）

詠白芍藥花

疊雪傍欄杆。翠雲圍白玉盤。清和時序清香遠。當堦亂翻。臨風笑顏。自誇粉黛不

與朱顔換。送春殘。可憐弱體。無柰水晶冠。（三徑閒題）

詠紅芍藥花

仙禁傍雕欄。出紅粧侍牡丹。艷陽時節春霞晚。燈明未闌。香紛未殘。殷勤傍砌常來看。帶圍寬。春酲未醒。醉恐不勝冠。（三徑閒題）

詠枇杷花

西蜀種來奇。到僧房見縞素姿。一番果熟變作黄金樹。凌寒未遲。吹雪滿衣。古來盧橘多風味。掩門兒。葉匀碧玉。不改歲寒枝。（三徑閒題）

詠櫻桃花

花吐早春輝。淺施紅帶粉姿。繁英錯落如絲繫。緑蔭未舒。嬌容滿枝。驅禽熟得珊瑚子。莫沾泥。纔經御苑。春雪慣侵衣。（三徑閒題）

詠金蓮花

一種木芙蕖。怕臨波慣吐泥。黄金溶出蓮花蕋。朝含露珠。顔如赭衣。瓣中真味甘

如醴。果稱奇。花無雙朵。千片簇高枝。（三徑閒題）

詠千葉水仙花

朵朵鬱寒光。玉重重片片香。也從仙子飄泊波心上。金鈿細藏。粉容曉粧。重蕤風味顏比鵞兒樣。問何郎。常遊月下。不計再驚霜。（三徑閒題）

詠渥丹花

一種美人顏。計開時梅雨前。丹砂細碾粧成片。葉分翠尖。花明錦纏。朱明過了只恐朱顏換。近雕欄。晚霞相護。挺出幾枝看。（三徑閒題）

詠剪秋羅花

金露滿枝涼。染丹砂羅帶香。西風客裡生惆悵。伴東籬菊房。怕秋林曉霜。半遮翠袖佇立空堦上。曉天涼。莫辭金剪。剪就試新妝。（三徑閒題）

詠芙蓉花

秋色遍林塘。是誰來喚拒霜。强擡青鏡懶照西江上。映清波渺茫。喜黃菊共芳。相

思隔岸空惆悵。好淒涼。夢回帳裡。獨卧水雲鄉。（三徑閒題）

詠紫丁香花

花揷上林春。一叢開分數丁。令威宅裡曾相問。葉圍綠陰。香疑麝薰。春醒半倚闌杆醒。愛花神。錦雲深處。若共紫鸞群。（三徑閒題）

詠浮萍

翠點一溪新。正池頭已暮春。楊花爲我變了風流性。長江散星。清波放情。水鄉深處魚兒隱。謂浮名。隨舟來往。飄泊幾時停。（三徑閒題）

詠苔

堦下綠痕生。雨纔收綠轉增。落花粧點蒼雲潤。怕人來扣門。怕竹林笋生。青錢三徑休鋪錦。草爲鄰。露寒霜冷。落葉聽秋聲。（三徑閒題）

詠芭蕉

分綠上窗紗。到朱明學扇遮。草書獨步疑無價。抽心作花。空中散霞。秋風聲動驚

瀟洒。影横斜。粉牆朱户。士女撥琵琶。（三徑閒題）

詠竹

蒼雪滿琅玕。放梢兒栖鳳鸞。月明篩影黄昏轉。園中萬竿。林中七賢。清風高節醫得俗人眼。歲當寒。梅花松樹。三友不辭歡。（三徑閒題）

詠草

三徑入簾青。細叢叢軟似茵。不除茂叔窻前景。坐火慣經。東風又生。休教香輦來相問。可眠人。王孫歸也。踏遍馬蹄輕。（三徑閒題）

詠百舌

學盡衆禽鳴。柰終無自己聲。春來欲報先調韻。枝頭弄笙。花間朗吟。只愁默默傷春盡。自誇矜。舌端送巧。豈忍負知音。（三徑閒題）

詠鶯兒

百囀隔花枝。正綿蠻出谷時。春閨孤夢誰驚起。遷喬有期。擲梭有絲。相逢燕子共

說千般語。且躊躕。飛花裊裊。碧樹我還棲。（三徑閒題）

詠燕子

春静捲朱簾。見雙雙蹴舞筵。纍巢泥濕沾花片。歸來社前。曾傳錦箋。定知秋後難相見。意留連。茅簷煙裏。萬語復千言。（三徑閒題）

詠雁

南去共秋雲。北歸時春滿程。翩翩欲下瀟湘景。江天幾羣。長門數聲。兩三行只恐孤飛影。爲蘇君。一封書寄。萬里説分明。（三徑閒題）

詠鴛鴦

文彩羽毛奇。爲韓憑塚上棲。蘋洲花嶼相依止。合歡自如。同心怎離。夢魂只在相思樹。採蓮歸。櫓聲驚起。猶自一雙飛。（三徑閒題）

詠鸚鵡

隴樹隔江東。爲能言萬里通。雕籠閑鎖愁千種。性兒頗聰。嘴兒漸紅。金刀剪翅只

爲我歸情重。語房櫳。朱簾人靜。傳得到深宮。（三徑閒題）

詠白鷗

波上愛忘機。羽毛奇玉雪堆。心閑滄海無生計。蘆花是舊居。鸕鷀是所知。漁舟懶得來相避。莫猜疑。相親相近。日日幾羣飛。（三徑閒題）

詠蝴蝶

亂舞午風輕。愛穿花深復深。娟娟飛過鞦韆影。春晴曬粉。偷香弄情。枝頭一夢莊周醒。好隨羣。雙雙飛翅。所得是花心。（三徑閒題）

詠蟬

高樹綠森森。響枝頭續斷聲。談風説露誰能聽。稠葉掩金。深秋尚吟。畏他黄雀飛過喬枝遁。晚陰陰。碧梧殘月。兀自有悲音。（三徑閒題）

詠蟋蟀

東壁起秋聲。夜寥寥好動情。誰令客夢能安穩。一聲易開。千愁易生。長宵泣露空

堦冷。有離人。寒衣將寄。促織到邊城。（三徑閒題）

詠螢火

腐草夜流光。弄輝輝暗裏忙。隨風自照輕來往。書聲到窗。留燈照囊。繞欄個個添朱幌。亂飛揚。高低明滅。祇恐冷清霜。（三徑閒題）

詠蜻蜓

偶立釣絲輕。翅雙雙碧玉睛。飛來飛去池塘静。波光蕩晴。風蒲慣驚。水村無數隨漁艇。過芳林。偶逢蜂蝶。無計覓花心。（三徑閒題）

詠絡緯

金井夜生涼。亂秋砧細草傍。幾聲高復咽。添我悲秋况。關山路長。寒衣寄將。無端機杼織就銀河上。暫飛揚。在竹籬深處。泣露怯清霜。（三徑閒題）

詠白頭翁鳥

何慮亦何愁。問何因便白頭。啼春未老稱翁久。花叢慣遊。黄鸝與儔。雙雙飛止同

相守。卧林丘。忽聽枝上。添我鬢絲憂。（三徑閒題）

詠畫眉鳥

淡淡着衣黄。兩眉兒待粉粧。眉兒淡了怎得思張敞。啣花弄香。啼花弄簧。聲聲遞巧在舌尖上。苦思量。雕籠深鎖。何日得翺翔。（三徑閒題）

詠元宵

良夜滿城花。逐人遊燈影遮。星橋火樹明臺榭。歌聲遍街。香塵擁車。誰人對月閒相訝。好繁華。金吾不禁。人醉也未歸家。（三徑閒題）

詠清明

新火起新烟。試單衣三月天。曲江楊柳和烟煖。桃花錦纏。梨花粉研。酒家處處青帘轉。草芊芊。遊人歸去。見高影畫鞦韆。（三徑閒題）

詠花朝

春色半西郊。問花期值此朝。楓林社鼓争喧鬧。遊人酒幖。緑楊畫橋。千紅萬紫更

待清明到。看林梢。不驚風雨。農務樂陶陶。（三徑閒題）

詠端午

亭下滿葵榴。看龍舟競渡頭。似飛梟上下分波溜。菖陽泛甌。宜男未秋。蘭湯浴罷輕涼透。楚江愁。空投角黍。沉恨未能收。（三徑閒題）

詠七夕

秋色滿庭柯。坐林泉玉露多。會看牛女今宵渡。天孫到河。雲機擲梭。畫樓此夕堪歌舞。問宮娥。年年乞巧。蛛網浪成窠。（三徑閒題）

詠中秋

梧影滿欄杆。愛良宵月正圓。秋光此夕平分半。銀河在碧天。霜娥在廣寒。清樽素瑟來同翫。莫辭歡。人間好景。能得幾回看。（三徑閒題）

詠重陽

秋色遍東籬。肅霜寒已授衣。龍山此日登高會。竹葉滿巵。黄花滿畦。滿城風雨須

尋醉。石湖西。茱萸開矣。折得幾枝歸。（三徑閒題）

詠長至

天氣一陽回。日初長一線催。岸容枯柳將舒矣。占雲已書。飛灰漸吹。幾枝臘意梅先蕋。景方移。春和將至。休覆掌中盃。（三徑閒題）

詠除夜

明日是新年。問今宵臘已殘。舊符總把新桃換。椒花獻盤。柏子散烟。到五更應許春容轉。夜憑欄。聽滿城爆竹。聲徹曉光寒。（三徑閒題）

【南仙呂桂枝香】

詠春月

芳叢深處。銀盤高起。果然一刻千金。相映千紅萬紫。見光分樹頭。見光分樹頭。簾櫳難閉。轉過雕欄西去。且眠遲。楊柳樓頭望。玉人歸未歸。（三徑閒題）

詠夏月

薰風吹晝。晚亭凉透。火雲暫斂峰頭。明鏡初升昏後。見光分簟紋。見光分簟紋。忽驚殘漏。試與玉人移手。轉池頭。十里紅粧影。都來水上浮。（三徑閒題）

詠秋月

清宵人静。銀河懸鏡。平開秋色三分。常伴雲衢千頃。見光分桂枝。見光分桂枝。廣寒香冷。無柰素娥孤另。動離人。寂寞長門影。凄凉此夜情。（三徑閒題）

詠冬月

清霜飛冷。凍雲飄盡。凄清冰鏡生輝。零落疎枝弄影。見光分紙窗。見光分紙窗。寒爐香燼。無奈雪梅争勝。自論評。梅雪須當遜。空堦長夜明。（三徑閒題）

【南中吕駐雲飛】

春　思(二)

減盡朱顔。無奈相思這一番。寂寞捱昏旦。消息全虚幻。人。和淚倚闌干。廢寢忘飡。春事闗心。默默增愁嘆。空抱琵琶指倦彈。（吴騷二集）

套　數

閑居自詠

【南商調金落索掛梧桐】身閑心要足。心足無坎坷。安樂窩中。眼底誰折挫。百年光景。去疾如梭。雪月風花休厭多。莫愁世事兼身事。須信人生在夢裡過。衡門静。任平地有風波。對酒高歌。遇景高歌。隨分流年度。

【懶畫眉】茅簷常掃點塵無。陋巷何須車馬過。終朝自在樂。如何風月頻添個。何必鴟夷泛五湖。

【江兒水】有客來相顧。穿花扣薜蘿。不妨屐齒蒼苔破。一壺一味休嫌我。一棋一局休争賭。忘却人間貧富。酒醉棊殘。長笛一聲如訴。

【五供養】蕭閑門户。竟不管歲月如梭。春花纔賞過。池上有新荷。秋容老圃。又見亭臺雪護。人生無百歲。光景莫蹉跎。笑殺癡人狂自奔波。

【玉交枝】焚香獨坐。拾松枝湯沸竹爐。溪橋曲曲閑來步。軒窗緑樹扶蘇。壁間掛幅隱者圖。著書不把虚名誤。倦來時希夷夢柯。覺來時羲皇似我。

【川撥棹】誰拘鎖。任逍遥脱網羅。笑世人冷煖炎涼。笑世人冷煖炎涼。我身外浮雲一點無。且吟詩問酒沽。且吟詩問酒沽。

【前腔】百事從天莫強圖。自許青山不負吾。暮打門無吏催租。暮打門無吏催租。三尺青竿學釣鱸。且吟詩問酒沽。且吟詩問酒沽。

【尾】人生自古如朝露。得一日閑無量福。却戀閑利閑名總是愚。（三徑閒題）

詠姑蘇十二景[三]

【南商調金落索掛梧桐】春光不喜寒。春暖春無恙。萬紫千紅。描就春模樣。西郊車馬過。逐蜂狂。惹得遊人特地忙。天開處處皆圖畫。十里春風花草香。行樂計。算百年光景。止有三萬六千場。勸君休負春光。若負春光。枉自空擾攘。勸遊

【黄鶯兒】石壁鑿天池。吐蓮花石上枝。波光蕩漾琉璃碎。白雲去遲。黄鸝正啼。桃花亂落因風雨。障罘罳。秀屏疊疊。蒼玉洞門低。天池山

【前腔】洞口步西施。水萍香風渡溪。琴臺夜夜絃歌起。松花泛巵。遊人醉歸。一聲聲響屧迴廊底。借肩輿。過一雲林麓。不盡畫屏圍。靈岩山

【解三醒】最宜遊虎丘山寺。近城關半塘西去。參差殿宇藏深樹。千人石白蓮池。五臺高起雲千頃。石澗泉香費品題。笙歌沸。一方明月。兀自忘歸。虎丘山

【前腔】問支硎在西山何處。隔天平亭留鶴去。寒泉經丈書盤石。龍門險石關低。北峰高與南峰接。更再上中峰看花柳枝。春光媚。許多輿隊。紅紫芳菲。支硎山

【風入松】竹青塘過白龍祠。大石半山棲。芙蓉綉出青天外。松杉翠蒼雪依稀。殿閣晚延夕照。石梁斜度春暉。大石

【前腔】穹窿峰揷最高枝。紆曲上雲梯。何如漁叟〔三〕忘鈎餌。赤松子曾住仙居。嶺外半拖雲影。峰頭淡掃蛾眉。穹窿山

【不是路】玄墓堪題。一入天開圖畫裏。近盤螭。梅花香雪無邊際。萬樹桃花錦繡帷。憑高處。太湖一片波千里。點點飛蓬過太虛。遊人至。虎山橋畔拚沉醉。莫辭良會。玄墓山

【長拍】茶磨雲烟。茶磨雲烟。上方鐘磬。樹隱隱隔著治平僧寺。行春橋上。看遊人來往争馳。舟渡越來溪。傍漁歌沉醉。百花深處。山色湖光相暎帶。分明似蘇小湖頭柳市西。一霎時恐孤負了賞春期。休言道吴王臺。衰草烟迷。上方石湖

【短拍】再上天平。再上天平。層層恠石。人傳是萬笏天成。苔徑滿香泥。白雲泉轆轤聲沸。休道是翠屏遮路。遊得一峰過也。一峰過又見春掛藤枝。天平山

【大迓鼓】堯峰。景更奇。山鄰筆架。軒暎清輝。實雲碧玉泉聲細。花開春在殿東西。偃盖松風明月影移。堯峰山

【前腔】横塘。西復西。山圍五塢。紫石爲池。丹霞修竹春常住。飛泉百丈掛松枝。來往遊人迹印香泥。九龍山

【尾聲】春光九十過容易。秉燭遊春不是癡。只恐秋霜染鬢絲。（三徑閒題）

昔年病中不能起，因思諸山秀麗，春光明媚，乃伏枕上吟就數詞，爲卧遊解困鬱耳，不計工拙也。

【南南吕宜春令】清明後。三月天。拂單衣吹面不寒。簾櫳輕透。窗兒逗入桃花片。遞鶯聲樹裏笙簧。撲紅塵堦頭荏苒。試看。杏花村裏。遥指酒旗影轉。詠春風

【前腔】溪亭畔。六月炎。向南軒凉生滿簾。竹摇新粉。萍花半約清波面。卧湘紋不

用蒲葵。着冰肌頓收香汗。試看。人間清暑。仗此畫長吹遍。詠薰風

【前腔】芙蓉下。桂子前。韻悠悠香生滿園。慣催征雁。幾行斜下關山遠。過踈林紅樹依稀。弄夕陽蟬聲續斷。試看。碧天萬里。頃刻淡雲都捲。詠秋風

【前腔】寒煙散。枯樹間。掃同雲吹人禁寒。衡門獨閉。紙窗獵獵聲如剪。舞冰花絮逐高低。凍漁翁舟橫清淺。試看。江梅初綻。一夜玉樓零亂。詠冬風（三徑閒題）

【南商調二郎神】朔風凛。正天意衝寒花欲破。六出飄飄堆滿樹。長空黯淡。斷絶羣鷗歸計。只見簑笠漁翁獨釣溪。空冷落滿篷飛絮。〔合〕須記得。三白映總添祥瑞。詠漁舟雪

【前腔換頭】休疑。凄清書館。似銀鋪玉界。正映着明窗和浄几。忙掃烹茶。相助案頭滋味。忽又報林端竹折矣。稱寒夜竹爐湯沸。〔合前〕詠書窗雪

【集賢賓】紅爐暖閣人共倚。朱門外玉屑參差。明月梨花誰敢比。又道是天花滿地。珠簾半啟。滿目是瑶臺玉宇。須記取。飲羊羔滿捹沉醉。詠朱門雪

【前腔】峰巒萬疊一徑迷。問何處是僧居。繞寺松杉飛蝶翅。亂飄處茶煙盡濕。羣山失翠。應隔斷梅花千樹。須記取。飲村醪滿捹沉醉。詠僧房雪

【黄鶯兒】瓊蕋壓修眉。盼青樓夜有輝。琵琶聲在梅花裡。寒侵綉帷。香消舞衣。飄揚一色裙拖地。看庭除。素蛾千隊。衹恐玉人欺。詠青樓雪

【前腔】人在灞陵西。問程途咫尺迷。揚鞭亂撲沾衣袂。花隨馬蹄。寒生客衣。陽關擁斷歸征騎。望天涯。同雲滿目。不辨雁行書。詠長途雪

【琥珀貓兒墜】邊城萬里。撩亂蔽旌旗。鐵甲將軍知也未。重遮氈帳醉穹廬。凄凄。愁只愁蘇卿。在海北棲遲。詠邊塞雪

【前腔】山陰一棹。指點過前溪。圖畫重重一草廬。閉門呵筆寫新詩。憑誰。寄與王猷。興盡思歸。詠溪山雪

【尾聲】冬來好景君須記。倏忽陽和動矣。又伴春風五出飛。（三徑閒題）

【南中吕尾犯序】香氣滿簾櫳。紅紫芳菲。萬千簇擁。粉黛粧成。報春光萬重。情濃。休辜負河陽縣中。休辜負玄都觀中。休辜負鞦韆庭院。生怕五更風。詠春花

【前腔換頭】春光已送畫橋東。景入清和。薰風初弄。零落臙脂。共飛絮玲瓏。難逢。香風送紅粧十里。碧紗籠清陰幾重。須知道紅塵隔斷。不到水亭中。詠夏花

【前腔換頭】涼氣襲梧桐。簾捲西樓。滿目秋容。老圃芬芳。更玉露丹楓。難窮。秋江渺紅衣乍冷。東籬繞金莖萬叢。還堪戀天香滿袖。愛殺廣寒宮。詠秋花

【前腔】飛雪正飄蓬。院落黄昏。寒威方重。疎影清香。怕消瘦芳容。情濃。明月冷羅浮夢繞。曉霜寒道仙正逢。真堪羡冰花細剪。點點玉玲瓏。詠冬花（三徑閒題）

咏虎丘〔四〕

【南仙吕入雙調夜行船序】花滿金閶。看春光七里。動人遊戲。山容麗指點半塘西去。堪題。殿閣參差。寶塔嵯峨。轆轤聲細。記取。香茗清泉時節正逢穀雨。春景

【前腔換頭】拂衣。柳絮飛綿。聽鶻鴣枝上。已過暮春天氣。石欄畔花吐青蓮旖旎。相期。扇底清風。枕上新涼。把禪房閑閉。得意。隔斷紅塵正是人間清暑。夏景

【黑蝨序】凄凄。一夜西風。把山中桂子。亂飄香氣。看白雲紅葉。助成秋事。相宜。黄花開滿籬。芙蓉開滿堤。夕陽時。待皎月當空。露下碧天如洗。秋景

【前腔】依稀。黯淡同雲。把冰花細剪。滿空飛絮。向蒲團獨坐。竹爐湯沸。相宜。梅花開幾枝。村醪飲幾巵。石橋西。看簑笠漁翁。獨釣寒江煙雨。冬景

【錦衣香】竹林西。僧居住。講臺空。蒼苔翳。只看舊日干將。石間曾試。可中明月夜何如。香魂青冢。斷送吴姬。望白雲千頃。看飛帆向長亭滸墅。群甃樓前倚。松杉疊翠。驀聽(五)鐘聲。五臺高處。總詠虎丘景

【漿水令】正相同遊船如蟻。近城闕往來容易。笙歌不斷四時吹。千人石坐。興至忘歸。山門下。人携妓。琵琶聲沸皆羅綺。相隨趂。相隨趂。風流隊裡。拚沉醉。拚沉醉。醉扶歸。

【尾聲】人生不願封侯計。願乞天王賜與。常把金樽醉虎溪。(三徑閒題)

閨　思

【南仙吕八聲甘州】梨花小雨。向紅窗支枕香冷燻爐。因他禁害。添却幾多愁苦。別來望裡書頓杳。憶到逢時夢也無。怎教。竟常如皓月同孤。

【前腔換頭】慵梳。任塵蒙奩鏡。不禁這香殘粉冷脂枯。相思無那。偏值烏啼春暮。非關薄倖心如石。只是紅顔命合孤。可堪。畫梁間燕子將雛。

【不是路】風景蕭疎。花自飄零鳥自呼。可惜顔非故。腰枝一捻瘦將無。恨糢糊。緑陰芳草天涯路。目斷王孫隔楚巫。愁無數。白頭吟就情空訴。竟成擔誤。竟成擔誤。

【掉角兒序】連理枝無端剷鋤。竝頭花等閒摧仆。比目魚鑾將剖分。文頸鴛反成單獨。只落得冷瑶琴。閒錦瑟。空珠户。魂斷長途。相思孽債。前生罪辜。難道是。參商作祟。偏照奴奴。

【前腔】雪濤箋忙將恨書。霜毫筆難描離緒。强擡身幾度思量。空搔首一番延竚。多因是好中堪。愛生嗔。恩成怨。將奴輕負。無憑無據。何時問渠。怎能勾。魂如倩女。飛渡衡廬。

【尾聲】見時漫把前情訴。訴時節怕又多閒語。總是煩惱如山從教一笑除。（吴騷合編）

複出

套數

春景

【南黄鍾啄木兒】春歸後。花正卉。

詞林逸響、古今奏雅題作「春景」，俱注杜圻山撰。樂府先春署名黄葵陽。兹已輯於黄氏卷中，不重録。

秋　景

【南黃鍾啄木兒】秋歸後。月正明。

詞林逸響、古今奏雅題作「秋景」，皆署杜圻山作。詞林白雪屬李復初。樂府先春、吴騷集俱注文衡山撰。兹已輯於文徵明卷中，不重出。

題　情

【南黃鍾啄木兒】從别後。淚暗流。

吴騷二集、吴騷合編題作「題情」，俱署杜圻山撰。群音類選題作「閨怨」，南宫詞紀題作「題情」，皆屬莫雲卿。昔昔鹽題同詞紀，不注作者。兹已輯於莫氏卷中，不重録。

三徑閒題序

填詞度曲，非飲宫含羽之士不能擅長。論者以爲，蘇長公之大江東去，雄則雄耳，不若曉風殘月之紆徐而合律也。則詞曲豈易言哉！余性喜聲音而闇於律吕，每聞人善歌，往往擊節低徊久之而不能去，吴中少年每過而就余，歌如出谷緜蠻鳥，余未嘗不浮而醉也。或叩其清商與流徵乎，口啞然如窒。蓋石驃騎之言，曰嬙施之妍，豈必問名而後識，舉而解嘲。客益揶揄之不休，余亦自哄聵者之不忘聽耳。太醫杜君子華，能詩有雋才。家擅園池之勝，香草美箭，燦然成蹊，君對之翛然樂也，莫不倚而爲曲。細而禽蟲花竹，大而寒暑四時，風雲月露之變幻，芳辰樂事之流連，一觴一咏，積之青箱，於是蓋盈卷矣。梓爲二帙，命曰三徑閒題云。余時時過君逕中，把君一編，安得桃葉小姬執紅牙而歌之，如所謂梁塵墜而行雲遏者。君無吝余醇酹哉！惜余不解音，不能顧曲如周郎也。太原王穉登序

〔一〕此曲南詞韻選亦録，無題。
〔二〕三徑閒題無題；題從詞林逸響。
〔三〕「漁叟」三徑閒題作「漁吏」，兹從詞林逸響。
〔四〕三徑閒題無題，題從詞林逸響、怡春錦。古今奏雅題爲「虎丘」。首曲怡春錦作「曉行序」。
〔五〕「驀聽」，原作「驀聽」，今正。

莫是龍

莫是龍，字雲卿，後以字行，更字廷韓，號秋水、後明，別號碧山樵，南直隸華亭（今上海松江）人。十歲能文，以諸生貢入國學。長善書畫，琴弈射藝，無不精絶，皇甫汸、王世貞極稱之。著有石秀齋集十卷及畫説一卷等。生於嘉靖十六年（一五三七），卒於萬曆十五年（一五八七），年五十一。

套數

閨怨[一]

【南黄鍾啄木兒】從別後。淚暗流。心上人兒怎捨丢。想前生宿世曾修。幸今生得會鸞儔。指望如魚似水恩情厚。天長地久相廝守。豈料分薄緣慳不到頭。

【前腔】悶中悶。愁上愁。自古情濃終不久。病懨懨着甚來由。瘦怯怯愁鎖眉頭。記當初共設神前呪。如今一旦成虛謬。只落得燕去春殘空畫樓。[二]

【三段子】静中自躊。張郎眉爲伊常皺。閑中自求。沈郎腰因他消瘦。相思病要妥無能彀。陽臺夢重會無由就。回首巫山雲雨收。

【滴溜子】恩情美。恩情美。翻爲怨尤。風雲態。風雲態。變成禍仇。有日姻緣重偶。相思一筆勾。仍諧鳳友。再訂前盟。願天長地久。

【尾聲】相逢再把衷腸剖。往日相思付水流。永效鶼鶼同白首。（群音類選）

〔一〕群音類選題作「閨怨」，南宫詞紀題作「題情」，俱注莫雲卿撰。吴騷二集、吴騷合編題作「題情」，皆屬杜圻山。昔昔鹽題同詞紀，不注撰人。

〔二〕太霞新奏僅録此首注云：「原係大套，因前後俱不稱雲卿名士，姑録一曲。」

潘士藻

潘士藻，字去華，號雪松，南直隸（今安徽）婺源人。萬曆十一年（一五八三）進士，歷官御史。會火災修省，士藻直言，帝怒，謫廣東布政司照磨。尋擢南吏部主事，再遷尚寶卿。有洗心齋讀易述、闇然堂類纂、闇然堂遺集。嘉靖十六年（一五三七）生，萬曆二十八年（一六〇〇）卒，年六十四。

套數

【南商調二郎神】才郎去。緑鬢嫦娥懶去梳。世上相思偏害我。分明是打破。鶯儔燕侶鸞雛。滚滚波濤淬斷藍橋路。這姻緣偏將人間阻。〔合〕添淒楚。怕的是孤枕無眠漏滴銅壺。〔一〕

【集賢賓】臨行去時記得元宵十五。燈兒下再三囑付。楊柳含煙二月〔二〕初。到如今挨過清明夏又過。枉癡心終朝卜課。傍人〔三〕勸我。且自開懷。不須眉鎖。

【黄鶯兒】提起便心孤。想他每不是薄倖徒。他將牡丹移過把薔薇補。莫非他棄奴。

莫非他有小蘇。莫非他枕邊別戀多嬌婦。事模糊。因何日久。書信半行無。

【香柳娘】是深閨少年。是深閨少年。出門不慣。未曾舉步心先戰。過花邊柳邊。過花邊柳邊。月色射虛簾。雕梁獨棲燕。這風流在眼前。這風流在眼前。蘭房洞天。那人羞見。

【黄鶯兒】雙燕入簾櫳。見他們愁倍濃。幾番血淚如泉湧。秋波漲紅。春山減容。懨懨鬼病看看重。恨無窮。鴛衾久冷。何日得再相逢。

【香柳娘】想多才未眠。想多才未眠。孤燈爲伴。陽臺路杳何辭遠。過山前水前。過山前水前。明月樹頭懸。驚烏翅展轉。這風流在眼前。這風流在眼前。蘭房洞天。那人羞見。

【琥珀貓兒墜】偷將衫袖。輕把淚珠敷。驀聽得窗前將奴小字呼。不由人身子不麻蘇。天付。好一似病得仙丹。旱逢甘露。

【尾聲】相逢謾把衷腸訴。舊恨新愁説不盡苦。準備着捲地風雲一海波。（樂府先春）

按：此套亦見沈仕卷。其中〔香柳娘〕二隻、〔黄鶯兒〕「雙燕入簾櫳」一隻疑爲他曲竄入，按語詳見沈青門卷「閨情」套。

〔一〕樂府先春無題，注潘雪松撰。珊珊集題作「閨情」，署梅禹金著。吴歈萃雅、詞林逸響題作「閨情」，俱屬沈青門。群音類選題作「閨怨」，昔昔鹽題作「憶别閨情」，樂府争奇無題，俱不注撰人。未知孰是，兹姑輯於潘、沈兩家曲中。

〔二〕「二月」二字原缺，兹據類選補之。

〔三〕「人」字原缺，兹據類選補之。

顧養謙

顧養謙，字益卿，號冲菴，南直隸通州（今江蘇南通）人。嘉靖四十四年（一五六五）進士，歷遷南户部侍郎，丁憂去。起爲兵部侍郎，總督薊遼諸軍務，膽氣過人，臨事多智略，所在著聲。有冲菴撫遼奏議等。嘉靖十六年（一五三七）生，萬曆三十二年（一六〇四）卒，年六十八。

套數

訓　妓墨憨齋改本

【南仙吕八聲甘州】幽思悄悄。這般不真不假教我難瞧。風塵行徑。又何妨蝶友蜂交。你本是楊花性兒逐處飄。休認做飛絮沾泥難動摇。聽着。爲何因不把柳葉眉描。【不是路】意攘心勞。不覩事丫頭枉性高。羞殺了。你道那人曾許報瓊瑶。到如今。他錦鱗不見雙魚兆。我銅雀焉能鎖二喬。猶桀驁。輕輕快脱紅綃襖。任娘責教。任娘責教。

【解三酲】打着你待爹娘性情不好。打着你遇姊妹閒氣常淘。打着你人來不肯先廝叫。打着你傷人口撒癡嬌。打着你能歌嬾把紅牙拍。打着你會舞偏將翠袖拋。〔合〕教娘惱。全不想你花容易損。我老景蕭條。

【前腔】你再敢綺席停杯先睡早。你再敢托病推忙不赴邀。你再敢倚門悶坐無歡笑。你再敢頻揀客慣粧喬。你再敢輕將心事逢人訴。你再敢暗約情郎背地逃。〔合前〕

【尾聲】向娘行深深告。連招不敢望娘饒。獨掩房門哭到黑。（太霞新奏）

按：此曲樂府先春無題，注顧冲菴撰。太霞新奏題作「訓妓」，不署撰者。茲據以輯之。

馮敏効

馮敏効，字忠卿，號季山、繼山，別號天谷山人，浙江平湖人。貢生。少善屬文，七舉不第。與陸光祖、董其昌、王世貞等交游。著有小有亭記三十卷，散曲附。生於嘉靖十七年（一五三八），卒於萬曆二十二年（一五九四），年五十七。

小令

【南雙調錦堂月】

有懷八首

塵隱主人

鸕鷀湖头。雲煙逸叟。回思林壑相投。選樹登山。追隨杖履優游。没来由世外浮漚。空冷落歲寒三友。詩共酒。嘆野水孤航。何處漂流。

霞冠老人

高壽。鶴氅霞冠。龐眉皓首。吟聲響徹林丘。松落楸枰。冉冉夕陽時候。漫相誇七步揮毫。頻相喚三杯到口。詩共酒。嘆野水孤航。何處漂流。

閉户先生

清晝。芸几藏幽。齋居厮守。日影半窗明透。數卷殘編。動与古人爲友。望江南芳信蹉跎。听滿座書聲先後。詩共酒。嘆野水孤航。何處漂流。

二癡道人

遨遊。世事蜉蝣。閒情花柳。浮雲過眼何求。笑傲形骸。瀟灑肯教落後。彩毫端且自鋪張。紅塵外任他僝僽。詩共酒。嘆野水孤航。何處漂流。

金陵吏隱

風流。吏隱皇州。名高白下。閑來竹徑尋幽。睥睨相逢。談笑便傾八斗。短曹劉口吐雲烟。皁米蔡筆端飛走。詩共酒。嘆野水孤航。何處漂流。

南浮將軍

南浮。萬里遐掫。一時傾蓋。蕭蕭雁落江洲。抵掌游談。還誇倚馬賡酬。唐學士才邁弘文。漢將軍威名細柳。詩共酒。嘆野水孤航。何處漂流。

定湖上人

回首。煙雨重樓。真如八景。遥天靄靄雲收。憶昔投閑。寺橋風暖横舟。扣禪關寶篆浮香。臨净几青編在手。詩難就。嘆野水孤航。何處漂流。

雲麓煉師

雲遊。燕子磯頭。江空浩渺。清風明月堪留。萍梗春深。棲遲最是三秋。振衣看萬里波濤。抬眼見一天星斗。杯中酒。嘆野水孤航。何處漂流。

【南商调黄鶯兒】

春　園四首

松下日陰陰。笑山童進酒頻。黄鶯花底如招飲。輕風過林。山花向人。桃源應有漁郎問。謝東君。踏殘花徑。休負此良辰。

花影過東林。盼青旗賣酒村。春山不用拖紅粉。金杯漫斟。山花漫簪。畫橋流水何須問。石家君。尋芳何處。不戀白雲深。

攜壘入朱門。覩奇花共品論。紛紛蜂蝶相隨緊。鶯調好音。草鋪緑茵。果然三月春如錦。惜分陰。回頭塵世。誰是百年人。

穿徑惹香塵。杖頭輕翠嶺匀。花蔭輾轉行人近。竹依水濱。山留野雲。歸來笑詠樓頭韻。酒重斟。斜陽影裏。飛鳥度前村。

【南仙吕入雙調玉交枝】

春　園二首

尋花問柳。步相隨山南小樓。聲聲隔竹頻呼酒。行行再過林丘。錦香叢裏春晝游。

白雲深處重回首。怕東風花飛水流。趁東風鶯群燕友。滿山如繡。亂紛紛紅纓錦毬。香風遍逐林間叟。飄飄點點相留。悠悠春靄千樹頭。去年光景今回首。怕東風花飛水流。趁東風鶯群燕友。

【南仙吕入雙調步步嬌】

雨中山墅四首

林靄重重秋風起。俏俏山深處。幽幽傍午餘。石上苔痕，宛然蒼翠。忽聞山外有人聲。疏林淅瀝攜琴至。

黯黯重雲飛不去。只在山頭住。陰陰樹欲迷。朝槿開殘，晚梧飄墜。望中飛鳥過林稀。悠悠坐對空山裏。

葉葉離披和濕墜。滴滴林間碎。青山半是非。迸石流泉。倚橋扃翠。霏微煙靄護柴扉。不知山鳥棲何處。

疏竹蕭蕭翻暮雨。點點侵人耳。憑欄怕濕衣。緩步攜笻。晚雲籠樹。横斜一徑轉山限。隔簾燈火黄昏矣。

【南商調集賢賓】

葺壽塋二首

人生倏忽萬事休。休瑣瑣眉頭。問水尋山且自由。堪留戀天長地久。百年回首。春月與秋花在否。相廝守。應知是此處荒丘。

長情欲付溪上柳。怕冷落經秋。惟有松楸堪耐久。閑栽種雨前霜後。蒼蒼嶺秀。來和去一般消受。相廝守。應知是此處荒丘。

【南商調金衣公子】

寒窗六首

憶昔拜先生。上書堂辨口音。把孩童嬉笑都廝禁。朝起傍晨。暮歸傍昏。暫抛書又向親幃問。是何因。才離懷抱。須兀自受艱辛。

一自受遺經。鎮朝昏苦講尋。把髫年卻做了禪關性。心猿慢驚。意馬緊縈。縱新婚怎敢常安寢。是何因。青春年少。休負好光陰。

纔得進儒門。喜上心憂上心。循循禮度牢拘緊。青燈兒轉親。黄卷兒轉深。敢從容半晌離方寸。是何因。推風掩月。常只自惜分陰。

豪氣上雲程。向文場筆陣輕。望一朝脱去燈兒影。天天怎行。休休怎生。幾番歸去寒窗静。是何因。年來年去。猶自伴青燈。

幾度過黄昏。展殘編剔短檠。慵眸欲掩還重醒。倦腰兒强伸。倦口兒强吟。更長漏盡誰來問。問東君。百年人物。何處着精神。

幾度遇芳春。見蜂狂蝶又新。隔窗遥度花香陣。般般的動心。徜徜的怎禁。待窺園舉步還牢忍。問東君。洛陽富貴。能見幾芳春。

【南商調黄鶯兒】

空閨感月二首

月影轉模糊。照人心能幾多。當年共倚欄杆暮。回廊奈何。簾籠奈何。夜来惟有風吹幕。問嫦娥。自離人世。可曾向有窮過。

光景眼前過。再停睛問有無。果然今夜成虚度。窗兒是麽。影兒是麽。這回明月休隨我。記當初。攜兒挈女。相併笑顏多。

【南正宫划鍬兒】

酌　罾　磯

煙波渺渺湖光晚。萬家燈火傍城灣。狂歌恣疏懶。須教盡歡。壺中酒乾。羅衣可換。舉網得魚兒，旋烹旋暖。

按：曲牌原作鏵鍬兒，此曲與越調鏵鍬兒不同。南詞新譜云：「此調舊譜在越調内，今查越調自有『你説得好笑』一曲，則此調當屬正宫。」又於【越調鏵鍬兒】條下按曰：「此與正宫之划鍬兒不同，然划鍬兒今多訛爲剗鍬兒、鏟鍬兒，或又訛爲鏵鍬兒。」

【南商調黄鶯兒】

酌　釣　磯

細雨正黄昏。俏漁燈對酒尊。蛙聲幾處池塘近。荒村犬狺。孤城角吟。悠悠總入煙波韻。且留心。桐江渭水。處處有知音。

登寶塔

高處早乘風。步層層倚碧空。憑欄萬里天光動。相酬幾鍾。相看意濃。老僧隔岸無船送。望城中。參差樓閣。驚見晚霞紅。

雨中歸棹

春野望中迷。喜風恬促棹歸。煙雲慘淡當湖裏。城門有期。林光漸微。沾衣欲濕絲絲雨。緑楊堤。沙回溪轉。歸路晚依依。

【南正宫玉芙蓉】

夢中感懷

秋風雁陣哀。人在天涯外。天涯外終須有日歸來。重重雲霧幽明界。地久天長慘不開。愁無奈。夢兒多少。夢兒中説話怎明白。

【南南吕香柳娘】

坐月

見遥天月朗。見遥天月朗。神清氣爽。看看露冷欄杆上。坐清宵未央。坐清宵未央。幾處助淒涼。何方共歡賞。聽簫聲這廂。聽砧聲那廂。翹首問清光。明年可無恙。

【北般涉調耍孩兒】

南山詞四首

俺這裡煉長生不老丹。俺這裡進幾顆神仙藥。洞賓勸酒鍾離笑。這不是爭鋒楚漢鴻門飲。須記得三醉高飛黄鶴樓。這酒中曾得道。一杯仙酒。福海滔滔。

踏歌仙玉板敲。獻仙花香氣飄。采和湘子重斟酒。用不着那嵯峨宫闕金銀買。等不得那秦嶺攜來雪水遥。這酒是逡巡造。兩杯仙酒。壽比山高。

長眉仙漁鼓敲。鐵笛仙鐵韻高。俺兩個是曹仙國舅張果老。也不用趙州橋下三分水。也不用天子房中半顆椒。這酒是仙家造。三杯仙酒。宴捧蟠桃。

紫雲仙雲影摇。步虚仙天闕高。仙姑鐵拐親爲壽。俺這裡把逍遥無盡葫蘆倒。俺這裡把笊籬兒招摇雨露饒。这酒飲令人少。四杯仙酒。仙籍名標。

套數

四季尋山

【南正宫玉芙蓉】東風動客衣。趁日尋芳去。聽林間聲聲。嬌囀黄鸝。桃紅李白枝枝媚。細草垂楊緩緩隨。平原處。車輪馬蹄。任崎嶇險峻步如飛。

【前腔】紅稀緑暗時。漸漸當炎暑。愛清幽時。將羽扇輕揮。林間蔭落風生袂。谷底泉流冷透衣。平原處。車輪馬蹄。任崎嶇險峻步如飛。

【前腔】長林敗葉催。旅雁西風至。遍山村家家。野菊疏籬。休誇月殿飄丹桂。且對雲岩渡碧溪。平原處。車輪馬蹄。任崎嶇險峻步如飛。

【前腔】青松間竹梅。雪積山猶翠。擁重裘行來。不遜寒威。尋幽解作饑鳥侣。載酒能教春意回。平原處。車輪馬蹄。任崎嶇險峻步如飛。

【清江引】登山覽勝看雲起。訪神仙游鹿豕。花開春夏來。葉落秋冬去。人人道比崗陵增壽紀。

四季乘舟

【南仙吕入雙調玉交枝】春程摇曳。泛輕波垂楊綰堤。無邊光景留人住。晴煙靄靄霏微。浮凫浴鴨傍水涯。沙明日暖尋春處。掛疏簾幽吟漫題。卷疏簾遥天萬里。

【前腔】夏雲飛去。對薰風開帆架桅。空明四野涼如洗。遥看萬緑依依。荷花香裏堪戲魚。水晶宫闕煙波際。掛疏簾幽吟漫題。卷疏簾遥天萬里。

【前腔】秋聲四起。見蓬窗殘葉亂飛。白蘋紅寥溪塘裏。征鴻半落天涯。輕風過處雲水居。灑然江上微微雨。掛疏簾幽吟漫題。卷疏簾遥天萬里。

【前腔】衝寒度水。見枯木寒鴉亂啼。彤雲靄靄遥村起。還看凍雪飛飛。玉山迢遞煙水迷。茫花銀海無邊際。掛疏簾幽吟漫題。卷疏簾遥天萬里。

【清江引】扁舟慣熟江湖裏。伴魚蝦投煙水。風花逐浪平。雪月隨波逝。一任他歲月如流心自喜。

南湖曲

【南商調二郎神】奇觀處。望重湖兩兩似鴛鴦相傍。正圜闠中開思渺茫。菱花簇錦。

更蘆荻蕭蕭野況。望見蓬萊出水央。有三島十洲環向。還摇漾。見畫船簫鼓幾處游揚。鴛鴦湖

【前腔換頭】風光。樓飛煙雨。雲開牖敞。殿閣東西二曜張。見疊磴層崖。繞砌回廊。白玉臺高勢欲翔。垂釣處金鰲在掌。繁華相。見一帶穠桃翠柳成行。煙雨樓

【集賢賓】家家亭館朱欄翠幌。簾鈎幾樹垂楊。萬户千門開水上。數不盡石壘花莊。沿流矮牆。見游人來來往往。妝模樣。是多少草閣華堂。諸園

【前腔換頭】環蒼。繞碧錦圍繡埸。還看映帶滄茫。萬堞高旌出女牆。更一派市廛囂嚷。東南海上。遠迢迢水流千丈。西林望。長安道芳草斜陽。四望

【黄鶯兒】四望攬晴光。過亭臺花草香。湖波瀲灩浮雲漾。望遥村水長。見征帆影揚。融融碧漢流清嶂。戲鴛鴦。沙明日暖，攬秀出滄浪。晴

【前腔】鼓楫動清光。泝明河路杳茫。樓臺倒影輕風蕩。聽菱歌晚涼。見漁燈夜長。空明上下無纖障。睡鴛鴦。光摇水月，一鏡接天潢。月

【簇御林犯】彤雲布。凍雪飈。玉樓高銀浪長。素帆摇曳衝寒上。叩瑶扉这厢。步瓊台那厢。寒光掩映生明朗。冷鴛鴦。湖頭指點，何處野梅芳。雪

【前腔】朝霏霏。晚鬱蒼。水痕深雲氣藏。乍無乍有空中望。煙靄靄半窗。雨濛濛半窗。煙雨樓千古真名狀。浴鴛鴦。飛來飛去。迷望水雲鄉。雨

【琥珀貓兒墜】〔二〕陰晴朝暮。總總是湖光。雪月風花自主張。四時風物笑人忙。情長。都付與游人。對景徜徉。

【前腔】輕舟短步。載罍更攜觴。逐逐行行度柳塘。誰家游冶少年郎。清狂。少甚麽白髮蒼顔。攜手相將。

【尾聲】天開吴越山河壯。好景中分槜李鄉。想當日范蠡載西施。有多少英雄氣概。風月襟懷。流不盡這五湖煙水茫茫。

按：〔簇御林犯〕原作〔簇御林〕，第五句起犯黄鶯兒。

南北仙吕合套

五湖留別

【點絳唇北】你去興飄然。全没些留戀。這其間。有甚機關。勸伊家急急回頭轉。

【不是路南】我去興飄然。萬頃煙波是夙緣。難回轉。進退行藏自有權。試明言。爲甚

匆匆去不還。把功名蓋世等閒看。這其間。機關變化誰能見。試説一遍。試説一遍。

【兒抱娘北】[三]當初身上越王殿。吴與越低昂未見。國破君危最可憐。因此上使了機關。你受辛勤萬千。受辛勤萬千。才得定江山。你緣何便抛閃。俺本是江湖伴侶。休提起廊廟勛賢。起末耍孩兒中間香柳娘。

【娘抱兒南】[三]望荆湘故園。望荆湘故園。天高水遠。還鄉須勝功名顯。我和你幾年勠力同艱險。一旦相抛忍恝然。何不把當初念。請離鞍下船。請離鞍下船。我與你勤王數年。可忘了越王勾踐。

【耍孩兒北】論越王難盡言。這機關玄又玄。要知心事先知面。你不見他頸長鳥喙多機變。鷹視狼行難近前。看來只好同患難。若要與他同安共樂，那其間悔後追前。

【娘抱兒南】你意匆匆泛船。你意匆匆泛船。名高志遠。數年間枉受了多磨難。只怕你臨崖勒馬收繮晚。我做不得船到江心補漏難。因此上尋方便。且從容敘談。且從容敘談。萬事總由天。休教埋怨。

【兒抱娘北】論功名作等閒。論人生相聚難。今朝爲甚輕分散。載西施在船。載西施在船。雲雨向天邊。風流在波面。卻原來戀了花容月貌，丢撇了厚爵高官。

【香柳娘南】這機關又玄。這機關又玄。豈無意見。你道吴王爲甚將身賺。我載西施去遠。載西施去遠。使他不見越王臺。休教更迷戀。你話叨叨絮煩。話叨叨絮煩。山紫又含煙。不覺斜陽送晚。

【煞尾北】别君忙上忙。留君難上難。兩下裏勒馬停舟不盡言。好拜上越王宫殿。你休待那其間。叫一聲范大夫好先見。

洞府迎仙

【南越調浪淘沙】弱水過蓬萊。露冷雲開。茫茫海角與天涯。謫仙兩兩游凡界。此日歸來。

【前腔】湖海浩無涯。何去何來。忘機笑與白鷗諧。試問扁舟經幾許。大地周圍。

【紅衲襖】休提起棄楚鄉投越地做了箇驅馳客。休提起離越國到吴庭做了箇养馬騶。休提起嘗艱險奉君王跳出了虎穴龍潭外。休提起爲君王割恩愛把一箇美西施送上了姑蘇百丈臺。休提起神木進𣪍價增一椿椿神計策。休提起擒太子刎夫差一件件功勞大。笑子笑復去番來那裡討這功名債。愛子愛問水尋山討一個風月懷。

【黄鶯兒】呀呀呀只被你半言兒唤醒我南柯一夢回。頓令人眼底開。須認得三千弱水仙凡界。我凡心易改。羞容怎解。何顔共赴群仙會。今喜得歸來。蓬萊三島。不似楚陽臺。

【前腔】一自下天臺。見興亡幾痛懷。可憐償盡煙花債。雲深洞開。鸞鳴鳳諧。聽雲璈一派群仙在。今喜得歸來。蓬萊三島。不似楚陽臺。

又

【南越調下山虎】仙郎别後。仙子遨游。洞府仙凡隔。仙侣共愁。愁只愁那仙風遠。仙界幽。仙限蹉跎久也。仙境年年仙草修。今日仙舟返。仙馭共游。石室丹臺仙跡留。

【越恁好】仙家氣候。仙家氣候。瑞瓏璁仙景稠。喜群仙聚首。歌仙曲醉仙酒。繞仙壇幾周。繞仙壇幾周。見仙人共結仙人友。吠汪汪仙犬相留。捻仙花在手。駕翩翩仙鶴兒盤旋嶺頭。仙成就。把仙關打破休回首。看仙班兩兩共登仙壽。

【紅繡鞋】仙郎此日歸舟。歸舟。仙曹此日無憂。無憂。遨仙會。渡仙洲。登仙府。進仙籌。通仙籍共仙流。仙流。

【尾聲】天仙風度非凡偶。把蓋世英雄一局收。這的是天上人間第一流。

按：［紅綉鞋］末句「仙流」，據曲譜補。

浣紗補曲

【南越調下山虎】山深地僻。那有這佳人浣紗。莫不是天仙女謫。住凡間歲華。只見那微風動。水竇斜。可愛清幽境也。只聽得一字字嬌聲。一字字佳。谷口香泉噴。鱼戲錦紗。他忘卻來時去路賒。

【前腔換頭】看他。丰姿俊雅。氣宇豪華。應不是山村漢也。爲甚在溪邊水涯。只見那流的水。落的花。問有意還無意也。獨自沉吟獨自嗟。我本是堅貞女。須不是牆花路花。歸去西村日已斜。

【三段子】看這溪邊縷紗。因何事忘他失他。我把袖兒緊拿。試看他尋他棄他。形單影隻在深山室。没來由相問怕行人訝。只索要斂衽。含羞去萬福他。

【前腔】只爲斜陽晚霞。一霎時催咱促咱。又被泉聲石牙。清幽處留他戀他。看他嬌羞欲語還吞下。霎時間未吐衷腸話。袖出溪邊一縷紗。

〔一〕原作【貓兒墜】。

〔二〕原作【北兒抱南娘】。

〔三〕原作【南娘抱北兒】。

許樂善

許樂善，字修之，南直隸華亭（今上海松江）人。隆慶五年（一五七一）進士，授郟縣知縣，擢河南道監察御史，官至南京通政司通政。有適志齋稿，散曲附。

小令

【南中呂駐雲飛】

在告述懷乙酉十一月

官美神疲。持斧恒陽抱症奇。本待要弘經濟。誰想遂離宸陛。嗏。塞兑迓洪禧。敢違玄祕。株守空齋。壯志都灰矣。追悔當初不見機。〔合〕懊恨當年赴帝畿。

欽召起補河南道庚子三月

樂道安貧。瀟灑雲間二八春。忽聽得徵書信。怎禁得心頭震。嗏。趨命乃臣倫。敢不從順。宵小橫行。苟索元難忍。重整行裝拜紫宸。〔合〕莫戀山林效隱淪。

奉使冊封晉藩乙巳四月

伏謁承明。荏苒星霜六度更。畢力西臺政。寵賜京卿命。嗏。譾劣愧難勝。素餐當省。錫爵藩封。奉使宣朝命。亟捧龍旌出殿庭。〔合〕願效馳驅抵晉城。

爲母疾乞養戊申四月

景際韶華。奉母西征道正賒。遘疾多驚詫。鼓棹須停罷。嗏。草疏上朝家。念猶牽掛。竚望宣麻。色養堪瀟灑。骨肉團圞樂可誇。〔合〕泉石優遊興轉嘉。

【南商調黄鶯兒】

墓所述心事訴母四首癸丑正月

當年草疏成。爲慈闈幾上呈。何期屢隔天高聽。留都遣承。御批下庭。倚閭咫尺忻歸覲。遇銓卿。移文套阻。時大僚乏人，楊少宰不肯覆疏移劄，獎勸以移孝爲忠，遂不得歸。空嘆滯承明。

人譏温太真。既登庸肯敗名。止欽冠履徼君命。陳情未行。疏凡五上，終不得請。乞差未成。己酉應捧箋，當事者以衛少京兆乞在先，竟屬之。庚戌應捧表，又爲鄭司徒乞去，求讓不允。逢時否塞懷難稱。若值萬曆二十年以前朝政，則圖歸亦不難矣。晚離京。徒悲風木。何日解怦怦。

按：曲文中小字部分係作者自注。

國典重榮親。據成規特乞恩。朝端允卹頒綸命。筵陳大牲。鼎分御羹。九泉知否沾欽贈。捫衷情。殮含失視。終自愧生平。

最苦別離情。對送楸兩淚零。思親懷卻無窮恨。流光幾更。夢魂幾驚。夜臺欲叩愁無徑。伴新塋。慈顔難覯。空自采蘩蘋。

詠春夏秋冬四景

淑氣轉條風。盼庭除草色濃。流鶯百舌枝頭弄。光陰正中。江山改容。踏青人競把樽罍奉。入花叢。千紅萬紫。爛漫出牆東。

炎令布驕陽。斗回南日正長。葵榴菡萏花交放。燕雛繞梁。鴛鴦戲塘。北窗人恍在羲皇上。挹清涼。群酣河朔。林畔數新篁。颯颯起金飈。井梧黄一葉飄。雁鴻排字當空叫。庾樓興豪。龍山會高。傍籬人翫菊時舒嘯。聽蟬號。鱸魚正美。江蟹又肥螯。一夜朔風吹。轉微陽動管灰。負暄老稚欣朝霽。貂裘正宜。冰山頗奇。釣魚人笠雪真堪繪。啟柴扉。嶺梅園竹。獨與歲寒期。

套數

村居樂壬辰秋

【北南吕一枝花】辭歸緑野堂。頓遠金鑾殿。恥趨翟相府。懶上孝廉船。每日探玄。饑來時進蔬飯。倦來時就枕眠。頗自甘衡泌清閒。那裡羡簪纓貴顯。

【梁州】雲外數層庭院。溪邊二畝林園。溯源流是祖父身親建。北看遠嶼。南眺郊原。東瞻帆艦。西瞰平田。值芳春小堂梁上巢飛燕。遇長夏茂樹枝頭聽噪蟬。納新涼當臺對月。窺晴練屈嚴寒。倚杖尋梅賞雪天。出門見漁人扯網隔溪喧。牧童兒笛弄緑楊邊。堪消日可忘年。端的是寵辱無驚絶掛牽。塵世有桃源。

【尾聲】堂前老母情偏戀。膝下雙兒日勉旃。更有那鄴侯插架書千卷。朝舒暮展。皇墳帝典。真個是樂事連綿永世傳。

村居樂癸丑秋

【北南吕一枝花】渚育鱸鮮鰱鯈。林棲鶉鳩鵲鴿。沼植菱菰蘋蓼。園栽桂杏梅桃。散步東臯。欸乃歌聲巧。咿呀櫓韻嬌。何須論隱士高標。這便是神仙瑶島。

【梁州】亭榭月臨皎皎。松杉風度蕭蕭。俺也曾身司民社膺欽召。驄臺秉憲。冏署遴俵。禄動典膳。喉舌襄勞。到如今身衰年老。怎能任劍履趨朝。況又是坦衷直道。豈宜涉宦海風濤。因此上侶農夫辨早禾晚稻。約野叟翫月夕花朝。伴兒童鬭奇葩異草。辭津要問漁樵。時時勤把塵情掃。方寸儘逍遥。

【尾聲】辜負了聖天子明詔。輕忽了賢宰執殊褒。自想惟身中神氣爲可寶。虚榮難了。田間足老。便譏着俺遺世忘民也索熬。

慶母八旬壽誕乙巳七月

【南雙調錦堂月】園竹修苞。池荷鮮好。薰風幾回來到。奉母南征。不禁途路迢遥。

喜前茅已駕蘭船。聽巧韻常騰桂櫂。〔合〕祥光繞。但願萱草長春。婺星恒照。

【前腔頭換】母教。嚴迪兒曹。中年鏡剖。不殊松柏貞操。設帨芳辰。幸兩孫枝生早。喜一門四世同堂。更五福八旬如少。〔合〕祥光繞。但願萱草長春。婺星恒照。

【前腔】代孫侵曉。迎謁西郊。旌節輝煌。恍忽五雲籠罩。螢窗努力。終漸池上鳳毛。喜王母耋壽彌高。幸椿庭耆齡將紹。〔合〕祥光繞。但願萱草長春。婺星恒照。

【醉翁子頭換】欣遭。這幾年召起添榮耀。謝西臺言責。冏堂佐政新叨。心小。懼曠職瘝官。暫假皇華辭内朝。〔合〕祈禱。願年年此日。跪捧香醪。

【前腔】代曾孫論道。鬢子子孫孫盡行孝。矧四葉承芳。敢違名教。月皎。值衣錦榮歸。華堂骨肉總陶陶。〔合〕祈禱。願年年此日。跪捧香醪。

【僥僥令】乳燕翻堂奥。新蟬叫樹梢。但見雲際青鸞傳佳耗。金母奏仙璈。呈壽桃。

【前腔】傀儡登場巧。絃歌侑酒嬌。共歎鶴髮童顔長不老。遐福比山高。並海濤。

【尾聲】得朝誥後膺天誥。羨母氏仙姑同貌。始見賢良明報。

丁未六月望後，陰雨。歷閏月至七夕間，晴一二日，輒復淫雨大作。長安道上水高五六尺，墻屋傾圮，民弗寧居。僉謂從來罕見之變。連日艱於謁客，兀坐無聊，遣之以詞。

【南商調鶯啼序】皇都溽暑正炎蒸。樓頭忽蓋雲影。載山溪傾若建瓴。盈滄又復侵徑。看滂沱已注中庭。溯潺湲直通晝省。〔合〕心耿耿。盼秋成那堪此景。

【前腔】鶉躔降雨遘狂恒。浹月猶然晝暝。問龍宫何徇畢星。未歲尤過辰令。渰禾黍水荇叢生。漂廬舍呼號徹境。〔合〕心耿耿。盼秋成那堪此景。甲辰歲淫雨兩月有餘，毁房垣溺人畜已爲異常，今歲尤過之。

【山坡羊】暗昏昏不光明的天際。密層層不放開的雲翳。響滴滴不住點的雨聲。白漫漫不分別的高低。地秧乍栽。川原一望迷。侵城沉竈沉竈難存濟。遍處號啼幾宵不寐。凄其。眼見災黎共忍饑。傷悲。縱使晴來也較遲。戊申四月初旬，天雨彌月不休，間止一二日有霽色，道路多被水渰，低田不得插蒔，續作此詞。

【皂羅袍】曾記昔年災異。看滔滔洪水。壞短徑長堤。民間玉粒苦難支。流離難顧親兒女。今朝水勢。比前更奇。堂中鼓棹。牀下捕魚。商羊作祟真非細。予既作前詞，李節之丈續五闋，併成一套，附録以識。是年大侵，稽天之景象云。

【解三醒】想農夫一年生計。怎忍丟深耕工費。桔槔倒戽人憔悴。頻運土築成畦。勞苦三旬誰穩睡。但露得些小青苗似紫芝。堪垂淚。怎禁那狂風刮地。蕩壞無遺。

【玉抱肚】哀號聲沸。況三更莫辨東西。霎時間屋倒牆傾。急促裏苦覓妻兒。雞鳴桑樹夜無歸。犬向高原且暫依。

【掉角兒】休想着美食鮮衣。幾時得脱粟黄虀。痛今年形容槁灰。怕明年徵税鞭笞。只得棄鎡基。尋機杼。强支持。木棉騰價非容易。親和故共忍饑。更望誰周濟。

【尾聲】洛口倉何時啟。生靈億苦阽危。漢詔蠲租莫待遲遲。

按：此套係作者爲記録萬曆丁未和戊申年水災而寫。前面三曲分兩次寫成，後五闋又爲他人所續，故首二曲用韻與後並不一致。

顧大典

顧大典，字道行，號衡宇、衡獄，一作衡寓，南直隸（今江蘇）吴江人。隆慶二年（一五六八）進士。官至福建按察副使，提督學政。力拒請託，爲忌者所中，自免歸。與沈璟友善。蓄家樂，常自度曲，有青衫記、義乳記、葛衣記、風教編傳奇，總名清音閣四種；所著尚有海岱吟、閩遊草、園居稿，及清音閣集十卷。嘉靖二十年（一五四一）生，萬曆二十四年（一五九六）卒，年五十六。

套數

病　懷〔二〕

【南商調山坡羊】睡昏昏如痴如醉。病懨懨難醫難治。急煎煎心如亂絲。虚飄飄一似風前絮。淚暗垂。朱顏瘦爲誰。冤家下得將人棄。美滿恩情兩下離。躊躇。悔當初乍見時。傷悲。思量他也是痴。

【皂羅袍】嘆息青春有幾。鎮憂煩過了。美景良時。雲箋謾寫斷腸詩。玉樓久不歌聲沸。沉香亭畔。花枝酒巵。武陵岡上。車兒馬兒。從今都付與東流水。

【解三酲】怕見是紫燕穿簾相對語。怕見是粉蝶尋香引隊飛。怕見是桃花爛熳千機錦。怕見是楊柳低垂萬縷絲。怕見是金爐篆冷香消後。怕見是玉漏沉沉月落時。傷情處。今宵翫賞。少個人陪。

【玉抱肚】没情没緒。這悶懷終無了期。想從前萬種恩情。怎捨得一朝抛棄。教人徹夜害相思。夢見雖多相見稀。

【掉角兒犯】只因他情性自殊。抛閃得兩無終始。到如今伊東我西。辜負了海山盟誓。告神祇。難饒恕。負心的。言清行濁非人類。空勞繫。俏人兒。知他與誰同歡會。

【尾聲】枉埋冤空聒絮。千般寵愛總休題。好歹人心久後知。（詞林逸響）

愁別心變〔三〕

【南南呂香遍滿】別來時候。孤鴻幾番書未修。恨疊秋雲無柰陡。離情休未休。何時却斷頭。相思含兩眸。血染楓林瘦。

【懶畫眉】蘆花吹白上人頭。鏡裡蕭疎不柰秋。敲窻落葉冷颼颼。人怯黄花瘦。把有限柔腸殢無限愁。

【梧桐樹】愁躭白苧秋。病怕黃昏後。月暗燈殘。冷落還生受。常時有約何曾就。人隔重門音書便有怎暗投。鸞求雉雊無心奏。帳冷香消。只索把被兒空摟。

【浣溪沙】我心共口。不自由。怎生忘口裡心頭。心頭却怨參商驟。口裡常躭歲月憂。空廝守。我這裡愁他別來久。不如他心有心丢。

【劉潑帽】便見他也難如舊。想甚麽情意長投。龐兒一半因他瘦。背地流。淚濕青衫透。

【秋夜月】生前欠修。命惹下孤星宿。背後人前名兒醜。因他沾手難丢手。見三星在牖。怨河分兩宿。

【東甌令】琴弦絶。鏡塵浮。鸞鳳空留釵並頭。同心帶綰何曾久。離恨常相守。燈花鵲噪總休休。歡喜夢中求。

【金蓮子】還自羞。黄昏夜雨重門扣。他別後歲月如流。恨殺那等閒間。把青霜容易白人頭。

【尾聲】風流滋味都嘗透。那知我害不了的相思還有。除非是夢裡尋他續斷頭。（昔昔鹽）

〔一〕吴歈萃雅、詞林逸響、南音三籟、萬錦清音皆題作「病懷」，俱注顧道行著。

〔二〕樂府先春無題，注古調。昔昔鹽題作「愁别心變」，樂府争奇無題，俱不署作者。吴歈萃雅題作「閨思」，吴騷合編、太霞新奏、南音三籟、古今奏雅題作「閨怨」，皆注顧道行撰。

黄洪憲

黄洪憲，字懋中，號葵陽，浙江秀水（今嘉興）人。隆慶五年（一五七一）進士，官至少詹事兼侍讀學士，嘗奉使朝鮮。洪憲以文受知張居正，居正敗，共誣以逆，歸。有玉堂日鈔、朝鮮國紀、碧山學士集。嘉靖二十年（一五四一）生，萬曆二十八年（一六〇〇）卒，年六十。

套　數

【南黄鍾啄木兒】春歸後。花正卉。簾幙風柔晝永時。向南陌鋪錦堆積。見香車寶馬争馳。聽一派簇擁笙歌沸。滿城人都往西郊去。莫負韶光十二時。

【前腔】東風軟。麗日遲。萬紫千紅奪錦綺。偷香蝶上下翩翻。語呢喃燕子雙飛。海棠風雪梨花雨。荼蘼架畔鞦韆戲。喜殺當年楊貴妃。

【賣花聲】國色天香。有誰憐惜。淡抹濃粧。絳唇解語。柳窺青眼嬌波滴。常言道花艷無多日。怎比椿萱常不易。

【歸仙洞】杜鵑在山嶺啼。啼不住催春去。蝴蝶遶裙飛。捨不得餘香味。躲閃在萬花叢裏。怎禁得人胡覷。又被海棠荆棘。扯住羅衣。

【餘文】恨不能留春住。空把遊情牽繫。明歲春光知他來也未。（樂府先春）

按：樂府先春無題，注黄葵陽作。昔昔鹽題作「遊春遣興」，不注撰人。樂府争奇無題，亦不署作者。詞林逸響、古今奏雅題作「春景」，俱注杜圻山。南音三籟題作「高文舉遊情」，惟「高文舉珍珠記」查無此曲，疑三籟誤注。此套是否果爲黄氏所作，亦難評斷，兹姑輯之。